Illustrierte Alltagsgeschichte des deutschen Volkes

Mit einem Vorwort
von Jürgen Kuczynski

Band 1 1550–1810
Band 2 1810–1900
Band 3 1900–1945

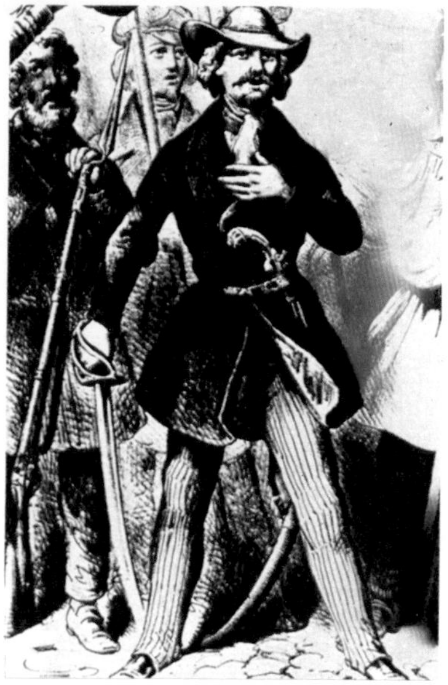
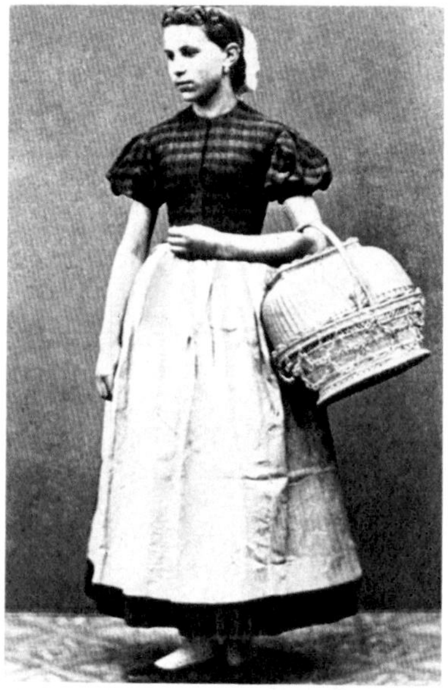
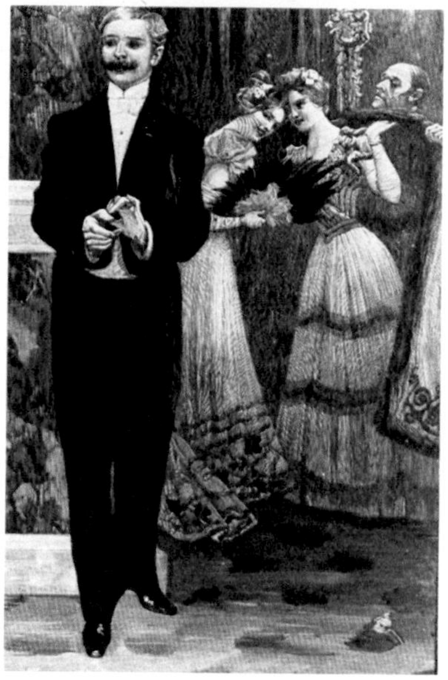
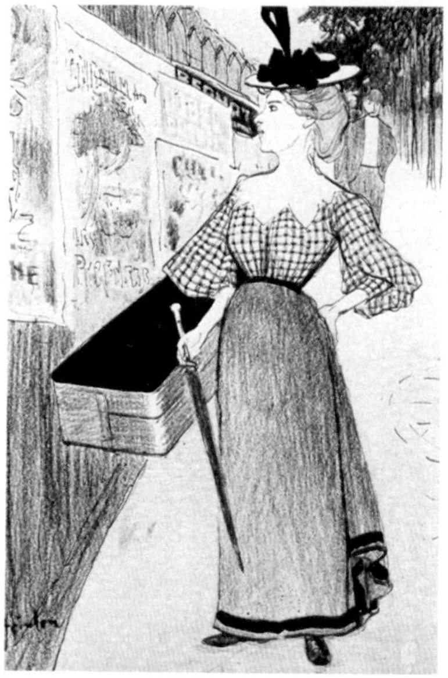
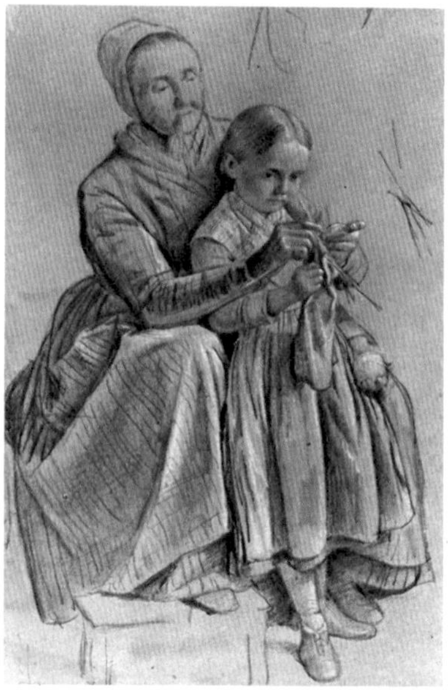
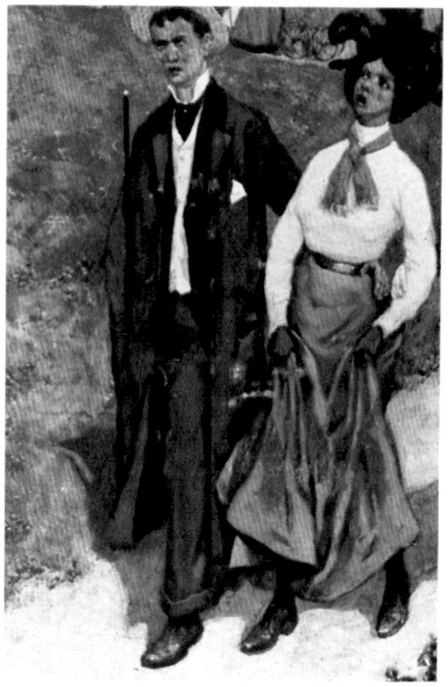
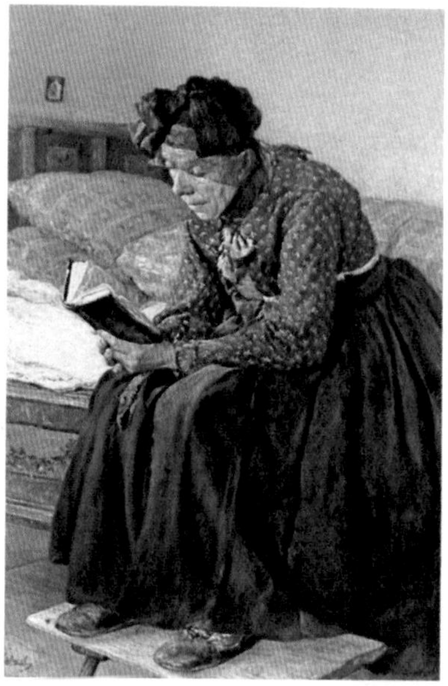
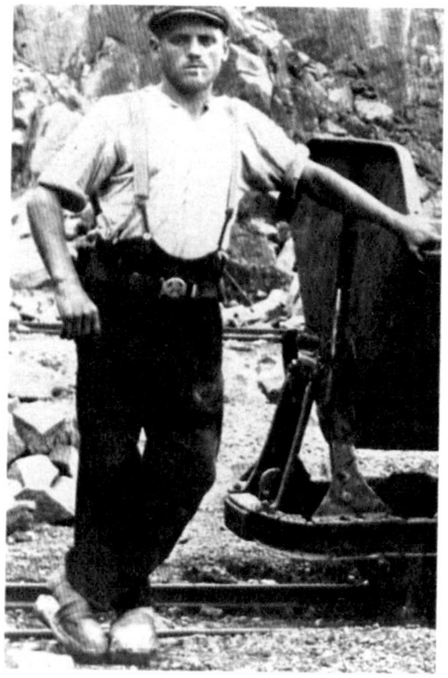
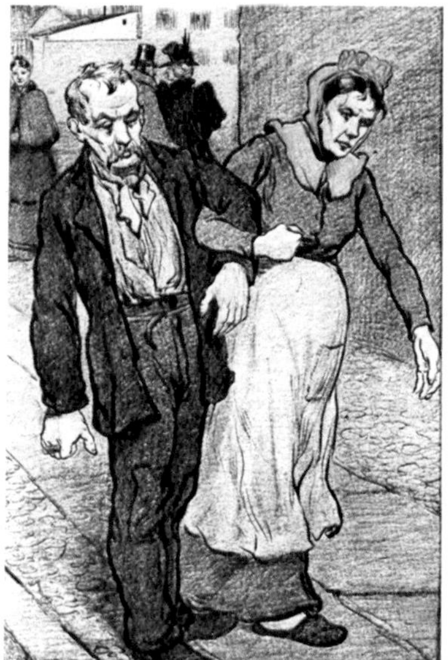
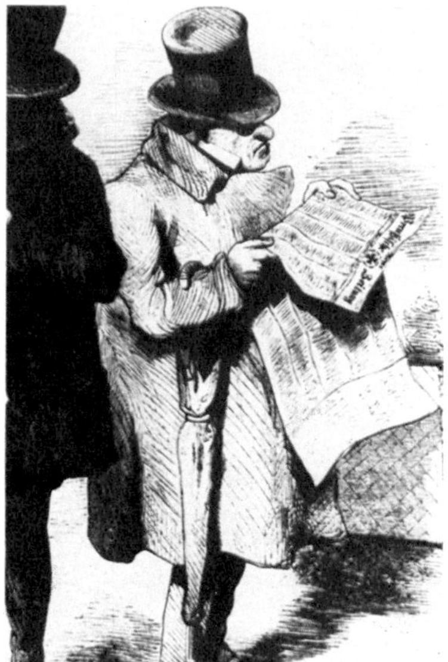
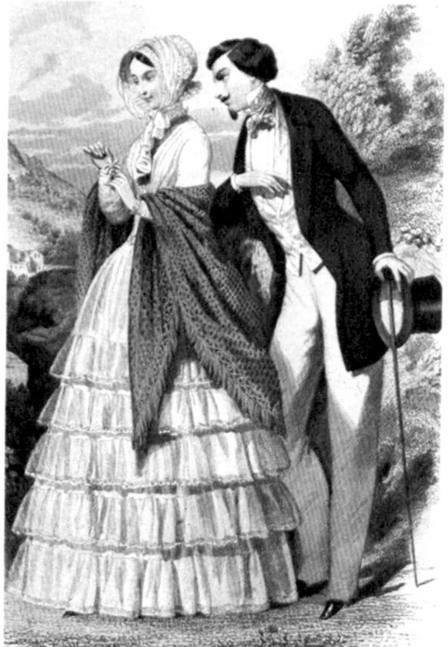
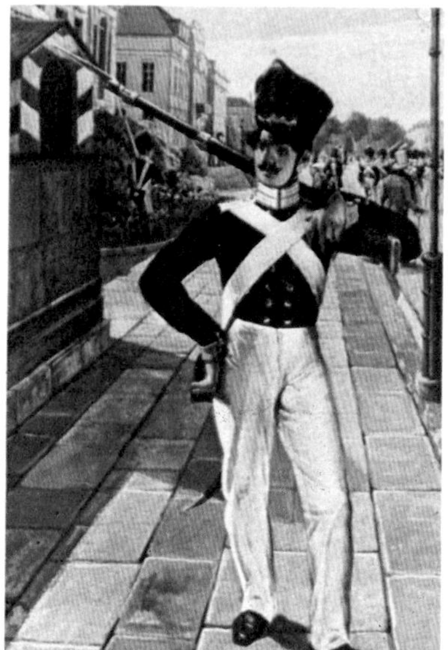

Sigrid und Wolfgang Jacobeit

Illustrierte Alltagsgeschichte des deutschen Volkes

1810–1900

Urania-Verlag Leipzig · Jena · Berlin

Einband:
»Bittschrift von 114 Arbeitern der Firma ›Dr. Geitners Argentanfabrik F. A. Lange‹ in Auerhammer bei Aue« für eine Stunde weniger Arbeitszeit (1905)

Jacobeit, Sigrid:
Illustrierte Alltagsgeschichte des deutschen Volkes: 1810–1900
Sigrid u. Wolfgang Jacobeit. Mit e. Vorw. von Jürgen Kuczynski. – Leipzig; Jena; Berlin: Urania-Verlag; Köln: Pahl-Rugenstein; Wien: Schönbrunn-Verlag.
II. – 1. Aufl. – 1987. – 336 S.: 400 Ill.
NE: 2. Verf.　　　　　　　　　ISBN 3-332-00061-6

ISBN 3-332-00006-3
Bisher erschienen: Bd. 1 3-332-00044-6
ISBN 3-332-00061-6

1. Auflage 1987, 1. bis 30. Tausend
Alle Rechte vorbehalten
© Urania-Verlag Leipzig · Jena · Berlin,
Verlag für populärwissenschaftliche Literatur,
Leipzig 1987
VLN 212-475/9/87 · LSV 0269
Lektor: Lutz Heydick
Buchgestaltung: Eveline und Peter Cange
Printed in the German Democratic Republic
Gesamtherstellung: INTERDRUCK
Graphischer Großbetrieb Leipzig, Betrieb der ausgezeichneten Qualitätsarbeit, III/18/97
Best.-Nr. 654 041 6
03980

Inhalt

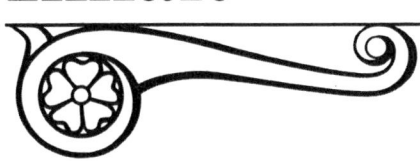

Einleitung 7

Hintergrund und »Große Welt« 11

Vorbemerkung 12

Die bürgerlichen Reformen
und ihre Auswirkungen 44
    Landwirtschaft 44
    Gewerbe 58

Industrielle Revolution
und beginnende Monopolbildung 71
    Zur Etablierung der Unternehmer 81
    Zur Konstituierung der Arbeiterklasse 84

Der Alltag der Werktätigen 99

Vorbemerkung 100

Die Arbeit
Ausbeutung – Entfremdung – Widerstand 101

Die Familie
Frau – Kind – Ehe 133

Grundbedürfnisse
Realitäten ihrer Befriedigung 177
    Ernährung 177
    Kleidung 214
    Haus und Wohnen 244

Organisierte Gemeinschaft
Vereine – Partei – Politische Kultur 278

Anmerkungen 321
Bildnachweis 331
Register 333

»Millionen von Arbeitern sind geradeso gescheit,
so gebildet, so ehrenhaft wie Adel und Bürgerstand;
vielfach sind sie ihm überlegen ...
Alle diese Leute sind vollkommen ebenbürtig,
und deshalb ist ihnen weder der Beweis zu führen,
daß es mit ihnen nichts sei,
noch ist ihnen mit der Waffe in der Hand beizukommen.
Sie vertreten nicht bloß Unordnung und Aufstand,
sie vertreten auch Ideen,
die zum Teil ihre Berechtigung haben
und die man nicht totschlagen
oder durch Einkerkerung aus der Welt schaffen kann.«

THEODOR FONTANE 1878

Einleitung

Mit diesem Band wollen wir – auf Jürgen Kuczynskis fünfbändiger »Geschichte des Alltags des deutschen Volkes« abermals konzeptionell aufbauend – den Zeitraum des »Kapitalismus der freien Konkurrenz« und die anschließende Periode der Vorbereitung des Monopolkapitalismus als »19. Jahrhundert« skizzieren.

Für die werktätigen Klassen und Schichten des deutschen Volkes, um deren Geschichte von Lebensweise es uns geht, treten mit der Durchsetzung der neuen Gesellschaftsformation so entscheidende Veränderungen ein, daß wir es für berechtigt hielten, die Zeit von 1810 bis 1900 als eine relative Einheit zu behandeln; dies um so mehr, als eine Geschichte des Alltags zwar nur unter Berücksichtigung der jeweiligen Formations- und Periodenspezifik des allgemeinen Geschichtsverlaufs und seiner gesellschaftlichen Grundlagen den in sie gesetzten hermeneutischen Ansprüchen gerecht werden kann, daß aber dennoch im konkreten historischen Prozeß gewisse Phasenverschiebungen bezüglich der Alltagsentwicklung auftreten. Das betrifft z. B. die Französische Revolution von 1789 und deren Auswirkungen auf die Lebensweise der Volksmassen in deutschen Territorien. In jedem Fall bleibt aber Alltagshistorie stets ein Bestandteil des jeweils bestimmenden Geschichtsverlaufs. Unter diesen Prämissen ist die von uns so gewählte Festlegung des genannten Untersuchungszeitraums nicht willkürlich erfolgt. Sie entspricht dem Periodisierungsprinzip der marxistisch-leninistischen Geschichtswissenschaft, berücksichtigt aber auch, daß die Diskussion um »1810« als Zäsur noch kontrovers verläuft.

Seit dem Abschluß unseres 1. Bandes einer »Illustrierten Alltagsgeschichte des deutschen Volkes« (1550 bis 1810) hat – und dies im internationalen Rahmen – die Diskussion um den Alltagsbegriff, um Gegenwartsrelevanz von Alltagsgeschichte, um die Herausarbeitung neuer Methoden, um Dokumentation von Alltag, um die Notwendigkeit einer interdisziplinären historischen Erforschung von Alltag, damit auch um die Erweiterung und Vertiefung – nicht Ergänzung oder Illustrierung! – des Geschichtsbildes vehement zugenommen. Alltagsgeschichte wird bisweilen geradezu ein Prüfstein für die »Glaubwürdigkeit« mancher Richtungen innerhalb der Historiographie, und Alltagsgeschichte in der Vielzahl ihrer Erscheinungen ist zu einem bevorzugten Thema historischer »Freizeitforscher« geworden.

Die Alltagsproblematik gewinnt in der Geschichtswissenschaft auch dadurch an Bedeutung, daß namentlich im bürgerlichen Lager kulturanthropologisch-strukturalistischen Aspekten historischer Vorgänge das Wort geredet wird und damit z. B. das Moment einer »Geschichte von unten« einen Stellenwert erhält, der der Notwendigkeit einer *komplexen* Sicht historischen Geschehens abträglich ist. Zweifellos haben »Alltag« und »werktätiges Volk« lange genug in der Historiographie zu geringe Beachtung gefunden. Nunmehr aber einen umgekehrten Weg gehen zu wollen – und dazu können überzogene anthropologische Deutungsversuche von Geschichte und ihren Gesetzmäßigkeiten führen – wäre verfehlt. Dann träfen in der Tat die Vorwürfe mancher Historiker zu, daß Alltagsgeschichte – häufig genug – ohne theoretischen Vorlauf und ohne theoretischen Anspruch betrieben würde.

Als marxistische Ethnographen haben wir zu der Gesamtproblematik von Alltagsgeschichte der werktätigen Klassen und Schichten sowie zur Anwendung des sogenannten weiten Kulturbegriffs in seiner u. E. mitunter recht ambivalenten Bedeutung für die Erkenntnisfindung im historischen Alltagsprozeß verschiedentlich Stellung genommen.[1] Dabei sind wir zu dem Schluß gelangt, daß beim derzeitigen Stand des wissenschaftlichen Meinungsstreits dem von Jürgen Kuczynski vertretenen Ansatz einer interdisziplinären Erforschung des Alltags im Rahmen des historischen Gesamtgeschehens eine wesentliche Bedeutung zukommt. Diesem Ansatz, der sich schon in unserem 1. Band als probat erwiesen hat,[2] werden wir bei der vorliegenden Darstellung der Entwicklung des Kapitalismus und seiner Menschen im 19. Jahrhundert wiederum folgen, um damit abermals zu den Bemühungen beizutragen, »den Volksmassen in *jeder Rolle* und zu *jeder Zeit* in der marxistischen Geschichtsschreibung den ihnen gebührenden Platz zu geben«.[3]

Das 19. Jahrhundert ist ein bevorzugtes Forschungsfeld der Geschichtswissenschaft. Dementsprechend umfangreich bietet sich die für eine Alltagsgeschichte im gesellschaftlichen Prozeß dieser Zeit relevante Literatur dar. Sie in ihrer Gesamtheit bzw. in ihrer regionalen Differenziertheit auswerten zu wollen ist im Rahmen dieses Bandes genauso wenig möglich, wie es für den im 1. Band dargestellten Zeitraum der Fall war. Es kann auch hier nur darum gehen, an signifikanten Beispielen Entwicklungstendenzen des Kapitalismus in ihren Alltags-Ausprägungen aufzuzeigen und Schwerpunkte dieses Prozesses deutlich zu machen. Daß wir unter diesen Voraussetzungen wiederum mit dem »Mut zur Lücke« arbeiten mußten,[4] ist eine Feststellung und soll nicht als Entschuldigung für Fehlendes gelten, was uns bewußt ist.[5] Wir meinen aber, mit unseren Darlegungen erneut auf Forschungsdesiderata aufmerksam zu machen, die im Interesse des angestrebten komplexen Geschichtsbildes künftig stärkerer Zuwendung bedürfen.

Auf der Bildebene spiegelt sich möglicherweise noch eindrucksvoller als im (1.) »Feudalismusband« die ganze Fülle des Alltagsgeschehens in der Dynamik des Neuen der kapitalistischen Gesellschaftsformation wider. Ihr kommt eine besondere Bedeutung auch insofern zu, als sich sowohl eine Anzahl von Kunstgattungen als auch das rein quantitativ anwachsende Bildmaterial aus den Informationsorganen – meist illustrierten Zeitungen und Journalen – als hervorragende Dokumentationen für einzelne Phasen kapitalistischer Alltagsgeschichte erwiesen haben. So möchten wir nur den hohen Quellenwert vieler Genrebilder oder der Historienmalerei erwähnen, deren Künstler, z. B. solche der Düsseldorfer oder der Münchener Malerschule, die zeitbezogenen Alltagszusammenhänge in sehr realistischer Weise dargestellt haben. Daß dabei Details dieser Bilder erklärlicherweise künstlerischen Intentionen geschuldet sind, mindert nicht den allgemeinen Quellenwert solcher Werke. Unermeßliche Funde lagern noch unerschlossen in den Depots oder Ausstellungen namentlich kleinerer regional bezogener Einrichtungen. Diese für die weitere Erhellung der Alltagsgeschichte aufzuarbeiten wäre eine höchst lohnende, weil gesellschaftlich notwendige Aufgabe einer interdisziplinären Forschungsgruppe. Gleiches gilt für die unter alltagshistorischen Gesichtspunkten noch viel zu wenig ausgewerteten großen Sammlungen von Zeichnungen und Grafiken.

Im 19. Jahrhundert beginnt ein neues Bildmedium – die Fotografie – eine wachsende Rolle zu spielen. Es ist für uns um so wichtiger, als es auch den werktätigen Menschen erstmals die Möglichkeit einer »objektiven« Selbstdarstellung gibt. Daß viele solcher Bilder »gestellt« sind, beruht vor allem darauf, daß noch nicht mit kurzen Belichtungszeiten gearbeitet werden konnte. Die Leute in Stadt und Land, die dem Atelier- oder Wanderfotografen gewissermaßen Modell standen, posierten je nach ihrem Status, und das erlaubt – gleichfalls erstmalig – Rückschlüsse auf gesellschaftliche und mentale Haltungen zu ziehen. Nicht minder bedeutsam sind Gruppenaufnahmen, ob bei der Arbeit, als Kollektiv aufgereiht oder als Menschenmenge bei unterschiedlichen Anlässen. Von all dem ausgehend, haben wir bei unseren ausgedehnten Bildrecherchen nicht nach »schönen« Fotos gesucht, sondern ausschließlich den wirklich dokumentarischen Zeugnissen den Vorzug gegeben. Daß uns dabei manches Fotoalbum aus Privathand dankenswerterweise zur Auswertung überlassen wurde, gab uns die Möglichkeit, die Lebensumstände, den Alltag, der fotografierten Personen in Erfahrung zu bringen. Darüber haben wir dann bisweilen in den Bildlegenden geschrieben.

Auch für die Erarbeitung dieses Bandes durften wir

uns vielfältiger, uneigennütziger Unterstützung erfreuen, ohne die unser Vorhaben kaum hätte durchgeführt werden können. Wir haben darum wieder einem großen Kreis von Kollegen aus wissenschaftlichen Institutionen, aus Museen, Archiven und Bibliotheken der DDR, der BRD, Österreichs und der Schweiz Dank abzustatten, von denen wir freilich nur einige stellvertretend nennen können: Gesine Asmus, Berlin (West); Peter Assion, Marburg; Siegfried Becker, Weimar/Lahn; Olaf Bockhorn, Wien; Thomas Brune, Stuttgart; Bernward Deneke, Nürnberg; Elisabeth Dücker, Hamburg; Renate Gauß, Eisfeld; Nina Gockerell, München; Susanne Heiland, Leipzig; Egon Hennig, Erfurt; Ernst Hirsch, Dresden; Almut Junker, Frankfurt/Main; Wolfgang Kaschuba, Tübingen; Katharina Kreschel, Brandenburg; Andreas Ley, München; Carola Lipp, Tübingen; Gisela Lixfeld, Schramberg; Arnold Lühning, Schleswig; Renate Mieth, Berlin; Helmut Ottenjann, Cloppenburg; Lisa Riedel, Neuruppin; Gottfried Riemann, Berlin; Martin Scharfe, Marburg; Roland Schmidt, Seiffen; Manfred Schober, Sebnitz; Wilfried Strenz, Berlin; Florian Tennstedt, Kassel; Wilhelm Treue. Göttingen; Konrad Vanja, Berlin (West); Ingeborg Weber-Kellermann, Marburg; Ralph Wendt, Schwerin; Hela Zettler, Berlin; Adelhard Zippelius, Kommern. In gleicher Weise verpflichtet fühlen wir uns Kolleginnen und Kollegen des Museums für Deutsche Geschichte, Berlin, des Zentralinstituts für Geschichte der Akademie der Wissenschaften der DDR, Berlin, der Sächsischen Landesbibliothek (Fotothek), Dresden, des Museums für Geschichte der Stadt Dresden, von Werksarchiven aus der DDR und der BRD.

Heinz Heuschkel, Konrad Radon und Helga Reuter waren als Fotografen unermüdlich für uns tätig. Die Zusammenarbeit mit den Gestaltern Eveline und Peter Cange gehörte zu den Höhepunkten bei der Erarbeitung dieses Bandes. Lisa Fredrich schrieb das Manuskript mit großer Geduld und Aufmerksamkeit. Wir danken ihnen herzlich.

Dem URANIA-Verlag, und da besonders Lutz Heydick, sind wir für sein Bemühen und Verständnis verpflichtet, unser Unternehmen großzügig gefördert zu haben.

Hainer Plaul, Berlin, und Hartmut Zwahr, Leipzig, möchten wir für wertvolle Hinweise beim kritischen Lesen des Manuskripts danken.

Jürgen Kuczynski fühlen wir uns für manche Gelegenheit, mit ihm über Probleme des Alltags im 19. Jahrhundert sprechen zu können, verbunden.

Sigrid und Wolfgang Jacobeit

Birkenwerder, November 1985

Politisch-administrative Gliederung Deutschlands nach 1871

- ☐ Hauptstadt des Deutschen Reiches
- ○ wichtiges Verwaltungszentrum
- ——— Grenze des Deutschen Reiches
- ——— Grenze eines Bundesstaates
- --------- Provinzgrenze des Kgr. Preußen

HAMBURG Freie und Hansestadt
Pr. zum Kgr. Preußen gehörend
O. zum Ghz. Oldenburg gehörend

Hintergrund und »Große Welt«

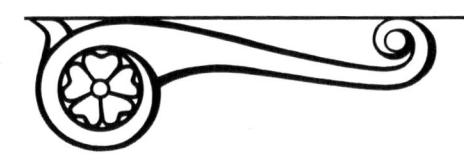

Vorbemerkung

»Mit dem Martinitage 1810 hört alle Gutsuntertänigkeit auf. Nach dem Martinitage 1810 gibt es nur freie Leute.«

Mit diesen Worten aus Paragraph 12 des preußischen Oktoberedikts von 1807 fiel in Preußen eine der drückendsten Fesseln des Feudalismus, die Leibeigenschaft samt anderen aus ihr resultierenden Zwangsmaßnahmen. Das bedeutete für Deutschland nachhaltiger, als es die revolutionierenden Veränderungen im Linksrheinischen und teilweise in Rheinbundstaaten im Gefolge der Ereignisse von 1789 bewirkt hatten, den Anbruch der vom Bürgertum, der Bourgeoisie, geprägten neuen Gesellschaftsformation des Kapitalismus. Die Französische Revolution freilich war, wenn anfänglich enthusiastisch begrüßt, dann in ihren Auswirkungen vielfach verurteilt und abgelehnt, dennoch auch hierfür – nur vermittelter – die eigentliche Voraussetzung.

In unseren Zusammenhängen betrachtet, wird der hier zu behandelnde Zeitraum von 1810 bis 1900 durch zwei bedeutende gesellschaftliche Ereignisse geprägt, die Jürgen Kuczynski als »Geburt einer Klasse von industriellen Kapitalisten und einer Klasse von Industriearbeitern« bezeichnet, Hartmut Zwahr hingegen allgemeiner als »Klassenkonstituierung« kapitalistischer Unternehmer und Lohnarbeiter beschreibt.[6] Wie auch immer, das Geschehen wurde jedenfalls von den beiden neu entstehenden Hauptklassen und ihren Gegensätzen zunehmend bestimmt. Der Prozeß dieser Neuformierung und Konsolidierung verlief nicht mit ungebremster Vehemenz, vielmehr relativ langsam bzw. nicht schneller als in den übrigen Ländern Europas und im Bereich der Landwirtschaft sogar oft quälend langsam auf »preußischem Wege«. Durch den reformerischen Weg wurde sein Ablauf zu lange noch durch feudale Verhältnisse gehemmt. Dennoch steht ein anderes Moment außer Frage: Das kapitalistische System veränderte grundlegend die ökonomischen Verhältnisse und das gesellschaftliche Leben in allen Bereichen – ausnahmslos und rücksichtslos.

Karl Marx und Friedrich Engels haben dies im »Manifest der Kommunistischen Partei« beschrieben: »Die aus dem Untergang der feudalen Gesellschaft hervorgegangene bürgerliche Gesellschaft hat die Klassengegensätze nicht aufgehoben. Sie hat nur neue Klassen, neue Bedingungen der Unterdrückung, neue Gestaltungen des Kampfes an die Stelle der alten gesetzt ... Die ganze Gesellschaft spaltet sich mehr und mehr in zwei große feindliche Lager, in zwei große, einander direkt gegenüberstehende Klassen: Bourgeoisie und Proletariat ... Die Bourgeoisie ... hat alle feudalen, patriarchalischen, idyllischen Verhältnisse zerstört. Sie hat die buntscheckigen Feudalbande ... unbarmherzig zerrissen und kein anderes Band zwischen Mensch und Mensch übrig gelassen als das nackte Interesse, als die gefühllose ›bare Zahlung‹! ... Die Bourgeoisie hebt mehr und mehr die Zersplitterung der Produktionsmittel, des Besitzes und der Bevölkerung auf. Sie hat die Bevölkerung agglomeriert, die Produktionsmittel zentralisiert und das Eigentum in wenigen Händen konzentriert ... Die Bourgeoisie ... hat massenhaftere und kolossalere Produktionskräfte geschaffen als alle vergangenen Generationen zusammen. Unterjochung

1 Vorlesung aus »Werther«, von W. Amberg, 1870. – Träumerisch, erschüttert, aber auch voller Spannung lauschen die jungen Damen der vorlesenden Freundin. Die Szene verrät noch nichts vom Umbruch der Zeit. Aber Goethes »Werther« ist ein Symbol für diese Epoche, die mit herkömmlichen Konventionen bricht und neue gesellschaftliche Normen auch für die zwischenmenschlichen Beziehungen setzt.
Staatliche Museen zu Berlin, Nationalgalerie

der Naturkräfte, Maschinerie, Anwendung der Chemie auf Industrie und Ackerbau, Dampfschiffahrt, Eisenbahnen, elektrische Telegrafen, Urbarmachung ganzer Weltteile, Schiffbarmachung der Flüsse, ganze aus dem Boden hervorgestampfte Bevölkerungen – welches frühere Jahrhundert ahnte, daß solche Produktionskräfte im Schoße der gesellschaftlichen Arbeit schlummerten.« Und weiter heißt es unmißverständlich: »Von allen Klassen, welche heutzutage der Bourgeoisie gegenüberstehen, ist nur das Proletariat eine wirklich revolutionäre Klasse. Die übrigen Klassen verkommen und gehen unter mit der großen Industrie, das Proletariat ist ihr eigenstes Produkt ... Der Fortschritt der Industrie ... setzt an die Stelle der Isolierung der Arbeiter durch die Konkurrenz ihre revolutionäre Vereinigung durch die Assoziation. Mit der Entwicklung der großen Industrie wird also unter den Füßen der Bourgeoisie die Grundlage selbst hinweggezogen, worauf sie produziert und die Produkte sich aneignet. Sie produziert vor allem ihre eigenen Totengräber. Ihr Untergang und der Sieg des Proletariats sind gleich unvermeidlich.«[7]

Diese klassischen Sätze, die es wie kaum andere vermocht haben, noch inmitten der industriellen Revolution die Dynamik unseres Untersuchungszeitraums in großartiger Weise zu umreißen, setzen Maßstäbe gerade für eine Alltagsgeschichte und deren Darstellung. Muß es doch darauf ankommen, nicht nur Proletariat und Bourgeoisie in ihrer jeweils eigenen Entwicklung zu skizzieren und ihre sich in allen Bereichen treffenden unterschiedlichen Grundauffassungen und -interessen als alltagsbestimmende herauszuarbeiten, sondern in gleicher Weise auch den Einfluß bzw. die Veränderungen durch den Kapitalismus in der Lebensweise anderer Bevölkerungsschichten aufzuzeigen sowie sich Fragen nach dem Ver-

2 Trümmer der französischen Armee bei ihrer Rückkehr aus Rußland 1813, von C. G. H. Geissler. – Ein viel verwendetes Motiv! Weniger die menschliche Tragödie der im russischen Winter zurückflutenden Armee nach einem aussichtslosen Feldzug soll zum Ausdruck kommen. Eher sind es Genugtuung und Schadenfreude, daß der »welsche« Usurpator und seine Truppen endlich die ersehnte Niederlage erlitten haben.
Museum der Bildenden Künste zu Leipzig

hältnis zur Tradition, zu überkommenen Gewohnheiten, zur differenzierten Einstellung gegenüber der Obrigkeit, zum Stadt-Land-Verhältnis oder zu den Folgen des Industrialisierungs- bzw. Kapitalisierungsvorgangs u. a. m. zuzuwenden.

Eine knappe Übersicht des historischen Geschehens soll die Grundlage für die Darstellung der genannten Probleme bilden.

Wenn wir am Beginn dieser »Vorbemerkungen« auf das Oktoberedikt von 1807 hinweisen, so sind Aussage und Bestimmung desselben durchaus ein Faktum, das der gegebenen Einschätzung als beginnende Ablösung feudaler Verhältnisse in Preußen-Deutschland allgemein entspricht. Es kann im weiteren aber nicht unsere Sache sein, zur Debatte der Historiker dezidiert Stellung zu nehmen, ob die Reformen ihren Stellenwert als Beginn einer »Revolution von oben« beanspruchen dürfen oder ob sie eben als »Reformen« zu klassifizieren sind.[8] In unseren Zusammenhängen betrachtet, tragen sie insofern ambivalenten Charakter, als sie durch Napoleon und dessen Reformen in anderen deutschen Gebieten zwar veranlaßt wurden, andererseits aber auch von restaurativ-reaktionären Kräften dazu benutzt worden sind, nationalistische Tendenzen, gepaart mit Franzosenhaß, in der Bevölkerung zu wecken, diese für die Befreiung des Landes von der Fremdherrschaft aufzuwiegeln und dabei ihre Treue zum angestammten Herrscherhaus, zu Kirche und Religion, also zu den »alten« Machtverhältnissen, neu zu verfestigen. Darum waren, wie Helmut Bock betont, die preußischen Reformen Beginn, aber »nicht Vollzug der bürgerlichen Umwälzung, sie schufen nicht selbst schon die neue Qualität von Staat und Gesellschaft«.[9] Darüber hinaus ist es u. E. wichtiger, festzustellen, daß durch die Ereignisse von 1789, durch ein Vierteljahrhundert an Volkserhebungen in Europa, Teilnahme an Feldzügen, durch die Auswirkungen der Reformen, auch durch Mitwirkung am Sturz des französischen »Tyrannen« oder durch Kennenlernen revolutionärer Ideen als Angehöriger etwa der Rheinbundarmee u. a. m. »das gesellschaftliche Bewußtsein der Menschen [allgemein] für eine größere Anteilnahme an den sozialen und nationalen Fragen der Zeit« gestiegen war.[10]

Der 1815 auf dem Wiener Kongreß geschaffene »Deutsche Bund« mit 41 unabhängigen Mitgliedern (37 Erbmonarchien und vier Freien Städten) konservierte aber eher den deutschen Partikularismus und besaß als einziges gemeinsames Organ lediglich den Bundestag in Frankfurt am Main. Dort verstanden sich allerdings die Vertreter des Bürgertums allgemein als eigentliche Repräsentanten des jeweiligen Staatswesens und brachten dies allenthalben zum Ausdruck: durch konstitutionelle Bewegungen in den einzelnen Bundesstaaten, Steuerstreiks, Bestrebungen zur Schaffung eines nationalen Marktes mit Festlegungen für ein gemeinsames Maß- und Gewichtssystem sowie zur Zollaufhebung u. a. m.

Für die reaktionären Mächte der zwischen Rußland, Österreich und Preußen abgeschlossenen »Heiligen Allianz« waren das oppositionelle Regungen, denen sie mit

3 Die Freiwilligen!, von A. v. Menzel, 1836. – Der verhaßte Feind ist geschlagen. Freiwillige aus allen Schichten sind aufgeboten, ihn endgültig zu vertreiben, auf daß die alte Ordnung wieder errichtet werde.
Staatliche Kunstsammlungen Dresden, Kupferstichkabinett

4 »Der neue Universalmonarch auf dem zum Wohl der Menschheit errichteten Throne«, um 1814. – Eine der vielen in Deutschland umlaufenden Karikaturen auf den Sturz Napoleons. Auf einem Thron von Schädeln ehemaliger Feinde sitzend, trinkt Bonaparte die Tränen der von ihm ins Unglück Gebrachten und läßt Orden an korrumpierte Generale und Hofschranzen verteilen. Böse lauern die »Geier« der Heiligen Allianz, um sich auf ihn zu stürzen: eine politische Karikatur voller Häme und Scheinheiligkeit.
Germanisches Nationalmuseum Nürnberg

5 »Deutschlands Wiederherstellung 1813«, dargestellt an der Rückkehr des hessischen Kurfürsten nach Kassel, vor dessen Kalesche sich begeisterte Untertanen gespannt haben. Im Sinne der alten Feudalordnung tragen die kurhessischen Soldaten wieder die gepuderte Zopfperücke.
Germanisches Nationalmuseum Nürnberg

höchstem Argwohn gegenüberstanden und gegen die sie mit den Karlsbader Beschlüssen von 1819 ihren ganzen Überwachungsapparat einsetzten. Der Mord an Kotzebue löste in allen Ländern umfassende Repressionen aus, die nicht nur in den Staaten des Deutschen Bundes »für ein Jahrzehnt bis auf einige wenige Ansätze ... die Herausbildung bürgerlicher politischer Organisationen« verhinderte. »Das öffentliche politische Leben verkümmerte. Wer sich nicht zur Fürstenherrschaft bekennen wollte, war zum Schweigen verurteilt. Unzählige Existenzen wurden zerstört, zahlreiche Angehörige der bürgerlichen fortschrittlichen Intelligenz zum Verlassen Deutschlands gezwungen.«[11] Doch in wirtschaftlicher Hinsicht kam die bürgerliche Umwälzung, wenn auch verlangsamt, zumindest so weit voran, daß sie ausgangs der zwanziger Jahre »wesentliche Breschen in die alte ökonomische Ordnung geschlagen und die Anfänge der Industriellen Revolution auf deutschem Boden vertieft« hatte.[12] Diese grundwidersprüchliche Situation mußte zu einer Entladung führen. Der Juli 1830 sollte sie bringen.

Zum zweiten Male war es eine französische Revolution, die dem wieder feudal erstarrenden Kontinent politische Bewegung brachte. Volksmassen begegneten dem versuchten königlichen Staatsstreich mit Waffen, errichteten Barrikaden, schlugen die Regierungstruppen und hißten die revolutionäre Trikolore. Der deutsche Republikaner Seybold bezeichnete die Folgen der französischen Julitage als »unermeßlich. Sie haben, wie mit einem Zauberschlage, Europas politische Gestalt umgewandelt. Eine große Zukunft liegt vor uns. Eine neue Zeit beginnt«.[13] In der Tat beendeten sie den »vormaligen Grundwiderspruch zwischen Bourgeoisie und Feudalität ... endgültig« und erreichten damit gegenüber »1789« eine neue Qualität, denn »von nun an entstanden und wirkten neue, rein kapitalistische Antagonismen«.[14] Sie fanden in Frankreich ihren Ausdruck in der sogenannten Bürgermonarchie, die sich die französische Großbourgeoisie nach abermaligem Sturz der Bourbonen mit Louis Philippe als »Garanten« gegen die Macht der Volksmassen, namentlich die des Proletariats, geschaffen hatte.

Es ist im Rahmen dieser Übersicht nicht möglich, die überall in Deutschland im Gefolge der Pariser Julirevolution sich vollziehenden Ereignisse nachzuzeichnen. Welche Bedeutung »1830« aber für ein Land wie Sachsen hatte, das als »Pionierland kapitalistischer Industrialisierung« durch den Wiener Kongreß drei Fünftel seines Staatsgebietes an Preußen verloren hatte, soll im folgenden skizziert werden.[15] Die Ereignisse waren so zahlreich, daß sich eine Chronologie darüber aufstellen läßt: Danach ereigneten sich revolutionäre Unruhen, Demonstrationen und Tumulte vor dem 13. September in Meißen, Chemnitz, Großenhain und Neukirch. Nach dem 13. September wird von Erhebungen in Mylau, Treuen, Sebnitz, Crimmitschau, Auerbach, Carlsfeld, Werdau, Reichenbach, den Zittauer Ratsdörfern, in Elsterberg, Rodewisch, Klingenthal und Umgebung, Hartha, Langenchursdorf, Hartmannsdorf, Lößnitz, Brand, Frankenberg, Hartenstein, Döbeln, Glauchau, Pulsnitz berichtet. Im Oktober fanden Unruhen in Wilsdruff, Oberlungwitz, abermals in Dresden, in Dahlen und Radeburg statt. Am Ende desselben Monats wurden die Kommunerepräsentanten in Leipzig in ihr Amt eingeführt. Im Dezember widersetzte sich die Dresdner Nationalgarde dem Auflösungsbeschluß, entstand dort der Bürgerverein. Diese Volksbewegungen Sachsens, namentlich die im September und Oktober, waren zwar spontan, uneinheitlich und vielfach unorganisiert, doch zeigen sie eine Reihe von Gemeinsamkeiten, »die sie als einen eigenständigen Typ sozialpolitischer Bewegungen unter den konkreten Bedingungen der ersten Phase der industriellen Revolution bei noch bestehenden spätfeudalen Überbau- und Agrarverhältnissen am Beginn des Prozesses der bürgerlichen Umwälzung ausweisen«.[16] »Wo hat es«, fragt Hartmut Zwahr, »außer in den Zentren landwirtschaftlicher Produktion 1790, Vergleichbares in Sachsen vorher und nachher gegeben? Handwerker, kapitalabhängige Produzenten verschiedenster Art, darunter schon Lohnarbeiter, die Dorfarmut, eine ... kleinbürgerlich-gewerbliche, frühproletarische und landarme Bevölkerungsmasse bildeten die Triebkraft der antifeudalen Umwälzung ... Als antifeudale Revolutionsereignisse überragen die von 1830 ... jene von 1790 und auch von 1848 und 1849.«[17]

Verallgemeinernd für das Deutschland dieser Zeit dürfte das Geltung haben, was Helmut Bock hierzu formuliert hat: Wenn die Werktätigen in den Auseinandersetzungen von 1830/31 auch noch längst nicht den bereits verdienten Lohn ihrer Mühen ernteten, sondern der Gewinn meist in die Taschen der Bourgeoisie floß, die zwar die Industrielle Revolution als ausbeutende Unternehmer weiter vorantrieb, »indessen die sozialen Unruhen der Werktätigen als eine Bedrohung der öffentlichen Sicherheit und des bürgerlichen Eigentums« fürchtete, »war doch der ideologische Gewinn groß und wirkte über die Grenzpfähle der Kleinstaaten hinaus. Wo in den Jahrzehnten zuvor deutsche Volksmassen gegen die feudale Unterdrückung und Ausbeutung rebelliert hatten, waren die Empörungen nur gegen die unmittelbar vorgesetzten Peiniger gerichtet: die Gutsherren und Beamten, die Zunftmeister und Stadtaristokraten – niemals gegen die Fürsten selbst. In den Kämpfen und Revolutionen von 1830/31 hingegen begann die Zersetzung des naiven Monarchismus, der primitiven feudalen Massenideologie, mit der noch 1813 die Mehrzahl der Patrioten in den Krieg gegen Napoleon gezogen war. Erstmalig in der deutschen Geschichte zwangen die Volksmassen einige ihrer Monarchen zur Flucht und zum Thronverzicht. Der jahrzehntealte Glaubenssatz vom Gottesgnadentum legitimer Fürsten mußte dem revolutionären Vernunftprinzip der ursprünglichen Souveränität des Volkes weichen. Diese kleinstaatlichen Volkskämpfe waren eine notwendige Durchgangsstufe der antifeudalen Fortschrittsbewegung, eine Vorbereitung der zukünftigen bürgerlich-demokratischen Nationalrevolution ...«.[18]

Der Ruf nach nationalen Assoziationen, nach »Wiedererweckung« der deutschen Nation auf dem Wege der öffentlichen Meinungsbildung, die Gründung des »Deutschen Preßvereins« u. a. waren trotz weiter bestehender Verbote und Zensur eindeutige Signale. Sie gipfelten schließlich im Hambacher Fest (1832) als einer ersten Massendemonstration und Nationalkundgebung. Unter der Losung »Deutschlands Wiedergeburt« auf dem schwarzrotgoldenen Festbanner forderte man die nationalstaatliche Einheit, rief zum Bündnis mit den französischen Republikanern auf und feierte eine polnische Abordnung als Freiheitskämpfer. Die Teilnehmer des Festes setzten sich aus allen sozialen Schichten zusammen, und dementsprechend waren die in Hambach gehaltenen Reden verfaßt. Sie reichten von Deutschtümelei über Ideen der Verbrüderung und Volksbewaffnung bis zu revolutionär-demokratischen Kampfperspektiven.[19]

Die Ereignisse von 1830/31 hatten weiterhin dazu beigetragen, die Position der Bourgeoisie im sich entfaltenden System des Kapitalismus zu stärken. Auch der Adel, das Bündnis mit dem sich mehr und mehr herausbilden-

6 Hambacher Tuch, wie es besonders Frauen zur Erinnerung an dieses erste Nationalfest der Deutschen, an dem sich über 30 000 Menschen beteiligt haben, trugen. Die Darstellung des Festzuges wird umrahmt von 16 Porträts führender Liberaler, darunter Uhland, v. Rotteck, Welcker. In den vier Ecken des Tuches erinnern allegorische Figuren an Tugenden wie Weisheit, Tapferkeit, Besonnenheit und Gerechtigkeit. Agenten Metternichs berichteten über das Tragen solcher Tücher.
Kurpfälzisches Museum der Stadt Heidelberg

7 Auf diesem bunten Neuruppiner Bilderbogen hat Gustav Kühn eine ganze Anzahl deutscher Potentaten samt ihrer Gattinen dargestellt. Es fehlen die »erlauchten« Königshäupter der größeren deutschen Staaten. Damit wird sehr deutlich die deutsche Kleinstaaterei zum Ausdruck gebracht, die so recht der Restaurationsperiode nach dem Wiener Kongreß entspricht.
Heimatmuseum Neuruppin

den Unternehmertum zur Stärkung der eigenen Position suchend, war am weiteren Ausbau kapitalistisch-bourgeoiser Wirtschaft interessiert. So trafen sich letztlich die Bestrebungen beider Klassen zur Bildung eines nationalen Marktes im Rahmen des Deutschen Bundes. Am 1. Januar 1834 schlossen sich 18 Staaten mit einem Territorium von 425 023 km² und 23 Millionen Einwohnern zum »Deutschen Zollverein« zusammen, in dessen Bereich alle Zollschranken fielen und ein einheitliches Import- und Exportzollsystem gegenüber den nicht zum Verein gehörenden Ländern eingeführt wurde. Weitere Staaten schlossen sich an, andere trafen ihrerseits Sonderregelungen; das reaktionäre Österreich unter Fürst Metternich fürchtete um seine Vorrangstellung im Deutschen Bund. Friedrich Engels formulierte dazu treffend, daß sich die »angehenden Bourgeois« der Zollvereinstaaten daran gewöhnen würden, »nach Preußen zu blicken als ihrer ökonomischen und dereinst auch politischen Vormacht«.[20] Die Gründung des Zollvereins war eine wichtige Voraussetzung für die nationale Einheit, und sie beseitigte elementare Hemmnisse für die weitere Entfaltung des kapitalistischen Systems.[21]

In dieser besonderen Situation des territorial so zersplitterten Deutschlands erwies sich die Bildung eines einheitlichen Nationalstaates zunehmend als zentrale Frage, die auf eine rasche Lösung drängte. Das war um so notwendiger, als die Industrielle Revolution in vollem Gange war und die alten Klassenwidersprüche durch die neuen zwischen Bourgeoisie und Proletariat noch vermehrt wurden. »Diese Häufung von gesellschaftlichen Widersprüchen verwandelte Deutschland in der Mitte des 19. Jahrhunderts in ein revolutionäres Zentrum von europäischer Bedeutung.« Ihre Träger und Triebkräfte waren unter den gegebenen Bedingungen die Volksmassen – Kleinbürger, Bauern, Proletarier –, die wohl insgesamt die Durchschlagskraft besaßen, aber jeweils für sich noch nicht gefestigt genug waren, eine bürgerlich-demokratische Revolution durchzusetzen.[22]

Wiederum ausgelöst durch die Verhältnisse in Frankreich, wo diesmal die Auseinandersetzung um eine Wahlreform den Anlaß zu blutigen Barrikadenkämpfen lieferte, begann die Reihe zahlreicher Erhebungen in Deutschland am 27. Februar 1848 im badischen Mannheim. Auf einer großen Volksversammlung wurden die wichtigsten Forderungen der folgenden Märzereignisse gestellt: Volksbewaffnung, Pressefreiheit, Schwurgerichte, Bildung eines deutschen Parlaments und Koalitionsfreiheit. Diese Forderungen fanden Bestätigung durch den Verlauf der französischen Februarrevolution, die mit der Ausrufung der Republik und der Bildung einer provisori-

Regierende Herren in Deutschland.

schen Regierung zunächst gesiegt hatte. Der Erfolg wirkte »auf Europa wie ein Fanal« und in Deutschland »gleich einer Lunte am Pulverfaß«. Doch anders als in national geeinten, zentralisierten Staaten, wo die Entscheidung für das ganze Land in der jeweiligen Metropole fiel, verhinderte der deutsche Partikularismus eine gezielt-gemeinsame Aktion, so daß in jedem Territorium isoliert und mit unterschiedlicher Zielsetzung gehandelt und gekämpft wurde. Hinzu kam die zwiespältige Haltung der Bourgeoisie, die dort, wo die Volksmassen nachhaltig agierten, eher nach einem Kompromiß mit der Feudalaristokratie suchte, als an der Spitze der bürgerlich-demokratischen Bewegung zu verbleiben. Bezeichnend, aber nicht neu, ist der Brief eines rheinischen Zwirnfabrikan-

ten vom 9. März 1848, der Störungen des Geschäfts fürchtete: »Mehr als dieser Übelstand ist die aufgeregte Stimmung der Proletarier zu beachten, die wie durch einen elektrischen Schlag allgemein ist. Unser Wunsch kann daher nur sein, daß die Regierungen sobald als möglich alle billigen Forderungen bewilligen, und dann die Rolle zu wechseln, d. h. die Regierung zur Aufrechterhaltung der Ordnung im Innern und Äußern mit allen Kräften zu unterstützen.«[23]

Wie schon erwähnt, kam den Volksmassen besondere Bedeutung zu, ob es die Kleinbürger in den Städten Württembergs oder die Bauern Hessens waren, von denen an die 30 000 in Wiesbaden zusammenkamen und den Nassauer Herzog zwangen, alle ihre Forderungen zu ak-

19

zeptieren, ob 3 000 Arbeiter und Handwerker das Münchener Zeughaus stürmten oder in Leipzig die von Robert Blum geführten Arbeiter und Kleinbürger ihre Forderungen stellten. Auch wo sonst noch Veränderungen oder demokratische Rechte zur Debatte standen, wurden diese ohne Barrikadenkämpfe und ohne militärischen Einsatz der Reaktion mehr oder weniger erfüllt.

In den ersten Märztagen war der revolutionäre Funke ebenso auf Preußen übergesprungen, zündete aber nicht zuerst in Berlin, sondern in Köln, wo sich am 3. März eine große Menge von Arbeitern versammelt hatte, um im Rathaus Forderungen zu übergeben, die bereits auf Durchsetzung des allgemeinen Wahlrechts, allgemeine Wählbarkeit u. a. hinausliefen. Das war »das erste selbständige Auftreten der deutschen Arbeiterklasse in der Revolution«, organisiert vom »Bund der Kommunisten«. Am 6. März begannen sich auch die Berliner zu regen. Doch setzte hier die preußische Regierung auf die Armee und damit auf offene Konfrontation, was zu blutigen Auseinandersetzungen am 18. März führte, in denen die Revolutionäre den Sieg davontrugen: Das Militär mußte abgezogen werden, der König sich vor den Gefallenen verneigen, Wilhelm von Preußen – der »Kartätschenprinz« – zeitweilig außer Landes gehen, die Regierung wurde umgebildet, eine Bürgerwehr gegründet u. a. Dennoch fanden die Errungenschaften der Revolution keinen Fortgang. Das Bürgertum spaltete sich je nach Standort und Interessenlage auf; lediglich der »Bund der Kommunisten« orientierte auf den Zusammenschluß der revolutionären Volkskräfte. Wenn anderen Aktionen auch der Erfolg versagt blieb, trugen die 1848er Ereignisse immerhin zur klareren Formierung der Klassenkräfte bei.

Trotz alldem bleibt die Feststellung, daß es die deutsche Bourgeoisie vorgezogen hat, statt ihre Revolution konsequent durchzukämpfen, mit der Feudalaristokratie eine Art »Stillhalteabkommen« zu schließen. Sie beschied sich mit einer Reihe von Zugeständnissen, die sie mit Hilfe der Volksmassen den halbfeudalen Regimes abgerungen hatte und die der weiteren kapitalistischen Entwicklung in Deutschland Vorschub leisteten. Danach und damit war der Weg für ein Klassenbündnis mit der herrschenden Feudalaristokratie frei, und dieses richtete sich gegen die demokratischen Kräfte bzw. gegen die revolutionären Massen und gegen die Proletarier. Die Folge davon war wieder einmal die Niederschlagung allen revolutionären Aufbegehrens in den deutschen Territorien und in anderen europäischen Staaten. – Walter Schmidt hat noch auf zwei weitere Aspekte verwiesen: Das war einmal der Umstand, daß »die Revolution die sich nun vollends verbürgerlichende Adelsklasse zu Maßnahmen zwang, die den Feudalismus ganz beseitigten, den Kapitalismus endgültig freisetzten« und die somit als »wichtigste Schubkraft der bürgerlichen Umwälzung in der deutschen Geschichte« dienten. Zum anderen erlebte Deutschland in dieser Revolution die »erste proletarische Massenbewegung«. Für die Arbeiter selbst wurden die Jahre 1848/49 »zur politischen Schule, in der sie das ABC des Klassenkampfes lernten«; die dabei gemachten Erfahrungen »lockerten den Boden für die in den sechziger Jahren erfolgreiche politische Parteibildung des deutschen Proletariats«.[24]

Fassen wir die Geschehnisse der Revolution von 1848/49 zusammen, so werden wir zwar feststellen müssen, daß die Bourgeoisie »aus Furcht vor der Arbeiterklasse und der revolutionären Bewegung ... ihre historische Aufgabe zur Vereinigung und Führung der antifeudalen Kräfte ... nicht erfüllt und den Übergang in das Lager der Reaktion vorgezogen« hat.[25] Aber schließlich hatte sie, wie Karl Marx es deutlich sah, »alles und mehr erreicht ..., als sie 1847 zu verlangen wagte«.[26] So hat sie den Fortschritt dennoch vorangetrieben, die Produktivkräfte weiterentwickelt, aus Deutschland ein Industrieland ersten Ranges gemacht und damit eine andere historische Aufgabe voll erfüllt, ja, wie Jürgen Kuczynski betont, »sie besser erfüllt als irgendeine andere Bourgeoisie Europas«.[27] Sie hatte im Sinne des objektiven Fortschritts, der Weiterentwicklung des Kapitalismus der freien Konkurrenz, gehandelt, und schon in den fünfziger Jahren begann ihre ökonomische Stärke die des Junkertums zu übertreffen.

Das wirkte sich vor allem dahingehend aus, daß der »junkerlich-monarchische Staat der industriellen Revolution freieren Lauf ließ« und damit »objektiv die Entwicklung der sozialen Kräfte« förderte, die nun nach einem Sturz des herrschenden Systems zu rufen begannen.

Die reaktionären Kräfte hatten sich nach 1848/49 zwar wieder gefestigt und regierten mit rigoroser Gewaltanwendung, der manche Revolutionäre zum Opfer fielen. Doch konnten sie sich über einen längeren Zeitraum in der alten Weise nicht mehr halten. Am Ende der fünfziger

8 Dem »Lichten eines Hochwaldes« gleich muß sich der deutsche Bürger durch ein schier undruchdringbares Gewirr von Schlagbäumen, Hoheitsgrenzen, Landeswappenstangen, Verbotstafeln, herumliegenden Fürstenkronen und anderen Attributen feudaler Macht mit Gewalt durchschlagen, bis er das Ziel der nationalen Einheit zu erreichen hoffen kann.

9 Überall in Deutschland wird auf unterschiedliche Weise der Berliner »Märzgefallenen« von 1848 gedacht, unter denen sich in der Hauptsache »Arbeitsmänner«, Handwerksgesellen und auch Frauen befanden.
Leipziger Illustrierte Zeitung 1848

Jahre bahnte sich zunächst in Preußen eine Krise an, die zu »liberaleren Formen der Machtausübung drängte« und die auf internationaler Ebene der gegebenen Konstellation der Klassenkräfte entsprach: Eine »allmähliche Kräfteverschiebung im Machtmechanismus des Staates zugunsten der Bourgeoisie« zeichnete sich allenthalben ab. In diesen Positionskämpfen, zumal in Deutschland, begann auch das Militär als Druckmittel des Junkertums eine Rolle zu spielen. Dies bereits für die Mitte des 19. Jahrhunderts konstatieren zu können, ist für unsere weitere Darstellung nicht unwichtig.[28]

Eine in Preußen ausgebrochene Führungskrise war – für jedermann offensichtlich – den herrschenden Kräften bedrohlich geworden. Der »starke Mann«, der hier Ordnung zu schaffen und einen gewissen Interessenausgleich herbeizuführen vermochte, war Bismarck, den Wilhelm I. am letzten Septembertag 1862 zum Regierungschef ernannte. Rigoros den Forderungen der sich organisierenden Volksmassen entgegentretend, die politischen Ansprüche der Bourgeoisie eindämmend, aber auch sich dessen bewußt, daß die Macht der Feudalklasse ihre

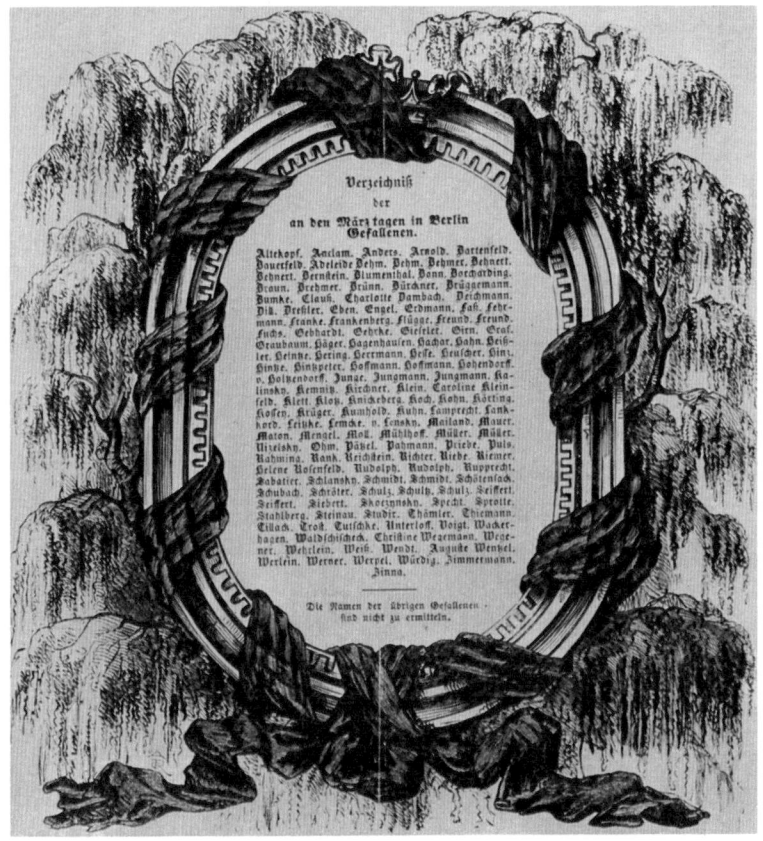

10 Abschied des Schultheißen Bellinger, von J. B. Pflug, 1841. – Bellinger war Schultheiß zu Ingerkingen. Als Respektsperson ist er Deputierter des Oberamtes Biberach für die Feier des 25jährigen Regierungsjubiläums seines Königs Wilhelm I. in Stuttgart geworden. Das war für ihn und sein Dorf ein großes Ereignis, das nicht nur bei seiner Sippschaft Aufsehen erregte.
Staatsgalerie Stuttgart

Grenzen erreicht hatte und sich keiner erneuten, immer noch latenten Revolutionsgefahr aussetzen konnte, äußerte er sich in einem knappen Konzept zur Innenpolitik so: »Soll Revolution sein, so wollen wir sie lieber machen als erleiden.«[29] Dies war dann auch der Kernpunkt seines Handelns und sein Programm, nämlich mit einer »Revolution von oben« die nationalstaatliche Einigung herbeizuführen, damit dem Drängen der Bourgeoisie nachzukommen, gleichzeitig aber das junkerlich-bürgerliche Bündnis zu festigen, um auf dieser Grundlage die Massen des revolutionären Proletariats niederhalten zu können. Vom Standpunkt der Herrschenden war dieser Kurs der optimale Lösungsversuch, aus dem nach 1848/49 entstandenen Dilemma um die Führung im Staat herauszufinden, aber gleichzeitig auch den weiteren Fortschritt der Produktivkräfte zu fördern.

Die Annexion Schleswig-Holsteins im Krieg gegen Dänemark 1864 war der erste Schritt des neuen Kanzlers und der ihm zur Seite stehenden Militärs auf dem Weg zur »Revolution von oben« mit dem Ziel der Reichseinigung. Dieser Sieg führte der herrschenden feudalaristokratischen Klasse auch aus dem Bürgertum Sympathisanten und Verbündete zu, wodurch wiederum die liberale Opposition geschwächt wurde. Gleichfalls leistete eine in den deutschen Staaten entstandene Volksbewegung zur Befreiung der beiden Herzogtümer vom »dänischen Joch« mit ihren unverkennbar nationalistisch-kriegsbegeisterten Zügen der Politik Bismarcks Vorschub.

Zur gleichen Zeit, als die deutsche Öffentlichkeit durch den dänischen Krieg und seine Folgen beschäftigt war, konstituierte sich in der Londoner St. Martin's Hall die »Internationale Arbeiterassoziation«, die als »I. Internationale« in die Geschichte einging. Karl Marx wurde ihr eigentlicher Organisator, und Friedrich Engels stand ihm zur Seite. Das mag deutlich machen, welchen Platz inzwischen das Proletariat in einer Zeit eingenommen hatte, in der die Machtkämpfe zwischen den alten Klassenkräften in modifizierter Form weitergingen, jedoch zu einem Ausgleich drängten und sich schließlich in der gemeinsamen Gegnerschaft gegenüber den Lohnarbeitermassen fanden. Der Kölner »Kommunistenprozeß« von 1852 war dafür bereits kennzeichnend.

Nach dem siegreich beendeten Krieg gegen Dänemark bereitete Bismarck zielbewußt nun das Ausscheiden Österreichs aus dem Deutschen Bund vor, was gleichfalls nur in einer militärischen Aktion geschehen konnte. Mit

11 Arbeiter und Magistrat, von J.P. Hasenclever, 1848. – Am 9. Oktober 1848 hatten Freiligrath und Lassalle vor dem Düsseldorfer Rathaus eine große Demonstration unter roten Fahnen organisiert. Tags darauf drangen Arbeiter in den Sitzungssaal und »forderten in ungestümer Weise beschäftigt zu werden. Der Gemeinderat konnte ihnen nichts weiter sagen, als daß die Mittel erschöpft seien«. Diese Szene der Rat- und Hilflosigkeit und des skeptischen Staunens des Magistrats gibt der Bildausschnitt wieder. Karl Marx lobte das Werk des Künstlers ob seiner »Vitalität«. Ein anderer Zeitgenosse schrieb dazu: »Er hat Geschichte gemalt und Zustände dargestellt, wie sie waren ... Der Ort der Handlung ist Deutschland.«
Kunstmuseum Düsseldorf

der Reorganisation des preußischen Heerwesens durch allgemeine Wehrpflicht, bessere Bewaffnung (z. B. durch das Zündnadelgewehr mit dreifacher Feuerkraft), durch Maßnahmen für eine schnellere und flexiblere Manövrierfähigkeit der Truppen unter Benutzung der Eisenbahn, durch entsprechende manipulative Propaganda gegen den vermeintlich unversöhnlichen Gegner der auch von der Bevölkerung erwünschten nationalen Einheit u. a. m. hatte Moltke, der neue Generalstabschef und Vertraute Bismarcks, alle Vorbereitungen für einen Präventiveinsatz der Armee geschaffen. Wenn man in Europa auch mit der österreichischen Überlegenheit gerechnet hatte, erwies sich die preußische Armee zusammen mit ihren norddeutschen Bundesgenossen doch als die schlagkräftigere. Der blutige Sieg Moltkes bei Königgrätz-Sadowa am 3. Juli 1866, der die Österreicher und Sachsen 43 000, die Preußen 9 000 Mann kostete, brachte die Entscheidung. Österreich verlor seinen Einfluß auf den Deutschen Bund, es wurde zu Reformen und zum Ausgleich mit Ungarn bzw. den multiethnischen Territorien der Monarchie gezwungen.

»1866« bedeutete eine Vorentscheidung zur nationalstaatlichen Einheit. »Mit Gewalt« wurde als »Vollzug einer ›Revolution von oben‹ ... der überlebte Deutsche Bund gesprengt, der preußisch-österreichische Dualismus beendet und die Herrschaft mehrerer legitimer Fürstenhäuser beseitigt, ... erzwang Bismarck mit den Machtmitteln der Junkerklasse die rasche Fortführung der bürgerlichen Umwälzung.« Die Bourgeoisie »honorierte« den Sieg von Königgrätz und dessen Auswirkungen mit einem überwältigenden Wahlerfolg der Konservativen auf Kosten der demokratisch-liberalen Gruppierungen. Historisch notwendiger Fortschritt und »reaktionärer Charakter« der politisch-gesellschaftlichen Verhältnisse waren schon im Vorfeld der noch zu schaffenden nationalen Einheit die beiden Seiten ein und derselben Medaille.[30] Ein Bonapartismus preußisch-bismarckscher Prägung wurde die Grundlage junkerlich-bourgeoiser Herrschaft, wenn auch in einer »Dialektik von Bündnis und Gegensatz zwischen diesen Partnern«.[31] Spiegelbild der neuen Kräftekonstellation war u. a. die Armee, die weiterhin dem Monarchen als Oberbefehlshaber unterstellt blieb und deren Führungskräfte sich den »reaktionären altadligen Traditionen« verpflichtet fühlten. Gleichzeitig wuchs die aggressive Haltung im junkerlich-bourgeoisen Offizierskorps. »Die große Rolle der Armee ... förderte machtstaatliches Denken, Chauvinismus und Untertanengeist und trug entscheidend zur Stärkung der Kräfte der Reaktion bei.« Der Militarismus wurde eines der bemerkenswertesten Kennzeichen auf dem Wege zur nationalen Einheit – und weit darüber hinaus!

Gestützt auf diese Machtkonstellation, arbeitete Bismarck konsequent an der Erfüllung seiner politischen Ziele weiter. Schon einen Monat nach Königgrätz schloß er mit 22 deutschen Staaten Verträge zur Bildung eines »Norddeutschen Bundes« mit einem gewählten Bundesparlament. Die bis Anfang 1867 ausgearbeitete Verfassung sah die Bildung eines Föderativstaates vor, der den einzelnen Mitgliedern zwar gewisse innere Verwaltungsregelungen auf gesetzlicher Grundlage zuerkannte, jedoch dem »Partner« Preußen das erbliche Präsidium durch den König, die Führung der Armee einschließlich der Entscheidung über Krieg und Frieden, die Leitung der Außenpolitik, die völkerrechtliche Vertretung und das Recht zur Ernennung des Bundeskanzlers garantierte. Zugleich legte diese Verfassung »die Durchführung von allgemeinen, gleichen und direkten Wahlen zur Bestimmung der Abgeordneten fest«, was ein gewisses Zugeständnis an die 1848er Forderungen des Volkes darstellte. Mitte Februar 1867 fanden die ersten Wahlen zum konstituierenden »Norddeutschen Reichstag« statt, dessen Mehrheit die Bismarcksche Politik begünstigte. Mit August Bebel als Abgeordnetem der 1867 gegründeten »Sächsischen Volkspartei« gelangte dabei zum ersten Mal ein Vertreter der deutschen Arbeiterklasse in ein Parlament! Wenn er und wenige andere Abgeordnete der Fortschrittspartei und der katholischen Fraktion auch gegen die Annahme der Bismarckschen Verfassung stimmten, konstituierte sich doch der Norddeutsche Bund am 1. Juli 1867. Seine Verfassung wurde mit unwesentlichen Modifikationen 1871 zum Grundgesetz des Deutschen Reiches.

Bebels Wahl war ein nicht zu übersehendes Zeichen gewachsener Arbeiterassoziationen in Deutschland. Arbeitervereine und Genossenschaften unterschiedlichsten Anliegens waren zur Durchsetzung elementarer Rechte zahlenmäßig gewachsen, stellten eine Antwort dar auf die sozialen Mißstände, auf fehlende Bildungsmöglichkeiten sowie Freizeit, auf unerfüllte Grundbedürfnisse u. a. m. Auch die Ideen der I. Internationale fanden mehr und mehr Verbreitung. Örtliche Vertretungen entstanden in einer Reihe von Städten, sie fungierten vor allem als »Propagandazellen«, hatten Beziehungen zur Genfer Zentrale im Exil, holten sich Rat bei Karl Marx; 1866 gelang es dem Mitglied der Berliner Sektion, Siegfried Meyer, zum ersten Mal in Deutschland das »Manifest der Kommunistischen Partei« herauszugeben. Als dann auch Wilhelm Liebknecht – Kandidat der »Sächsischen Volkspartei« – Sitz und Stimme bei den Wahlen zum gesetzgebenden Bundestag erhielt, nutzten er und Bebel ihre

Grenadiere im Schnee von F. v. Rayski (1834). – »Mit Mann und Roß und Wagen hat sie der Herr geschlagen ...«, steht als Motiv über den zahlreichen Bildern und Texten, die den Rückzug von Napoleons »Grande Armee« aus Rußland 1812 zum Inhalt haben. Diese »gottgewollte« Niederlage des verhaßten Feindes wurde zum Signal des preußisch-deutschen Widerstandes gegen den korsischen Tyrannen; es entstand eine nationale Aufbruchstimmung, verbunden mit militärischer Mobilisierung breiter Kreise der Bevölkerung. Oder sollte auch die menschliche Tragödie, die Unsinnigkeit des Krieges zum Ausdruck gebracht werden?
Staatliche Kunstsammlungen Dresden,
Gemäldegalerie Neue Meister

Schuhmacherwerkstatt um 1840 (Deutsches Ledermuseum Offenbach/Main) und hölzerne Napoleonfigur als Bienenbeute aus Thüringen (Freilichtmuseum Hohenfelden). – In der Zeit des deutschen Vormärz erwachte unter den Werktätigen die Erinnerung an Fortschritt und Errungenschaften der Französischen Revolution. Die Gestalt Napoleons wurde zum Symbol gegen feudale Reaktion: In der Schusterstube unterstreicht sein Bild an der Wand den Gegensatz zwischen dem als traditionell gekennzeichneten Meister mit Zipfelmütze sowie einem hämmernden Gesellen mit Hauskäppchen und den beiden anderen, deren Kopfbedeckung sie eher als nichtzünftige Werkstatt-Arbeiter ausweist; in den Dörfern könnte die Napoleon-Bienenbeute wohl Unzufriedenheit der Bauern mit den sich dahinschleppenden Agrarreformen anzeigen.

Schützenscheibe auf die vier nach 1813 gegen Napoleon verbündeten Monarchen von Rußland, Österreich, Preußen und Bayern (1818). – Mit solchen Darstellungen demonstrierte das etablierte Kleinbürgertum »vaterländische« Gesinnung. Stadtmuseum Kronach

»Bilder aus dem täglichen Leben« sind ein immer wiederkehrendes, aber in seiner Aussage wechselndes Motiv auf den Bilderbogen als einem weit verbreiteten Informations- und Kommunikationsmittel der 1. Hälfte des 19. Jahrhunderts. Neben vielem Trivialen und Zufälligen aus dem Familienalltag wird immer auch auf das Armen- und Bettelwesen als geläufige Zeiterscheinung hingewiesen.
Heimatmuseum Neuruppin

28

Der Brand des Schlosses zu Braunschweig nach dessen Erstürmung durch die aufgebrachten Volksmassen am 7./8. September 1830 gehört zu den bemerkenswertesten Ereignissen dieser ersten bedeutenden revolutionären Periode in Deutschland nach 1789. Braunschweigisches Landesmuseum für Geschichte und Volkstum

Preisverteilung beim Oktoberfest zu München 1824 von A. Adam. – Zur Zeit der beginnenden Industriellen Revolution nahm die Förderung der Landwirtschaft noch den ersten Platz ein. Das traf in besonderer Weise für Bayern zu, wo schon zu Beginn des Jahrhunderts mit der Einrichtung des »Oktoberfestes« eine festliche Gelegenheit gegeben war, auf landwirtschaftliche Novationen hinzuweisen und die Bemühungen von Bauern zu prämieren. Germanisches Nationalmuseum Nürnberg

Mahl- und Schlachtsteuer von W. Kleinenbroich (1847). – Der Maler arbeitete als Zeichenlehrer im Kölner Arbeiterverein und stand dem Bund der Kommunisten nahe. Daher mit den sozialen Gegensätzen seiner Zeit vertraut, stellte er das Eintreiben einer Konsumsteuer von armen Leuten durch uniformierte Büttel am Kölner Stadttor vor dem Hintergrund einer Jagdgesellschaft dar, die der Bankier Oppenheim veranstaltet hat. Aus formalen kunstkritischen Erwägungen schon 1914 aus dem Bestandskatalog des Kölner Wallraff-Richartz-Museums entfernt, wurde das Gemälde wegen seiner Themenstellung erst in jüngster Zeit wieder der Öffentlichkeit zugänglich gemacht. Kölnisches Stadtmuseum, Köln

»Am 26. Mai 1848, dem rothen Barricadentage« (in Wien) von F. Gaul d. J. (1848). – Der Künstler schrieb dazu auf der Rückseite des Blattes: »In den Nachmittagsstunden des genannten Tages zog eine große Masse (mit Krampen, Schaufeln, Hämmern, Eisenstangen und Sensen) bewaffneter Eisenbahnarbeiter, geführt von einem Studenten der Akademischen Legion zum Sukkurs der Legion in die Stadt. Dieselben kamen gemengt mit Weibern, die ebenfalls bewaffnet waren, von der Südbahn.«
Historisches Museum der Stadt Wien

Zerstörung des Prügelstocks vor dem Theater zu Hanau am 18. März 1848 von J. H. Fiedler. – Als Symbol für Gewaltjustiz und Folter wird der Prügelstock von den Hanauern zerschlagen. Das ist keine spontane Aktion, sondern ein durch das Arbeiterfreicorps (Sensenmänner links) sowie Turner und Bürgergarde (sich die Hände reichende Männer rechts) organisiertes Vorgehen. Die Lithographie trägt zwei Inschriften, eine davon in Mundart lautet: »Nu! wos gibts dau Eu! dar Bock ward verschosse.« Die andere ist ein Schillerzitat: »Weh, wenn sich in dem Schooß der Städte/ Der Feuerzunder still gehäuft,/ Das Volk, zerreißend seine Kette/ Zur Eigenhülfe schrecklich greift.« Ein symbolisches wie realistisches Zeitdokument zugleich!
Historisches Museum Hanau

Barrikadenbau 1849 (Neuruppiner Bilderbogen). – Nicht nur Männer stehen auf den Revolutionsbarrikaden. Auch die Frauen haben ihren Anteil; einige zunächst noch abwartend, andere schon Hand anlegend. Mit der schwarzrotgoldenen Fahne steht eine von ihnen furchtlos an exponiertester Stelle. Ob hier authentisch oder nicht: Der Frauendarstellungen sind zu viele, als daß ihre Teilnahme an den Revolutionskämpfen der Jahre 1848/49 übersehen werden könnte.
Heimatmuseum Neuruppin

Erntearbeiten auf dem Gut Schlieffenberg in Mecklenburg (1855). – Mit der Lokomobile findet auch in der Landwirtschaft die Dampfkraft ihre Anwendung, und dies führt zu neuen Formen der Arbeitsteilung. Das trifft insbesondere für die Drescharbeiten zu, deren maschineller Ablauf den traditionellen Flegeldrusch ablöst.
Staatsarchiv Schwerin, Bildersammlung

Dieses Firmenschild einer Dampfpflug-Lokomobile (um 1900) veranschaulicht, wie ein gut organisierter Maschineneinsatz Arbeitszeit und Arbeitskraft einspart, freilich meist auf Kosten der Landarbeiter.
Sammlung W. D. Könenkamp, Regensburg

Position, von der Tribüne des Parlaments die Forderungen ihrer Arbeiterwähler zu vertreten, sie in eine breitere Öffentlichkeit zu tragen. Gleichzeitig führten sie grundsätzliche Auseinandersetzungen mit den Lassalleanern.

All dies und die zunehmende Verbreitung des Gedankenguts von Karl Marx und Friedrich Engels sowie die wachsende Organisiertheit des Proletariats förderten Pläne, eine »revolutionäre proletarische Partei auf marxistischer Grundlage« zu schaffen. Die Mehrheit des Verbandes Deutscher Arbeitervereine dafür zu motivieren bot sich für Bebel und Liebknecht als dessen Inauguratoren am ehesten an. Binnen eines Jahres gelang es ihnen, genügend Kräfte für die Gründung einer solchen Partei zu mobilisieren. Vom 7. bis 9. August 1869 tagte in Eisenach der Allgemeine Deutsche sozialdemokratische Arbeiterkongreß – bis dahin der größte seiner Art – mit 262 Delegierten aus 193 Orten, an dessen Ende dann die Gründung der »Sozialdemokratischen Arbeiterpartei« mit Statut und Programm stand. Mit dieser »Eisenacher Partei« erreichte die deutsche Arbeiterbewegung eine neue Etappe in ihrem nun unversöhnlich gewordenen Kampf gegen Junkertum, Bourgeoisie und Militarismus, wurde die Polarisierung der neuen Klassengegensätze am Vorabend der »Reichseinung von oben« überdeutlich.[32]

Der Prager Friede von 1866 hatte die Unabhängigkeit der deutschen Staaten südlich des Mains festgeschrieben und die Bildung eines süddeutschen Staatenbundes ins Ermessen der Beteiligten gestellt. Unmittelbar nach Beendigung des Krieges gab es dort eine breite nationale Strömung für einen Zusammenschluß mit dem Norddeutschen Bund, der aber von den herrschenden Dynastien, dem Klerus und anderen Kräften nicht erstrebt wurde. Trotz schwankender Stimmungen für oder gegen den nationalen Zusammenschluß von Nord und Süd verstand es Bismarck, seine Position zu stärken und die nationale Einigung weiterzutreiben. Er schloß mit den süddeutschen Staaten militärische Schutzverträge, stellte den deutschen Zollverein auf neue, günstigere Grundlagen – und trotzdem wuchsen die antipreußischen Tendenzen südlich des Mains. Die Möglichkeit, die Reichseinheit auf friedlichem Wege zu erreichen, schien ferner denn je. Da nutzte Bismarck geschickt und mit der ihm eigenen Fähigkeit zu Intrige und Desavouierung die um die spanische Thronnachfolge durch einen Hohenzollern entstandene Krise, Napoleon III. zur Kriegserklärung an Preußen zu provozieren. Die deutsche militärische Organisation erwies sich als überlegen: Nach knapp vier Wochen wurde die entscheidende Schlacht bei Sedan geschlagen, Napoleon III. gab sich gefangen, die französische Armee war dezimiert oder verschanzte sich in den Festungen des Landes. Das bonapartistische Regime wurde gestürzt, die Pariser riefen die Republik unter einer »Regierung der nationalen Verteidigung« aus.

Mag dieser Krieg gegen Frankreich anfänglich den Charakter eines »nationalen Verteidigungskrieges« gehabt haben oder nicht, nach Sedan wurde er auf alle Fälle zu einem deutschen Annexionskrieg, der auf die Abtretung von Elsaß-Lothringen als dem erklärten Wunschziel der deutschen Industriebourgeoisie und auf die Kontribution von 5 bis 6 Milliarden Goldfrancs abzielte. In Kenntnis dieser Tatsachen führte von nun an die französische Republik einen wirklich nationalen Verteidigungskrieg, der ihr die moralische Unterstützung aller fortschrittlichen Kräfte einbrachte. Auch die deutsche Arbeiterbewegung reihte sich in diese internationale Solidaritätsfront ein. Sie veranstaltete Protestversammlungen, organisierte schriftliche Manifestationen gegen Bismarck und gegen den preußisch-deutschen Militarismus. Im Norddeutschen Reichstag stimmten Bebel und Liebknecht gegen die Bewilligung weiterer Kriegskredite; in Hochverratsprozessen wurden sie zu Gefängnisstrafen verurteilt. All dies verhinderte jedoch nicht die Einschließung der französischen Hauptstadt, den Versuch ihrer Aushungerung, die Beschießung und das Erleiden schwerster Verluste beim Versuch, Paris zu entsetzen. Frankreich sah sich schließlich zum Präliminarfrieden gezwungen, der die Abtretung von Elsaß und Lothringen sowie die Zahlung von 5 Milliarden Goldfrancs fixierte. Am 26. Februar 1871 fand die Unterzeichnung statt.

Dieser dritte und letzte Sieg in einer Kette von »Einigkeitskriegen« führte die nationale Einheit Deutschlands herbei. Der nun alle Staaten umfassende Norddeutsche Bund war zum »Deutschen Reich« geworden – mitten im Krieg gegen die französische Republik. Es war buchstäblich aus »Blut und Eisen« entstanden. Auch der symbolische Akt, Wilhelm I. von Preußen zum Kaiser des Reiches zu küren, fand am 18. Januar 1871 im Kriege auf widerrechtlich erobertem, fremdem Boden statt. Das zweite deutsche Kaiserreich war als eines der reaktionärsten, militaristisch kaum zu überbietenden staatlichen

12 Kammer der Reichsräte der Krone Bayern, Foto F. Hanfstaengel, 1865. – Von Maximilian II. in den bayerischen Reichsrat berufen, haben sich Adel und Vertreter der Feudalbürokratie mit Großindustriellen wie J. A. v. Maffei, L. v. Faber u. a. zu gemeinsamen Aktionsberatungen zusammengefunden.
Central-Archiv A. W. Faber-Castell, Stein bei Nürnberg

13 »Die Ambulance bei Düppel am 18. April 1864«, von Th. Freiherr v. Zedlitz. – Dieses Gemälde entstand »zum Besten für die Verwundeten« beim Sturm auf die Düppeler Schanzen. Es zeigt, welche Organisation eine moderne Kriegführung erfordert, um die ärztliche Versorgung der hohen Anzahl von Verwundeten halbwegs zu garantieren.
Armeemuseum der DDR Dresden

Gebilde so entstanden, wie es 1918 wieder enden sollte – in Eisen und Blut. Und dennoch: »Nunmehr herrschten in Deutschland«, wie Rolf Weber bemerkt, »die kapitalistischen Produktionsverhältnisse; ein geschlossenes Wirtschaftsgebiet und ein nationaler Binnenmarkt waren entstanden ... Die Entstehung des bürgerlichen Nationalstaates beendete die Möglichkeit der Einmischung ausländischer Mächte in deutsche Belange und schuf das einheitliche Kampffeld, auf dem die Klassenkämpfe der bürgerlichen kapitalistischen Gesellschaft frei von partikularistischen Fesseln ausgetragen werden konnten.«[33] – Fassen wir abschließend hierzu nochmals den gesamten Entwicklungszeitraum ins Auge, den wir bisher durchstreift haben, so gilt Jürgen Kuczynskis Einschätzung: »1810 bis 1870/71, das heißt eine Zeit des revolutionären Werdens einer neuen Gesellschaftsordnung – revolutionär trotz zahlreicher reaktionärer Züge, trotz aller Misere.«[34]

Für die letzten drei Jahrzehnte unseres Untersuchungszeitraumes steht im Ergebnis des deutsch-französischen Krieges zunächst das Signum der Pariser Kommune. Schon während der deutsch-französischen Friedensverhandlungen ab März 1871 in Brüssel hatte sich abgezeichnet, daß die Pariser Nationalversammlung nicht nur kapitulationsbereit war, sondern sich gegenüber den republikanisch-proletarischen Kräften in der Metropole unnachgiebiger und aggressiver verhielt. Von dieser Nationalversammlung im Stich gelassen und verraten, setzten die Pariser Arbeiter und ihre Verbündeten die seit Napoleons III. Sturz verkündete Parole der Gemeindefreiheit, die Kommune von Paris, in die Tat um. »Daraus erwuchs binnen kurzem die erste Arbeiterregierung der Welt.« Noch während der Kämpfe zwischen den revolutionären Verbänden der Kommune und den Truppen der Versailler Reaktionäre schrieb Karl Marx an Kugelmann, auf das Besondere der Lage hinweisend: »Der Kampf der Arbeiterklasse mit der Kapitalistenklasse und ihrem Staat ist durch den Pariser Kampf in eine neue Phase getreten. Wie die Sache auch unmittelbar verlaufe, ein neuer Ausgangspunkt von welthistorischer Wichtigkeit ist gewonnen.« Gewiß! Gewonnen wurde aber auch die Erkenntnis, daß zu dieser Zeit die Bourgeoisie bereits auf eine konkrete internationale Unterstützung rechnen konnte, wenn es um die Beseitigung revolutionärer Gefahren ging: Als am 10. Mai 1871 die deutschen und französischen Bevollmächtigten den endgültigen Friedensvertrag unterschrieben, war es schon beschlossene Sache, daß den Versailler Truppen der Nationalversammlung, ungehindert von den deutschen Belagerern der französischen Hauptstadt, der Angriff auf die Kommunarden von Norden her ermöglicht wurde. Das besiegelte das blutige Ende der Pariser Kommune, an dem Preußen-Deutschland mit beteiligt war.

Das neugeschaffene Deutsche Reich selbst erlebte außerordentliche gesellschaftliche Veränderungen bis zur Jahrhundertwende, begleitet von beträchtlichen Verschiebungen im Kräfteverhältnis aller Klassen und Schichten. Beginnen wir mit der überkommenen Feudalsubstanz: Hatte es noch 1864 und 1866 nicht wenige dynastische Gegensätze gegeben, waren nicht wenige Potentaten auf die Erhaltung ihrer kleinen und kleinsten Territorien ängstlich-rechthaberisch versessen, so sonnten sie sich jetzt trotz Machtschwundes ihrer Herrschaft und trotz aller Ressentiments gegen Kaiser, Kanzler und Preußen in der Selbstgefälligkeit, es sei »ihr« Reich, das Bismarck für sie alle, für ihre altfeudale Klasse, geschaffen habe. Und tatsächlich wahrte ja dieses neue Reich bismarck-bonapartistischer Prägung »ihre fürstliche Herrlichkeit und mehrte ihren Wohlstand, den sie noch in der Weimarer Republik erfolgreich verteidigten«.[35] Traditionen belebten sich wieder, wurden bis zu Heimattümelei und reaktionärer Borniertheit umstilisiert – all das willfährig unterstützt und gefördert von konservativen Kreisen des Bürgertums.

Was die Bourgeoisie anlangt, so war ihre repräsentativste Partei und gleichzeitig auch die vorerst stärkste im Reichstag die Nationalliberale. Das entsprach der wirtschaftlichen Bedeutung ihrer Mitglieder. Mit ihrer Kompromißpolitik gegenüber Junkertum und Bismarckstaat hatte sie selbst liberale Positionen und Forderungen aufgegeben. In der Freikonservativen Partei waren Hochadel und Vertreter der Schwerindustrie sogar ein offenes Bündnis eingegangen. Ihre Fraktion nahm im Reichstag die Rolle der »politisch-parlamentarischen Leibgarde« des Kanzlers ein.

Was die Bourgeoisie im Bunde mit den feudal-reaktionären Kräften und im Kompromiß mit dem preußisch-deutschen Militarismus versäumt und verhindert hatte: die Verbindung von Nation und Demokratie, das war jetzt erklärte Aufgabe der Sozialdemokratischen Arbeiterpartei, deren Führer sie über die Jahrhundertwende hinaus immer besser zu einer Massenpartei zu entwickeln vermochten. Das Wegziel war für einen Mann wie Wilhelm Liebknecht eindeutig, wenn er erklärte: »Wir wollen die soziale Revolution.« Das war ein Programm, das keinen Zweifel über die Ziele der Arbeiterbewegung auf-

14 Transport österreichischer Gefangener auf dem Freiburger Bahnhof in Breslau 1866, von A. Dressler. – Alle Schichten der Bevölkerung, Junge und Alte, Frauen und Männer begaffen wie bei einer exotischen Tierschau die bei Königgrätz Geschlagenen. Die Durchfahrt des Zuges wird zu einem billigen, bestellten »Volks«-Vergnügen, bei dem man kaum eine Geste der Menschlichkeit gegenüber den Gefangenen wahrnimmt.
Nationalgalerie Berlin (West)

15 Ein preußischer Soldat erklärt seinen österreichischen Kameraden vor einem dänischen Gasthof das Zündnadelgewehr, von W. Camphausen, 1869. – Diese moderne Waffe hatte wesentlichen Anteil am raschen Sieg der preußischen Armee über die österreichische. Noch Jahre nach dem erfolgreichen zweiten »Einigungskrieg« ist der legendäre Ruf des Zündnadelgewehrs immer wieder Anlaß, in Journalen mit hoher Auflage auf dieses Erzeugnis preußischer Waffenpräzision hinzuweisen und so das Vertrauen in die Schlagkraft der Armee zu stärken.

16 Satire auf den Sieg der deutschen Staaten über Napoleon III. – ein frühes Zeugnis deutscher Überheblichkeit gegenüber einem geschlagenen Gegner
Märkisches Museum Berlin

17 Preußen und Bayern besiegeln über der Leiche eines französischen Soldaten die deutsche »Einheit«; eine widerwärtige Allegorie, in ihrer Aussage kaum zu überbieten, mit dem preußischen Kommißstiefel auf dem Leib des erschossenen Franzosen!

18 Aus dem Leben eines Landwehrmannes, 1872. – Soldat und Familie, ein beliebtes Genre gesteuerter Propaganda zur Beruhigung der Angehörigen in der Heimat, der Soldaten an der Front, zum Durchhalten beider bis zum »Endsieg«

kommen ließ. Ebenso hatte sich im Mai 1871 August Bebel öffentlich zum Erbe der Pariser Kommune bekannt: »Wenn auch im gegebenen Moment die Kommune unterworfen ist, so erinnere ich Sie daran ..., daß der Hauptkampf in Europa noch bevorsteht und daß nicht einmal einige Jahrzehnte vergehen werden, bis der Kampfruf des Pariser Proletariats: ›Krieg den Palästen, Friede den Hütten, Tod der Not und dem Müßiggang‹ zum Kampfruf des gesamten europäischen Proletariats wird.« Das war zu Freund und Feind gesprochen und zeigte an, daß sich das Schwergewicht der internationalen Arbeiterbewegung nach Deutschland zu verlagern begonnen hatte.[36]

Doch darf in diesen Zusammenhängen und gerade mit Blick auf den Alltag der Werktätigen nicht außer acht gelassen werden, daß die Parteien keineswegs sämtliche Schichten der Bevölkerung erfaßten. Für viele blieb die Religion die eigentliche ideologische Stütze bei der Bewältigung ihrer Nöte und Ängste in einer für sie neuen Welt, zu deren Verantwortlichen sie kein Vertrauen hatten, auch nicht haben konnten, und in deren Meinungsstreit wie klassenkämpferischen Auseinandersetzungen sie sich nicht zurechtfanden. Das war natürlich eine letztlich indifferente Haltung in einer so bewegten Zeit wie der nach der Reichsgründung. Wenn sich diese Volksmassen dessen zwar kaum bewußt waren, wurde doch eben daraus politisches Kapital durch die Kirchen geschlagen: Nahm die evangelische die Gelegenheit wahr, sich im »Bündnis von Thron und Altar« den herrschenden Kreisen anzubiedern, indem sie mit den ihr eigenen Mitteln der Indoktrination die in ihrer Observanz stehenden Gläubigen »Für Gott, Kaiser und Vaterland« politisierte, so sammelte die katholische Kirche ihre Scharen in der bereits 1870/71 gegründeten Zentrumspartei und ihr zugehörigen Verbänden oder Vereinen um sich. In ihrer Position gegen das Evangelische schlechthin, das mit Kaiser, Kanzler, Behördenapparat – und Preußen überhaupt – für sie identisch war, gab sich die stets oppositionelle Zentrumspartei partikularistisch-antipreußisch – damit den langjährigen Kulturkampf auslösend –, setzte sich für den Ausgleich der Klassenkräfte und Klassengegensätze auf dem Lande sowie in den Fabrikstädten ein und vertrat durchaus energische Maßnahmen zum Wohl der pauperisierten Massen und der Arbeiter. »Das alles war vielfach begleitet vom Bedauern über die kapitalistische Industrialisierung und von Sehnsucht

19 Titelblatt des von Friedrich Engels und Karl Marx verfaßten »Manifests der Kommunistischen Partei«, erstmals erschienen im europäischen Revolutionsjahr 1848. Sein Grundsatz »Proletarier aller Länder, vereinigt euch!« unterstreicht gegenüber dem wachsenden Chauvinismus der Bourgeoisie den internationalistischen Charakter der Arbeiterklasse.

20 Flugblatt zum 1. Mai 1896. – Seit 1889 zum Internationalen Kampftag der Arbeiterklasse erklärt, spiegeln die zahlreichen Plakate, Festzeitungen, Spruchbänder, Umzüge und feierlichen Veranstaltungen die Kampfziele der Arbeiterbewegung und die Notwendigkeit des Zusammenschlusses aller Werktätigen in Stadt und Land wider.

nach patriarchalischen und agrarischen Zuständen, nach ›guter alter Sitte und Volkstum‹.«[37]

Hier erfolgte ein bewußter Rückgriff auf eine vermeintlich heile Welt vorkapitalistischer Prägung, ein bewußtes Manipulieren und Einschwören auf Kirchlich-Religiöses als Hort des bewährten Alten, der guten Tradition, die Sicherheit verleiht. Solche Sehnsucht nach der »heilen Welt« wurde in den Klassenauseinandersetzungen ein Politikum ersten Ranges, spielte unter dem Stichwort »Agrarromantik und Großstadtfeindschaft« allgemein eine wichtige Rolle in der Bewußtseinsentwicklung und bildete schließlich einen günstigen Nährboden für manche verhängnisvollen nationalistischen Tendenzen. Wenn es bisweilen bei der Klärung entscheidender Ereignisse in der Geschichte des deutschen Imperialismus um Fragen der Verhaltensweisen des werktätigen Volkes geht, liegt die Antwort häufig genug in diesen Zusammenhängen, stellt sich folglich die Schuldfrage auch mit an die bürgerliche Geschichtswissenschaft und andere gesellschaftswissenschaftliche Disziplinen, wie besonders an Volks- und Völkerkunde.

Die drei Jahrzehnte bis zur Jahrhundertwende waren eine Übergangsperiode zum Imperialismus. Am deutlichsten wird dies im Begriff der »Gründerjahre«, in denen die Milliarden der französischen Kriegskontribution mit dazu verwendet wurden, »Aktiengesellschaften« als Vorstufen der späteren Monopole zu gründen. Gleichzeitig wurden neue Bank- und Kreditinstitute geschaffen; 1872 waren es allein in Preußen 49 mit einem Kapital von über 345 Millionen Mark. Mit ihnen begann der Verschmelzungsprozeß von Bank- und Industriekapital. Großbanken steuerten nicht nur den industriellen Aufschwung, sondern erfreuten sich auch bester Beziehungen zu Hof und Regierung. Es ist hier nicht der Ort, die weitere industrielle Entwicklung und ihre Folgen darzustellen.[38] Ausdrücklich zu verweisen ist aber auf die 1873/74 ausbrechende Überproduktionskrise, die durch den industriellen Aufschwung nach 1871 sowie durch die z. T. ungeschickt angelegten französischen Milliarden ohne erweiterten Absatzmarkt entstanden war und der eine lange Depression folgte. 1875 verschärfte eine Agrarkrise im internationalen Ausmaß die Situation noch mehr. Das Ende der Krise, in die weite Teile fast aller Bevölkerungskreise hineingerissen wurden, zeichnete sich durch Konzentration des Kapitals in den Banken und durch beginnende Kartellbildung ab, durch die viele kleinere Unternehmen in Konkurs gerieten. Die Krise bedeutete gleichzeitig den Abschluß des »Kapitalismus der freien Konkurrenz« und leitete den Übergang zur Monopolwirtschaft ein, die um die Jahrhundertwende ihren Durchbruch erzielte.

Als bei der Reichstagswahl von 1874 der Lassallesche »Allgemeine Deutsche Arbeiterverein« (ADAV) und die marxistisch orientierte »Sozialdemokratische Deutsche Arbeiterpartei« (SDAP) 6,8 Prozent der gültigen Stimmen erhielten und somit in den Reichstag einzogen, wirkte dieser Erfolg auf die Öffentlichkeit wie ein Schock. Er veranlaßte Friedrich Engels zu der Feststellung, daß nunmehr »das deutsche Proletariat an die Spitze der europäischen Arbeiterbewegung [getreten sei]. Zum ersten Mal wählen die Arbeiter en masse ihre eigenen Leute, stellen sich als eigene Partei hin, und zwar über ganz Deutschland«.[39] Dieser Erfolg beider Arbeitervereinigungen führte gleichzeitig zu Überlegungen und Bestrebungen einer Fusion. Sie kam nach langwierigen Verhandlungen über das in manchem kompromißlerische Programm, das Marx und Engels wegen wichtiger Zugeständnisse an Lassallesche Doktrinen heftig kritisiert hatten, 1875 in Gotha auf dem sogenannten Vereinigungsparteitag zustande. Die Rückwirkungen nach der Parteigründung waren dennoch beachtlich: Innerhalb eines Jahres stieg die Mitgliederzahl von 4 000 auf über 38 000, entstanden zwölf neue politische Organe, war 1877 die Zahl der Parteizeitungen auf 41 angewachsen usw. Trotz steigender Verfolgungen und Verbote durch die staatliche Exekutive wurde bei den Reichstagswahlen 1877 die Gothaer Vereinigung die viertstärkste Partei.

21 Illegales Transparent der Sozialdemokratischen Partei Deutschlands anläßlich des 10. Jahrestags der Verkündung des »Sozialistengesetzes« – eine Zeit des ungebrochenen Kampfes und Widerstandes gegen die zahlreichen staatlichen Unterdrückungsmaßnahmen. Die Arbeiterbewegung gewann in diesen Jahren viel an kämpferischer Erfahrung und Durchhaltekraft für die kommenden Jahrzehnte.

22 Besuch im Eisenwalzwerk, von A. v. Menzel, 1900. – Der Künstler schuf dieses Jubiläumsblatt für den oberschlesischen Grubenbesitzer E. Arnhold, der als einer der einflußreichsten Mäzene galt. Dennoch ist dieses Bild eines der radikalsten Menzels, das die Unvereinbarkeit der beiden Klassenkräfte des Kapitalismus großartig zum Ausdruck bringt. Es vereinigt in sich gegenwärtigen Zustand und künftigen Gesellschaftswandel.

Alarmiert durch diese Erfolge der Arbeiterpartei und veranlaßt durch die Folgen der Wirtschaftskrise, denen Bismarck und seine Gesinnungsfreunde durch Schutzzölle zu ihren Gunsten beizukommen suchten, sowie durch die wachsende Opposition im Reichstag, die der persönlichen Machtausweitung des Kanzlers hinderlich war, brachte Bismarck – nachdem zwei Attentate auf den Kaiser fadenscheinige Vorwände geliefert hatten – das »Gesetz gegen die gemeingefährlichen Bestrebungen der Sozialdemokratie« im Reichstag ein, das, als »Sozialistengesetz« bekannt, am 21. Oktober 1878 in Kraft trat. August Bebel hatte schon einen Monat zuvor von der Tribüne des Parlaments erklärt: »Kurz, meine Herren, die Regierungen mögen machen, was sie wollen, sie können uns doch nicht ernsthaft an den Kragen ... Die Arbeiter werden, dessen seien Sie sicher, mit der äußersten Zähigkeit für ihre Überzeugungen eintreten, sie werden in Werkstätten, in Fabriken, in der Familie und im Bierhaus, auf der Eisenbahn, sonntags auf Spaziergängen und an vielen anderen Orten, wo sie niemand genau zu kontrollieren imstande ist, zusammenkommen ... Und diese Tätigkeit lahmzulegen, wird ihnen ganz unmöglich sein ...«[40] In der Tat erwies es sich, daß die Arbeiter und ihre Partei trotz arger Schwierigkeiten, in die sie mitunter gerieten, vielfältige Mittel und Wege fanden, die Präsenz der Sozialdemokratie wo nur irgend möglich zu demonstrieren. Die Reaktion auf das Sozialistengesetz und der Kampf gegen die Unterdrückung waren geradezu ein Element ihres Alltags geworden! Und das zahlte sich aus: Nach fast zwölf Jahren, am 25. Januar 1890 fiel das Sozialistengesetz, und am 20. Februar konnte die Sozialdemokratie 19,7 Prozent aller Wählerstimmen hinter sich bringen. Gegenüber 1887 hatte sie damit ihre Stimmenanzahl nahezu verdoppelt und war zur stärksten Partei geworden. Die Bismarckschen Maßnahmen hatten sich als unwirksam erwiesen. Der Wahlsieg vom 20. Februar war für den Kanzler eine Niederlage, die schließlich seine Abdankung im März 1890 mit besiegelte. 1898 errang die Partei 27,1 Prozent aller Wählerstimmen.

Das Breitenwachstum der deutschen Sozialdemokratie ließ allerdings nach 1890 mehr oder minder starke Einflüsse des Opportunismus spürbar werden – ein ideologisches Abgleiten, das sich schon im Gothaer Programm angekündigt hatte. In den innerparteilichen Auseinander-

23 Kaiser Wilhelm der Siegreiche, von F. Keller, 1897. – Trotz Verherrlichung des triumphierenden Imperators ist dieser Wilhelm I. der »Kartätschenprinz« geblieben, in dessen Namen die reaktionären Kräfte Deutschlands nicht nur die »Einheit« des Reiches »in Blut und Eisen schmiedeten«, sondern auch ihren haßerfüllten Kampf gegen die »feindlichen Kräfte« im Inneren führten. Im Sinne dieser Apotheose einer schier übermenschlichen Gestalt trägt das Bild zutiefst politischen Charakter als Verherrlichung der Hohenzollern und deutschen Großmachtstrebens.
Staatliche Museen zu Berlin, Nationalgalerie

setzungen obsiegte zwar der marxistische Flügel, indem er auf dem Erfurter Parteitag 1891 ein neues Programm durchsetzte, das Lenin noch 1899 als vorbildlich für eine marxistische Partei bezeichnete. Doch opportunistische Kräfte erhoben immer wieder ihre Stimme, und es fehlte nicht an weiteren Versuchen der herrschenden Klasse, die Arbeiterbewegung lahmzulegen. Massenstreiks, wie der der Hamburger Hafenarbeiter von 1896, waren darauf eine Antwort, und die Sozialdemokratische Partei war die einzige Massenorganisation, die es vermochte, dem wilhelminischen Ausbeuter- und Militärstaat im Übergang zum Imperialismus ernsthaft die Stirn zu bieten.

Diese Übergangsperiode zum Imperialismus und zur Monopolbourgeoisie meinen wir nicht besser als mit den folgenden Worten von Jürgen Kuczynski charakterisieren zu können: »Von 1871 bis 1900 entwickelte sich Deutschland zur Weltmacht ... In den drei Jahrzehnten von 1870 bis 1900 wurde Deutschland zur ganz überwiegend stärksten Wirtschaftsmacht des europäischen Kontinents, ließ Frankreich weit hinter sich zurück, näherte sich England bis auf wenige Schritte und blieb nur (aber dies mehr und mehr) hinter den Vereinigten Staaten von Amerika zu-

rück.«[41] Es bleibt in gleicher Weise zu vermerken, daß nach der »Reichseinigung von oben« die deutsche Arbeiterklasse es vermocht hat, sich gegen alle Pressionen und restriktiven Maßnahmen der herrschenden junkerlich-bourgeoisen Klasse durchzusetzen und die für diese Zeit führende revolutionäre Partei und Bewegung aufzubauen. Begann »das erste Jahrzehnt [nach der Reichsgründung] mit dem Posaunenstoß der Kommune, so endet[e] das dritte Jahrzehnt damit, daß der Kapitalismus in sein letztes Stadium tritt«.[42]

Das klassenbewußte Proletariat aber überschritt nach Franz Mehrings Worten »die Schwelle des zwanzigsten Jahrhunderts ... mit freudigem Mute und stolzer Zuversicht ... Wer zu seiner Fahne schwört, hat ein Ideal, wie es keine Vorzeit größer gekannt hat, und besitzt eine Bürgschaft des Sieges, wie sie der genialste Eroberer noch nie besessen hat. Er weiß, wofür er lebt, und im neuen Jahrhundert gilt ihm, wie im alten, der frohgemute Befreierruf: Es ist eine Lust zu leben!«[43]

Jedoch: Im Deutschland unseres Untersuchungszeitraumes waren die Klassenkräfte »komplizierter« strukturiert als anderswo. Junkerliche Feudalreaktion und Bour-

24 »Die kaiserlichen Erlasse« hat der Neuruppiner Verleger Gustav Kühn diesen Bilderbogen genannt, der sich auf notwendig gewordene sozialpolitische Maßnahmen nach dem Fall des Sozialistengesetzes bezieht. Diesen Umstand bringt der Bilderbogen natürlich nicht zum Ausdruck, vielmehr legt er überschwengliche Dankesworte an Wilhelm II. den Arbeitern in den Mund.
Heimatmuseum Neuruppin

25 Wenn auch im Stil der Zeit heroisiert, verkörpert die Siegfried-Gestalt in eindrucksvoller Weise die Arbeiterklasse, die mit den von der Französischen Revolution übernommenen Bekenntnissen zu »Freiheit, Gleichheit, Brüderlichkeit!« den Drachen des Sozialistengesetzes überwunden hat, gegen alle erlittenen Repressalien im festen Vertrauen: »Der Sieg ist unser, trotz alledem!«
Internationales Archiv der sozialen Demokratie, Amsterdam

geoisie als herrschende Klassen hatten sich nach und nach oder mehr und mehr zu einem Bündnis gegen das Proletariat und seine revolutionäre Bewegung zusammengeschlossen, und das prägte das historisch-gesellschaftliche Geschehen in diesem so spät und als »Revolution von oben« national geeinten Deutschland voller Widersprüche, Halbherzigkeiten und gefährlicher Antagonismen auf der einen und revolutionärem Elan, Fortschrittsdenken sowie internationaler Solidarität auf der anderen Seite. All dies mußte seine Rückwirkungen auf den Alltag der Bevölkerung haben, mußte deren Reaktionen als Widerstand, Ausgleich oder Anpassung auslösen. Die Werktätigen entwickelten in dieser Zeit vielleicht noch mehr Fähigkeiten, sich im Hin und Her der Gegensätze zurechtzufinden, sich Eigenes zu schaffen – und dies meist unter erbärmlich-elenden Bedingungen. Sicher gab es manches, was als Erfahrungswissen »traditionell« überkommen war, und lange hielten sich die alten Herrschaftsstrukturen und -methoden bzw. wurden immer von neuem virulent, wenn die Konstellationen sich wieder einmal als dafür »günstig« entwickelten. Aber sonst und grundsätzlich war die Welt nach der Französischen Revolution, die Zeit nach 1810 eine andere geworden; nicht immer gleich erkennbar, widerspruchsvoll, aber im letzten von einer Dynamik geprägt, die sich allenthalben positiv wie negativ widerspiegelte.

43

Die bürgerlichen Reformen

und ihre
Auswirkungen

Es unterliegt keinem Zweifel, daß die Proklamierung des Oktoberedikts von 1807 (1810) eine große Bedeutung hatte, da es wesentliche Voraussetzungen für die Entwicklung der kapitalistischen Produktivkräfte in Deutschland schuf. Dabei war der Freiherr vom Stein im Grunde ein Gegner des aufstrebenden Bürgertums und noch mehr der Französischen Revolution. Und der nach wie vor herrschende Feudaladel setzte alles daran, die Entlassung aus Erbuntertänigkeit, Gesindezwangdienst oder die Aufhebung des Verbotes der Freizügigkeit durch allerlei Winkelzüge, Machenschaften und offene Gewaltanwendung zu unterlaufen oder rückgängig zu machen. Solches gelang ihm meist dadurch, daß er es – besonders in Preußen und anderen ostelbischen Territorien – durchzusetzen vermochte, den Bauern nur »gegen Abtretung von einem Drittel seines Grundbesitzes (oder dessen Geldwert) in einen freien Eigentümer des ihm dann noch bleibenden Stücks« zu verwandeln. Schon ein Jahr nach dem Sieg der vereinigten Mächte über Napoleon in der Schlacht bei Waterloo wurde in Preußen per Dekret vom 29. Mai 1816 die Ablösbarkeit der Feudallasten auf Kosten der Bauern weiter erschwert,[44] das Oktoberedikt damit in seiner progressiven, von Staatskanzler Hardenberg fortgeführten Zielsetzung wieder abgeschwächt.[45]

Landwirtschaft

Der Kampf um die Schaffung frei verfügbaren Eigentums und um die endliche Aufhebung aller Feudallasten machte vor allem die mittleren und kleineren Bauern, aber auch landarme Schichten zu einer wesentlichen Triebkraft für die Durchsetzung kapitalistischer Produktionsverhältnisse. Das führte zu entsprechenden Spannungen. Geradezu hilflos klingt die Eingabe des Majors von Winterfeld an den preußischen Finanzminister vom Oktober 1817 um Rücknahme der Reformedikte, die dem preußischen Staat angeblich mehr Schaden zugefügt, »als es feindliche Verheerungen hätten tun können ... Mein kleines Dorf, wo Ruhe und Eintracht wohnten, wo jeder wußte, was er zu tun hatte, und wo rechtliche Entscheidung und politischer Zwang etwas Unerhörtes waren, ist seit diesem unglücklichen Edikt ein Wohnplatz der Zwietracht und Widersetzlichkeit geworden. Niemand tut oder leistet mehr, was er schuldig ist, ohne durch Zwang dazu angehalten zu werden, und Justiz und Polizei sind nicht im Stande, vor sie gebrachte Beschwerden zu schlichten«.[46] Ähnlich hieß es in der Eingabe preußischer Gutsbesitzer bereits vom 30. November 1811 an den Staatskanzler von Hardenberg bezüglich der kurz zuvor erlassenen Regulierungsmaßnahmen der Gemeindefluren: »Die neueren Festsetzungen ... verwischen jeden seitherigen Begriff von Eigenthum. Wer kann etwas sein Eigenthum nennen, wo Gesetze heute diesen, morgen jenen Theil desselben einem Andern, der weder Rechte noch Ansprüche darauf hat, übertragen?«[47] So etwas war in der Tat für Vertreter der preußischen Feudalordnung, wie Jürgen Kuczynski betont, »eine wirkliche Revolution mit entscheidenden Veränderungen in den Produktions- und darum auch in den Eigentumsverhältnissen!«[48]

Durch die Agrarreformen wurde der schon im 18. Jahrhundert deutlich spürbare Differenzierungsprozeß inner-

26 Sommerliche Landschaft bei Grevesmühlen in Mecklenburg, 1830/1840. – Der Bildausschnitt unterscheidet sich in der Grundkonzeption kaum von Darstellungen des 18. Jahrhunderts. Dennoch wird in der Art und Weise des Wirtschaftens durch die arbeitsamen Knechte und Mägde, den sauberen, vierspännigen Pferdezug, die propere Gehöftanlage, die zum Trocknen aufgehängten Felle oder Flachssträhnen, die intakte Holländermühle oder das Vorhandensein einer Art Badeanstalt angedeutet, daß in dieser großbäuerlichen Gegend der feudale Schlendrian verschwunden ist.
Historisches Museum Schwerin, Abt. Volkskunde

27 Verdienstmedaille des landwirtschaftlichen Vereins im Herzogtum Nassau, 1864. – Es gibt kaum ein deutsches Territorium, in dem seit den bürgerlichen Agrarreformen kein landwirtschaftlicher Verein gegründet worden wäre, der sich nicht um eine Förderung der Anbauwirtschaft, der Viehhaltung und der Sonderkulturen bemüht hätte. An verdiente Mitglieder vergaben die Vereine Orden, Medaillen, Präsente und andere Ehrungen.
Museum Wiesbaden

28 Diese Darstellung eines Bauernhofs auf einem Bilderbogen (Mitte des 19. Jahrhunderts) ist mit der Gemächlichkeit der dort Beschäftigten, dem Vielerlei an Getier, der müßig dastehenden Hausfrau und dem gemütlich nach Hause zuckelndem Bauern eine Idylle fernab der Realität. Bilder dieser Art haben viel dazu beigetragen, ein verklärt-falsches Bild vom bäuerlichen Leben zu verbreiten.
Märkisches Museum Berlin

29 Ausstellung moderner landwirtschaftlicher Arbeitsgeräte und -maschinen, 1844

30 Titelblatt einer agrochemischen Zeitschrift für den praktischen Gebrauch, 2. Hälfte des 19. Jahrhunderts.
Das neue Bild der Landwirtschaft präsentiert sich in Zeugnissen, die auf den Zusammenhang mit Technik und Naturwissenschaften verweisen, die Lernen und Studieren durch den Bauern erfordern. Das aber kostet Geld und war nicht ohne Risiko. Darum stellte schon K. A. Varnhagen von Ense nach dem Besuch der Berliner Gewerbeausstellung von 1844 fest: »Die Fortschritte sind groß ..., verdienen alle Anerkennung; aber ... die Masse des Volkes hat wenig Vorteil davon ... Selbst diese Dresch- und Sämaschinen, an unsere Bauern gelangen sie nicht. Der Vortrab unserer Zivilisation, die Reichen und Gebildeten, verzehrt alles ...«

halb der bäuerlichen Klasse und der Dorfbevölkerung wesentlich forciert, führte zu einer Polarisierung zwischen Großbauern bürgerlicher Prägung und Kleinstbauern bzw. Landarbeitern und Tagelöhnern, damit zu einer neuen Sozialstruktur auf dem Lande. Die breite Schicht der Mittelbauern tendierte je nach den Entwicklungsetappen bzw. den örtlich-landschaftlichen Gegebenheiten zum Aufstieg in die Klasse der Dorfbourgeoisie oder zum Abstieg ins Landproletariat. Dennoch blieb sie als soziale Schicht weiterhin bestehen. Mit der Entwicklung der ehemaligen Gutsherren zu kapitalistisch wirtschaftenden Junkern konnten sich wesentliche Teile der alten Feudalklasse nach und nach der neuen Gesellschaftsordnung anpassen und weiterhin einen beträchtlichen Einfluß ausüben. Verallgemeinernd wird man sagen dürfen, daß sich der feudalzeitlich bedingte Agrardualismus in Deutschland zwischen ostelbischer Gutsherrschaft und westelbischer Grundherrschaft unter kapitalistischen Vorzeichen dahingehend wandelte, daß im Ostelbischen die mehr und mehr von Landarbeitern bewirtschafteten Großbetriebe dominierten, während in den Gebieten westlich der Elbe die Bauernwirtschaften überwogen. Im allgemeinen blieb, trotz starker Verschuldung und trotz enormer Arbeitsleistungen der Familien, eine zahlenmäßig starke Bauernschicht als landwirtschaftlicher Hauptproduzent erhalten. Entsprechend den sozialökonomischen Bedingungen, waren der Westen, Südwesten sowie die mittleren Territorien Deutschlands klein- und mittelbäuerlich strukturiert, während im Nordwesten und in Bayern eher die Großbauern das Rückgrat der Agrarproduktion bildeten. Daneben ist seit den zwanziger Jahren allerwärts ein Anwachsen von Kleinbauernstellen zu verzeichnen, die sich Angehörige der Landarmut trotz ärgster finanzieller und sozialer Belastungen durch freien Ankauf bäuerlicher Bodenanteile erwarben. So löste sich also im Verlaufe der Agrarreform die alte feudalagrarische Klassenschichtung auf, und es entstand eine kapitalistische mit einer wachsenden Anzahl von Landarmen bzw. Parzellenbesitzern, die ärmlich genug vegetierten, sich als Lohnarbeiter verkaufen mußten und die als freigesetzte Kräfte ein wesentliches Kontingent der Reservearmee der Industriellen Revolution stellten. Aber nicht nur von hier aus sind kapitalismusfördernde Beziehungen zwischen Landwirtschaft und Industrie zu vermerken. Auch die finanziellen Einnahmen der Gutsbesitzer und Junker aus den Ablösungen kamen der Industrie über Banken und Kreditinstitute zugute, ebenso die Verkaufsgewinne aus dem Anbau von Monokulturen (z. B. Zuckerrüben) oder aus den Erzeugnissen gesteigerter und qualifizierterer Viehwirtschaft (Stallhaltung).

Dabei dürfen wir nicht verkennen, daß Deutschland erst seit den sechziger Jahren zu einem Agrar-Industrie-Land wurde und der Umschwung zu einem der führenden Industriestaaten mit einer starken Landwirtschaft zwischen 1871 und der Jahrhundertwende stattfand. Von den 41 Millionen Einwohnern des Reiches waren 1871 noch 64 Prozent auf dem Lande ansässig. Die Zahl der in der Landwirtschaft Tätigen lag doppelt so hoch wie die von Handwerk und Industrie zusammen. Das änderte sich zwischen 1882 und der Jahrhundertwende, als die Beschäftigtenanzahl im agrarischen Sektor unter die von Industrie und Handwerk sank. Bevölkerungsstatistisch gesehen, war damit die Entwicklung des Kapitalismus der freien Konkurrenz abgeschlossen, und eingeleitet wurde der Übergang zum Monopolkapitalismus.

Für den gesamten Agrarbereich ist dieser Entwicklungszeitraum auch in anderer Weise einer der wichtigsten: Altes und Neues standen sich mitunter recht unvermittelt gegenüber. Vieles trug Übergangscharakter. Die Durchsetzung von kapitalistisch geprägtem Neuem konnte durch noch nicht genügend herangereifte Voraussetzungen oder festgefahrene Gewohnheiten bzw. noch vorhandene halbfeudale Strukturen wesentlich gehemmt werden. Hingegen vermochten einer kapitalistischen Entwicklung günstige Bedingungen – unter Umständen durch spätfeudale Besitzverhältnisse vorgeprägt – eine rigorose Veränderung herbeizuführen. Solche Landschaften (Börderegionen, Marschengebiete, alpiner Raum u. a.) wurden mit der zunehmenden sozialen Polarisierung Spiegelbilder kapitalistischer Klassenverhältnisse.

Dennoch gilt allgemein, daß sich auf dem Sektor der agrarischen Produktionstechnik bis zum Entstehen einer leistungsstarken deutschen Landmaschinenindustrie (um die Jahrhundertmitte) kaum wesentliche Veränderungen vollzogen. Zur Bodenbearbeitung für pflanzliche Tiefkulturen rigolten z. B. Hunderte von Landarmen und Tagelöhnern die Äcker mit dem Spaten, bis sich in den sechzi-

31 Das Paulsmeyersche »Gewese« am Marktplatz in Ottensen bei Hamburg, 1840. – Die Nähe der Großstadt führt zu verstärkter bäuerlicher Milchwirtschaft, hier in unmittelbarer Nachbarschaft eines Anwesens mit »bürgerlicher Gartenkultur«; ein beredtes Zeugnis für die sich verändernden Stadt-Land-Beziehungen.
Staatsarchiv Hamburg

32 Wege der Ernte- und Wanderarbeiter in der 2. Hälfte des 19. Jahrhunderts nach I. Weber-Kellermann, 1965

ger Jahren nach und nach der erste Gespanntiefpflug – als »Wanzleber Pflug« – durchsetzte. Ansonsten blieb das traditionelle bäuerliche Arbeitsgeräteinventar fast unverändert in Benutzung, bestenfalls ergänzt durch produktiver arbeitende Instrumente aus der entwickelteren westeuropäischen Landwirtschaft. Vermittelt wurden solche Innovationen oft durch einheimische Handwerker, die gemeinsam mit Bauern Herkömmliches umkonstruierten, damit den heimischen Verhältnissen Adäquates schufen und so den agrotechnischen Fortschritt förderten.

Sehen wir davon ab, daß auch die Junkerwirtschaften im allgemeinen bis zur Jahrhundertmitte noch nicht das Spitzenniveau der fortgeschrittensten europäischen Länder erreicht hatten, so zeichnete den Bauern eine seit jeher sprichwörtliche Anpassungsfähigkeit an die gegebenen Verhältnisse aus. Sie äußerte sich u. a. in einer bestimmten Findigkeit, auch mit herkömmlichen Arbeitsgeräten und Arbeitsmethoden den steigenden Produktionsanforderungen gerecht zu werden und darüber hinaus eine Ertragssteigerung zu erreichen. All dies gründete sich auf die konzentrierte Nutzung von oft bescheidenen ökonomischen Möglichkeiten, von mitunter unwesentlich erscheinenden, aber im letzten doch wirksamen Verbesserungen traditioneller Arbeitsverfahren, wohl auch auf die gelegentliche Anschaffung weniger, er-

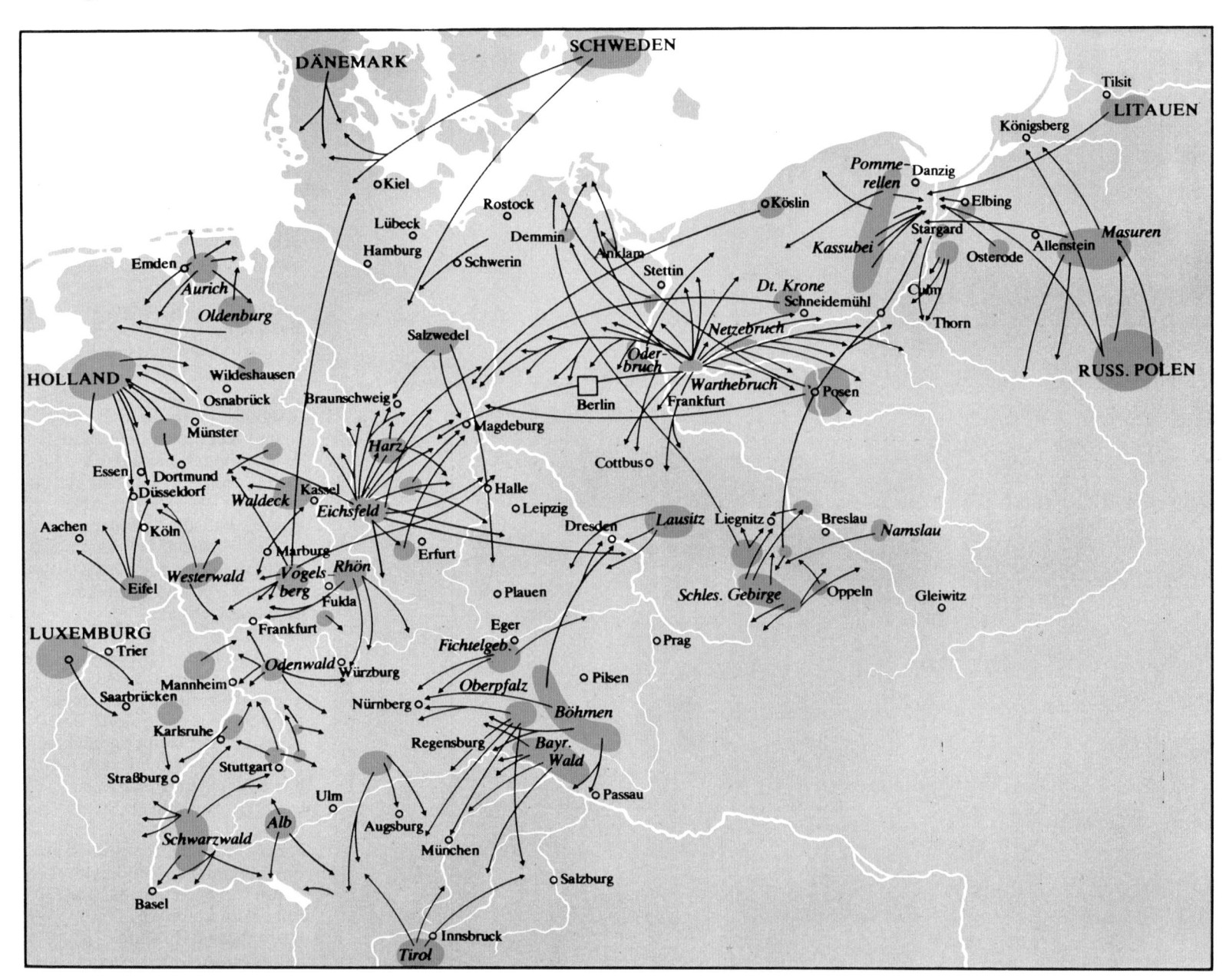

33 Aufbruch zur Erntearbeit vor dem Hof Faesecke in Gr. Bierstedt/Altmark, um 1900. – Die bäuerliche Familie sowie Gesinde oder Landarbeiter posieren mit ihren Arbeitsgeräten und in Arbeitskleidung vor einem Fotografen. Alle müssen sie zur schweren Arbeit aufs Feld. Nur die ältere Bäuerin bleibt im Haus, um fürs Essen auf dem Feld und nach Feierabend zu sorgen.
Johann-Friedrich-Danneil-Museum Salzwedel

34 Vieles auf dem Bild ist gestellt und hingestellt; stimmig aber ist der Eindruck von diesem ärmlichen Kleinbauernanwesen, das der Besitzer mit einer Hilfskraft wieder instand zu setzen versucht.
Bildarchiv Ernst Hirsch, Dresden

35 Eine Familie aus dem östlichen Harzgebiet. – Mit 25 Hektar Besitz war man schon »Ackermann« und gab sich zu entsprechenden Gelegenheiten bürgerlich. Der Alltag sah freilich anders aus: Um die Zugtiere zu schonen, mußte die hier so streng aussehende Frau des behäbigen Ackermanns das Viehfutter mit dem Tragkorb in die Raufen »bukkeln«. Kurz nach dem Besuch beim Fotografen starb sie 1867 mit 43 Jahren. Als Siebzigjähriger folgte ihr 1880 der Ackermann. Was alles können selbst solche »Stand«bilder aussagen, wenn man das Schicksal der jeweiligen Personen zu rekonstruieren vermag.

36 Tagelöhnerfamilie vor ihrer Kate in Schwerin-Mueß, um 1900. – Ob sie alle drei noch auf dem Feld tätig sind? Der Vater mit der sauber geflickten Hose, die Mutter mit dem wollenen Kopf- und Brusttuch trotz der wärmenden Sonne oder die freundlich und brav dreinschauende Tochter? Beide Frauen kennen wohl kaum eine Pause – wenigstens das Strickzeug muß klappern.
Historisches Museum Schwerin, Abt. Volkskunde

schwinglicher, neuartiger Technologien (Drillmaschinen, Göpelantrieb, Stiftendrescher, manuell betriebener Häckselschneider, Drehbutterfässer u. a.), vor allem aber auf härteste körperliche Arbeit sämtlicher Familienangehöriger, teils auch hausfremden Personals (Gesinde).

Dieses letztlich noch der Dreifelderwirtschaft verhaftete Erfahrungswissen reichte spätestens dann nicht mehr aus, als neue, wissenschaftlich begründete Anbau-, Züchtungs- und die Bodenstruktur verbessernde Methoden mehr und mehr den Erwerb wissenschaftlicher Kenntnisse zum *Erlernen* rationeller Landwirtschaft, das Umsetzen von Theoretischem in die Praxis erforderten. Nun wurden auch staatlicherseits entsprechende Ausbildungsmöglichkeiten dafür eingerichtet, zur Teilnahme an agrotechnischen Experimenten aufgerufen, Prämien für die Beteiligung an Züchtungsversuchen ausgesetzt, Ausstellungen veranstaltet, die sich bald zu wahren Volksfesten entwickelten, die belehrende Literatur durch weitere Bauernkalender und handliche, wohlfeile Broschüren vermehrt, Erfahrungsveranstaltungen anberaumt u. a. m. All jenes erforderte nach und nach ein Umdenken und Experimentieren, das gewisse Risiken mit einschloß. Wirkliche Umstellungen vollzogen sich vielfach erst in solchen Betrieben, die sich auch mal einen mißglückten Versuch oder gar einen Fehlschlag »leisten« konnten. Viele der mittleren und kleineren Bauern beobachteten zunächst, warteten ab, entschieden sich erst, nachdem sie sich durch sinnliche Wahrnehmung vom Erfolg einer Sache überzeugt hatten. Sie waren bedachtsame, ökonomisch klug und vorsichtig kalkulierende Produzenten, verhielten sich abwartend auch gegenüber dem späteren Einsatz von Maschinen. Gerade hier galt vorsichtiges Kalkulieren mit der finanziellen Leistungsfähigkeit der jeweiligen Wirtschaften, mußten der Kosten-Nutzen-Faktor sehr ernsthaft erwogen, Erfahrungen eingeholt werden, galten negative Beispiele als Warnung, Erworbenes nicht leichtfertig aufs Spiel zu setzen. Altbewährtes, wenn auch Verbessertes, vor allem aber der Einsatz menschlicher Arbeitskraft waren immer noch sicherer als manches neumodische Ding, das man selbst nur unvollkommen beherrschte. – Eine solche Einstellung mag auch hin und wieder bei Großbauern und Junkerwirtschaften eine Rolle gespielt haben, die oft recht lange zögerten, etwa einen Fowlerschen Dampfpflugsatz zu erwerben (seit den

37 Fulder Erntearbeiter, von J. F. Dielmann, 1835. – Die Arbeitsleute im Vordergrund haben zu Hause keine durchgängige Beschäftigung mehr gefunden, müssen ihre Arbeitskraft nun in reicheren Agrarlandschaften anbieten. Sie unterscheiden sich von den bäuerlichen Gruppen im Hintergrund, die in die Stadt gekommen sind, um diese Fulder Saisonarbeiter anzuwerben.
Städelsches Kunstinstitut Frankfurt am Main

38 Landschaft mit Taufgesellschaft (Ausschnitt), von A. Zeh, 1860. – Während oben eine Taufgesellschaft zur Kirche spaziert, holt unten eine junge Mutter in Arbeitskleidung, barfuß, das Kind auf dem Rücken, Wasser – eine der vielen Landarmen um diese Zeit. Die oben Vorübergehenden schauen hinunter, sie schaut hinauf.
Staatliche Kunstsammlungen Dresden, Gemäldegalerie Neue Meister

achtziger Jahren). Ähnliches galt für den Einsatz mehrspänniger Erntemaschinen, an deren Stelle man weit billiger Zehntausende von Saisonarbeitern, sogenannte Schnitterkolonnen, aus deutschen Notstandsgebieten oder aus dem europäischen Osten engagierte, die im Akkord unter erbärmlichen Lebensbedingungen die schwere Arbeit verrichteten. Katholischen Glaubens waren viele von ihnen, und die »Rekatholisierung« mancher deutscher Agrarlandschaften durch die Einrichtung einer katholischen Pfarrstelle bzw. den Bau einer Kirche oder Kapelle geht auf sie zurück, die bisweilen als einzige »Forderung« die Möglichkeit der Seelsorge durch Priester und Messe stellten.

Altes und Neues, vermerkten wir, standen sich bisweilen unvermittelt gegenüber, den Entwicklungsprozeß gerade in der Landwirtschaft mit den in ihr tätigen Menschen charakterisierend. Dieser Umstand wurde auch mehr und mehr erkennbar am Verhältnis von Land und Stadt, von dörflicher und urbaner Lebensweise: Die Durchsetzung oder das Übernehmen von Formen kapitalistisch geprägter Existenzweisen vollzog sich in vielen Agrarlandschaften Deutschlands relativ langsam. Der »preußische Weg« der Agrarreformen, der noch niedrige Stand der Produktivkräfte, das Überleben und Funktionieren feudaler oder halbfeudaler Machtstrukturen hatten daran ihren Anteil. Doch war das nicht immer ein Zurückbleiben hinter dem Fortschritt oder gar reaktionäres Verharren im herkömmlichen Alten. Das äußerliche Zur-Schau-Tragen von »Bäuerlichem« entsprach vielmehr einem gewissen Statusdenken, das in erster Linie den mittleren und großen Besitzbauern eigen war, die sich schon durch ihr Äußeres und entsprechendes Gehabe von den unter ihnen stehenden Sozialschichten bewußt abgrenzten – solcherart auch ein Ausdruck der kapitalistischen Klassengegensätze zwischen Dorfbourgeoisie und den »anderen« der dörflichen Wohngemeinde.

Traditionelle bäuerliche Lebensweise wurde als »Volkskultur« aber auch künstlich aufrechterhalten und präsentierte sich dann in einer bunten Erscheinungsvielfalt fast exotischer Art, worauf wir noch an anderer Stelle eingehen wollen. In unserem Zeitraum ist eine letzte Blüte traditioneller Formen bäuerlicher Kultur und Lebensweise, bäuerlichen Alltags zu verzeichnen, am stärksten wohl in den Gebieten bäuerlicher Wohlhabenheit. Ganze Gewerbe wurden da in Nahrung gesetzt, Hunderte von Heimarbeiterinnen z. B. mit Trachtenstickereien beschäftigt. Mit »Bäuerlichem« hatte das bisweilen nur soviel zu tun, als handwerksmäßig oder manufakturell, später gar maschinell gefertigte Erzeugnisse an Bauern verkauft wurden, die sie unter verschiedenen Motivationen zum »Vorzeigen« benutzten. Die Unternehmer für all solche Erzeugnisse paßten sich dem Geschmack ihrer Kunden an, wenn sie ihn nicht sogar mit bildeten. »Lange Zeit«, schreibt Wolf-Dieter Könenkamp, »glaubten Volkstumsbegeisterte und auch sonst ernstzunehmende Wissenschaftler, daß die Bauern ihre ›Bauernkunst‹ selbst hergestellt hätten ... Man wollte – oder konnte – nicht erkennen, daß auch der Landmann seine Möbel vom Tischler, seine Kleider vom Schneider und seine Töpfe vom Jahrmarkt bezog.«[49] Mit dem Übergang zum Monopolkapitalismus starb diese (Schein-)»Blüte« der sogenannten Volkskultur in den meisten deutschen Landschaften endgültig ab. Das Konfektionskleid und der Anzug »von der Stange« lösten allenthalben das Trachtentragen als »volkskulturelles« Symbol ab. Dennoch wurde die Landbevölkerung »keineswegs in ihrer gesellschaftlichen Vielfalt gesehen – als ›bäuerliches‹ Wesen schlechthin galten Lebensformen und Sitten der besitzenden bäuerlichen Ober- und Mittelschicht – sozusagen nur die Vierländer und Schleswiger, aber nicht die Habenichtse aus dem Taunus. Das paßt in die Zeit, denn als Gegenbild zur ›dekadenten Zivilisation‹ (gar noch zur staatsgefährdenden Arbeiterbewegung, J.) taugt nur der behäbige Bauer, nicht der arme Teufel in seiner Hütte«.[50] Und hinzuzufügen bleibt dieses: Die Blüte dieser »Volkskultur« täuscht nicht darüber hinweg, daß sich kapitalistisches Denken auch in den markantesten »bäuerlichen« Trachtenlandschaften immer stärker entwickelte und bestimmend wurde, daß der »traditionsbewußte« Bauer nach kleinbürgerlich-städtischen Normen lebte und seinen Alltag danach formte.[51]

Die Realität der Verhältnisse widersprach den Wunschvorstellungen hinsichtlich des herrschenden Bauernbildes in hohem Maße und machte den Umbruch im Verhältnis zwischen Land und Stadt um so deutlicher. Namentlich nach 1870/71 durchbrach die städtische Industrie mit ihrem vielseitigen Angebot die noch in Resten vorhandenen Autarkievorstellungen und -bestrebungen der Guts- und Bauernwirtschaften. Sie lieferte billigere Arbeitsgeräte als die vom Dorfschmied oder -stellmacher hergestellten sowie nach und nach erschwinglichere Maschinen bzw. Düngemittel, die es ermöglichten, mehr und billiger zu produzieren. Soweit es ihre Kaufkraft zuließ, versorgte sich die Landbevölkerung in zunehmendem Maße aus der Stadt, und dies bis in die Bereiche der Konsumgewohnheiten hinein. All das – und auch der sich entfaltende Tourismus – bewirkte eine Vertiefung der Austauschbeziehungen zwischen Dorf und Stadt. Dabei geriet die Landwirtschaft mit fortschreitender Mechanisierung und Chemisierung in wachsende Abhängigkeit von der Industrie. Das wiederum führte zu Disproportionen und zur Verschärfung der ökonomischen Gegensätze, von denen das Kulturelle mit betroffen war. Anders gesagt: Das Land verschuldete an die Stadt.

39 Das Fowlersche Dampfpflugsystem ist ein Produktionsinstrument von hoher Effektivität namentlich auf junkerlich-großbäuerlichen Gütern seit der 2. Hälfte des 19. Jahrhunderts.

40 v. Bismarck begutachtet auf den Feldern seines Gutes Friedrichsruh 1897 das Arbeiten mit amerikanischen Erntemaschinen.

41 Mit Brauerei, Brennerei, Stärkefabrik und Ziegelei bildet dieser Gutsbetrieb ein in sich geschlossenes, kapitalistisches »Dominium« seines Besitzers, des Hoflieferanten Th. Gilka auf Dessow. Einfluß und Machtfülle solcher Unternehmer als Geschäftsleute und Politiker zugleich waren im Deutschland um die Jahrhundertwende enorm.

42 Zur Silberhochzeit des Landrentmeisters v. Oertzen und seiner Gemahlin, einer geborenen v. Bismarck, wurden auch »die Leute« für den Festzug entsprechend ausstaffiert: die Mägde in einer trachtenähnlichen Gewandung, die Knechte mit ärmellosen Westen, das »Hakzeug« als Symbol ihrer Tätigkeit auf der Schulter. Sie, die hier zum Entzücken der Hochzeitsgesellschaft paradieren, sind mit ihrer harten Arbeit die eigentliche Stütze kapitalistischer Gutsbetriebe – den Fabrikbelegschaften entsprechend, denen man, wie bei M. A. N. Augsburg, eine gewisse Teilnahme an der Hochzeit des Firmenchefs zugesteht, sofort aber mit Entlassung droht, wenn es einer wagen sollte, die zugestandene Feierfrist zu überschreiten (1857).
Historisches Museum Schwerin, Abt. Volkskunde

54

55

43 Aus landwirtschaftlichen Wettbewerben zur Förderung des Anbaus neuer Marktpflanzen, zur allgemeinen Steigerung der Erträge, zur Hebung der Tierzucht usw. im dörflich-bäuerlichen Bereich entwickelten sich mehr und mehr jährliche Volksfeste mit Vergnügungscharakter, wie im schwäbischen Cannstatt, wo um die Jahrhundertmitte der Festwirt Teichmann mit 10 000 Portionen Sauerkraut und Schweinefleisch die eigentliche Festattraktion bot.
Stadtarchiv Stuttgart

Unter diesen Bedingungen bildete sich mit den siebziger Jahren die für die kapitalistische Entwicklung typische Betriebsgrößen- und Klassenstruktur auf dem Lande und in der Landwirtschaft heraus, die sich bis ans Ende des Jahrhunderts kaum veränderte. Das heißt: Nur 0,5 Prozent aller Betriebe, insbesondere die Güter und Besitzungen von 100 ha an aufwärts, umfaßten über ein Viertel der gesamten landwirtschaftlichen Nutzfläche. Dieser Großgrundbesitz in den Händen von Junkern und bürgerlichen Industriellen investierte zunächst wenig an landwirtschaftlicher Mechanisierung, sondern errang seine Profite mit der Ausbeutung von Tagelöhnern und fremden Saisonarbeitern. Mittel- und Großbauern bewirtschafteten hingegen rund 60 Prozent der landwirtschaftlichen Nutzfläche. Durch rationelleres Wirtschaften und durch Ablösung letzter feudaler Lasten (Erbpacht) stärkten besonders die Großbauern ihre wirtschaftliche Position. Sie waren es, die ihre Betriebe modernisierten und

44 Schützenfest, von C. Schröder, um 1840. – Hier handelt es sich nicht mehr um ein rein dörfliches Fest. Städtisch gekleidete Leute mischen sich unter das Publikum. Man ist sehr vertraut miteinander. Der städtische Herr im Vordergrund mag Advokat sein, dem der Trachtenbauer irgendeine empörende Geschichte erzählt, um die es vielleicht einen Prozeß geben wird.
Städtisches Museum Braunschweig

45 Der Besuch aus der Stadt, von H. Oehmischen, um 1900. – Wer ist die vornehm gekleidete Dame mit ihrer Tochter, die da unverhofft, aber nicht als Fremde, in die kärgliche, unaufgeräumte Bauernküche tritt? Sicher ist sie einmal aus der dörflichen Enge ausgebrochen, um in der Stadt irgendwie ihr Glück zu machen. Sie scheint zu denen zu gehören, die das geschafft und dennoch die Verbindung »nach Hause« nicht verloren haben.

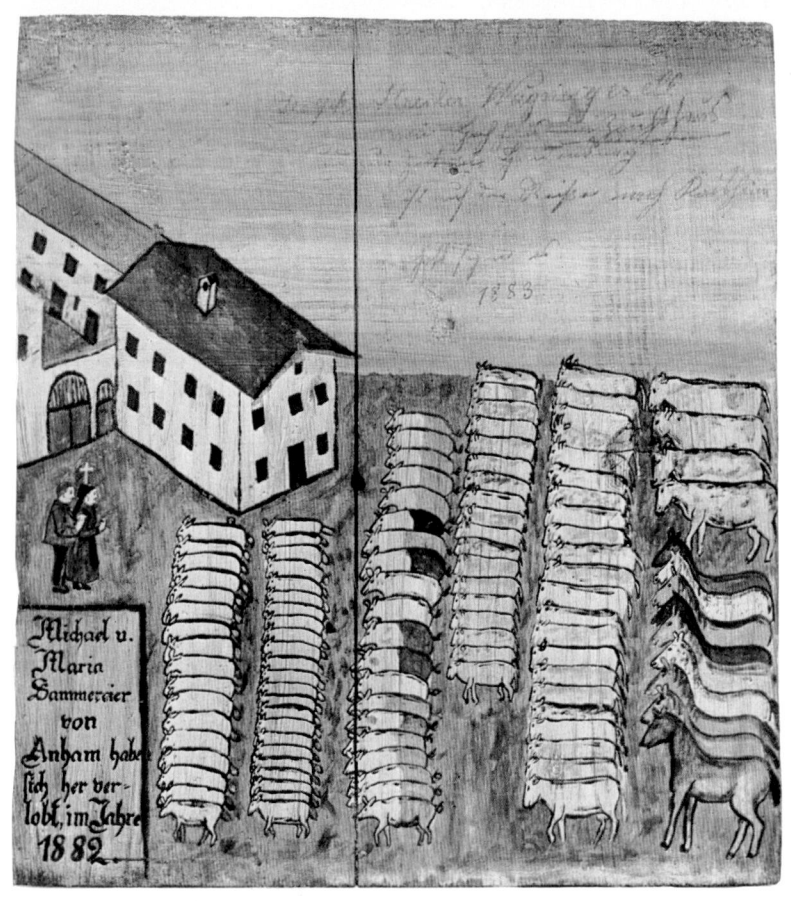

46 Die Sammereier aus Anham in Niederbayern besitzen einen stattlichen Hof und treiben offensichtlich eine ausgedehnte Viehhaltung. Sie fürchten aus irgendwelchen Gründen um ihren Besitz. Dies mag der Grund sein, daß sie sich der Mutter Gottes »verlobt« haben.
Bayerisches Nationalmuseum München

sich weitgehend auf einen städtischen Zuschnitt ihrer Lebensweise einrichteten. Die patriarchalischen Verhältnisse fanden ihre endgültige Ab- und Auflösung. An ihre Stelle traten die vertraglich fixierten, rein kapitalistischen Ausbeutungsmethoden u. a. gegenüber dem Gesinde. Der Großbauer war zum Bourgeois geworden. Die rund eine Million Kleinbauern mit einem Besitz zwischen 2 ha und 5 ha machten über 18 Prozent aller landwirtschaftlichen Betriebe aus. Trotzdem bearbeiteten sie nur 9,5 Prozent der gesamten landwirtschaftlichen Nutzfläche. Wegen Ablösungsschulden, Hypotheken, hoher Pachtsummen usw. waren sie mit zu geringer mechanischer Ausrüstung versorgt, konnten so am ökonomischen Fortschritt nicht teilhaben, waren der Konkurrenz des kapitalistischen Agrarmarktes auf die Dauer nicht gewachsen. Wenn die Besitzer nicht selbst oder die Angehörigen noch zusätzliche Einnahmen durch Heim- oder Fabrikarbeit u. ä. erbrachten, lebte die Kleinbauernfamilie nur zu oft am Rande des Existenzminimums. Groß war die Anzahl derjenigen dieser Schicht, die in den Ballungszentren der Großindustrie nach besseren Verdienstmöglichkeiten suchten, die nach Übersee auswanderten oder das Heer der Pauperisierten weiter vermehrten. Noch weniger lebensfähig waren die über drei Millionen Parzellenbesitzer unter 2 ha, die häufig selbst als Tagelöhner, in der saisonbedingten Industrie, als Wanderarbeiter oder im Verlagswesen, also als Heimarbeiter, tätig waren. Frauen und Kindern oblag dann meist die Versorgung des kleinen landwirtschaftlichen »Betriebes«.

Im größten Teil Ostelbiens stellte das ländliche Proletariat mit über fünf Millionen den höchsten Anteil der Werktätigen in der kapitalistischen Landwirtschaft. Sie hatten meist keinen nennenswerten Besitz an Grund und Boden und waren ausschließlich auf die Lohnarbeit angewiesen. Wenn sie es nicht auch vorzogen, in die ungewisse Zukunft der großen Industriezentren zu gehen oder auszuwandern, hatten sie in der oft trostlosen Abgeschiedenheit ihrer Wohnorte gewöhnlich keine andere Wahl, als Landarbeiter zu bleiben. Ohne sich lange Zeit dessen bewußt zu sein, waren sie ein Werkzeug in der Hand der herrschenden Klasse bzw. ihres jeweiligen Dienstherrn. Ihr schweres Arbeitsleben bis zu 16 Stunden bot ihnen kaum eine andere Möglichkeit, als ihre freie Zeit zur einfachen Reproduktion der Arbeitskraft zu verwenden. Hier in den ostelbischen Gutsbetrieben zeigten sich die kapitalistischen Klassenverhältnisse in ihren grellsten Farben; dazu gehörte die noch ärgere Auspowerung der ausländischen Saisonarbeiter. Alle sie zählten zu den meist willfährigen Mitgliedern der sich ständig reproduzierenden industriellen Reservearmee, die jeder sich bietenden Möglichkeit nachjagten, in Schlesien, in Berlin, Hamburg, Chemnitz, im Ruhrgebiet und anderswo wenigstens eine kleine Besserung ihrer Verhältnisse zu finden.[52] Die Realität in der Landwirtschaft sah wahrhaft anders aus, als es das geschönt-verlogene Bild einer ländlich-bäuerlichen, zeitlos-heilen Welt vorgaukelte!

Gewerbe

Mit den Edikten von 1806, 1808 und 1810 wurde in Preußen die Gewerbefreiheit eingeführt, namentlich unter Staatskanzler von Hardenberg mit der nötigen kapitalistischen Konsequenz. Alle Gewerbetreibenden kamen, ob in den Städten und Dörfern oder auf den Gütern, gleichermaßen in die staatliche Pflicht, und 1811 folgte die Aufhebung des Zunftzwanges. Von nun ab durfte jeder, der einen behördlichen Erlaubnisschein vorzuweisen hatte, das beantragte Gewerbe ausüben und dafür Gesellen bzw. Lehrlinge beschäftigen. Zünfte konnten ferner durch Mehrheitsbeschluß ihrer Mitglieder aufgehoben werden, und jeder Handwerker war berechtigt, seinen Austritt zu erklären. Das bedeutete, wie Joachim Streisand hervorgehoben hat: »In Industrie und Gewerbe herrschte jetzt in Preußen die freie Konkurrenz.«[53]

Für das Handwerk allgemein bzw. viele Handwerker brachte die Gewerbefreiheit zunächst die Möglichkeit, sich den neuen Produktionsverhältnissen flexibel anzupassen. Beispielsweise verstanden es bestimmte Handwerkszweige, deren Produktionseinrichtungen durch die Industrialisierung unrentabel wurden oder einer solchen Gefahr ausgesetzt waren, sich auf entsprechende Reparaturleistungen umzustellen, Teilprodukte anzufertigen, Endmontagen vorzunehmen oder auf das bloße Verkaufsgeschäft umzusteigen. Dadurch gelang es dem Handwerk – pauschal gesehen –, die Beschäftigtenzahl nicht nur zu halten, sondern sie partiell sogar zu steigern. Dort allerdings, wo kapitalistische Produktionsweisen durch maschinell-fabrikmäßige Methoden die handwerkliche Herstellung besonders von Massenerzeugnissen erschwerten und zunichte machten, führte dies zur Ruinierung gewerblicher Existenzen. Die geringsten Einbußen waren wohl in den Handwerken zu verzeichnen, die den Grundbedürfnissen der Bevölkerung gerecht werden mußten, so der Ernährung (Müller, Bäcker, Fleischer, Brauer u. a.), der Bekleidung (Schneider, Schuster, Putzmacherinnen usw.), dem Wohnen (Zimmerleute, Maurer, Ofensetzer, Maler mit ihren Hilfskräften), dem Haushalt (Tischler, Töpfer, Metallhandwerker, Glasbläser, Böttcher usw.) und der Arbeit (Schmiede, Stellmacher, Seiler, Sattler etc.). Auch jene Handwerker, die den Bedarf an gediegeneren Waren für wohlhabendere Kreise deckten, blieben in Nahrung; sie sind in gewisser Beziehung den Kunsthandwerkern der Feudalzeit gleichzusetzen (Seidenwirker, Gürtler, Goldschmiede, Musikinstrumentenbauer, Konditoren, Bildhauer, Tapetenmacher u. dgl.). Nicht zuletzt waren für den Militärbedarf noch lange Zeit Handwerker tätig, auch der Hof und die jeweiligen Staatsverwaltungen beschäftigten eigens handwerklich-gewerbliche Kräfte.

Kurzum, handwerkliche Arbeit konnte trotz Industrialisierung ihre Bedeutung teils durchaus beibehalten, ja bei steigender Bevölkerungs- (= Kunden-) Anzahl mit zunehmendem Bedarf rechnen.

Könnte man so den Eindruck gewinnen, als habe sich der Kern handwerklicher Betriebsweise wenig verändert, so sehen die Dinge doch anders aus, wenn man unseren gesamten Untersuchungszeitraum in Betracht zieht: Handwerksbetriebe mußten in großer Anzahl schließen, weil sie dem Druck industrieller Konkurrenz bzw. billiger Massenproduktion nicht gewachsen waren. Aus Handwerksstätten wurden auch Fabriken, oder sie gingen in Industriebetrieben auf. Häufiger aber vollzog sich wohl der Übergang in verlagsmäßige Produktion, überwiegend im Textil- und Bekleidungshandwerk, »das seit jeher ›anfällig‹ für den Verlag war«. Die Folgen: »Wachsende Erzeugung, zunehmende Arbeitsteilung durch Spezialisierung, nicht zuletzt Einbeziehung der kleinen Produzenten in die ›kapitalistische Warenproduktion‹.« Das Schneiderhandwerk in den Modezentren des Landes, das besonders nach der Einführung und Durchsetzung der Nähmaschine für Kleidermagazine und große Kaufhäuser arbeitete, war für eine solche Entwicklung typisch. Im allgemeinen erwies sich das Verlagssystem – und das gilt auch für die Manufaktur – als eine für den Übergang des Handwerks in die industrielle Fertigung wichtige Zwischenstufe, zumal Absatzschwankungen zunächst leichter abzufangen und auszugleichen waren als mit einem vorerst noch zu starren Fabriksystem.[54]

Dem gegenwärtigen Erkenntnisstand entsprechend, wird man der zusammenfassenden Einschätzung des »Handbuchs Wirtschaftsgeschichte«[55] folgen dürfen, wonach bereits in der Phase der Industriellen Revolution die Entwicklung bzw. die Unterwerfung des Handwerks unter die Gesetze der kapitalistischen Produktion in drei Grundtendenzen verlief: »Die eine drängte das Handwerk zur Anwendung kapitalistischer Methoden und schließlich zum Übergang zur rein kapitalistischen Produktion, zur Verwandlung eines, wenn auch geringeren Teiles der Handwerker in kleine kapitalistische Unternehmer; die zweite ließ das Handwerk in die verschiedensten Formen der Abhängigkeit von den kapitalistischen Großbetrieben geraten; die dritte führte zu seiner Vernichtung.«

Wie im Zuge der Agrarreformen, war auch auf dem gewerblichen Sektor dieser Übergang zu kapitalistischen

Produktionsverhältnissen tendenziell und konkret mit einer sich verstärkenden Pauperisierung verbunden. Sie betraf in erster Linie die kleinen Meister und Gesellen. Wie unter den Bauern, vollzog sich ein Polarisierungsprozeß, der auf der einen Seite eine Handwerkerschicht mit der Tendenz zum kapitalistischen Unternehmer, auf der anderen Seite eben die pauperisierten Meister und Gesellen hervorbrachte. Sie sollten namentlich in der eisenverarbeitenden Manufaktur bzw. Fabrik als »gelerntes« Frühproletariat Bedeutung gewinnen.

Ebenso wie auf dem Lande blieb eine mittlere, traditionell orientierte Handwerkerschicht bestehen, die sich im Rahmen der kleinen Warenproduktion den neuen Verhältnissen anzupassen verstand und die in Produktion, Dienstleistung sowie Geschäftsbetrieb, vor allem aber in der Weiterführung handwerklicher Ausbildung, große wirtschaftliche Bedeutung besaß. Hier wurde »Zünftlerisches« mit ausgesprochen rückorientierter Tendenz den ganzen Kapitalismus hindurch bewahrt. Diese Handwerkskreise waren es, die eine Wiederaufhebung der Gewerbefreiheit, eine Rückkehr zum Zunftzwang immer wieder forderten und den Zugang in ihre Gewerke nur denen gewährten, die ihres Sinnes waren. Unterstützung wurde ihnen auch von manchen pauperisierten kleinen Meistern und Gesellen zuteil, die in Verkennung der historischen Notwendigkeiten und sozialökonomischen Gesetzmäßigkeiten gleichfalls eine Rückkehr zu den alten Verhältnissen des Zunftwesens forderten, Eingaben an Behörden und Landesherren richteten und damit bisweilen sogar Gehör fanden. Mit solchen Restriktionen konnte die kapitalistische Entwicklung zeit- und gebietsweise zwar gehemmt, aber nicht aufgehalten werden. Kein Geringerer als Franz Hermann Schulze-Delitzsch, der den Niedergang des traditionellen Handwerks erkannte, aber generell die Notwendigkeit einer Handwerksexistenz vertrat, nach zeitgemäßen Möglichkeiten des Ausgleichs mit der Industrie suchte und diese im Ausbau eines handwerklichen Genossenschaftswesens gefunden zu haben meinte, antwortete auf solche irrealen Forderungen: »Das wäre gerade so, als ob sich jemand einbildete, man könnte einem erwachsenen Menschen dadurch, daß man ihm seine abgelegten Kinderkleider aufzwänge, wieder zum Kinde machen.« Er verwies auf die Existenz der inzwischen fest etablierten Industrie mit ihren schon damals großen Leistungen, forderte die Handwerker zur Kooperation mit ihr auf und machte auf den volkswirtschaftlichen wie sozialpolitischen Schaden aufmerksam, den Uneinsichtigkeit herbeiführen würde: Wollte man nämlich nach den Vorstellungen gewisser Handwerkerkreise die Fabriken schließen, um so der handwerklichen Produktion wieder aufzuhelfen, »was soll dann zunächst aus der Menge entlassener Fabrikarbeiter werden, denen man doch am Ende so gut wie den Handwerkern, das Recht von ihrer Hände Arbeit zu leben, zugestehen muß?« Und: »Was soll daraus entstehen, wenn man alle neuen Erfindungen und verbesserte Produktionsmethoden, wie sie der fabrikmäßige Betrieb allein in Anwendung bringen kann, von einer so großen Menge von Industriezweigen ausschließt?« Außerdem erhebe sich die Frage, wie man dann noch mit dem Ausland Schritt halten wolle.[56]

Führte eine Persönlichkeit wie Schulze-Delitzsch die Borniertheit gewisser Handwerkskreise auf seine Art ad absurdum, so kamen von anderer Seite konkrete Ratschläge, wie man sich arrangieren könne und daß es darauf ankomme, schnell zu reagieren, sich umzustellen, statt an alten Methoden oder an einem nicht mehr zeitgemäßen Produktionsangebot festzuhalten. So hieß es im »Illustrierten Deutschen Gewerbekalender« von 1866: Wer nach Einführung von Stearinlichten, Leuchtgas- oder Petroleumlampen »fortfuhr, in gleicher Menge wie vorher Lichtputzen oder Leuchter zu verfertigen, der mußte aus Mangel an Absatz zu Grunde gehen. Wer dagegen mit hellem Blicke das neue Bedürfnis erfaßte und befriedigte, der machte gute Geschäfte«. Ferner wurde dafür plädiert, einen Ortswechsel vorzunehmen, wenn sich der Kundenstamm durch die neuen Verkehrsverbindungen verliert oder zu sehr vermindert, oder man empfahl, sich in der Nähe industrieller Produktionskonzentration seßhaft zu machen, sich z. B. Nähmaschinen und andere mechanisierte Werkzeuge zu beschaffen, um sich so an der Fabrikarbeit zu beteiligen und am Weltmarkt Anteil zu haben. Auch mehr Risikobereitschaft wurde gefordert: Fuhrleute sollten Eisenbahnwärter werden, Schmiede und Schlosser sich an Dampfdruschaggregaten beteiligen usw.

Schließlich sind in diesem Zusammenhang jene in Deutschland vielerorts verbreiteten Versuche zu erwähnen, niedergehenden Handwerksarten durch staatliche Maßnahmen aufzuhelfen, die alte, nun weniger gefragte

47, 48 Maurermeister Franz Xaver Widmann und seine Frau, von J. Hauber, um 1825. – Widmann gehört zu den aus dem Maurerberuf aufgestiegenen Münchner Stadtbaumeistern. Mit Ambitionen zum Architekten wirkt er dennoch bescheiden und solid. Seine Frau gibt sich standesbewußter. Sie trägt eine verfeinerte Form der stadtbürgerlichen Tracht, die sie als Mitglied der gehobenen Gesellschaft Münchens ausweist. Die Widmanns repräsentieren eine Rangstufe zwischen Handwerksmeister und Unternehmer. Münchner Stadtmuseum, München

Gebrauchsware (z. B. Keramikarbeiten, Holzdrechselei, Spankorbmacherei, Flechtarbeiten, Klöppeln u. ä.) zu Erzeugnissen des Kunstgewerbes umzustilisieren. Geeignete Künstler entwarfen zeitgemäße Modelle, Handwerker wurden entsprechend umgeschult, dort, wo sich die Umstellung rentierte, der Nachwuchs in Gewerbeschulen ausgebildet, man beschickte Verkaufsausstellungen, erstellte am Ort Ausstellungsmöglichkeiten, aus denen sich später manche Museen entwickelten usw. Aus alter Handwerksproduktion wurde unter dem Zwang kapitalistischer Verhältnisse »Kunstgewerbe«, das dem Geschmack zunächst eines Bildungsbürgertums entsprach, dann zu nostalgisch Erlebbarem in mehr industriemäßige Massenproduktion überging und so für manche Ortschaften, gar Regionen zur Existenzgrundlage wurde. Gerade an diesem Wandel vom Handwerk zum Kunstgewerbe sind mannigfache Übergänge zu Verlagswesen oder Manufaktur mit entsprechenden Formen der Heimarbeit bis zur fabrikmäßigen Fertigkeit festzustellen. Was in feudaler Zeit für einen großen Käuferkreis meist nur untergeordnete Bedeutung besaß, nämlich das verzierte Produkt, wurde jetzt zum kunstgewerblichen Massenprodukt auf Kosten von Erzeugnissen für den Alltagsgebrauch. Blech- und Emaillehausrat ersetzten z. B. relativ schnell die bis dahin üblichen vielen tönernen Schüsseln, Kannen, Satten und Töpfe als Gebrauchsgeschirr. Die neuen kunstgewerblichen Produkte aus alten Töpferwerkstätten usw. zeigten jetzt allenthalben die unterschiedlichsten Verzierungen, aber vielfach ohne eigentlichen Gebrauchswert. Für die Geschmacksbildung und Vorstellung von »uralter« Kunstfertigkeit des »Volkes« höchst zweifelhaft und anfechtbar, für die Produzenten jedoch eine Existenzgrundlage, wenn bisweilen auch nur vorübergehend.[57]

Anders sah es wohl nur dort aus, wo es handwerkliche Produktionen gab, die schon im 17./18. Jahrhundert außerhalb ihrer Erzeugnisorte bekannt waren.[58] Gewerbefreiheit, Freizügigkeit, produktiver Geschäftssinn und Risikobereitschaft gaben solchen Spezialhandwerksbereichen neue Chancen, ihre Waren schon zu Beginn des 19. Jahrhunderts in größerem Umfang zu exportieren und für einen besseren Absatz die neuen Verkehrsmittel zu nutzen. Braunschweiger Honigkuchen oder Näschereien aus anderen Landschaften, Schöninger Zwiebäcke, Helmstedter Hüte, Holzmindener Schaufeln, Harburger Koffer, südthüringische Mägdetruhen, Lauschaer Glas, Marburger Keramik, erzgebirgische Posamenten, bayerisches und erzgebirgisches Spielzeug, Sonneberger Puppen, Schwarzwälder Uhren, badische Strohflechtereien u. a. m. sind Erzeugnisse, die durch den kapitalistischen Markt weite Verbreitung fanden, deren Verkaufserlös jedoch weniger den Produzenten selbst zugute kam als vielmehr den Verlegern und Zwischenhändlern.

Die zwiespältige Haltung der schon erwähnten rückorientierten, zünftlerischen Handwerkergruppierung zur

49 Der Abschied, von J. Bekker, um 1830. – Eine rührselige Darstellung vom Antritt der Wanderschaft eines jungen Handwerksgesellen, der die Eltern und die in Tränen aufgelöste Liebste daheim zurückläßt. Der junge Mann ist nicht der Typ, der in die neue Zeit des Umbruchs paßt. Er ist eher eine tragische Figur.
Staatliche Museen zu Berlin, Sammlung der Zeichnungen

kapitalistischen Entwicklung führte dazu, daß neben dem Offizierskorps das Handwerk bis weit ins 19. Jahrhundert hinein als »Bastion ständischer Ehre« galt, daß eine »Versteinerung der Ehrbarkeit handwerklicher Lebensformen«, ja eine »Mythisierung ständischer Vorstellungen von Ehre« eintrat.[59] Sie gilt weniger für eine andere Handwerkerschicht, die es als selbständige Meister, aber auch als Gesellen vermocht hat, sich neben Kaufleuten, Verlegern und staatlich-privilegierten Manufakturbesitzern u. a. durch allmählich ausgedehntere Exploitation von Lohnarbeit und entsprechende Akkumulation[60] zu Unternehmern aufzuschwingen. In diesem Sinne waren sie, die sich durch vielfältige Begabungen, Unternehmungsgeist, Organisationstalent und Fleiß auszeichneten, in erster Linie Vertreter der progressiven aufstrebenden Bourgeoisie.

Anders aber als die aus der Kapital-Bourgeoisie stammenden Unternehmer unterschied sich dieses Handwerker-Bürgertum – namentlich in der ersten Generation – in Einfachheit, ja puritanischer Lebensweise kaum von seinen Arbeitern. Frauen und Kinder verrichteten oft die gleichen Arbeiten bei gleichen Bedingungen und bei gleicher Länge des Arbeitstages, auch Nachtarbeit für solche Unternehmerkinder ist bezeugt. Darüber hinaus taten sie alles, das jeweilige Gewerk und Gewerbe zu erhöhter Produktion zu bringen, die Mechanisierung des Produktionsvorgangs zu beschleunigen, den Ausstoß vor allem an Massenerzeugnissen zu erhöhen, nach billigeren Rohmaterialien und besseren Absatzmöglichkeiten zu suchen, Geldgeber zu günstigen Bedingungen zu finden, sie zu interessieren, Compagnons zu gewinnen. Mit anderen

50 Schusterjunge in der Lehre, der im Trab und barfüßig die bestellten Stiefel zu den Kunden bringen muß
Deutsches Ledermuseum Offenbach

51 »Gruß der Färber« nennt Gustav Kühn diesen Bilderbogen, der zünftlerische Traditionen dokumentieren soll. Der um Arbeit nachsuchende Geselle wird von seinem am Färbekessel stehenden Kollegen eher mißtrauisch als aufnahmebereit betrachtet.
Heimatmuseum Neuruppin

Worten: Aus Handwerkerkreisen entwickelte sich ein gewisser Unternehmertyp von der Pike auf, der aus der gediegenen Kenntnis seiner Arbeit heraus die Mechanisierung voranbrachte, der das notwendige weite Umfeld des Kaufmännischen zu beherrschen lernte, der risikofreudig und oft unter Hintansetzung privater Lebenswünsche seine Werkstatt nach und nach zu einem Industriebetrieb erweiterte. »Vom Handwerker zum Industriellen« könnte man die Lebensgeschichten zahlreicher dieser Männer überschreiben, und sie ließen an spannender Lektüre nichts zu wünschen übrig. Im Rahmen des hier Möglichen wollen wir zumindest einige Namen von handwerklich-bürgerlichen Industriepionieren nennen, die freilich nicht immer in ihrem Gewerk zu Unternehmern wurden, sondern eher noch auf einem zunächst fremden Gebiet.

An die Spitze unserer Aufzählung setzen wir den Schneidergesellen Joseph Madersperger (1768–1850), dem als Erfinder der Nähmaschine eine nicht minder wichtige Rolle für die Entwicklung der Textilindustrie zugebilligt werden muß als den englischen Erfindern der Spinnerei- und Webmaschinen. Friedrich König (1774–1833) entwickelte als Setzer in England die erste Zylinderdruckmaschine, auf der seit dem 29. November 1814 für lange Jahre die »Times« gedruckt wurde.[61] Der zu Fuß aus Breslau nach Berlin gewanderte Zimmermannsgeselle August Borsig (1804–1854) wurde zum »Locomotivenkönig«, der die gegen ihn angetretene englische Konkurrenz auf einer Wettfahrt von Berlin nach Jüterbog aus dem Felde schlug, dessen Frau für ihn und die kleine Belegschaft Stullen schmierte, wenn diese

52 Einen rollenden »Supermarkt« für Waren des alltäglichen Bedarfs möchte man den Wagen dieses rheinischen Händlers um 1900 nennen, der von einer weiträumigen Kundschaft stets mit Spannung erwartet wird. Diese Händler – begünstigt durch die Gewerbefreiheit – sind meist auch Aufkäufer und somit Konkurrenten für diejenigen Gewerbe, die nach wie vor ihre Produkte im Eigenverkauf absetzen (Töpfer, Korbmacher, Holzwarenproduzenten u. a. m.).
Bildarchiv Bärbel Kerkhoff-Hader, Bonn

53 Verzierter farbenfroher Wachsstock, das Frühjahr symbolisierend, hergestellt von Marie Ebenböck für die Deutsch-Nationale Kunstgewerbeausstellung 1888. Hohe Meisterschaft soll traditionellen Gewerken neue Absatzchancen schaffen.
Münchner Stadtmuseum, München

54 Der propere Korbmachermeister Liesser aus dem sächsischen Dippoldiswalde hat sich (um 1900) auf die Herstellung kunstgewerblicher Erzeugnisse umgestellt und sichert sich somit einen lukrativen Kundenkreis. Gleichzeitig erfährt damit sein kreatives Vermögen einen größeren Spielraum.

64

55 Mit seinen Sprüchen und Insignien entspricht dieser Hamburger Meisterbrief trotz der gründerzeitlichen Aufmachung traditionell-zünftlerischem Korporationsgeist. Das paßt zu einem Gewerk, das seine Arbeit fast ungebrochen über Jahrhunderte ohne moderne Produktionsmittel durchführt.
Altonaer Museum in Hamburg

nächtens den Blasebalg ziehen mußten, damit das Eisen gegossen werden konnte; am Tage hatte er dafür wachfreie Soldaten aus der benachbarten Kaserne »engagiert«. Der Schreiner Ludwig-August Riebinger (1809–1879) wurde zum Erfinder der Gasbeleuchtungsanlagen und dann Direktor einer mechanischen Baumwollspinnerei und -weberei in Augsburg. Joseph von Frauendorfer (1787–1826), Sohn eines Glasermeisters, kennen wir als den bahnbrechenden Physiker der Optik. Lothar von Faber, der geadelte Sohn des Schreiners Anton Wilhelm Faber, Begründer des handwerklichen Bleistiftbetriebs in Stein bei Nürnberg, schuf den Qualitätsbleistift mit dem Signum »A. W. Faber«, 1849 gründete er die erste Auslandsvertretung in New York, 1851 kreierte er den sechseckigen Bleistift, der der schreibenden Hand mehr Sicherheit verlieh, und normierte – international verbindlich – Länge und Stärke der Stifte. 1874 wurde er mit einer Petition an den Deutschen Reichstag Wegbereiter

56 Klöppelstube um 1900, von Merseburg. – Über das Klöppeln verfaßte die Begründerin der Frauenbewegung, Luise Otto-Peters, 1843 das anklagende Gedicht »Die arme Schwester mit dem Klöppelkissen«, in dem es u. a. heißt: »Seht ihr sie sitzen am Klöppelkissen,/Seht ihr die Spitzen, die sie gewebt:/Ihr reichen, Großen – hat das Gewissen/ Euch nie der innersten Seele gebebt?«

57 Geklöppelter Kragen für ein Damenkleid, um 1900 Erzgebirgsmuseum Annaberg-Buchholz

des Markenschutzgesetzes, das 1875 in Kraft trat.[62] – So wäre diese Liste weiter fortzusetzen durch Namen von Handwerkern, die Weltfirmen schufen und zu hohen Ehren aufstiegen, wie von den vielen, die sich »nur« im regionalen Rahmen hervorgetan haben, meist der herrschenden Klasse nach 1871 bzw. nach 1900 zugehörig. Sie waren »Nutznießer« der Gewerbefreiheit, hatten es verstanden, die Möglichkeiten kapitalistischer Konkurrenz anzuwenden und durchzusetzen.[63]

Während Handwerker in vielen Gebieten Deutschlands noch relativ lange und unangefochten Zunftmeister mit allen antiquierten Rechten blieben, sind sie anderswo zu kapitalistischen Kleinunternehmern geworden oder arbeiteten, wie auch viele Gesellen, als »Facharbeiterstamm« in Manufakturen und Fabriken auf eigene Rechnung, wobei sie oft von ihnen selbst bezahlte Hilfskräfte ausbeuteten. In frühen Industrieunternehmen hatten sie eine bevorzugte Position inne, waren gesuchte und geschätzte Monteure, an Entwürfen oder Weiterentwicklungen beteiligt, Aufsichts- und Respektpersonen unter der Belegschaft, die den gesamten Produktionsablauf übersahen, letztlich auch die Verantwortlichen für die Qualität der Erzeugnisse. Diese handwerkliche Basis im Fabrikbetrieb kann großenteils als typisch für die Zeit der Industriellen Revolution gelten, war selbst noch in den späteren Entwicklungsstadien der Industrie gefragt, zumal dann, wenn es um die Heranbildung von Facharbeitern und um die Weiterentwicklung des Facharbeiterstammes ging. Dabei änderte sich auch die Position des »Meisters« gänzlich, und von irgendeiner »Zunftgebundenheit« für ihn konnte nicht mehr die Rede sein. Eher wurde er zum Vertrauten oder Sprachrohr des Unternehmers, blieb die Ausbildung der Facharbeiter in der Industrie handwerklich-gediegen, was nicht zuletzt die Qualität der Erzeugnisse garantierte.

In mehrfacher Weise hatte sich also mit der Gewerbefreiheit und mit dem Einfluß der kapitalistischen Entwicklung die Grundlage des Handwerks verändert, und da bleibt auch zu vermerken, daß die herkömmliche Handwerksstruktur mit Meister, Meisterhaushalt, Gesellen und Lehrlingen kaum noch aufrechtzuerhalten war. Die Mög-

58 Ein anderer der vielen Zweige von Heimarbeit war die Schwarzwälder Strohhutflechterei, die hier vielleicht der Uhrenschildmaler Ganter 1834 dargestellt hat. Mit dem Verleger und Aufkäufer sowie der neue Erzeugnisse vorführenden Flechterin stehen die zentralen Figuren im Bildmittelpunkt. Möglich, daß sich die Frauen zur Warenabnahme fein angezogen haben; ihre Arbeitskleidung war, der Tätigkeit entsprechend, als »Flickwerk« weit ärmlicher.
Stadtmuseum Schramberg

59 Auch in der Großstadt gab es vielfältigen Bedarf an Gebinden aus getrockneten oder frischen Blumen, die für bescheidensten Lohn als Halbfabrikate von Heimarbeiterinnen in spezielle Sammelstellen zur weiteren Verarbeitung geliefert wurden (um 1900).

lichkeiten, irgendwann einmal selbständiger Handwerksmeister zu werden, hatten sich schon seit der 2. Hälfte des 18. Jahrhunderts wesentlich verringert und zu Aktionen der Gesellen gegen das zünftlerische Handwerk geführt. Diese Tendenzen mußten sich jetzt unter den Gegebenheiten der Gewerbefreiheit und unter dem Zwang der Fabrikarbeit verstärken. Die Gesellen erkannten die Zeichen der Zeit bisweilen eher als manche Meister, und sie verkauften ihre Arbeitskraft in den Fabriken, wobei ihre Spezialisierung nur bedingt eine Rolle spielte. In dieser Hinsicht kommt der folgenden Feststellung von Hartmut Zwahr Verallgemeinerungscharakter zu: »Das gelernte und ungelernte Manufaktur- und Fabrikproletariat ging sozialökonomisch in beträchtlichem Umfang aus Zunftgesellen und auch Zunftmeistern hervor ... Dabei kamen die ungelernten Fabrikarbeiter dieses Typs meist aus für die industrielle Produktion bedeutungslosen Handwerken. Bei geringer Nachfrage nach solchen Arbeitern wurde aus einem pauperisierten Zunftgenossen ein Gelegenheitsarbeiter.«[64] Das bedeutete z. B. für Leipzig, daß zwischen 1827 und 1867 unter 1092 Handarbeitern, die als »Schutzverwandte« registriert waren, »254 ehemalige Zunftgesellen, darunter 59 Schuhmacher, 23 Bäcker, 21 Schneider, 20 Leineweber und 12 Schornsteinfeger« zu finden waren.[65] Zwahr stellt dann weiterhin fest, daß wohl in »frühen Zentren der kapitalistischen Produktion wie Berlin und Chemnitz schon in den vierziger Jahren eine massenhafte Umwandlung von Handwerks- und Fabrikgesellen« erfolgt sei, daß andererseits aber aus einer industriell noch nicht so entwickelten Stadt wie Leipzig Gesellen in großer Zahl wieder weitergezogen seien, weil das Angebot noch nicht dem Arbeitsbedarf für pauperisierte Handwerker entsprach.

Gelegenheitsarbeiter zu werden war für Gesellen oder Meister, die im Handwerksbetrieb keine Existenz mehr hatten, jedoch nicht die einzig mögliche »Perspektive«. In Fabriken, in denen qualifizierte Arbeit verrichtet werden mußte, waren gelernte Handwerker sehr wohl gefragt. Hartmut Zwahr hat das wiederum recht instruktiv am Beispiel der Wagenbauanstalt der Leipzig-Dresdner-Eisenbahngesellschaft, dem zweitgrößten Fabrikbetrieb dieser Art in Deutschland, belegt: »Aus dem Leipziger

60 Der letzte Handwebstuhl in Neuruppin, auf dem die Familie Müller aus heimischer und importierter Wolle bis 1890 im eigenen Hause Offizierstuch produzierte
Heimatmuseum Neuruppin

61 Der Witwe Trost, von F. Steinmetz, um 1885. – Ein makabrer Titel für ein Bild, bei dem man nicht bestimmen kann, ob die Weißnäherei, der kurze Schlaf über der ermüdenden Arbeit oder die beiden Kinder am Boden als Witwen-»trost« gemeint sein sollen

Zunfthandwerk konnten Sattler, Schlosser, Schmiede, Stellmacher, Tischler und Wagner ihre Produktionserfahrungen seit 1837 in diesem kapitalistischen Betrieb verwerten. Die Arbeiterzahl schwankte um 1846 zwischen 230 und 400 Mann, darunter über 200 meist aus dem Handwerk hervorgegangene Fabrikgesellen sowie eine Minderheit ungelernter Tagelöhner.«[66] – Die Beziehungen zwischen Handwerk und Industrie waren also vielschichtig, und nur in Andeutungen konnten wir hier einige Zusammenhänge aufzuzeigen versuchen.

Wenn dieser Abschnitt mit »Gewerbe« überschrieben ist, bedarf es einiger Bemerkungen zur *Heimarbeit*. Heimarbeit zu leisten bedeutete in erster Linie, für den Massenbedarf zu arbeiten. Handwerkliche Fertigkeit, Fingergeschicklichkeit, doch auch Anlernen stupider Tätigkeit waren dabei eher gefragt als die Anwendung kreativer Potenzen. Das Marktbedürfnis diktierte in erster Linie die Menge, Qualität, Musterbreite und Billigkeit der Erzeugnisse, an deren Herstellung in selbst organisierter Arbeitsteilung die gesamte Familie in einem überlangen Tageslauf bei minimaler Entlohnung beteiligt war. Spinnen und Weben von Leinen-, dann Baumwollprodukten auf eigenen Handwebstühlen oder auf vom Verleger gestellten mechanisierten Webgeräten gehörten genauso dazu wie das Herstellen von Spielzeug, von »vor der Lampe« geblasenen Glaswaren, von Spitzen und Posamenten oder schließlich auch die Erzeugnisse der Weißnäherei, hergestellt in den Stuben und Kammern des Großstadtproletariats nach der Erfindung und massenhaften Verbreitung von Nähmaschinen u. a. m. Wollte man eine Aufzählung all der Möglichkeiten vornehmen, die genutzt wurden, um heimische Rohstoffvorkommen zu Gebrauchswerten für den Absatz an die wachsende Konsumentenmasse in Stadt und Land zu verarbeiten oder traditionelle Standorte für die Erzeugung von Massenprodukten zu erhalten, auch wenn die sozialökonomischen Grundlagen kaum noch gegeben waren, so müßten wir Seiten füllen. Dennoch könnten wir uns kein rechtes Bild davon machen, unter welchen Bedingungen all die vielen Dinge hergestellt wurden, die man auf den Märkten anbot, die auch gute Exportchancen hatten, an denen also verdient wurde – nur traf das kaum auf die eigentlichen Produzenten zu. Ihre Heimat galt häufig und für lange Jahre als Notstandsgebiet und machte hin und wieder Schlagzeilen in den Zeitungen. Wohlfahrtsbälle wurden zur Linderung der ärgsten Not veranstaltet, Spendenaktionen von Kirchen und bürgerlichen Caritasverbänden appellierten mehr an Mitleid als an Solidarität und trafen nicht das Übel an der Wurzel. Die Landschaften mit vorwiegender Heimarbeits-Produktion blieben in der Regel permanente Notstandsgebiete, auch – oder gerade – in einem »Deutschen Reich«, das im Fieber der Gründerjahre nicht daran erinnert sein wollte, daß Hunderttausende von Menschen weitab vom bourgeoisen Glanz ein kummervolles Dasein fristeten.

Im Jahre 1906 zeigten bürgerlich-humanistische Kreise eine Ausstellung unter dem Titel »Bilder aus der deutschen Heimarbeit«. Sie war für »Gebildete aller Kreise« gedacht und sollte deren Gewissen wachrufen. In einer Broschüre dazu heißt es: »Sonst haben Ausstellungen zumeist die Tendenz zu zeigen, wie herrlich weit wir es gebracht haben ..., doch diese ernste und prunklose Vorführung bedeutet gerade das Gegenteil; sie will zeigen, wie ... eng der Genuß der einen mit dem Weh der anderen verknüpft ist, und wie an all unserer Kultur des Luxus und der Fülle an Sachgütern noch ein Stück Barbarei und brutaler, gedankenloser Selbstsucht haftet. Mögen in Hunderten moderner Ausstellungen große Maschinen, kunstvolle Ziergegenstände, prunkhafte Schmuckstücke oder die zahlreichen Darbietungen eines überladenen Vergnügungsprogramms die Gegenwart als die Epoche eines früher nie geahnten Reichtums und Genusses preisen – die unscheinbaren Gegenstände der Heimarbeitsausstellung sind Zeugen der Armut und der Not ...« Und weiter heißt es: »Das Wort Heimarbeit hat für den Uneingeweihten einen freundlichen, gemütlichen Klang. Man wird an den von Volksfreunden sorglich gepflegten Hausfleiß, an die Versuche zum Wiederbeleben der Spinnstuben erinnert, in denen an langen Winterabenden im wohlig durchwärmten Raume beim Erzählen alter Märchen und dem Gesange trauter Volkslieder die besten Traditionen der Vergangenheit in patriarchalischer Zeit wieder auferstehen ...« In Wahrheit aber bedeutet Heimarbeit »erbärmlich vergütete, allzulang andauernde, gesundheitsschädliche Arbeit in ungerechter Frohn. Der ganze Jammer dieser Produktionsweise liegt vor allem darin, daß die sich massenhaft anbietenden Heimarbeiter mit ihren Erzeugnissen nicht den Markt erreichen, daß sie die Ergebnisse ihres Fleißes nicht selbst absetzen können, sondern der kaufmännischen Vermittlung bedürfen. Die Hausindustrie ist älter als die Fabrikarbeit; die Maschinenanwendung hat ihr aber keineswegs ein Ende machen können. Im Gegenteil, je mehr sie sich vervollkommnete, stellte sich heraus, daß es billiger ist, manche Arbeitsprozesse nicht in den mechanischen Werkstätten vornehmen zu lassen ... (so, J.) ist es für den Unternehmer rentabler, die Arbeiter hierfür nicht in den Fabriken zu behalten, zumal in ihnen der Arbeitgeber eine nicht unbeträchtliche Verantwortung für das Wohlbefinden seiner Leute trägt, und die Leistung lieber all den nahrungssuchenden Menschen anzubieten, die ihm draußen ihre Hände entgegenstrecken, um für ein Geringes jede gewünschte Arbeit zu übernehmen. Um dieses Heer der Unbekannten und Ungezählten kümmerte sich kaum jemand.«[67]

Käthe Kollwitz hat sich der Heimarbeiter und deren Situation in ihren Grafiken angenommen und Plakate für weitere Ausstellungen – die letzte fand 1925 statt – zur Verfügung gestellt. 1909 veröffentlichte sie im »Simplicissimus« ihre Folge »Bilder vom Elend«, darunter auch ein Blatt »Die Heimarbeit«, zu dem sie das Hood-Freiligrathsche »Lied vom Hemde« inspiriert haben soll:

»Mit Fingern mager und müd,
Mit Augen schwer und rot,
In schlechten Hadern saß ein Weib
Nähend fürs liebe Brot.
Stich! Stich! Stich!
Auf sah sie wirr und fremde;
In Hunger und Armut flehentlich
Sang sie das Lied vom Hemde.
Schaffen – Schaffen – Schaffen,
Bis das Hirn beginnt zu rollen.
Schaffen – Schaffen – Schaffen,
Bis die Augen springen wollen.
Saum und Zwickel und Band,
Band und Zwickel und Saum –
Dann über den Knöpfen schlaf ich ein
Und nähe sie fort im Traum ...«[68]

Industrielle Revolution

und
beginnende
Monopolbildung

»In Manufaktur und Handwerk«, heißt es im »Kapital«, »bedient sich der Arbeiter des Werkzeugs, in der Fabrik dient er der Maschine. Dort geht von ihm die Bewegung des Arbeitsmittels aus, dessen Bewegung er hier zu folgen hat. In der Manufaktur bilden die Arbeiter Glieder eines lebendigen Mechanismus. In der Fabrik existiert ein toter Mechanismus unabhängig von ihnen, und sie werden ihm als lebendige Anhängsel einverleibt.«[69] Eine totale Umwälzung der Produktionsweise also, in deren Verlauf sich die beiden Hauptklassen des Kapitalismus, Bourgeoisie und Proletariat, konstituierten, in Gang gesetzt durch die Industrielle Revolution, jenen Prozeß der massenhaften Anwendung von Werkzeug- oder Arbeitsmaschinen. Die Industrielle Revolution war es, die »überall erst Klarheit geschaffen ... in den Klassenverhältnissen, die eine Menge von ... überkommenen Zwischenexistenzen beseitigt, eine wirkliche Bourgeoisie und wirkliches großindustrielles Proletariat erzeugt und in den Vordergrund der gesellschaftlichen Entwicklung gedrängt hat«,[70] schrieb Friedrich Engels. Und da unser Anliegen die Geschichte des Alltags der Volksmassen ist, seien an dieser Stelle Sätze von Rudolf Forberger zum damit verbundenen Wandel »im Bereich von Kultur und Lebensweise namentlich der werktätigen Klassen und Schichten von einer handwerklich-bäuerlich geprägten ›Volkskultur‹ zu Formen kleinbürgerlicher und proletarischer Art« angefügt. Hervorgerufen wurden jene Veränderungen »vor allem durch die Trennung zwischen Arbeitsort und privater Sphäre, vom überschaubaren Produktionsprozeß zur Teilfertigung, von der Handarbeit zur Maschinenarbeit, vom mündlich-gedächtnismäßigen tradierten zum schulisch gelernten Handeln, von der brauchtümlich und sozial motivierten Gemeinschaft in Dorf und Stadt zum differenzierten Vereinswesen und zur politischen Partei, vom Erzählen zum Lesen, vom Autarkiestreben zum Konsumverhalten (oder von der Selbstgenügsamkeit zum Massenkonsum), vom selbst angebauten und selbst gewebten Textil zur städtischen Mode, von Haus und Hof zur Mietskaserne, von der ›Volkskultur‹ und ihren Objektivationen zu Erscheinungen der zweiten Daseinsform, zu ›survivals‹ und – zum ›Folklorismus‹«.[71]

Das Spezifische der Industriellen Revolution, zuerst in England herausgebildet, bestand darin, daß der an der Maschine stehende Arbeiter nunmehr eine Reihe von Tätigkeiten bestimmten Maschinen überließ, die Produktion dadurch sprunghaft anstieg, er selbst zu Beginn noch gewisse Teiloperationen durchführen konnte, sonst jedoch die Bedienung, Beaufsichtigung, Steuerung und Wartung der Maschine übernahm.

In Deutschland, dessen wirtschaftliche Rückständigkeit im Jahre 1800 dadurch zum Ausdruck kam, daß der Wert der Manufaktur- und Fabrikproduktion pro Kopf der Bevölkerung bei 52 Mark lag, in England jedoch bei 228 und in Frankreich bei 104 Mark, setzte die Industrielle Revolution – wie überall mit Baumwollspinnereien – zögernd am Ende des 18. Jahrhunderts ein. Führend in der fabrikmäßigen Textilproduktion war Sachsen, das im Jahre 1800 zwar auch nur 2 Fabrikgründungen zu verzeichnen hatte; dafür waren es 1837 schon 930, von denen über 700 in der Textilbranche arbeiteten. Ein wesent-

62 Zu Beginn der Industriellen Revolution gab es noch zu wenige neue Produktionsanlagen. Die frühen Unternehmer nahmen daher Zuflucht zu aufgelassenen Burgen, säkularisierten Klöstern u.a. Das taten auch Friedrich Koenig und Andreas Bauer, die im mainfränkischen Kloster Oberzell 1817 die erste Druckmaschinenfabrik der Welt in Betrieb nahmen.
Werksarchiv Koenig
& Bauer AG, Würzburg

63 Gedenkmünze auf den Förderer des preußischen Gewerbes, P. Chr. Beuth. Der geflügelte Genius verdeckt eine Dampfmaschine als Symbol der neuen Zeit. – Solchen Medaillen kam für die Erziehung und Erbauung weiter Kreise große Bedeutung zu. »Als tragbares Denkmal«, so schrieb 1897 Alfred Lichtwark, »hat sie einst alle großen Ereignisse im Leben des Staates, der Gesellschaft und der Familie widergespiegelt. Das Volk hat die Medaillen von je geliebt.«

64 Das erzgebirgische Hammerwerk Erla stammt aus der Frühzeit der Industriellen Revolution. Dementsprechend bestand das Produktionsprogramm aus Herd- und Ofenguß, Behältern, Mörsern, Bauelementen, Zahnrädern, Grabmälern usw., wie sie teilweise schon unter protoindustriellen Bedingungen hergestellt wurden.
Museum Erzgebirgisches
Eisen und Zinn,
Schwarzenberg

65 Königin-Maria-Hütte in Niedercainsdorf, um 1855. – Die Lithographie läßt bereits die Umweltprobleme erkennen, die mit solchen Anlagen verbunden waren und über die Zeitgenossen schon klagten und sich sorgten. Dennoch bezog sich das vorhandene Unbehagen gegenüber der neuen Technik eher auf die mit ihr verbundenen gesellschaftlichen und kulturellen Verschiebungen. Wilhelm Heinrich Riehl glaubte aber schon zu seiner Zeit argumentieren zu müssen: »Freuen wir uns, daß es noch so manche Wildnis in Deutschland gibt.«

66 Explosion eines Dampfkessels im Walzwerk Eschweiler-Pümpchen bei Aachen 1881, die neben einer Anzahl von Verletzten vier Todesopfer forderte. Solche Vorkommnisse führten zu verschärften Überwachungsmaßnahmen durch eigens eingerichtete Ingenieurvereine unter Ausschluß der bisherigen Ortspolizeibehörden und generell zu effektiveren Sicherheitsvorkehrungen in den Betrieben selbst.
Bayerisches Landesinstitut für Arbeitsschutz, München

67 Die Verkehrserschließung führte auch zu wahrhaft gigantischen Bauwerken, mit denen Täler und Schluchten überbrückt oder Bergmassive mit kilometerlangen Tunnel für einen abgekürzten, damit billigeren Schienenweg unterhöhlt wurden. Die Göltzschtal-Überbrückung der Sächsich-Bayerischen Staatseisenbahn um 1850 ist ein Monument von Ingenieurkunst und Arbeiterfleiß.
Kreismuseum
Burg Mylau/Vogtland

68 Stapellauf auf der Werft Neuhoff, von P. Ch. Holm, 1869. – Zur schnelleren Überbrückung der Entfernung zwischen den Kontinenten wurden größere und schnittigere Schiffe mit breiterer Segelfläche und Dampfmaschinenantrieb gebaut.
Altonaer Museum in Hamburg

69 Bayerischer Handbriefkasten, 1867. – Die Eisenbahn beförderte nicht nur Massengüter und reisende Personen. Sie sorgte auch für eine schnellere Nachrichtenverbindung unter den Menschen. Die Post stellte daher vielerorts an Bahnhöfen Briefkästen auf, die vor Abgang eines jeden Zuges geleert wurden.
Deutsches Postmuseum
Nürnberg

70 Eisenbahn (mit Tunnel), Chaussee und Kanal – in der Gegend von Erlangen nebeneinanderlaufend – gehören zu den für die Industrielle Revolution und die Durchsetzung kapitalistischer Produktionsverhältnisse wichtigsten Voraussetzungen. Sie geschaffen zu haben ist das Werk Tausender von Arbeitern.

71 Lokomotiven und Waggons der Nürnberg-Fürther Eisenbahn um 1840
Deutsches Museum München, Bildarchiv

licher Grund für diese rapide Steigerung im Mechanisierungsprozeß war das Vorhandensein reicher und ergiebiger Wasserkräfte zum Antrieb, wodurch sich der Einsatz von Dampfmaschinen zunächst erübrigte. Verfügte Sachsen aus diesen Gründen 1830 nur über 25 dieser Antriebsaggregate, waren es in Preußen bereits über 215.

Mit den vierziger Jahren bahnte sich eine qualitativ neue Entwicklung dadurch an, daß die Industrielle Revolution den Sektor der Schwerindustrie mit der »Produktion von Produktionsmitteln« zu ergreifen begann. Das bedeutete u. a., daß das im Maschinenbau bislang verwendete Holz dem Eisen weichen mußte. Die Roheisenproduktion stieg von 0,12 Millionen Tonnen im Jahre 1830 auf 0,21 Millionen Tonnen 1850. Die Kohleförderung erhöhte sich zwischen 1840 und 1850 von drei Millionen Tonnen auf sieben Millionen Tonnen, und die Leistung der Dampfmaschinen wuchs im selben Zeitraum von 0,04 Millionen PS auf 0,26 Millionen PS. Überwunden wurde auch die handwerklich-manufakturelle Maschinenfertigung durch fabrikmäßigen Einsatz. Damit stiegen die Anforderungen der Landmaschinenbranche, des Eisenbahn- und Verkehrswesens, der Chemieproduktion usw. an die deutsche Schwerindustrie. 1857 erlebte die industrielle Gesamtproduktion in den Staaten des deutschen Zollvereins ihre erste Überproduktionskrise.[72]

Diese Krise »erzwang ... den allgemeinen Übergang zu den intensiven Produktions- und Ausbeutungsmethoden« nach der jahrzehntelangen Phase extensiver Produktion und Expropriation. Krise und Übergang zur Intensivierung bewirkten einerseits eine massenhafte Vernichtung von industriellen Produktivkräften, andererseits entstand »ein Produktionsapparat auf einem technisch vollkommeneren Niveau«, orientiert am höchsten Entwicklungsstand englischer und amerikanischer Industrien. Eine Grundbedingung für das Emporschnellen der Mechanisierung war das Anwachsen des Entwicklungstempos der schwerindustriellen Produktion. Ohne die rasche Entwicklung der Eisen- und Stahlproduktion, des Bergbaus und des Maschinenbaus wäre der rapide Anstieg des Mechanisierungsgrades ebensowenig denkbar gewesen wie die beginnende Chemisierung und Elektrifizierung der Produktion – Faktoren, die zwar Bestandteile der materiell-technischen Basis des Monopolkapitalismus sind, die sich aber schon in dieser Phase in Ansätzen zeigen. »Eine weitere Grundbedingung für den Übergang zur intensiven Produktion war die Anpassung der Reproduktionsbedingungen der Produktivkraft Mensch an die veränderten Produktionsbedingungen.«[73] Darüber wird noch zu schreiben sein. Übersehen dürfen wir freilich nicht, daß die Produktivkraftentwicklung nicht in allen Bereichen einen so raschen Anstieg erfuhr. Typisch dafür war z. B. die technologische Rückständigkeit des Bauwesens, das geradezu als konservierendes Element wirkte. Im Bauwesen ging es so langsam voran, »daß Spaten, Schaufeln, Kellen und Schubkarren die vorherrschenden Produktionsinstrumente ... blieben. Mit diesen Arbeitsgeräten sind die Eisenbahnlinien, die Kanäle, die Industriebauten und die Menschensilos der Industriestädte errichtet worden. Der Anteil qualifizierter Arbeitskräfte ... nahm zwar absolut zu, blieb aber im Vergleich zur Masse der ungelernten Arbeiter der Baukolonnen gering. Der Hauptbaustoff, der gebrannte Ziegel, war da-

Die Ausbreitung der Dampfmaschine und der Dampflokomotive gelten zu Recht als Indikatoren für das Tempo der Industrialisierung; Beispiel Preußen:

Jahre der Dampfmaschinenzählung	Dampfmaschinen für gewerbliche und landwirtschaftliche Zwecke		Lokomotiven	
	Zahl der Maschinen	Pferdestärken	Zahl	Pferdestärken
1	2	3	4	5
1837	419	7355	(noch keine vorhanden)	
1840	615	11712	13	340
1843	862	16496	149	6875
1846	1139	21716	275	14676
1849	1445	29482	429	28347
1852	2124	43049	607	40194
1855	3049	61945	913	88922
1858	5187	112955	1336	176422
1861	7000	142658	1449	206350
1875	28783	632067	6606	1863350
1878	35431	958366	6991	2033001

72 Diese hölzerne Schreibmaschine des Südtiroler Zimmermanns Peter Mitterhofer von 1864 enthält bereits wesentliche Teile der modernen Schreibmaschine: Die »Typen der 30 kreisförmig angeordneten Hebel bestehen aus Nadeln, die das in einem Rahmen gespannte Papier in Form der Buchstaben perforieren«. Vorhanden sind ferner Glocken, Signal, Zwischenraumtaste, Hebelsperre, Zeilenschaltung und Stoßdämpfer.
Deutsches Museum München, Bildarchiv

73 Das Angebot der heimischen Industrie ist im Vergleich zum Ausland am Anfang der 1860er Jahre noch nicht sonderlich groß. Aber es repräsentiert die Ausgangssituation zu Beginn der intensiven Industrieproduktion wie hier auf der Thüringer Gewerbeausstellung von 1861 in Weimar.
Stadtmuseum Weimar

74 1814 baute Friedrich Koenig in London diese erste Doppelschnellpresse, auf der seit dem 29. November 1814 für viele Jahre die »Times« gedruckt wurde. Diese Erfindung hatte für das grafische Gewerbe in allen Ländern nachhaltige Folgen. – In Oberzell erhöhte sich die Belegschaft bald auf 120 Mann. Sie mußte auf 14 reduziert werden, als nach 1830 durch Einschränkungen der Pressefreiheit keine Druckmaschinen mehr bestellt wurden.
Werksarchiv
Koenig & Bauer AG, Würzburg

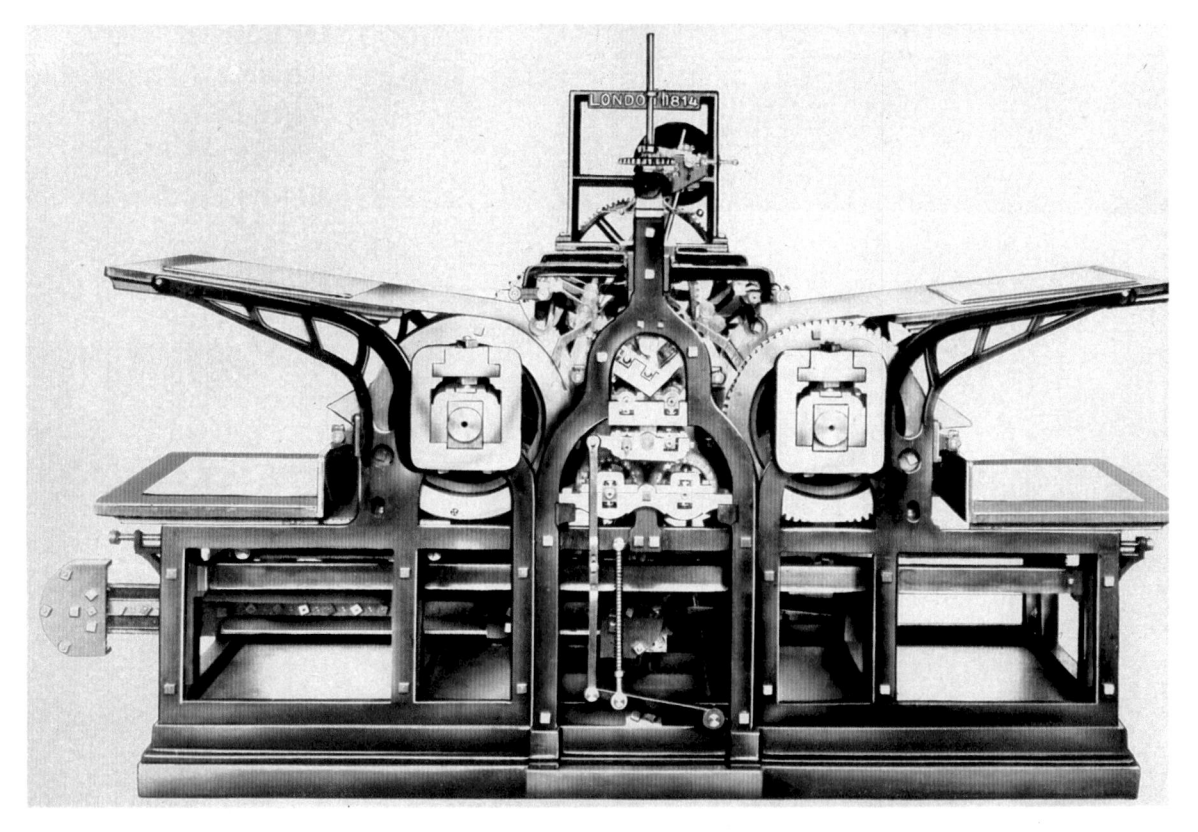

75 Automatensaal der Uhrenfabrik Junghans in Schramberg/Schwarzwald, seit 1900. – Das Gewirr von Transmissionsriemen, die Unzahl der Antriebsräder sowie die sich im Hintergrund auflösenden Einzelheiten der Drehbänke sind für den Betrachter faszinierend und furchterregend zugleich; um wieviel mehr für einen Anlernling, der in einer dieser hochmodernen Anlagen eine Beschäftigung suchte oder sie gefunden hatte!
Stadtmuseum Schramberg

76 Ballett »Pandora« auf der Internationalen Elektrotechnischen Ausstellung in Frankfurt am Main 1891, in dessen Schlußbild der Frau mit der Glühlampe in der Hand als »Siegerin Kultur« gehuldigt wird

77, 78 Blick in den Schalterraum einer Filiale der Neuen städtischen Sparkasse in Berlin (seit 1892), bei der an die 600 000 Kleinbürger etwa 165 Millionen Mark Spareinlagen deponiert hatten, und Querschnitt durch den Tresorraum einer Großbank, die Millionen aufbewahrt. In beiden Banken wird mit den Einlagen spekuliert: in der einen mit Spargroschen der Arbeiter, Kleinbürger und Invaliden, in der anderen mit dem Mehrwertprofit.

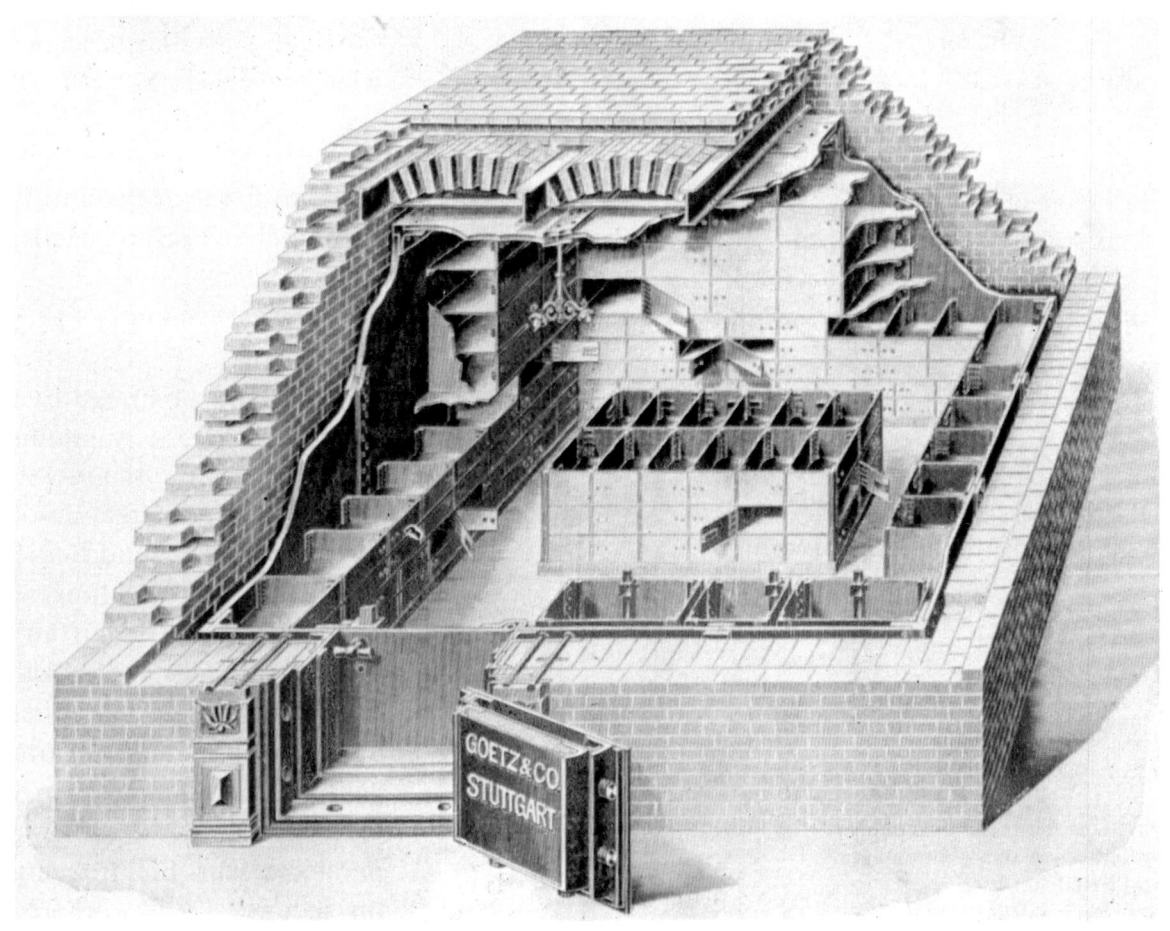

mals schon über 5000 Jahre alt und herrschte weiter vor, wenngleich er nunmehr spezialisiert für unterschiedliche Bauprojekte gefertigt wurde«. Erst nach 1870 gingen die bisherigen Baustoffe Lehm und Kalk zurück und wurden vom Portlandzement in Kombination mit geeignetem Bessemerstahl verdrängt. »Von 1870 bis 1900 stieg die Zementproduktion in Deutschland von 40000 Tonnen auf 2,5 Millionen Tonnen an.« Die Stahlbetonbauweise setzte sich am Jahrhundertende mehr und mehr durch. Das wiederum erforderte u. a. mechanische Hebezeuge, so daß die Huckerkolonnen allmählich verschwanden.[74]

Demgegenüber gewann der systematische Ausbau des Verkehrswesens auf der Grundlage intensivierter Maschinenproduktion wachsende Bedeutung: War bis 1871 das Grundnetz der Eisenbahn mit 18871 km ausgelegt, wurde es bis 1900 auf 49878 km erweitert, stiegen die Transportleistungen in den letzten 30 Jahren des 19. Jahrhunderts von 5,3 Milliarden Tonnen/km auf 37 Milliarden Tonnen/km. Gleichzeitig erhöhte die Binnenschiffahrt durch den Ausbau der Kanäle und der großen Flüsse Rhein, Elbe, Oder ihren Anteil am Massengütertransport von 1,7 Milliarden Tonnen/km auf 9,4 Milliarden Tonnen/km.

Da Dampfantrieb für den innerstädtischen Nahverkehr nicht möglich war, kombinierte man zunächst den herkömmlichen Pferdezug mit einem schienengebundenen Fahrzeug: der Straßenbahn. Mit dem späteren Einsatz des Elektroantriebs wurde sie zum wichtigsten Massen-Nahverkehrsmittel, mit dem zwischen 1889 und 1900 die Beförderungsleistung von 1,8 Milliarden Personenkilometern auf 4,6 Milliarden Personenkilometer anstieg. Für die Verbesserung des innerstädtischen Verkehrs gewann auch die Erfindung und rasch zunehmende Verwendung des Fahrrads an Bedeutung.[75]

Elektroenergie wirkte in mannigfacher Weise auf den Alltag der Menschen ein. Erwähnt seien nur die neuen Möglichkeiten der Nachrichtentechnik sowie der Kommunikationsmittel. Schon vor 1870 mit dem Telegraphiesystem begonnen, erreichte das Nachrichtenwesen um 1900 mit der Verlegung von unterirdischen Kabeln und durch andere technische Verbesserungen einen hohen Stand an Dienstleistungen, der sich mit folgender Tabelle wiedergeben läßt:

	1890	1900
Orte mit Fernsprechvermittlungen	233	2157
Öffentliche Fernsprechzellen	97	12951
Sprechstellen	51419	247676
Leitungsnetz in km	74124	419955

1891 fand in Frankfurt am Main die »Internationale Elektrotechnische Ausstellung« statt, mit der in überzeugender Weise die schon vorhandenen Einsatzmöglichkeiten der Elektroenergie im öffentlichen Leben und im Alltag aller Klassen und Schichten demonstriert, aber auch auf künftige Entwicklungen hingewiesen wurde. Noch bis 1900 wuchs der Bedarf an Elektrokraft schneller, als es die technischen Möglichkeiten der Stromerzeugung mittels Dampfmaschinen zuließ. Erst die Dampfturbinen, die schon am Jahrhundertende bis zu 6000 Umdrehungen pro Minute erreichten, erbrachten Leistungen von 60 bis 75 Kilowatt. »Damit war jene Antriebsquelle für Generatoren zur Elektroenergieerzeugung vorhanden, die bis in unsere Zeit vorherrschend blieb« und Vorauset-

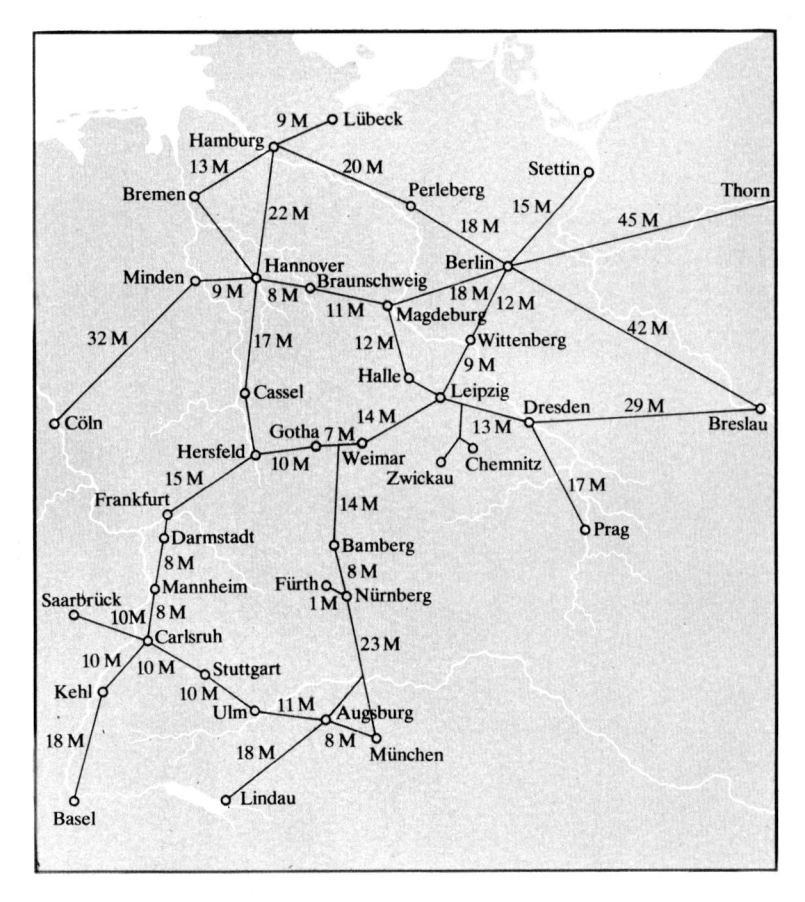

79 Das deutsche Eisenbahnsystem nach den Vorschlägen von Friedrich List
Stadtarchiv Reutlingen

zungen der Fernübertragung von Elektrizität unter hohen Spannungen schuf.[76]

Der Einsatz der Elektroenergie perfektionierte am Ende des 19. Jahrhunderts die Errungenschaften der Industriellen Revolution. Er förderte den Übergang vom Kapitalismus der freien Konkurrenz zum Monopolkapitalismus.[77]

Zur Etablierung der Unternehmer

Gegenüber der früher häufig geäußerten Annahme einer Kontinuität Handwerk – Verlag oder Manufaktur – Fabrik haben differenzierte Untersuchungen, insbesondere seit den 1970er Jahren, erwiesen, daß z. B. »Berliner Unternehmer (= Fabrikgründer, J.) überwiegend von Bankiers, Kaufleuten und Industriellen abstammen, daß es also vor allem die soziale Gruppe der Unternehmer war, die Unternehmer hervorbrachte«. Gleiches trifft für die Leipziger Verhältnisse zu, die Hartmut Zwahr mustergültig untersucht hat.[78] Andere hatten kaum die Chance einer Unternehmensgründung.[79] Das gilt weitgehend auch für Handwerker; aus eisenverarbeitenden Werkstätten kommende »Mechanici« z. B. waren zwar für den Bau oder für die Reparatur von Maschinen aller Art sehr geeignet, für den Aufbau eines Fabrik-Unternehmens aber wurde mehr als handwerkliches Können gefordert. Da benötigte man vor allem Geld, auch Wagemut, äußersten Fleiß, und man mußte »eine Nase« für profitable Aufträge haben. Wenn es »Handwerker-Fabrikgründer« gab, so entwickelten sich diese kaum aus ihrer Werkstatt, sondern dann taten sie, wie es Jürgen Kuczynski nennt, mit ihrem Unternehmen einen »diskontinuierlichen Sprung, bisweilen auch in ganz andere Gegend«.[80] Der schon einmal genannte August Borsig war solch ein früher Unternehmer, wie er kaum typischer vorstellbar ist.

Handwerker spielten fast nur im Maschinen- und Apparatebau bzw. in der Metallindustrie als Unternehmer eine gewisse Rolle. Und was den Anteil der Manufakturisten anbetraf, so stimmen wir mit Jürgen Kocka darin überein, daß es »nur eine kleine Minderheit schaffte, ihre Wirksamkeit in der neuen Zeit fortzusetzen«,[81] geschweige denn Fabrikunternehmen zu gründen. In der Mehrzahl waren es vielmehr Kaufleute, die Fabriken errichteten, sich aber erst seit den sechziger Jahren als »Fabrikanten« bezeichneten. »Das deutet darauf hin, welche Rolle das Kaufmannskapital für die Entwicklung der Industrie in Deutschland gespielt hat.«[82] Namen wie Harkort, Mannesmann, Stinnes, Krupp, Haniel, Wahrenbold sind in diesem Zusammenhang zu nennen, die z. T. über den Bergbau und das Hüttenwesen vornehmlich im Rhein-Ruhr-Gebiet zu wichtigen Vertretern der Unternehmerbourgeoisie wurden. In Schlesien waren es vielfach Angehörige des alten Feudaladels mit großen Vermögen aus den Besitzungen an Land, Kohle- und Erzgruben, die sich zu Industriemagnaten und so zu Prototypen des Klassenbündnisses mit der Bourgeoisie entwickelten. Fürst Guido Henckel von Donnersmarck ist einer der bekannten schlesischen Aristokraten gewesen, die als Multiunternehmer bezeichnet werden können.

Viele Schilderungen gibt es über diese Unternehmer seit der Jahrhundertmitte. Gerühmt werden ihre Patriarchalität, die Ehrfurcht, die man ihnen entgegenbringt, ihr Verständnis für in Not geratene Arbeiter, ihre Tüchtigkeit und ihr Eintreten für Fabrik und Belegschaft gegen eine geldsüchtige Konkurrenz. Diese Schilderungen vom vielseitigen Unternehmer, der zugleich Techniker, Kaufmann und in Geldangelegenheiten erfahren sein muß, überzeichneten ihn nur zu oft als »unermüdlich, geschmeidig, anpassungsfähig, neuerungs- und konkurrenztüchtig«.[83] Als 1866 der Probelauf des 1000-Zentner-Dampfhammers in Essen vor sich gehen sollte, da stürzten angeblich 500 Arbeiter vor Schrecken zu Boden, weil der Dampf mit zu großem Getöse entwich. »Nur Krupp und der Ingenieur blieben stehen. In demselben Momente fuhr das Ungethüm hernieder und schlug ein 18zölliges Eisen zu 11 Zoll zusammen. Ein Triumph ward gefeiert, größer als eine gewonnene Schlacht ... Gegen solche Hünen müßten sich selbst die alten Cyklopen verkriechen!« heißt es im Illustrierten deutschen Gewerbskalender von 1866, und man kann nicht genau sagen, ob sich die »Cyklopen« vor dem Dampfhammer oder vor dem standhaft-unerschrockenen Friedrich Krupp verkrochen hätten. Ein Fabrikherr und Unternehmer war eben schon damals nicht irgend jemand!

Überall im Deutschland der 1. Hälfte des 19. Jahrhunderts gab es diese bürgerlichen Unternehmer und Unternehmerfamilien, die – und das kennzeichnet die neue gesellschaftliche Situation – »ihre Produktionen durch den Einsatz von Risikokapital und persönlicher Arbeits- und Organisationsleistung und nicht wie der Adel durch privilegierten Grund- und Rechtsbesitz erlangt hatten ...

80 Der Mechaniker G. M. Pfaff im Kreis seiner Mitarbeiter, um 1865. – Zunächst als Produzent von Blechblasinstrumenten baut Pfaff 1862 mit handwerklichen Mitteln die erste Nähmaschine und gründet eine Fabrik. Schon zehn Jahre später beträgt der Nähmaschinenausstoß an die 1 000 Stück. – In typischer Haltung vermittelt das Foto den Eindruck eines Arbeitsteams mit besonderer Aufgabenstellung. Der Chef erscheint eher als »primus inter pares« denn als Unternehmer.
Werksarchiv A. G. Pfaff AG, Kaiserslautern

81 Drei Unternehmer aus Roth in Mainfranken, um 1900. – Einer von ihnen ist Eisengroßhändler und Bankier, ein anderer trägt den Titel eines Kommerzienrats und fungiert als Direktor der Vereinigten Stanniolfabriken. Vom dritten weiß man nichts Näheres.
Museum Schloß Ratibor, Roth bei Nürnberg

82 Siegestrophäen, von C. Wiederhold, um 1895. – Wenn auch nicht alle Orden am Rock Verdienstauszeichnungen sind, kann der junge Mann – am Brustband als Verbindungsstudent erkennbar – doch auf einige der Kreuze und Sterne mit Genugtuung blicken, denn sie werden oder haben ihm schon den Weg in die nächsthöhere gesellschaftliche Schicht frei gemacht.

83 Bauern gratulieren dem »gnädigen Fräulein« zum Geburtstag. Ihren Gesichtern sieht man an, daß sie sich in der ungewohnten junkerlichen Gutsherrenatmosphäre nicht gerade wohl fühlen.

84 Warenannahme in einem Kaufhaus, um 1870. – Die Geschäftigkeit der Verkäufer, Angestellten und Bediensteten sowie das wohlsortierte Lager vermitteln das Bild eines straff geleiteten Handelsunternehmens.
Märkisches Museum Berlin

83

(Dennoch legten sie, J.) größten Wert auf die Verleihung von Adelsbezeichnungen durch den König. Außerdem waren Angehörige dieser Familien sowohl in den Adels- als auch in den Wahlkörperschaften politisch tätig«.[84] Ihnen gegenüber befanden sich die aus kleineren Verhältnissen hervorgegangenen Unternehmer in der Minderzahl. Doch strebten auch sie, sobald sie die entsprechende Position erreicht hatten, nach der gleichen gesellschaftlichen Anerkennung. Was muß es z. B. für einen Mann wie August Borsig bedeutet haben, wenn ihn der Preußenkönig Friedrich Wilhelm IV. um seine nach auserlesenem zeitgenössischem Geschmack eingerichtete und mit einem Wintergarten voller exotischer Gewächse versehene Villa »beneidete«. Sie stand auf dem Werkgelände in Moabit, und Arbeiter durften gegen ein »Entrée« dort sogar die »Victoria Regia« besichtigen. Auch andere Unternehmer – große wie kleinere – wohnten in großem Stil am Rande ihrer Werke, und die Krupps gaben ihre Villa erst dann auf, als der riesige Dampfhammer das Haus zu arg erschütterte. Eine Fülle von Haltungen manifestierte sich so in diesem bisweilen mehr Miteinander als Nebeneinander von bürgerlich-unternehmerischer Privatatmosphäre und Fabrik bzw. deren Belegschaft. Doch sollte sich das bald grundsätzlich ändern, je mehr die Unternehmen expandierten und die Distanz zwischen den Hauptklassen sich erweiterte, je mehr die industrielle Großbourgeoisie nach 1871 zur eigentlichen herrschenden Klasse wurde und ihre Bastionen Schwerindustrie, Elektro-Chemie-Industrie und das Bankmonopol auszubauen verstand.[85] Diese Unternehmer gehörten dann außerdem schon mindestens der 2. Generation der ehemaligen Firmengründer an. Sie waren geadelt, hatten einen akademischen Grad, waren mit freigebig gespendeten Orden oder irgendeinem Ratstitel aus höchster Hand dekoriert. Manche von solchen Auszeichnungen, Ehrungen usw. hatten sie bereits vom Vater übernommen und trugen sie als Anerkennungen weiter, aber es waren Selbstverständlichkeiten für diese 2. Generation, die auch eine ganz andere Haltung zu »ihren« Arbeitern bezog.

Mit alldem berühren wir Fragen des Klassenbewußtseins dieser Industriebourgeoisie. Was sie in der Halbherzigkeit ihrer politischen Auseinandersetzungen mit den halbfeudalen Kräften nicht erreichte, erzwang sie gewissermaßen durch ihre unternehmerische Leistung im Zeitraum von 1850 bis 1870/71. Jürgen Kuczynski urteilt hierüber sehr treffend, wenn er diese deutsche Bourgeoisie zwar als die »mieseste«, aber auch als die mächtigste in Europa bezeichnet. In ihr finden wir »Bürgerstolz auf Grund der eigenen Leistungen und gleichzeitig das Streben, sich ›in die feine Gesellschaft von Adel, Hof und oberster Bürokratie‹ einzuschleichen«.[86]

Das Nachahmen adliger Lebensformen gewann seit den fünfziger Jahren an Ansehen »und wurde nun immer mehr zu einer Gruppenerscheinung, deren Bedeutung noch durch die Aufwandskonkurrenz in den Unternehmerkreisen gesteigert wurde. Folgt doch gerade im Mittelstand (und das ist für die Lebensweise des Kleinbürgertums wichtig, J.) die schichtenspezifische Aufwandsnorm häufig den erfolgreichsten Familien der Schicht, die selbst Aufwand und Verhaltensweisen nach der nächsthöheren Schicht ausrichten. Der Nachahmungstendenz erlagen daher ebenso Männer des alten führenden Unternehmerpatriziats wie neureiche Fabrikanten und Kaufleute«.[87] Rolf Peter Sieferle konkretisiert diese Entwicklung so: »Die Industriebourgeoisie orientiert sich am Adel, dessen Erbe sie antreten wird ... Sie tritt nicht mehr als Mittelstand auf ..., sondern als Anwärter auf die Führung der Gesellschaft überhaupt. Sie ist Träger eines neuen Prinzips, der technisch-ökonomischen, autonom gewordenen Rationalität, wittert jedoch, daß die altbürgerlichen Tugenden (›Soll und Haben‹) dem unangemessen sind. Sie will alles: Zutritt zu den Salons, dann die Töchter, die Möbel, die Schlösser des Adels, schließlich Zugang zur Bürokratie, zum Offizierskorps, am Ende den ganzen Staat und die gesellschaftliche Herrschaft. Mittelständische Ehrbarkeit und protestantische Ethik standen ihr gut, solange ein wirklicher Griff nach der Macht außer Diskussion war. Sie wurden als überholt angesehen, als ihr die Industrialisierung die Waffen in die Hand gab, die Führungsrolle zu erobern.«[88]

Zur Konstituierung der Arbeiterklasse

»Wie der Herr, so der Knecht. Die Entwicklung der Existenzbedingungen für ein zahlreiches, starkes, konzentriertes und intelligentes Proletariat geht Hand in Hand mit der Entwicklung der Existenzbedingungen für eine zahlreiche, wohlhabende, konzentrierte und mächtige Bourgeoisie.«[89]

Der Konstituierungsprozeß des Proletariats zur industriellen Arbeiterklasse kam also erst langsam in Gang.

85–91 Belegschaft der Eisengießerei und Schleiferei Simoni & Ullrich, Marienau bei Mechernich/Eifel, 1894. – Mit Erzeugnissen ihrer Arbeit in den Händen, flankiert von beiden Unternehmern (?), sind die Gesichter der Männer durchweg von tiefem Ernst geprägt. Auch die Jungen machen da keine Ausnahme.
Bildarchiv Adelhart Zippelius, Kommern

92 Arbeiter im Rübenfeld, von M. Liebermann, 1876. – Die Pflege der Zuckerrübenpflanze als typischster Hackfrucht kapitalistisch betriebener Landwirtschaft erfordert einen Masseneinsatz von meist weiblichen Arbeitskräften aus östlichen Gebieten.
Niedersächsische Landesgalerie Hannover

93 Belegschaft der Hamburg-Amerikanischen Uhrenfabrik (HAU) in Schramberg/Schwarzwald, 1893. – Angetan mit Arbeits-»Klamotten«, aber auch fein zurechtgemacht mit gestärkten weißen Schürzen oder im Anzug für den Heimweg, haben sich hier Arbeiter eines Betriebes für Präzisionserzeugnisse dem Fotografen gestellt. Von der großen Zahl der Fabrikmenschen bestimmt, läßt das Foto gleichzeitig etwas von der geballten Kraft und Macht der Arbeiterklasse ahnen.
Stadtmuseum Schramberg

94 Die Steinbrecher, von R. Sterl, 1911. – Das Bild ist Symbol für Kraft, Können und gemeinsamen Einsatz von Arbeitern.
Museum der Bildenden Künste zu Leipzig

Zunächst bildete diese, ohne die eine »Formierung der Arbeiter zu einer Klasse ausgeschlossen« war, »bei weitem nicht die zahlenmäßig stärkste Gruppe«.[90] Demzufolge blieb auch ihr Einfluß noch gering. Vielmehr waren es die konzentrierten Massen der Eisenbahnbau-, Chaussee- und Kanalbauarbeiter, die zwischen 1844 und 1848 an die 40 gut organisierte Streiks durchgekämpft haben. Und: Auch die freigesetzten Produzenten außerhalb der Fabriken gehörten »zur entstehenden einheitlichen Klasse des Proletariats«.[91] Ebenso sind die Landarbeiter hier mit einzubeziehen, die in den Jahren um die 1848er Revolution durch z. T. massive Aktionen gegen ihre Gutsherren von sich reden machten. Jürgen Kuczynski und Walter Schmidt verweisen darauf, daß allein die Beteiligung von Massen an den Bewegungen des Vormärz und der 48er Revolution für deren »Bewußtseinsentwicklung von ungeheuer stimulierender Wirkung« gewesen ist.[92] Es scheint, so möchten wir mit Walter Schmidt resümieren, »eine gewisse Gesetzmäßigkeit in der frühen Entwicklung des Proletariats darin zu bestehen, daß sozialökonomisch rückständige, im Verlauf der kapitalistischen Entwicklung zum Untergang verurteilte, noch mehr: halbproletarische Schichten … zunächst eine erheblich aktivere Rolle spielten als das Industrieproletariat, ja temporär sogar in die Vorhut des proletarischen Klassenkampfs gestellt werden«.[93]

In diesem Zusammenhang ist die Entwicklung des Proletariats in einer Stadt wie Leipzig aufschlußreich. Die entstehende Klasse der Lohnarbeiter bestand dort, wie Hartmut Zwahr belegt, aus einer »Minderheit von Zunftgesellen-Lohnarbeitern«, die dem Verlagswesen und der kleinen Warenproduktion angehörten oder nichtzünftige Lohnarbeiter waren. Dann sind die Manufakturarbeiter zu nennen, die innerhalb entstehender Fabriken als Setzer und Drucker arbeiteten oder in kapitalistischen Betrieben ohne – auch später nicht – maschinelle Fertigung als Zigarrenarbeiter, Kunstblumenmacher usw. tätig waren bzw. im Baugewerbe schafften. Eine weitere Schicht bildete das qualifizierte und unqualifizierte Fabrikproletariat, ferner die spezialisierte Gruppe der für Leipzig ty-

95 Gruppenbild von Meistern der M.A.N. Nürnberg, 1890

96 Gruppenbild der Formerei I (»Große Budike«) mit Meister Scior der M.A.N.AG Nürnberg, 1890

97 Belegschaft der Schmiede I mit Meister Flier der M.A.N.AG Nürnberg, 1890. – Abstufungen zwischen den einzelnen Werksbereichen sowie der hierarchische Aufbau dieses Großbetriebes bis in die Belegschaft hinein lassen sich deutlich wahrnehmen.
Werksarchiv M.A.N.AG, Nürnberg

98 Waldarbeiter der Sächsischen Schweiz, um 1900. – Ein Bündel Holz täglich aus dem Wald nach Hause mitzunehmen war erlaubt, eine Art Deputat zum baren Lohn.
Heimatmuseum Sebnitz

99 Belegschaft der Kohlengrube »Saxonia« im sorbischen Zeisholz, um 1900. – Die Hierarchisierung zwischen Kohlekumpeln, Vorarbeitern und Aufsehern wird hier durch eine Art Uniformierung der Verantwortlichen unterstrichen.
Bildarchiv des Instituts für sorbische Volksforschung Bautzen

100 Arbeiterinnen, von H. Baluschek, 1900. – Die Schicht ist zu Ende. Abgespannt verlassen die Frauen das Werk. Freizeit haben sie jetzt; aber wie wird die sich gestalten? Nicht eines der vielen Gesichter verrät nur ein wenig freudige Erwartung.
Märkisches Museum Berlin

101 Bau der Villa »Clara« der Familie Gätcke in Bahrenfeld bei Hamburg, 1888. – Die Gätckes waren Glashüttenbesitzer und unterhielten für ihre Arbeiter eigene Fabrikwohnungen mit der üblichen Enge. Zur gleichen Zeit ließen sie sich unweit der Glashütten zwei dieser Villen im italienischen Stil bauen.
Altonaer Museum in Hamburg

pischen Transportarbeiter. Hierzu gehören außerdem die zahlreichen kapitalistisch ausgebeuteten Tagelöhner in und um Leipzig, die »von Messe zu Messe auf Verdienst warteten«.[94] – Trotz dieser Heterogenität bildete die Messestadt »jenen zentralen Punkt, von dem aus vor der Reichsgründung proletarische Organisationsbestrebungen aus allen deutschen Ländern unterstützt, vorbereitet oder miteinander verknüpft worden sind. Hier erlangte die Klassenauseinandersetzung zwischen Bourgeoisie und Proletariat innerhalb weniger Jahrzehnte eine solche Reife, daß sie dem Parteibildungsprozeß der deutschen Arbeiterklasse 1867/69 entscheidende Impulse geben konnte«.[95]

Der Durchbruch zur industriellen Produktion im Fabrikbetrieb erfolgte auch in Leipzig erst seit den sechziger Jahren. Damit entstand der eigentliche Kern des Proletariats, um den sich die Arbeiterklasse formierte. Diesen Kern bildeten die Arbeiter der polygraphischen und Metallindustrie, der holzverarbeitenden und Chemiefabriken, um die sich andere in kleineren Spezialfabriken, in Manufakturen, Verlagen usw. gruppierten. Nach 1871 war die industrielle Grundlage der Wechselbeziehungen zwischen Unternehmerbourgeoisie und Industriearbeitern so gewachsen, daß sich das Gesamtbild der Stadt und ihrer nächsten Umgebung völlig verändert hatte, und das traf nicht weniger auf andere Industriestädte und Industriegebiete des Deutschen Reiches zu, so daß auch der folgende Auszug aus einem Leipziger Bericht der achtziger Jahre verallgemeinernde Züge trägt: »Noch vor etwa vier Dezennien waren die industriellen und fabrikmäßig betriebenen Anlagen der Stadt und des Landkreises Leipzig so untergeordneter Natur, daß schon einige Hundert Arbeiter und im ganzen 25 Dampfkessel und etwa 18 Dampfmaschinen von etwa 240 Pferdekräften genügten, um dieses Ganze in Bewegung zu setzen. Heute sind dagegen in der Stadt und in den Vororten Leipzigs mehr als 34 000 Arbeiter in Tätigkeit und müssen zur Bewältigung der hier vollführten maschinellen Arbeit über 600 Dampfkessel ... und mehr als 500 Dampfmotoren von etwa 9000 Pferdestärken ihre gewaltigen Kräfte entfalten.«[96]

Wenn wir hier am Beispiel der sich entwickelnden Industriestadt Leipzig mit einer kapitalkräftig-unternehmerisch veranlagten, disponiblen Bourgeoisie und einer wachsenden industriellen Arbeiterklasse den Konstituierungsprozeß vom Proletariat zur Klasse in seinen Grundzügen skizziert haben, so gilt dieser Werdegang mit zeit-

91

102 Abendandacht (Bildausschnitt), von A. L. Richter, 1842. – Haltung und Aussehen der frommen Gruppe täuschen nicht darüber hinweg, daß der Maler hier Landarme oder Tagelöhnerfrauen dargestellt hat, die nach der »bäuerlichen« Ernte liegengebliebene Getreidehalme »gestoppelt« haben und nun mit ihrem Getreidebündel nach Hause ziehen. Die fromme Abendandacht ist wohl eine willkommene Gelegenheit, nach dem unzähligen Bücken sich für eine Weile auszuruhen.
Museum der Bildenden Künste zu Leipzig

103 Nach der Pfändung, von F. G. Waldmüller, 1859. – Vielen Malern ist das Elend der Armut sehr bewußt geworden, und sie haben es realistisch dargestellt. So auch der führende Meister der Wiener Biedermeiermalerei, aus dessen Bild die eigene Empörung über das Unrecht spricht, das man dieser mittellosen und dazu noch kranken Familie mit der Exmittierung angetan hat. Dennoch hat der Künstler dieser Szene »noch Schönheit verliehen und besonders die Kinder als anmutig-unschuldsvolle Wesen geschildert«.
Staatliche Kunstsammlungen Dresden
Gemäldegalerie Neue Meister

104 »Die heiligen drei Könige mit ihrem Stern«, von W. Grote, um 1875. – Dreikönigsbrauchtum, letztlich nichts anderes als Heischeumzüge der Dorfarmen, des Gesindes, dann der Kinder, wird hier vom zuständigen Staatsorgan kontrolliert, wenn nicht gar verboten. Im Heischelied heißt es darum u. a. auch: »Doch weh' uns Armen – kein Gottserbarm/Beschützt uns vor dem Herrn Gensd'arm ...« Ob brauchtümlich verbrämt, von Volkskundlern gehätschelt oder nicht: Betteln ist im deutschen Kaiserreich verpönt!

105 Barmherzigkeit, von J. Ehrentraut, um 1880. – Ein

ständig wiederkehrendes variationsreiches Motiv zum Armen- und Bettelwesen des 19. Jahrhunderts. Hat der Künstler auf diesem Bild den Spendern der »Armensuppe« mildtätig-menschliche Züge verliehen, tragen bei anderen Künstlern die Besitzenden ihren Hochmut offen zur Schau.
Staatliche Museen zu Berlin, Sammlung der Zeichnungen

106 Verteilung von Kartoffelland an Berliner Arme, nach W. Zehme, um 1890. – Vor den Toren der Stadt gab die »Armenverwaltung« an Bedürftige für ein Jahr eine bestimmte Fläche für Kartoffelland aus, das mit viel Eifer bestellt wurde. Da es diesen Leuten häufig an Saatgut fehlte, stellte es bisweilen die Stadt zur Verfügung; 1891 sollen es 2723 Zentner gewesen sein.

107 Blinde, von H. Baluschek, 1900. – Namentlich kirchlich-konfessionelle Anstalten nahmen sich der vielen Kranken und Schwachen unter den Armen an, um sie zu versorgen und zu betreuen. Märkisches Museum Berlin

lich und regional bedingten Schwankungen und unter Beachtung manch anderer proletarisierter Schichten allgemein. Die Industrielle Revolution zog Hunderttausende von doppelt freigesetzten Teilen der Bevölkerung aus Stadt und Land in ihren Sog und wirkte dabei wie ein Schmelztiegel, in dem unter mancherlei widrigen, schmerzhaften Umständen Neues entstand und Kräfte freigesetzt wurden, die in die Zukunft wiesen. Von ihnen spricht das »Manifest« als von einer »über das ganze Land verstreuten und durch die Konkurrenz zersplitterten Masse«,[97] meist Angehörigen der industriellen Reservearmee, deren Angst, in das Elend des Pauperismus abzusinken, groß war.[98] Zu weiten Teilen noch in alten Vorstellungen befangen, hatten sie den Bildungsprozeß zum Proletarier noch nicht durchlaufen und griffen – in ihrer Situation verständlich genug – nach jedem Strohhalm, der sich ihnen zur Linderung der Not und zur Sicherung der Existenz bot.

Wenn zur Zeit der 48er Revolution der Pauperismus die Gemüter mehr in seiner Vordergründigkeit bewegt und existentielle Ängste des Bürgertums ausgelöst hatte, so veränderten sich Situation und Betrachtungsweise, als sich mit der Gründerkrise von 1873 und der einsetzenden Massenarbeitslosigkeit entlassener Proletarier, in damit einhergehender Entwurzelung und sozialer Schutzlosigkeit »die Krise einer Gesellschaft im Umbruch« offenbarte. Zum »traditionellen Pauperismus« trat die neue Armut der Proletarier, und das war ganz etwas anderes. »Woher«, fragt nun ein Zeitgenosse, »kamen diese 200 000 Männer, welche damals schlecht genährt, in Lumpen gekleidet, gedankenlos, zwecklos unser deutsches Vaterland durchwanderten? Was für ein böser Teufel war denn ins deutsche Volk gefahren, daß es seit 1870 so der Vagabondage und dem Bettel zuneigte? Alles strömt in die pilzartig aufschießenden Fabriken und Aktiengründungen. Aber ebenso schnell wie der Aufschwung kam der ›Krach‹ (1873, J.). Tausende von der Scholle losgelöst, heimatlos gewordene Arbeiter ohne Spargut, ohne Verdienst, standen unvermutet auf der Landstraße. Keine Hilfe bot sich dar. Wider Wunsch und Willen hat damals mancher zuerst ein Bettler und dann ein Vagabund sein müssen. Die Zuckungen des Weltmarktes kommen immer wieder und sind unberechenbar wie die Ausbrüche eines Vulkans.«[99]

Wenn gegen all diese Not im letzten Jahrhundertdrittel etwas praktisch getan wurde, so waren es in erster Linie Maßnahmen »konfessioneller Tätigkeit«, und zwar beider Kirchen, sowenig sie auch dem Übel abhelfen konnten, mehr wohl davon zur Stärkung ihrer selbst profitierten. (Wir kommen darauf noch zurück.) Auch der Staat versuchte mit einigen Einrichtungen, mit Mitteln der Gesetzgebung nach dem Fall des Sozialistengesetzes, mehr aber noch durch Polizei, Verbote und Gefängnis dem hoffnungslosen Zustand der Massenarbeitslosigkeit beizukommen. Bezeichnend dabei der »Lösungsvorschlag« Wilhelms II.: »Wäre es nicht möglich, auf irgendeine Weise diese Massen von Arbeitslosen, die nur den Hetzern in die Hände fallen, per Schub nach Osten auf das Land zu bringen, wo so großer Arbeitermangel?«[100] Insoweit sich Unternehmer zu Wort meldeten, beschworen sie die Herstellung eines guten Verhältnisses zwischen Arbeitgebern und Arbeitern, appellierten an »opferfreudige That«, sprachen vom »Ehrendienst für das Gemeinwohl« und verstanden darunter humanitär-vertrauensbildende Maßnahmen, Vermeidung von einseitiger Arbeit u. a. m. Dadurch, heißt es in einem »Wort an die deutschen Arbeitgeber. Von einem ihrer Genossen« 1878, »wird das Verhältniß sofort ein anderes. Die Arbeiterfrage verliert ihren revolutionären Charakter, sobald Verständniß und Sinn auch für die Interessen der Gegenpartei erwachen«. Deutlicher schreibt der Arbeitgeber-»Genosse« dann an anderer Stelle, daß zu treffende Maßnahmen im genannten Sinne dazu beitragen würden, die »socialdemokratischen Umsturzlehren« aus der Welt zu schaffen![101]

An dieser Stelle sollten wir der Tatsache eingedenk sein, daß schon mit der Industriellen Revolution und seit dem Vormärz viele, allzu viele Angehörige des Proletariats aller Schichten vor dem ständigen Druck der Unternehmer, der Entfremdung durch die Maschinenarbeit, der realen und ausweglosen Not, aber auch der Enttäuschung, die politische Freiheit nicht verwirklicht zu sehen, resignierten und auswanderten. »Die Vereinigten Staaten waren ... das klassische Zielland der deutschen Auswanderung. In Millionenmassen verließen die Menschen ihre Heimat, nahmen Gefahren und Strapazen einer damals höchst beschwerlichen Reise über den Ozean auf sich und suchten in den Städten der amerikanischen Ostküste, in den Prärien des mittleren Westens, in Texas und Kalifornien eine neue Existenz, Boden und Brot, Geborgenheit und Sicherheit. Sie lockte die unerhörte Weite des Landes, der Reichtum seines Bodens, die Hoffnung auf schnellen Gewinn ... Zwischen 1820 und 1890 ließen sich nahezu fünf Millionen Deutsche in Nordamerika nieder«, meist Bauern, Arbeiter und Handwerker.[102]

Natürlich mußte Auswanderung – so massenhaft und bis dahin ungekannt sie stattfand – die Ausnahme bleiben. Die Tausende von ausgebeuteten Menschen, die im Lande blieben und dem Druck standzuhalten hatten, führte das gemeinsame Schicksal immer wieder zu Solidaritätsbekundungen, gegenseitigen Hilfsaktionen usw. als Ausdruck eines Gemeinschaftsgefühls und sich entwickelnden Klassenbewußtseins zusammen. Dietrich Eichholtz schreibt z. B. über Eisenbahnbauarbeiter in Schlesien aus den vierziger Jahren: Schon durch ihre unterschiedlich-regionale Herkunft hatten sie die deutsch-regionale Engräumigkeit durchbrochen, und hier am Arbeitsort »fing sich die proletarische Solidarität zu verwirklichen an – über die Grenzen der deutschen Einzelstaaten und sogar über die Grenzen Deutschlands hinaus«.[103] Es war Wilhelm Wolff, der anklagende Chronist des schlesischen Weberaufstandes von 1844, der aus Gesprächen mit Eisenbahnbauarbeitern über die Ereignisse von Langenbielau und Peterswaldau erfuhr, daß sie, diese Arbeiter, die zu Tausenden ihre Hacken und Schaufeln schwangen, recht wohl wußten, daß sie gegen »die Reichen«, die Unternehmer also, zusammenzustehen hatten, daß die gemeinsame Arbeit, die gemeinsamen Existenzbedingungen und die gemeinsame Haltung sie »gescheiter« gemacht hatten. »Es sind nur noch wenige unter uns, die an die alten Faxen glauben. Wir haben jetzt verteufelt wenig Respekt mehr vor den vornehmen und reichen Leuten. Was einer zu Hause kaum im stillen gedacht, das sprechen wir jetzt unter uns laut aus, daß wir die eigentlichen Erhalter der Reichen sind ... Sie können es glauben, wenn die Weber nur länger ausgehalten hätten, es wäre bald sehr unruhig unter uns geworden. Der Weber Sache ist im Grunde auch unsere Sache. Und da wir an 20 000 Mann auf den Bahnen Schlesiens arbeiten, so hätten wir wohl ein Wort mitgesprochen.«[104]

Konkrete Schritte zur Organisierung gingen zunächst vor allem kleinbürgerliche Handwerksgesellen aus Fabriken, die 1835 den »Bund der Geächteten« gründeten und hier sozialistisch-kommunistisches Gedankengut diskutierten und verbreiteten. Wenig später waren es schon proletarisierte Handwerksgesellen, die sich zum »Bund der Gerechten« bekannten. Friedrich Engels schätzte ihr Wirken hoch ein. 1847 tagte der erste Kongreß des »Bundes der Kommunisten« in Brüssel, wieder im Ausland wie die anderen auch, und Marx wie Engels hatten sein Entstehen gefördert: »Damit am Tag der Entscheidung das Proletariat stark genug ist, zu siegen, ist es nötig – und

108 Die Obdachlosen Berlins vor dem Asyl, nach E. Hosang, um 1885. – Alte, Kranke, Exmittierte, Alleinstehende, selbst Kinder stehen in Scharen vor den Obdachlosen-Asylen der Großstädte und warten auf den abendlichen Einlaß. Von Gendarmen kontrolliert, gleichen viele Asyle einem »Polizeigewahrsam«. Keineswegs rekrutiert sich die wachsende Menge nur aus unverbesserlichen Herumtreibern, Prostituierten, Tippelbrüdern oder notorischen Bettlern. Es gibt unter ihnen viele Arbeitswillige, die aber keine Beschäftigung und somit keine Bleibe finden.

109 Abschied der Auswanderer, von R. Suhrland, um 1840. – Ob aus Not, politischen Gründen oder auch aus der Hoffnung, es anderswo zu Reichtum zu bringen, die Zahl der Amerika-Auswanderer wächst im 19. Jahrhundert um Zehntausende.
Staatliches Museum Schwerin, Kupferstichkabinett

110 Brief der Auswanderin Christine Pfau vom 4. April 1855
Auswandererarchiv Marburg/Lahn

Baltimore, den 4. April 1855

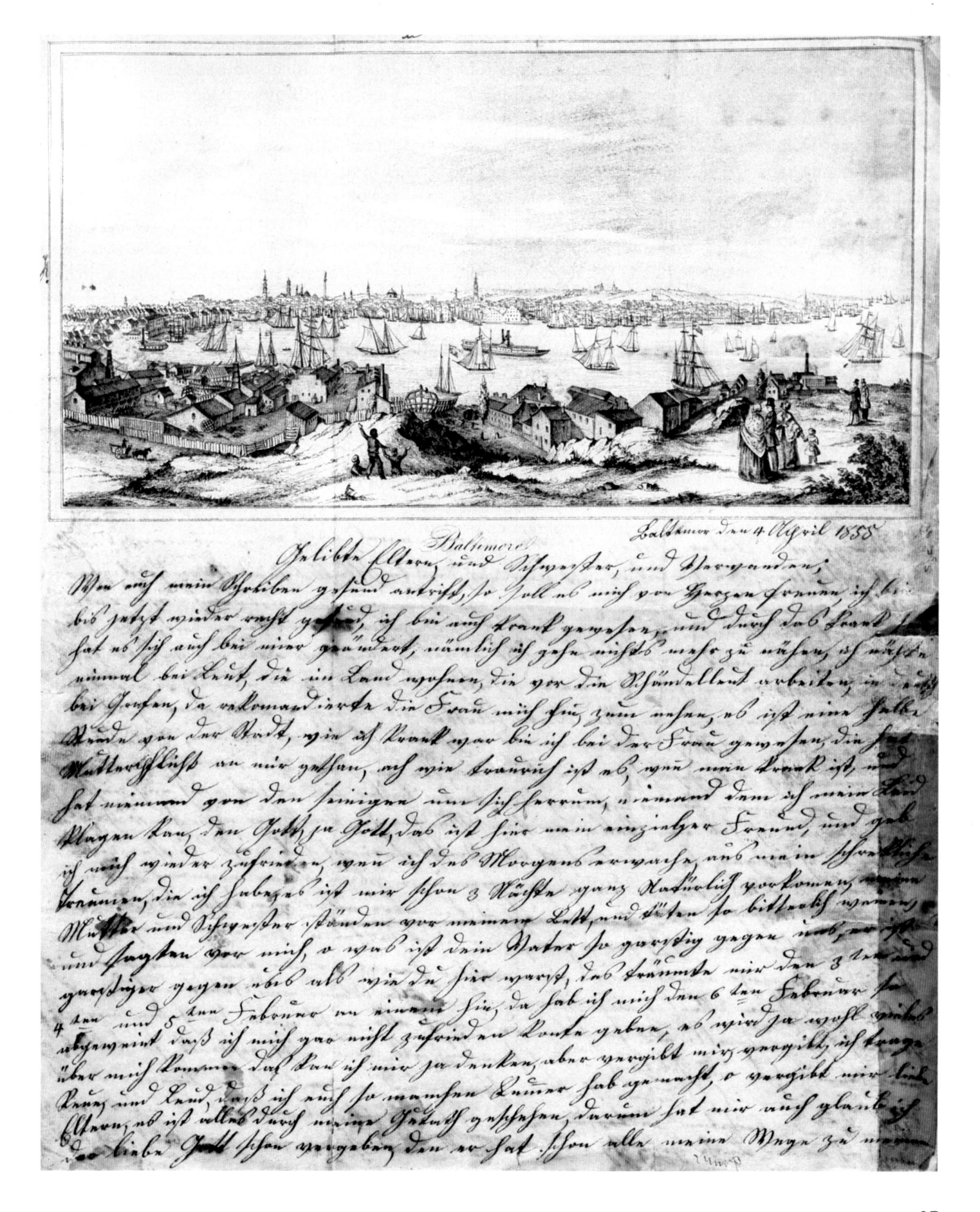

Baltimore

Geliebte Eltern und Schwester, und Schwagern,

Wen auch mein Schreiben gesund antrifft, so soll es mich von Herzen freuen, ich bin bis jetzt wieder recht gesund, ich bin auch krank gewesen, und durch das Krank hat es sich auch bei mir gemacht, nämlich ich gehe nichts mehr zu nähen, ich wohne nunmehr bei Leut, die im Land wohnen, die vor den Schundellert arbeiten, in acht bei Gorhan, da vekoman ich ein die Frau mich hin zum mähen, es ist eine halbe Stunde von der Stadt, wie ich krank war bin ich bei der Frau gewesen, die hat Mutterschloß an mir gethan, ach wie traurich ist es, wen man krank ist, und hat niemand von den seinigen um sich herum, niemand dem ich mein Land klagen kan, dem Gott zu Gott, das ist hier mein einzigster Freund, und gab ich euch wieder zusenden, wen ich das Morgens aufwache, und nun in schwerlich Trauen, die ich habends ist mir schon 3 Nächten ganz Natürlich vorkommen Mutter und Schwester stünden vor meinem Bett, und thäten so bitterlich weinen und sagten zu mir, ov was ist dein Vater so zorstig gegen uns, gar so zornig gegen uns alle wie du fier warst, das träumte mir den 3 ten 4 ten und 5 ten Februar zu immer fort, da habe ich mich den 6 ten Februar so übernimmt daß ich mich gar nicht zufrieden werden geben, es wird ja wohl nichts über mich kommen daß ich mir zu denken, aber gequält mir gequellt ich trage Kreuz und Land, daß ich auch so manchen Lummer hab gemacht, e gewißt mir liebsten Eltern es ist alles durch meine Schuld geschehen, darum hat mir auch glaubt der liebe Gott schon vergeben denn er hat schon alle meine Wege zu meinem das haben Marx und ich seit 1847 vertreten –, daß es eine besondere Partei bilde, getrennt von allen andern und ihnen entgegengesetzt, eine selbstbewußte Klassenpartei.« Das ein Jahr später dann (1848) veröffentlichte »Manifest der Kommunistischen Partei« wurde sein Programm – und es hat seine Gültigkeit prinzipiell bis heute behalten.

Wir haben die weitere, auch ideologische Entwicklung der deutschen Arbeiterklasse und ihrer Partei bereits und absichtlich in den »Vorbemerkungen« behandelt, meinen aber, daß es an dieser Stelle wichtig sei, nochmals zu resümieren, »was« die industrielle deutsche Arbeiterklasse unter marxistischer Führung trotz ungeheurer Schwierigkeiten und trotz manchen Rückschlags bei der Konstituierung dennoch erreicht hat – und wollen dies mit den Worten von Friedrich Engels tun, der sich 1885 rückblickend so geäußert hat: »Zwischen damals und jetzt liegt ein Menschenalter. Damals war Deutschland ein Land des Handwerks und der auf Handarbeit beruhenden Hausindustrie; jetzt ist es ein noch in fortwährender industrieller Umwälzung begriffenes großes Industrieland. Damals mußte man die Arbeiter einzeln zusammensuchen, die Verständnis hatten für ihre Lage als Arbeiter und ihren geschichtlich-ökonomischen Gegensatz gegen das Kapital, weil dieser Gegensatz selbst erst im Entstehen begriffen war. Heute muß man das gesamte deutsche Proletariat unter Ausnahmegesetze stellen (Sozialistengesetz, J.), um nur den Prozeß seiner Entwicklung zum vollen Bewußtsein seiner Lage als unterdrückte Klasse um ein geringes zu verlangsamen. Damals mußten sich die wenigen Leute, die zur Erkenntnis der geschichtlichen Rolle des Proletariats durchgedrungen, im geheimen zusammentun ... Heute braucht das deutsche Proletariat keine offizielle Organisation mehr, weder öffentliche noch geheime; der einfache, sich von selbst verstehende Zusammenhang gleichgesinnter Klassengenossen reicht hin, um ohne alle Statuten, Behörden, Beschlüsse und sonstige greifbare Formen das gesamte Deutsche Reich zu erschüttern. Bismarck ist Schiedsrichter in Europa, draußen jenseits der Grenze; aber drinnen wächst täglich drohender jene Athletengestalt des deutschen Proletariats empor, die Marx schon 1844 vorhersah, der Riese, dem das auf den Philister bemessene enge Reichsgebäude schon zu knapp wird ...«[105]

Der Alltag
der Werktätigen

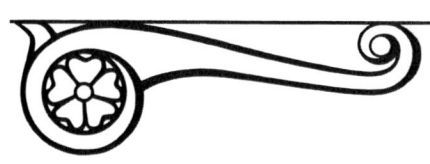

Vorbemerkung

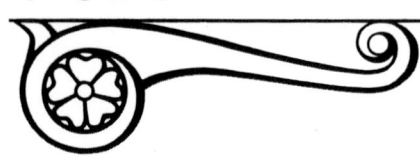

Anders als in der traditionellen kulturhistorischen Forschung kann es uns im folgenden nicht darum gehen, »Kontinuitäten« aus feudalistischer Zeit – ob realen oder vermeintlichen – nachzuspüren. Vielmehr kommt es uns als marxistischen Ethnographen darauf an, die vom kapitalistischen 19. Jahrhundert bestimmten Erscheinungen, Prozesse und Zusammenhänge herauszuarbeiten, also das Wirken spezifischer Gesetzmäßigkeiten der konkreten historischen Gesellschaftsentwicklung im vielfältigen Geschehen des Alltags der Werktätigen deutlicher zu machen. Diese *neuen* Ausprägungen sind das bestimmende Moment im jeweiligen Erkenntnisprozeß, und dementsprechend beziehen sich unsere Darlegungen in erster Linie auf die Arbeiterklasse. Nicht das Noch-Vorhandensein von Traditionen u. ä. ist in unserem Zusammenhang von Belang, sondern allenfalls ihr manipulatives Festschreiben – allein unter diesem Blickwinkel werden uns einige Züge des Traditionellen als Alltagsphänomene zu interessieren haben.[106]

Ausdrücklich stellen wir eine von Wolfgang Steinitz schon 1962 getroffene Feststellung voran, der wir uns wegen ihrer dialektischen Folgerichtigkeit uneingeschränkt anschließen: »Als sich die deutsche Arbeiterklasse seit den 1840er Jahren unter schwersten Leiden und Kämpfen herausbildete, war es nicht ihre kulturelle Hauptaufgabe, anstelle oder gleich der bäuerlichen Volkskultur (im Feudalismus, J.) eine Arbeitervolkskultur zu schaffen – Arbeitervolkslieder, Arbeitermärchen, Arbeitervolkstrachten usw. Die kulturelle Aufgabe der Arbeiterklasse bestand darin, sich aus tiefster Unwissenheit und Kulturlosigkeit heraus die Kulturwerte ihrer Nation und der Menschheit anzueignen und dann der Träger einer neuen Kultur und die führende Kraft der Nation zu werden. Das hat die Arbeiterklasse aus dem fürchterlichen Elend, in dem sie vor 100 Jahren lebte und in dem der nackte Kampf ums Dasein alle Energien in Anspruch nahm ... zuwege gebracht. Die Arbeiter schufen ihre Gewerkschaften, ihre Partei, ihre Genossenschafts-, Sport- und Kulturbewegung. In diesen Leistungen liegt die schöpferische Kraft der Arbeiterklasse. Die Menschen, die früher Träger der Volksliedüberlieferung, der Märchenüberlieferung, die begabte Erzähler und Sänger waren, wurden in der Arbeiterbewegung zu Redakteuren, zu Arbeiterschriftstellern, zu Leitern von Arbeiterchören und Theatergruppen.«[107]

Die Arbeit

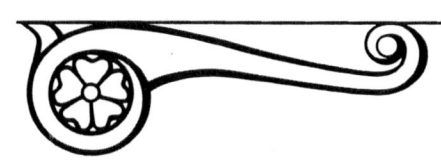

Ausbeutung
Entfremdung
Widerstand

Unsere Ausführungen zur »Industriellen Revolution« hatten wir mit der Feststellung von Karl Marx eingeleitet, daß der Fabrikarbeiter als »lebendiges Anhängsel« dem »toten Mechanismus« der Maschine »einverleibt« worden sei. Ein ungeheurer Eingriff in das Innerste menschlicher Existenz! Wenn auch in vorkapitalistischen Gesellschaften ausgebeutet und geschunden, ist der Mensch doch Herr seines Werkzeugs, seiner Geräte gewesen, die er nicht nur schlechthin zu handhaben verstand, sondern die seinem Willen folgten und die er so führen konnte, wie es ihm seine Gedanken, seine Fähigkeiten und sein Reagieren auf besondere Umstände eingaben. »Jetzt wird er zum Sklaven des Werkzeugs, das den Rhythmus seiner Arbeit bestimmt und ihn geistig entleert.«[108] Und: »Während die Maschinenarbeit das Nervensystem aufs äußerste angreift, unterdrückt sie das vielseitige Spiel der Muskeln und konfisziert alle freie körperliche und geistige Tätigkeit.«[109] Dieses Abhängig-sein-Müssen von der Maschine, sich als ihr »Anhängsel« zu empfinden und vom Besitzer der Maschine bzw. dem Fabrikherrn auch so behandelt zu werden, auf das Erzeugnis und dessen Gestaltung kaum Einfluß zu haben, noch nicht einmal den Betriebsablauf überblicken zu können, geschweige denn ihn zu verstehen, schuf einen entfremdeten Arbeitsprozeß, ja eine in sich entfremdete Lebensweise, denn von der Arbeit, von der Art ihrer Durchführung, vom Verhältnis zu ihr hängt das Wohl und Wehe menschlichen Daseins ab. Die Folge davon hat Karl Marx schon 1844 konstatiert: »Der Arbeiter fühlt sich ... erst außer der Arbeit bei sich und in der Arbeit außer sich. Zu Hause ist er, wenn er nicht arbeitet, und wenn er arbeitet, ist er nicht zu Haus ... Ihre Fremdheit tritt darin reiner hervor, daß, sobald kein physischer oder sonstiger Zwang existiert, die Arbeit als eine Pest geflohen wird.«[110] Es soll nicht verkannt werden, daß Petitionen und Forderungen nach Verbot von Maschinen, Fabriken, Eisenbahnen oder Dampfschiffen gestellt wurden, daß Maschinenstürmerei meist von Heimarbeitern, vielfach Hauswebern, ausging, die glaubten, mit der Zerstörung der Apparaturen ihre Konkurrenz vernichtet zu haben. Doch das war eine Utopie, mit solchen Mitteln eine Änderung der Verhältnisse, gar eine Rückkehr zu vorindustriellen Produktionsweisen erzwingen zu können. Denn es war ja nicht die Maschine als solche, die an der Entfremdung des Arbeiters die Schuld trug, sondern ihre kapitalistische Anwendung.

Die Produktion von Mehrwert ist der letzte und eigentliche Zweck kapitalistischen Strebens. Die Bourgeoisie erreichte sie in der ersten Phase der Industriellen Revolution bis um die Jahrhundertmitte durch *extensive* Ausbeutung der Arbeiter, d. h. durch eine Verlängerung der Arbeitszeit bis zu 16 Stunden und mehr, sowie durch die massenweise Beschäftigung von Frauen und Kindern, die namentlich an den Textilmaschinen leicht anzulernen waren und deren Fingerfertigkeit für die unterschiedlichsten Verrichtungen beim Bedienen und Warten der Maschinen, aber auch für andere mechanische Tätigkeiten in Fabriken, Manufakturen sowie bei der Heimarbeit geeignet war. Mit dem Hinweis auf die körperlich weniger anstrengende Maschinenarbeit wurden die Art und Weise extensiver Produktion und Ausbeutung gerechtfertigt,

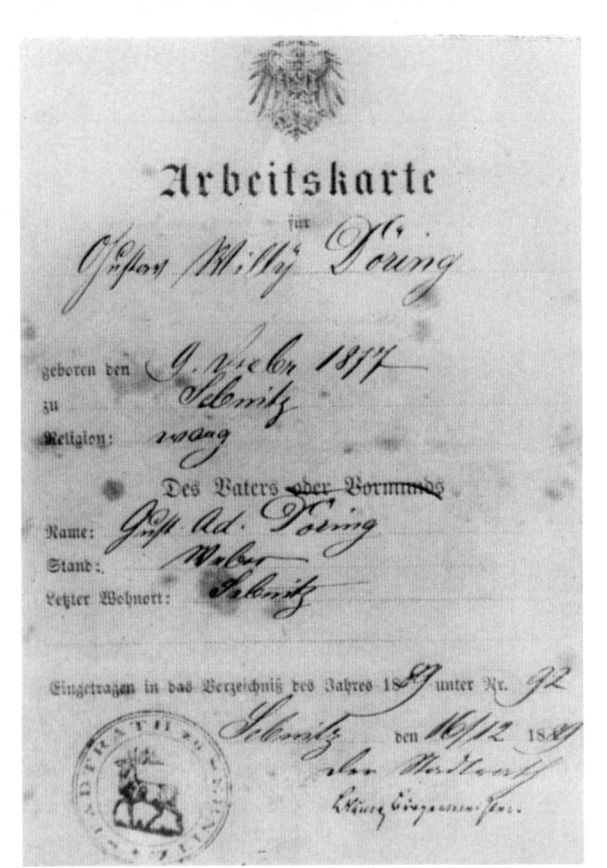

111, 112 Arbeitskarte eines sächsischen Arbeiters von 1889 und Arbeitsbuch einer Apoldaer Fabrikarbeiterin von 1873. – Beide Dokumente sind Ausweis des gleichen Rechts auf außerhäusliche Arbeit für beide Geschlechter.
Heimatmuseum Sebnitz; Märkisches Museum Berlin

noch mehr aber rücksichtslos durchgesetzt. Das betraf vor allem die Ausbeutung der Kinder, die so groß war, daß in Preußen die Generalität um den künftigen Rekrutennachschub fürchtete und schon 1839 mit dazu beitrug, daß erste Arbeitsschutzmaßnahmen für Kinder erlassen wurden. Danach war eine regelmäßige Arbeit in Bergwerken und Fabriken erst im Alter von 9 Jahren erlaubt, Nacht-, Sonntags- und Feiertagstätigkeit verboten und die Arbeitszeit bis zum 16. Lebensjahr auf 10 Stunden begrenzt. Wie weit solche Regelungen durch den Unternehmer eingehalten bzw. durch falsche Angaben kaschiert, aber auch von den Eltern unterlaufen wurden, sei dahingestellt. Kinderarbeit verbreitete sich weiter, und der Rückgang der Sterblichkeit bzw. die hohe Geburtenrate erklären den steigenden Bedarf an Kinderarbeit auch seitens der Proletarierfamilien. Denn je kinderreicher sie waren, desto mehr konnten sie insgesamt verdienen; die Fortpflanzung trug so zur Selbsterhaltung der Arbeiterfamilien bei – eines der makabersten Beispiele früher kapitalistischer Ausbeutung.[111]

Die Verelendung der Kinder hat manche Zeitgenossen stark bewegt. Sie suchten Abhilfe zu schaffen oder wenigstens eine breitere Öffentlichkeit auf die unmenschlischen Verhältnisse in den Fabriken aufmerksam zu machen. Wen aber kümmerten solche Proteste schon? Wurden doch in den Rheinprovinzen sogar amtliche Zählungen durchgeführt, wieviel Kinder zwischen 9 und 14 Jahren für die Fabrikarbeit »noch disponibel« seien, und es fehlte nicht an Versuchen, die überlange Arbeitszeit, besonders in Textilfabriken, als wohlmeinendes Erziehungsmittel zu bemänteln. »Armenerziehung durch Arbeit« war ein geflügeltes Wort bourgeoiser Auffassungen und Handlungen, und es hat in der Tat unter wissenden Beamten und Unternehmern solche gegeben, die naiv, zynisch oder verbrecherisch genug vorgaben, mit der »Beschäftigung« gerade junger Menschen ein »gutes Werk« zu tun.

Unter all solchen Bedingungen, die hier nur anzudeuten sind, wuchsen gerade in der Textilindustrie die Gegensätze zwischen den Unternehmern und ihren Arbeitssklaven. 1845 sah sich das »Westphälische Dampfboot« zu folgender Notiz veranlaßt: »Das Verhältnis unserer Tuchfabrikanten zu den Arbeitern seit Einführung der Spinnmaschinen ist vielleicht eines der unerfreulichsten, inhumansten, welche das moderne Industriesystem hervorgerufen hat ... Die hiesigen Arbeiter klagen fast alle

113 Arbeitsnachweisbureau, von L. Koch, um 1880. – Zu frühester Stunde sammeln sich die vielen Arbeitsuchenden um den Angestellten, der ihnen freie Stellen, oft nur kurzfristige Gelegenheitsarbeit, anpreist oder sie sonstwie zu vermitteln sucht. Eine sich stets wiederholende Szene, weil für die kapitalistische Akkumulation unvermeidliche Begleiterscheinung: die Arbeitslosigkeit

über unerfreuliche Härte, verächtliche Behandlung von Seiten der Fabrikanten, welche sich seit einiger Zeit eine Vormundschaft über die Arbeiter anmaßten, die um so verwerflicher ist, als sie lediglich eine größere Ausbeutung des Arbeiters zum Ziele hat.«

»Größere Ausbeutung« – das war die Realität für die Fabrikmenschen der frühen Industrialisierung, namentlich bei der Textilherstellung, und sie zeigte sich vielgestaltig: Manches Fabrikgebäude war neu errichtet, lag sogar oft in ländlich-geruhsam scheinender Umgebung, und von außen war nichts von dem wahrzunehmen, was sich drinnen abspielte. Doch der Besucher schauderte zurück, wenn ihm Hitze, wirbelnder Dreck, öliger Dunst und ohrenbetäubendes Maschinengeratter entgegenschlugen, dazwischen umherhetzende Menschen, meist Kinder, auf engem Raum inmitten rasender Räder und sausender Riemen, ohne jeglichen Schutz, allen sie umgebenden Gefahren hilflos ausgesetzt. Um wieviel schlimmer war diese Arbeitssituation in alten Gebäuden, ausgedienten Burgen oder Manufakturen bei übermäßig verlängerter Arbeitszeit und hoher Leistungsanforderung!

»Größere Ausbeutung« bedeutete auch ein hohes Maß an geisttötender, stupider Beschäftigung beim Bedienen der Spinn- und Webmaschinen, oft auf einen einzigen Handgriff tagein, tagaus beschränkt. So gleichförmig-stur konnte eine solche nur durch die Essenpause unterbrochene Arbeit sein, daß die Unternehmer dafür mitunter selbst Geistesschwache ausbeuteten, bei deren Anblick ein Zeitgenosse überrascht war, »wie genau jeder in sein stets gleiches Tagewerk eingriff. Dabei glotzten sie mit ganz vernichtetem Ausdruck in vollem Stumpfsinne vor sich hin, die weite Welt schien ihnen im Auf- und Zuklappen eines Metallstiftes untergegangen zu sein«.

Georg Weerth hat in seinem »Fragment eines Romans« diese ganze Misere der Textilarbeiter in ergreifender Weise geschildert, wenn er über die Lohnauszahlung in einem Unternehmen berichtet, wie sich da die »traurige Beschäftigung der Weber nur zu sehr in ihrer ganzen Erscheinung widerspiegelt. Bleich, gebückt, hustend und langsam daherschleichend, ein frühes Grab vor den trüben, stieren Augen, Trümmer von Menschen, mit denen die Schwindsucht immer rascher dem Ende entgegengaloppierte«. Als letzte kommen die Spinner zur Lohnauszahlung – ein wahrer Elendszug: »Knaben mit verrenkten Beinen, mit Buckeln und skrofulös zum Entsetzen, kleine Mädchen, zur ›Arbeit‹ abgerichtet wie Wiesel und Pudel, an die schnurrende Spindel, an die rasselnde Maschine geschmiedet, ehe noch die Knospe ihrer Jugend sich erschlossen, ehe noch das erste Rot in dämmernder Pracht ihre Wangen überflogen ... Entnervt schon und zersplittert von der Arbeit – wie Gespenster, eben dem Grabe entstiegen, oder wie welke Blumen, die morgen sterben müssen.«[112]

Diese extensive Produktion und Ausbeutung, die dem kapitalistischen Unternehmer zwar für Jahrzehnte die erwartete Mehrwertrate sicherte – unangefochten von noch so vielen kritischen Stimmen –, fanden mit den sechziger Jahren ein in gewisser Hinsicht »natürliches« Ende: »Die Grenzen der Senkung des Arbeitsalters der Kinder und des Reallohnes waren ebenso erreicht wie die Verlängerung der Arbeitszeit.«[113] Hinzu kam die wachsende internationale Konkurrenz, die die deutsche Bourgeoisie zwang, sich der weiteren Mechanisierung in anderen Produktionszweigen – außer der Textilindustrie vor allem – anzuschließen, d.h., die Leichtindustrie, noch mehr aber die Schwerindustrie auszubauen. So wuchs die territoriale Verbreitung von spezialisierten Maschinen, stieg die Dampfkraftnutzung hoch an, wurde die *intensive Produktion* nach und nach bestimmend. »Die damit verbundene stärkere physische Auspowerung der Arbeitskräfte, die für bestimmte Gruppen von Arbeitern steigenden Bildungs- und Ausbildungskosten erforderten veränderte Ausbeutungsmethoden, um die physische Existenz der Arbeiter zu sichern.«[114] Was also benötigt wurde, war qualifizierte Arbeit. Diese führte zu langsamem Anstieg der Reallöhne, erhöhte die Arbeitsleistung in der zweiten Jahrhunderthälfte um das Doppelte. Gleichzeitig wurde bis 1900 der Kampf um Herabsetzung der Arbeitszeit bestimmend für die Auseinandersetzung zwischen Kapital und Arbeit. Erreicht wurde die gesetzlich festgelegte regelmäßige Lohnzahlung, die Beschränkung der Ausbeutung von Frauen und Kindern usw. Gewiß Vorteile – erkämpfte Vorteile! – für die Arbeiterklasse, aber andererseits auch immer ausgeklügeltere, neue Mittel der Ausbeutung, die schließlich zum »Taylor-System« als einer wissenschaftlichen Methode der »Schweißauspressung« und gewissen Kombination von extensiver und intensiver Ausbeutung führte. Zu solchen Manipulierungen gehörte auch die Förderung einer durch die »Meisterung« neuer Techniken entstandenen »Arbeiteraristokratie« seit den achtziger Jahren, die sich aus Spitzenkräften einiger Branchen zusammensetzte und sich lohnmäßig von der Masse der Arbeiter abhob.

Jürgen Kuczynski hat sich zu diesem Wandel der Produktions- und Ausbeutungsmethoden so geäußert: »Der Übergang von den Methoden extensiver Produktion und Ausbeutung zu denen intensiver Produktion und Ausbeutung ist ein qualitativer, der die kapitalistische Wirtschaft revolutioniert und eine realistische Anerkennung der Rolle der Produktivkräfte für die kapitalistische Gesellschaft bedeutet.«[115] Das heißt zunächst, daß die Lohnarbeiter den Kapitalisten allein durch die physischen Grenzen ihrer Existenz gezwungen haben, den Arbeitstag zu verkürzen, was diesen gleichzeitig veranlaßte, die Produktivität zu erhöhen und damit die Intensität der Arbeit selbst. »... die Verkürzung der Arbeitszeit hat [also] zwei Seiten, eine natürliche, objektive, und subjektive, den Klassenkampf der Arbeiter.« Und letztere war für die

Bleibergbau bei Kommern/Eifel von J. Leiendecker (1854). – Um die Mitte des 19. Jahrhunderts mußte im Kommerner Bleibergwerk bei noch fehlender Mechanisierung fast jeder Arbeitsgang von Hand verrichtet werden. Das erforderte eine große Anzahl von Arbeitern, die mit der Schaufel das Fördergut von der Tagebausohle nach oben zur weiteren Verarbeitung »tempelten«. Der Vorarbeiter gab, dem Aufseher einer Galeere ähnlich, den Arbeitstakt an: eine eindrucksvolle Darstellung extensiver Ausbeutung von Menschen, die zu Hunderten angeworben wurden und bei schwerster, gesundheitsgefährlicher Tätigkeit ständig von Entlassung bedroht waren und sich erst spät – gegen den Willen der Unternehmer – in einer christlichen Gewerkschaft organisierten. Stadt Mechernich

Weberstube von J. Ohnesorge (um 1900). – Noch bis weit ins 19. Jahrhundert hinein gehörte vor allem in den Mittelgebirgen die familienmäßig betriebene Heimweberei zu den Tätigkeiten kümmerlichsten Broterwerbs. Das Aquarell gibt die Gesamtsituation der schon betagten Webereheleute aus der Sächsischen Schweiz ohne Beschönigung oder Übertreibung wieder.
Heimatmuseum Sebnitz

Carl Alexander in der Eisengießerei von Apolda, von H.-W. Schmidt, 1889/1892. – Der Weimarische Großherzog wohnt in der damaligen Stieberitzer Hütte dem »ehernen« Guß seines fürstlichen Namenszuges bei; für diesen und sein Gefolge sicher ein Ereignis, die Arbeiter aber schaffen an anderen Werkstücken weiter oder entwerfen Neues. Nur der Lehrjunge mit dem Einkaufskorb in der Hand blickt neugierig auf die ungewohnten Besucher.
Staatliche Kunstsammlungen Weimar

Die fünf Söhne des Meiningischen Porzellanmanufacturiers Gotthelf Greiner (um 1820). – Selbst patriarchalisch harte Unternehmer, ohne Verständnis für ihre darbenden Porzelliner, stärkten und erweiterten sie die väterliche Gründung, strebten nach frühen Kartellbildungen und kämpften erfolgreich gegen auswärtige Konkurrenz. Aber Erbteilung schwächte ihren Besitz, und wie viele solcher Unternehmer waren die Greiners schließlich auch dem Druck von außen nicht mehr gewachsen.
Spielzeugmuseum Sonneberg

107

Feiertägliche Kleidung der bäuerlichen Bevölkerung des Oberpfälzer Landesgerichtsbezirks Amberg (nach 1850). – Dieser Stahlstich gehört zu einer im Auftrag König Maximilians II. angeregten Reihe bayerischer Trachten. Der kostbare Stoff sowie die reiche Auszier verweisen auf die relative Wohlhabenheit der Träger, auf städtischen Einfluß, wenn nicht sogar auf Kreationen von Kostüm- und Trachtenschneidern.
Museum Amberg

Sich porträtieren zu lassen war im 19. Jahrhundert nicht mehr ein Vorrecht adliger und bourgeoiser Kreise. Auch die »kleinen Leute« auf dem Lande ließen sich von einem Künstler »abbilden«. Im nordwestlichen Niedersachsen besorgte dieses Geschäft der umherreisende »Mahler und Sielhoutteur« Caspar Dilly.
Niedersächsisches Freilichtmuseum Cloppenburg

»Familienstück« für die Stube eines Bauern im Kirchspiel Badbergen, Landkreis Osnabrück, von C. Dilly, 1819. – Abgesehen von den modischen Details der Bekleidung, ist die bürgerliche Wohnungseinrichtung mit Möbeln vom Louisseize-Stil bis zum Empire beachtenswert.
Niedersächsisches Freilichtmuseum Cloppenburg

Beim Postmeister August Nissen, Deezbüll, von C. L. Jessen (um 1880). – Adrett und korrekt wie der uniformierte Postbeamte ist auch seine Frau mit den drei braven Knaben im Bilde festgehalten. Sie sitzt stocksteif da, den Blick ins Leere, gar nicht ins Büro ihres Mannes passend. In einer ihm zukommenden legeren Haltung schaut er auf das Bild des Generalpostdirektors und Begründers des Weltpostvereins Heinrich von Stephan: ein achtungsgebietender Beamter vor seinem peinlich geordneten Büroschrank.
Friesenmuseum Deezbüll

109

Frauen beim Verpacken von Bleistiften um 1850. – Mechanische Einrichtungen sind hier nicht vorhanden. Verlangt wird schnelle Fingerfertigkeit der Packerinnen.
Werksarchiv Faber-Castell, Stein bei Nürnberg

Löhner Zigarrenmacher von J. Marx (1889). – Männer und Frauen wickeln bei großer Konzentration und mit viel Geschick Zigarren für eine differenzierte Käuferschicht, am wenigsten für ihresgleichen. Zigarrenarbeiter gründeten schon früh Berufsverbände und zeichneten sich durch eine relativ hohe politische Bildung aus.
Deutsches Tabak- und Zigarrenmuseum Bünde

Planwagenschlange mit Ofenkacheln auf dem Weg von Velten nach Berlin von einem anonymen Maler (1892). – Ausreichende und geeignete Tonvorkommen bei Velten machten dieses märkische Dorf seit der Jahrhundertmitte zu einem Industrieort für in Berlin massenweise benötigte Ofenkacheln. Selbst Bauern errichteten auf ihren Höfen Kachelbrennöfen, transportierten die Ware in die Stadt und gaben teilweise die Landwirtschaft auf.
Besitzer Günter Kraatz, Velten

Ansicht der Lokomotivenfabrik Krauss & Comp. München von F. Perlberg (1882). – Georg Krauss gründete 1866 eine Lokomotivenfabrik, deren Erzeugnisse sich durch material- und raumsparende Technik auszeichneten. Schon 16 Jahre später verließ die 1000. Lokomotive, von Arbeitern festlich geschmückt, das Werk. Dennoch erscheint dieser für alle Beteiligten wichtige Vorgang auf dem Gemälde als relativ unbedeutend im Vergleich zur Fabrikanlage und wuchtigen Unternehmervilla.
Werksarchiv Krauss-Maffei AG, München

Arbeiterklasse, für die Herausbildung, Gewinnung und Sicherung ihrer eigenen Identität von vitalstem Interesse; Wolfgang Steinitz hatte das schon ausgesprochen.[116]

Was war konkret erreicht worden, was hatte sich geändert? »Die Arbeiter erhielten mehr Freizeit – eine gerade für die Entwicklung einer Kultur unabdingbare Voraussetzung.« Das wirkte sich zwar praktisch noch nicht als »Beginn einer zweiten Kultur mit Marx, Engels (und zeitweise Heine) im Deutschland der fünfziger Jahre« aus. Doch: »Seit den sechziger Jahren können wir von den realen praktischen Anfängen einer Zweiten Kultur in Deutschland sprechen«,[117] genauso von der »Rolle der gewonnenen Zeit für das politische Leben, für die kollektive Schulung«, denn: »Eine moderne Arbeiterbewegung ist undenkbar bei einem Arbeitstag von 14, 16, 18 Arbeitsstunden.«[118] – Wir kommen darauf noch zurück, fragen aber zunächst: Hat sich mit diesem Übergang zur Intensivierung von Produktion und Ausbeutung und deren Konsequenzen eine prinzipielle Veränderung im Verhältnis des Arbeiters zur Maschine ergeben? Wie steht es jetzt um den Grad der Entfremdung? Sind dem Arbeiter Möglichkeiten zu seiner Selbstverwirklichung erwachsen? Kann er sie sich selbst schaffen? Solche für die Konstituierung der Arbeiterklasse wichtigen Fragen schließen den Bereich der Reproduktion in gleicher Weise mit ein. Beide bilden – Produktion und Reproduktion – den Proletarier-Alltag, sind dialektisch miteinander verbunden. Die Antwort muß folglich in einer Analyse der von der Arbeit bestimmten Zusammenhänge mit der Lebensweise insbesondere des Industrieproletariats über den ganzen Zeitraum der »Industriellen Revolution« bis zur Jahrhundertwende hin gesucht werden. In diesem Sinne kann der Ausgangspunkt unserer Überlegungen nur der sein festzustellen, in welcher Weise das Proletariat es vermocht hat, die ihm von der Bourgeoisie, den Unternehmern, aufgezwungenen entfremdeten Arbeits- und Lebensbedingungen zu verändern, sie zu überwinden, durch eigene Lebensbedürfnisse zu ersetzen, diese zumindest aber anzumelden und zur Forderung in den Klassenauseinandersetzungen zu erheben – oder inwieweit es sich den objektiven Gegebenheiten anzupassen, gar sich ihnen zu beugen hatte.

Für viele Arbeiter war die *Disziplin*, der sie sich unterordnen mußten, ein neues Element ihrer Lebensbedingungen, auf die sie in unterschiedlicher Weise reagierten.[119] Wenn auch eingestanden werden muß, daß die industriellen Produktionsweisen einer Regelung und strengeren Ordnung der Arbeit bedurften, so reglementierte der Unternehmer häufig das Verhalten der Arbeiter für die gesamte Zeit ihres Fabrikaufenthalts vom Betreten der Räume über die Pausen bis zum kontrollierten Verlassen des Fabrikgeländes. Das geschah durch eine »Fabrikordnung«, deren unterschriftliche Anerkennung meist die Grundvoraussetzung für jede Einstellung war. Zunächst noch nicht einmal behördlicher Genehmigung verpflichtet, wurden diese Bestimmungen völlig willkürlich vom Unternehmer oder mitunter innerhalb einer Stadt gleich von mehreren Kapitalisten gemeinverbindlich festgelegt und bei Strafe sofortiger Entlassung durchgesetzt. Daß sie häufig auch über die Arbeitszeit und den Arbeitsort hinaus das Verhalten der Proletarier weiter zu gängeln suchten, soll das folgende Beispiel zeigen: »Stilles und sittliches Betragen in der Fabrik, sowie auf dem Wege zu und von derselben ist Hauptgebot. Die sämtlichen Arbeiter sind verpflichtet, sich sowohl in als außerhalb der Fabrik eines eingezogenen sittsamen und wohlanständigen Betragens zu befleißigen und zu dem Ende hin bei Strafe zu vermeiden, nämlich: Tabakrauchen in der Fabrik, allen Gesang von unsittlichen Liedern, sitten- und ordnungswidriges Geschwätz und Gebärden, Fluchen, Schwören, Schimpf- und Scheltworte, Ausbrüche von Roheit und Sittenlosigkeit, Lärmmachen auf dem Wege von und zu der Fabrik, Schädigung von Häusern, Gärten, Bäumen, Zäunen, Brunnen und dergleichen, Zänkereien unter sich selbst und andern und Reiz zu Ärgernis und Verdruß, das Mitbringen von Zündhölzern in die Fabrik.« Gefordert wurden pünktliches Erscheinen zur Arbeit, kein Essen außerhalb zweier kurzer Pausen, durchgängiges, zügiges Arbeiten ohne Gespräch mit den anderen usw. Die strikte Einhaltung solcher Art Fabrikordnungen, deren es unzählige und variantenreichere gegeben hat und die ab 1891 als »Arbeitsordnungen« für Betriebe über 20 Mann Belegschaft obligatorisch waren, wurde durch ein Bußsystem geregelt, nach dem schon für kleinste Verstöße mitunter bis zu einem Viertel des Tagesverdienstes einbehalten werden konnte. Wer gar murrte oder räsonierte, dem konnte bis zur Hälfte des Verdienstes entzogen werden. Aufsehern und Meistern war selbstverständlich Gehorsam zu leisten, und es gab Fälle, in denen Proletarier bei Belohnung aufgefordert

Regeln und Vorschriften
für die
Arbeiter in der Eisengießerei und Maschinen-Fabrik
von
Klett & Comp.

§. 1.
Alle Arbeiter verpflichten sich bei ihrer Aufnahme zum Gehorsam gegen die Fabrikherren, zur genauen Beobachtung der ertheilten Vorschriften und zur sorgfältigen und fleißigen Ausführung der ertheilten Arbeiten, sowie auch von jeder vorkommenden Veruntreuung unverzüglich Anzeige zu machen ist.

§. 2.
Die festgesetzten Arbeitsstunden sind: von 6 bis 12 Uhr Vormittags und von 1 bis 6½ Uhr Nachmittags. Von 8 bis 8½ Uhr früh wird eine halbe Stunde zum Frühstück freigegeben, zu welchem Endzweck sämmtliche Arbeiter die Werkstätten zu verlassen haben. Wer außer dieser Zeit Bier oder geistige Getränke sich verschafft, verfällt in eine Strafe von ½ Tag Abzug. — Den Gießern ist gestattet, wenn dieselben über die Zeit mit Gießen beschäftigt sind, und die Fabrik nicht verlassen dürfen, von 6½ bis 7 Uhr durch einen dazu bestimmten Handlanger sich bis 1 Maaß Bier holen zu lassen.

§. 3.
Wenn die Arbeit besonders pressant ist, so müssen die erforderlichen Arbeiter gegen Vergütung über die bestimmte Zeit arbeiten und in diesem Falle ist es ihnen erlaubt, ihr Nachtessen von 6½ bis 7 Uhr zu nehmen. — Sollte sich's ereignen, daß die ganze Nacht durch gearbeitet wird, so hat der Arbeiter beim Nachtessen seine erforderlichen Lebensmittel mitzubringen.

§. 4.
Sämmtliche Arbeiter müssen sich pünktlich zur bestimmten Arbeitszeit in der Fabrik einfinden; 10 Minuten nach Glockenschlag 6 Uhr Morgens wird die Thüre geschlossen und kein Arbeiter mehr eingelassen; wer öfters als 2 mal fehlt, wird mit Abzug nach §. 5. gestraft.

§. 5.
Wer ¼ ½ oder 1 Tag fehlt, verliert nicht nur den verhältnißmäßigen Lohn, sondern wird auch noch um ebensoviel gestraft; besondere Ausgänge sind nur dann gestattet, wenn gültige Beweise für deren Nothwendigkeit beigebracht werden. — Täuschungen haben augenblickliche Entlassung zur Folge.

§. 6.
Wer blauen Montag hält, wird der Polizei angezeigt, so wie die bestehenden Gesetze es verlangen.

§. 7.
Zum Ein- und Ausgang ist das bekannte große Thor bestimmt, wer über die Mauer, durchs Fenster oder über den Zaun des Nachbars steigt, wird sogleich entlassen.

§. 8.
Jedem Arbeiter werden die nöthigen Werkzeuge übergeben, und zwar unter Verschluß, wofür derselbe verantwortlich ist; so daß derselbe auf eigne Kosten ersetzen muß, was davon abgehen sollte; wer eines Andern Kasten öffnet, um Werkzeuge zu benützen, wird mit 1 Tag Abzug gestraft.

§. 9.
Die in Arbeit gegebenen Gegenstände sind genau nach Angabe zu fertigen; wer aus Nachlässigkeit Stücke bricht, oder auf eine sonstige Art unbrauchbar macht, hat selbe zu ersetzen, was sich auch auf beschädigten Werkzeug erstreckt.

§. 10.
Jeder Arbeiter, welcher Reibahlen, Schraubenbohrer oder andern Werkzeug nöthig hat, muß sich deswegen an den Hausmeister wenden, welcher die Stückzahl, sowie den Arbeiter, der sie empfängt, notirt, jeden Abend müssen diese Werkzeuge gereinigt und in vollkommener Ordnung dem Hausmeister zurückgegeben werden, bei Strafe von ½ Tag Abzug.

§. 11.
Jeder Arbeiter, welcher Schmiedarbeit gebraucht, als Keile, Schrauben, Durchschläge ꝛc. muß sich, nachdem die Modelle gemacht sind, an das Aufsichtspersonal, den Hausmeister oder auch Buchhalter wenden, um einen Zettel zu empfangen, worauf bemerkt ist, wofür diese Gegenstände bestimmt sind, unter Angabe des Namens. — Dieser Zettel muß mit der fertigen Arbeit dem Hausmeister zurück gegeben werden.

§. 12.
Die Schmiede oder andern Arbeiter der Fabrik dürfen kein Werkzeug ohne Auftrag der Fabrikherrn anfertigen; wer gegen diese Vorschrift handelt, wird sogleich entlassen.

§. 13.
Alle jene Arbeiter, welche während der Arbeitszeit herumlaufen, mit einander plaudern oder schwätzen, und Nichts thuend bei einander stehen und somit ihre Arbeit versäumen, verfallen in eine Strafe von ¼ Tag Abzug; Streitigkeiten, Raufereien und unanständiges Betragen ist mit ½ Tag Abzug belegt, unbeschadet des Einschreitens der Polizeibehörde auf Anruf des einen oder des andern Theils.

§. 14.
Jeder Arbeiter, der aus der Fabrik in Arbeit geschickt wird, muß von dem Bauherrn oder dessen verantwortlichen Vertreter einen Nachweis beibringen, wie viel Tage derselbe jede Woche bei ihm gearbeitet hat; wenn dieses unterlassen bleibt, so wird ihm der ganze Lohn eingehalten, bis die Vorschrift erfüllt ist; bei solchen Veranlassungen muß dem Hausmeister angegeben werden, was für Werkzeug mit aus der Fabrik genommen wird, und der Arbeiter bleibt verantwortlich alles richtig mit zurückzubringen, wenn die Arbeit vollendet ist; alles Fehlende muß durch denselben ersetzt werden, wenn nicht erwiesen ist, daß die Stücke zurückgelassen worden sind.

§. 15.
Das Tabakrauchen innerhalb der Fabrik ist bei 1 Tag Abzug verboten.

§. 16.
Wenn ein Arbeiter austreten will, so hat er 8 Tage vorher zu kündigen, zu welchem Ende 1 Wochenlohn einbehalten wird, ebenso wird auch ihm von Seite der Fabrikherren gekündigt, wenn er entlassen werden soll. — Widerspenstiges, unredliches Betragen, sowie auch wiederholte Uebertretung aller in vorhergehenden Paragraphen gegebenen Vorschriften machen eine Ausnahme, in solchen Fällen können die Arbeiter augenblicklich entlassen werden, und zwar wird alsdann die Ursache jedesmal der Polizei angezeigt.

§. 17.
Alle eingehenden Strafen sind zu einem wohlthätigen Zweck für die Arbeiter bestimmt.

§. 18.
Alle 14 Tage werden die Löhne bezahlt und dabei jedesmal dem Geldempfänger 6 Kreuzer als Krankenhaus-Beitrag in Abzug gebracht.

§. 19.
Streitigkeiten, welche über vorstehende Punkte zwischen den Fabrikherren und den Fabrikarbeitern entstehen, werden durch die Polizeibehörde entschieden werden.

Vorstehende Regeln und Vorschriften für die Arbeiter in der Klett'schen Eisengießerei und Maschinenfabrik werden von Polizeiwegen genehmigt, jedoch vorbehaltlich derjenigen Abänderungen, welche die Einführung eines allgemeinen Pflegverbandes der Handwerksgesellen und Fabrikarbeiter, bei Eröffnung des neuen Krankenhauses bezüglich des §. 18. nothwendig machen wird.

Nürnberg, den 14. Oktober 1844.

Der Magistrat.

(L. S.)

Wegen Beurlaubung des I. Bürgermeisters

Turkowitz.

Müller.

---

114 Fabrikordnung der Firma Klett & Co. vom 14. Oktober 1844. – Disziplinierende Fabrikordnungen sollten einerseits die optimale Ausnutzung der Arbeitskraft garantieren, andererseits ein Mittel gegen Widersetzlichkeiten aller Art sein. Zu späterer Zeit werden Fabrikordnungen auch auf den Reproduktionsbereich bis ins Familienleben und auf das politische Verhalten Einfluß nehmen. – Verstöße gegen die Fabrikordnung wurden nicht nur buchstabengemäß geahndet; über kleinste Vergehen konnte sogar eine Art Registratur geführt werden, so das »Rothe Strafbuch« bei Koenig & Bauer in Oberzell, das zwischen 1835 und 1860 mit Name, Datum und »Vergehen« peinlich genau geführt wurde und so einen »unternehmerischen Erziehungsanspruch« darstellte, »der den Rahmen eines vertraglich begrenzten Leistungs- und Gegenleistungsverhältnisses weit überschritt und auf die Reformierung des ganzen Menschen zielte«.
Werksarchiv M.A.N. AG Nürnberg; Werksarchiv Koenig & Bauer AG Würzburg

115 Arbeitsordnungen, seit 1891 für alle Betriebe über 20 Mann Belegschaft obligatorisch, regelten auch Dauer und Ort der Essenspausen wie hier in einer Veltener Ofenfabrik um 1900.
Museum für Deutsche Geschichte Berlin

wurden, Arbeitskollegen zu denunzieren, wenn diese sich gegen die Fabrikordnung vergangen haben sollten. Daß sich der Unternehmer natürlich gegen Arbeitsniederlegungen oder Aufkündigungen des Arbeitsverhältnisses rechtlich absicherte, sich selbst aber kaum an die Einhaltung von Kündigungsfristen hielt, versteht sich in einem Arbeitszwangssystem wie dem hier geschilderten beinahe von selbst.

Und damit nicht genug! Auch dann, wenn im Zuge des weiteren Ausbaus der intensiven Produktion Stammarbeiterbelegschaften gebildet wurden und der Unternehmer werkseigene Siedlungen anlegte, hatten Arbeiter und Familie nach Feierabend keineswegs nur den Kohl im Gärtchen anzubauen oder die fraglos bessere Luft als in den Mietskasernen oder noch schlechteren Quartieren zu genießen; vielmehr hatten sie sich dort ebenso sittsam zu benehmen, wie es die Fabrikordnung am Arbeitsplatz forderte – bei Strafe der Kündigung. Sicher gab es solche rigorosen Maßnahmen nicht überall, aber es gab sie, und sie waren ein unübersehbarer, ja spürbarer Bestandteil des Arbeiteralltags.

Wenn wir uns allein diese Zwangsordnungen vor Augen führen, wird uns bewußt, wie es oft um diese Menschen bestellt gewesen sein muß, die als »freie Arbeiter« ihre Arbeitskraft zu verkaufen gezwungen waren. Wir wollen nicht verkennen, daß die Solidarität – anfänglich noch unbewußt geübt und dann organisiert – vielen half, diese Zwangssituation und existentielle Abhängigkeit zu bestehen und im Interesse anderer sowie dem der Familie am Arbeitsplatz auszuharren. Die »Freiheit«, die dem Proletarier wirklich blieb, belief sich letztlich darauf, die Arbeitsstelle aufzugeben, eventuell sogar in einen anderen Ort abzuwandern. Die starke Mobilität unter den Fabrikarbeitern war in der Tat häufig die Folge und Reaktion auf Ausbeutung und Reglementierung durch den jeweiligen Unternehmer. Ob den Arbeiter dann eine »menschlichere« Lage erwartete, blieb ohnehin ein Risiko, und dies um so mehr, als die Fabrikanten in Fragen der Disziplinierung miteinander in Verbindung standen, »schwarze Listen« mit Namen von aufsässigen Proletariern führten und es unter den Angehörigen der riesigen »Reservearmee« genügend Willfährige gab, die als Bewerber für einen vakanten Platz an der Maschine in Frage kamen.

Wie ernst die Lage für Proletarier werden konnte, zeigt ein Beispiel aus dem Chemnitz der sechziger Jahre. Hier hatten sich alle Maschinenfabrikanten und Gießereibesitzer auf eine gemeinsame Fabrikordnung geeinigt, deren Bestimmungen »so hart und beschämend« waren, »daß selbst das liberale Bürgertum dagegen opponierte«. Die Chemnitzer Proletarier erkannten sofort, daß hier Maßnahmen gegen sie alle getroffen werden sollten, und sie protestierten dagegen, denn sonst, erklärten sie, »ständen ja die Arbeiter nur als ganz willenloses Geschöpf da (wie die Sklaven), welche sich allem unterwerfen mußten, was nur der Wille seiner Arbeitgeber verlangt«. Trotzdem wurde diese gemeinsame Fabrikordnung 1863 erlassen – und mit entsprechendem sozialem Druck von den meisten Arbeitern unterschrieben, also anerkannt. Die wichtigste Gegenaktion war jedoch ein von 40 bis 60 Lohnarbeitern erarbeitetes Statut, nach welchem eine Aktiengesellschaft, in der »die Aktionäre zugleich als Arbeiter fungieren, unter dem Namen ›Deutsche-Maschinenbau-Arbeiter-Compagnie‹ ins Leben treten sollte«. Dies geschah auch. Wenn diese Arbeiter-AG nach einigen Jahren des Florierens (!) auch in Konkurs ging, sei hervorgehoben, daß es in anderen deutschen Städten und Branchen ähnliche Genossenschaften gegeben hat, die ihren Ursprung im Arbeitskampf gegen überzogene Forderungen der Kapitalisten hatten.[120]

Nicht minder unmittelbar wirkte die von der Fabrikarbeit vorgezeichnete und für ihre Effektivität notwendige *Zeit*-Vorgabe auf den Alltag der Arbeiter ein. Unter vorindustriellen Bedingungen wurde der Arbeitsablauf durch den natürlichen Rhythmus von Sonnenaufgang und Sonnenuntergang, von Tag und Nacht, von Arbeit und Schlaf bestimmt. Daran änderte sich beispielsweise im Bereich der Landwirtschaft bis an die Jahrhundertwende kaum etwas; verändernd wirkte hier allerdings der zunehmende Saisoncharakter durch Pflege- und Erntearbeiten infolge des verstärkten Anbaus von Hackfrüchten aller Art, wohl auch insgesamt durch die Gegebenheiten moderner Fruchtwechselwirtschaft. In der Fabrik aber wurde dieser natürliche Rhythmus übergangen, setzte der Unternehmer genauso willkürlich wie die Fabrikordnungen auch die Arbeitszeit fest, machte der Schichtbetrieb die Nacht zum Tage.

Nicht genug damit, sind auch genügend Fälle bekannt, in denen der Kapitalist seine eigene Fabrikuhr laufen ließ, die nachging, um das Ende der Arbeitszeit hinauszuzögern. Der sprichwörtliche Gebrauch des Wortes von der »Arbeitnehmeruhr« geht auf solche betrügerischen Zeit-Manipulationen besonders der frühen Fabrikanten zurück. Wie sehr derartiges Tun die Arbeiter bewegt hat, mag daraus hervorgehen, daß es Sagen gibt, die solche Fabrikbesitzer als betrügerische »Wiedergänger«, die sich dem einsamen Wanderer nachts »aufhocken«, brandmarken und sie so über Generationen hinweg im Gedächtnis festgeschrieben haben.

Diese Festsetzung der Arbeitszeit, zunächst ohne seine Einflußmöglichkeit, bedeutete für den Lohnarbeiter viel. Seine ganze Lebensweise regelte sich jetzt weitgehend nach der Fabrikpfeife, die ihm Beginn und Ende der Arbeitszeit bekanntgab. In Essen wurde noch 1939 der 30-Sekunden-Dauerton der Fabriksirene als das Schreien des »Kruppschen Esels« bezeichnet, und es waren folgende Verse in Umlauf: »6 Uhr morgens ist die Zeit, / Wenn der Krupp'sche Esel schreit! / Dann rennt Jeder, was er kann / Mit und ohne Henkelmann, / Denn genau in 5 Minuten / wird der Esel nochmals tuten …«[121] Die Einhaltung dieser Termine – noch durch die disziplinierenden Fabrikordnungen unterstrichen – wurde zur Existenzfrage für den Proletarier. Richtete der Bauer den Beginn seines Tagewerks nach dem Sonnenaufgang, brauchte der Arbeiter nun ein Instrument, das ihn aus dem Schlaf riß, um rechtzeitig beim Schrillen der Dampfpfeifen oder beim Heulen von Sirenen am Arbeitsplatz zu sein. Dieses Instrument, das funktional die Bedeutung eines Arbeitsgeräts erhielt, war die Uhr. Nicht ohne Grund gehörte um die Jahrhundertmitte der Kauf eines Weckers zu den selbstverständlichen Anschaffungen eines Fabrikarbeiters, nahmen Uhrenindustrie und die handwerkliche Uhrenreparatur zu.

Wie reagiert nun der Arbeiter auf all diese Festlegungen, die zwar der Produktionsablauf in gewisser Weise notwendig macht, die aber nicht zuletzt dafür erlassen wurden, ihn und sein Leben zu disziplinieren, d.h., seine Auspowerung perfekter zu machen. Das ist ein ganz wesentlicher Aspekt, wenn hier von Entfremdung durch Fabrik und Maschine die Rede ist und wenn wir uns klarmachen wollen, was es heißt, zum »Anhängsel« der Maschine degradiert zu werden. Solange noch keine exakten Kontrollmaßnahmen eingeführt waren, gab es noch manche Möglichkeiten für den Industriearbeiter, die Arbeitszeit zu seinen Gunsten zu verändern. So etwas verstieß jedoch schon gegen die Fabrikordnung, war also im Sinne der Auslegung strafbar, und wurde dennoch häufig praktiziert, weil gerade die frühe Fabrik und ihr Besitzer in unterschiedlicher Weise rigoros genug in das Leben der Arbeiter eingriffen. So waren es verständliche, mitunter auch notwendige Reaktionen auf die Lebensbedingungen, von denen für die proletarische Existenz oft Ent-

116 Arbeiter bei der Einlaßkontrolle durch den Pförtner in den 1860er Jahren. Hier ist es noch einfach, diesen abzulenken und die Registriernummer für einen dritten Kollegen, der gar nicht zur Arbeit erschienen ist, in den Sammelkasten zu werfen.

117 Bei der Nähmaschinenfabrik A. Georg Pfaff in Kaiserslautern hatte noch 1890 ein Pförtner mit respektabler Dienstmütze die Arbeits- und Pausenzeiten durch eine große Glocke und eine Handschelle einzuläuten. Er trug für diese Fristen die Verantwortung und galt allerwärts als geachteter und gefürchteter Mann.
Werksarchiv A. G. Pfaff AG, Kaiserslautern

118 Sogenannte Stechuhr der Firma Bürk in Schwenningen, 1895. – Die Registrierung der genau eingehaltenen Arbeitszeit wurde durch solche kaum manipulierbare Kontrolluhren möglich. Sie rentierten sich auch für kleinere Unternehmen.
Stadtarchiv des historischen Zentrums Wuppertal

scheidendes abhängen konnte, was Außenstehende anders einschätzten. Nicht ohne Grund widmet Jürgen Kuczynski diesem Problemkreis ein Kapitel, das er mit »Diebstahl – ein Exkurs zur Entfremdung« überschreibt.[122]

Mit Einführung der Stempeluhr als eines exakt-unerbittlichen Kontrollgeräts für Arbeitsanfang und -ende jedes einzelnen gab es keine Möglichkeit mehr, die festen Zeiten zu verändern, sie auf irgendeine Weise zu manipulieren, wenn man sich durch Lohneinbußen nicht selbst schädigen wollte. Es blieb dem Arbeiter kaum anderes übrig, als sich nunmehr genauso präzis zu verhalten wie die unbestechliche Kontrolluhr. Das aber bedeutete, daß er nicht eine Minute vor der terminierten Zeit stempelte bzw. die Arbeit begann und daß er seine Tätigkeit nur selten über das Zeichen der Sirene hinaus vielleicht zu einem gewissen Abschluß führte. Wenn es sich einrichten ließ, hörte er sogar früher auf, um ja rechtzeitig die Uhr »drücken« zu können. Von Alfred Krupp sind mehrere Beschwerden an sein Direktorium bekannt, in denen er sich über die Nichteinhaltung der Zeiten für Arbeitsbeginn und Arbeitsende oder über die Dauer der Pausen ausläßt. 1871 beklagte er sich: »Hunderte von Arbeitern waschen sich 10 und 15 Minuten vor 12 Uhr (Mittagspause) und Hunderte sind 5 Minuten vor 12 Uhr auf dem Heimwege.« 1875 stellte er zu seinem Zorn abermals fest: »Bei jedem Besuch und bei jeder Abfahrt sehe ich, wie die Leute sich verspäten oder vor der Zeit entschlüpfen.« Auch das Direktorium der »Gute-Hoffnungs-Hütte« in Oberhausen beschwert sich 1870 darüber, »daß oft mehrere Minuten lang der Beginn der Arbeit verzögert wird, und selbst Dampfmaschinen nicht einmal in Bewegung sind«.[123] Die sprichwörtliche Redensart, das Werkzeug »fallen zu lassen«, sobald die Sirene den Arbeitsschluß verkündete, entsprach mancher Gewohnheit, nach Schichtende die Fabrik zu verlassen, ohne die Kleider gewechselt zu haben, oder sich bei laufender Maschine für den Nach-Hause-Weg umzukleiden. All dies war sowohl Protest der Arbeiter als auch Zeichen ihres Sich-bewußt-Werdens der eigenen Arbeitsleistung und der ihnen eigenen Freizeit nach Arbeitsschluß, verkörperte eine spezifische Haltung.

Die Einführung der Stempeluhr betraf jedoch nicht allein die Arbeitszeitkontrolle. Sie hatte auch eine sozialpolitische Seite, indem Meister und Angestellte größtenteils von der Stempelpflicht befreit waren. Damit stellte der Unternehmer diese Schichten bewußt über die Arbeiter, spielte sie für seine Interessen aus und verhinderte so Möglichkeiten einer vielleicht doch einmal eintretenden Solidarisierung mit den Proletariern. Eine solche Spaltung der Belegschaft wurde vielfältig durch die Unternehmer betrieben und nicht nur über höhere Einkommen – durch Gehalt gegenüber dem Abschlagslohn – erzielt.

Eine unmittelbare Bedeutung erlangte der Zeitfaktor

119–126 Uhren mit vielfacher Funktion und unterschiedlichem Aussehen je nach Zeitgeschmack oder Stil spielten im Leben aller Sozialschichten eine wichtige disziplinierende Rolle. Sie regelten den Tagesablauf präzis mit dem Wecken für den Tagesbeginn, sie teilten den Tag – für jeden sichtbar und kontrollierbar – in Arbeits- und Freizeitstunden und beruhigten die zeitlich arg bedrängten Menschen durch den melodischen Klang eines Schlagwerks im Regulator, der kaum in einer Wohnung fehlte. Unbarmherzig hingegen war das schrille Scheppern des Weckers.
Stadtmuseum Schramberg

127, 128 Frauen und Kinder waren seit der Industriellen Revolution für alle Branchen der Massenproduktion die gesuchtesten Arbeitskräfte. Sie waren billig, verfügten über Fingerfertigkeit, galten beim Erlernen von mechanischen Produktionsvorgängen als anstellig und zeigten sich weniger aufmüpfig als männliche Spezialarbeiter. Der Grad ihrer extensiven Ausbeutung überschritt nur zu häufig das menschliche Maß.

129 Arbeiter in einer Dampfhammerschmiede der 1860er Jahre. – Hier ist jeder auf den anderen angewiesen, höchste Konzentration ist erforderlich, und jeder Handgriff muß sitzen: Sich aufeinander verlassen zu können gehört zu den Prinzipien verantwortungsbewußter Fabrikarbeit.

130 In der Garnfärberei, von P. Höniger, 1893. – In dieser zugig-nassen, dampfgeschwängerten alten Färberei wird die Massenware noch mit Indigo, Galläpfeln, Eisenvitriol, Brasilienholz, Krapp, Waid, Cochenille und Orseille behandelt. Die seit den 1860er Jahren angewandten Anilinfarben haben den äußeren Arbeitsablauf sicher vereinfacht, aber die giftigen Dämpfe wirkten gesundheitsschädigend, und die Gewässer wurden in hohem Maße verunreinigt, so daß Zeitgenossen z. B. über den Zustand der Wupper schrieben: Sie »muß die verschiedensten Stoffe in sich aufnehmen und ist, wenn sie das sogenannte Wupperthal verlassen hat, fast nicht mehr als Wasser, sondern als ein ... buntgefärbtes Gemisch von Schmutz zu erkennen«.

auch hinsichtlich des Verhaltens, das der Arbeiter zu seiner Tätigkeit und dem Produkt, das er herstellte, einnahm. Das betraf die Regelung und Festsetzung der Bearbeitungszeiten für ein Werkstück, auch Akkordarbeit genannt, meist nach Stücklohn bezahlt, charakteristisch vor allem für die Periode der intensiven Produktion und Ausbeutung. Hier wußte der Arbeiter um mancherlei Kniffe, den Zeitnehmer, der die Norm bestimmte, hinters Licht zu führen, d. h., sich beim Messen der Bearbeitungszeit so zu verhalten, daß er den Eindruck erweckte, seine volle Leistungsfähigkeit zu zeigen, in Wahrheit sich aber nicht zu verausgaben, um später die Möglichkeit zu haben, die Norm zu überbieten und so einen höheren Verdienst zu erreichen. Zugleich mochte dies helfen, einer frühzeitigen Invalidisierung vorzubeugen, die gerade bei einseitig-anstrengender, gehetzter Akkordarbeit nur zu schnell eintreten konnte. Manche Arbeiterautobiographien wissen davon eindringlich zu berichten. Die-

131 Auch Grubenunglücke wie dieses im »Segen-Gottes-Schacht« am Windberg in Burgk bei Dresden 1869 nahmen infolge der Leistungsanforderungen zu.

132 Mit dem Übergang zur intensiven Produktion und Ausbeutung stieg die Unfallquote in den Maschinenfabriken, die zudem nur über ungenügende Arbeitsschutzvorrichtungen verfügten.
Bildarchiv Florian Tennstedt, Kassel

Sterbetafel
der
**Allgemeinen Kranken- u. Sterbekasse
der Metallarbeiter.**

Nr. 23554. Oskar Frederiksen, Schlosser, geb. 20. März 1867, gest. 20. Mai 1888 an Lungenschwindsucht in Kiel.

Nr. 11650. Gustav Jabusch, Heizer, geb. 11. Febr. 1847, gest. 19. Mai 1888 an Lungenschwindsucht in Hannover.

Nr. 24611a Leopold Fromhold, Schmied, geb. 15. Nov. 1849, gest. 3. Juni 1888 an Lungenschwindsucht in Mainz.

Nr. 11579b. Friedrich Hennicke, Former, geb. 2. Aug. 1858, gest. 30. Mai 1888 an Lungenschwindsucht in Fermersleben.

Nr. 3837b. Johann Brück, Hilfsarbeiter, geb. 7. Juni 1849, gest. 29. Mai 1888. Ueberfahren. Gießen.

Nr. 23213a. Richard Feistel, Heizer, geb. 14. Dez. 1866, gest. 22. Mai 1888. Ertrunken. Breslau.

Nr. 13271b. Adolf Knust, Gürtler, geb. 4. Oktober 1848, gest. 24. Juni 1888 an Lungenschwindsucht in Berlin 3.

Nr. 15610b. August Knappe, Knopfarbeiter, geb. 24. Mai 1849, gest. 25. Mai 1888 an Lungenschwindsucht in Berlin 3.

Nr. 24229a. Hermann Krause, Arbeiter, geb. 27. Febr. 1858, gest. 26. Mai 1888 an Kehlkopf- und Lungenschwindsucht in Berlin 3.

Nr. 6202b. Julius Faßhauer, Schlosser, geb. 3. April 1852, gest. 1. Juni 1888 an Gehirnerweichung in Berlin 3.

Nr. 13091. Gustav Stamm, Schleifer, geb. 2. Nov. 1851, gest. 8. Juni 1888 an Lungenschwindsucht in Dorp.

Nr. 14753b. Friedrich Jaspert, Scherenschmied, geb. 3. April 1863, gest. 12. Juni 1888 an Typhus in Dorp.

Nr. 13088. August Eilhorn, Schleifer, geb. 17. Febr. 1844, gest. 10. Mai 1888 an Lungenschwindsucht in Dorp.

133 Gleich einer Seuche breitete sich in der zweiten Jahrhunderthälfte die Lungenschwindsucht gerade unter Metallarbeitern aus.

134 Unfälle, rheumatische Erkrankungen und zunehmende Schäden an Gelenken sowie an der Wirbelsäule führten zur Prothetik, zur physiotherapeutischen Behandlung und zur Einrichtung medico-mechanischer Anstalten, unter denen die »Zander«-Institute für Bewegungsbehandlung erkrankter Gliedmaßen und zur Besserung von Haltungsschäden durch dampfmaschinenbetriebene Gymnastikapparate eine große Rolle spielten. Mit ihnen machte sich auch die Medizin die neuen Produktivkräfte zunutze.
Bildarchiv Uwehorst Paul, Berlin

135 Arztzimmer zur sofortigen Behandlung von Betriebsangehörigen oder zur Durchführung gewisser therapeutischer Maßnahmen wurden seit der zweiten Jahrhunderthälfte zumindest in größeren Unternehmen eingerichtet.
Werksarchiv M.A.N. AG, Augsburg

136 Waldarbeiter im Roschwitzer Busch bei Dresden präsentieren sich hier um 1870 mit ihren Arbeitsgeräten, die eine erstaunliche Vielfalt mit entsprechend großer Funktionsbreite aufweisen.
Bildarchiv Ernst Hirsch, Dresden

137 Belegschaft des Hengstberg-Steinbruchs bei Hohnstädt in der Nähe von Leipzig, um 1895. – Trotz der Schwere der anfallenden Arbeiten wurden auch Frauen beschäftigt. Beachtenswert ist der sich seiner Würde bewußte Vorarbeiter mit zur Schau getragener Uhrkette. Fürs Anschreiben der Arbeitsleistungen sind eigens zwei Arbeiter eingesetzt.
Steinarbeiterhaus Hohburg

ses Umgehenkönnen mit der Maschine, über ihre Vor- und Nachteile Bescheid zu wissen, die Grenze ihrer Leistungsmöglichkeit durch die eigene Tätigkeit erfahren zu haben, ihre Schwachpunkte zu kennen, kurzum, in der Arbeit mit ihr Spezialist zu sein, waren frühe Fähigkeiten des Maschinen-Arbeiters. Natürlich blieb ihm die Maschine entfremdet, aber sie wurde doch mehr und mehr zu dem Produktionsmittel, mit dessen geschickter Handhabung und sorgfältiger Wartung er nicht nur Geld verdiente, sondern an der er auch unter Umständen gern arbeitete und von der er inzwischen wußte, daß es sehr wohl mit auf ihn ankam, die Maschine zu optimaler Leistung zu »führen«. Es war dem Arbeiter daher auch nicht einerlei, wenn eine neue Generation von Maschinen an die Stelle der alten treten sollte. Dann verlor er zunächst etwas ihm vielleicht seit langem Vertrautes, das er ungern aufgab, und an die »Neue« gewöhnte er sich nicht so schnell. An ihr mußte er erst wieder lernen, sie dahin zu bringen, ihr Bestes zu geben, damit das »gute Verhältnis« erneut zustande kam. Dieses »Beherrschen« der Maschine hob das Ansehen des Arbeiters vor Meister und Ingenieur, und natürlich stieg sein Selbstwertgefühl, wenn man ihn fragen mußte, wie dieses oder jenes Werkstück in einer bestimmten Art eben auf seiner »Bank« zu bearbeiten war; häufig konnte er die besten Tips abgeben, eine ausgefallene Maschine wieder in Gang zu bringen. Im Laufe der generationenlangen Entwicklung schickte sich der Arbeiter also in die Gegebenheiten, versuchte zumindest, das Beste aus seiner Lage, vor allem am Arbeitsplatz, zu machen, und dazu gehörte, die Maschine von sich aus »in den Griff zu kriegen«, um so doch etwas von Entfremdung und Ausbeutung abzubauen, selbst allmählich ein wenig mehr als nur »Anhängsel« zu sein. Arbeiterstolz hing damit zusammen – und daß der sich trotz aller nach wie vor bestehenden Ausbeutungsweisen und trotz Verschärfung des Gegensatzes Arbeit – Kapital entwickeln konnte, war eine der größten Leistungen der industriellen Arbeiterklasse.

Die durch Fabrik und Unternehmer vorgegebene Zeit spielte nicht nur eine unmittelbare Rolle für den Arbeitsvorgang, sondern bestimmte auch andere Bereiche proletarischer Lebensweise. Die Fabrik hat eine Unterteilung menschlicher Existenz in Arbeitszeit und Freizeit, bei gleichzeitiger Trennung von Arbeitsplatz und Wohnung, von Produktion und Reproduktion herbeigeführt. So wurden Lohnarbeiter gezwungen, gewisse Lebensäußerungen, die etwa beim Bauern in den Bereich der Wohnweise oder der Freizeit fielen, mit in die Produktionssphäre zu übernehmen, um auch da gewisse »Ansprüche an das Leben zu stillen und den Zwiespalt der Zeitdynamik ihres Tagesablaufs auszugleichen«, hatte Rudolf Braun klug beobachtet. Gerade in den extensiven Fabrikbetrieb strömte deshalb eine Summe von Erscheinungsformen spezifischer Lebensweise, die zwar scheinbar nicht so direkt arbeitsbezogen waren, wie wir es bisher vermerken konnten, die aber dennoch für die physisch-psychische Bewältigung des Arbeitstages Gewicht erlangten. Das traf in erster Linie auf Nahrungs- und Eßgewohnheiten zu, die unter den obwaltenden Bedingungen der Fabrik einen neuen Stellenwert bekamen. Nämlich: »Essen und Trinken während der Arbeitszeit haben für den Fabrikarbeiter neben der Befriedigung von Hunger- und Durstgefühlen zwei weitere Funktionen: Zeitsparen und Zeitüberwinden«, und: Essen und Trinken boten dem langen Arbeitstag Zäsuren, die einfach notwendig, aber bei meist nur einer Mittagspause kaum gegeben waren. Man nahm daher trotz mancher Verbote in den Fabrikordnungen Nahrung zu sich, und dies oft heimlich in Form von Naschwerk, besonders dann, wenn der Arbeitsvorgang zügig ablief. Auch Durst, gerade in Betrieben mit staubig-heißer Produktion, mußte so oder so, ob verboten oder nicht, gestillt werden. Herkömmliche Mahlzeitentermine wurden von der Arbeitszeit und der Spezifik der Arbeitsverrichtungen betroffen, so daß das Frühstück, dessen Einnahme am Arbeitsplatz laut Ordnungen meist verboten war – Meister und Angestellte ausgenommen! –, teils nach langen Wegezeiten manchmal gar nicht oder heimlich »verputzt« wurde, was auf die Dauer nicht ohne schädigende Einwirkung auf die Gesundheit bleiben konnte. Nicht ohne Grund gehörte daher die Einrichtung einer morgendlichen Frühstückspause zu den nachdrücklichsten Forderungen der Arbeiterbewegung schon in den sechziger Jahren. Daß sich so die Ernährung der »Fabriker« auch zur eigentlichen Hauptmahlzeit des Tages ändern mußte, ist erklärlich. Dies führte zu anderen Formen des Zubereitens des Mittagessens schon am Tage vorher, zum Mitnehmen desselben im »Henkelmann« und zum Aufwärmen in der Mittagspause, zum Übergang auf »kalte Verpflegung«, meist als »Stullen«, zum Essenbringen durch Frau oder Kinder, schließlich auch zu werkseigenem Essen in Kantinen usw., worauf wir bei den »Grundbedürfnissen« noch zurückkommen werden.

Grundsätzlich waren Pausen Unterbrechungen des monotonen Arbeitsablaufs, die von den Arbeitern trotz Verboten und Strafen bei allen sich bietenden Gelegenheiten wahrgenommen wurden. Dazu gehörte das Sichunterhalten bei eintönigen Verrichtungen, selbst ein Sichnecken und Sichbalgen, wenn einmal die Aufsicht nicht »auf Posten« war. Sonst aber waren Pausen – ob früher oder später – offiziell zugelassene Unterbrechungen, die »für den betriebswirtschaftlich kalkulierten Nutzen« verwendet werden sollten: Pausen machen »war Reproduktionsarbeit, beschwerliche Wiederherstellung der eigenen Arbeitskraft für die folgenden Stunden«. Die Betriebsleitungen taten einiges, diese Pausen so effektiv wie möglich zu organisieren, ja sie zu »rationalisieren«. »Bei Krupp war bereits in den 1840er Jahren, als der Betrieb weniger als 200 Arbeiter hatte, ein Lehrjunge oder auch ein jüngerer Arbeiter dafür zuständig, während der Arbeitszeit Kaffeewasser herumzutragen ... Darüber hinaus wurden aber auch Getränke im Betrieb bereitgestellt, z. T. sogar auf Betriebskosten verteilt.« Im selben Unternehmen kümmerte sich »der Patriarch« sogar persönlich um eine Optimierung der Pausen-Rekreation und verfügte 1874 schriftlich an die eigene Geschäftsleitung: »Wenn beim Kaffeetrinken die erlaubte Zeit ... nicht ausreicht, so liegt das daran, daß die Vorkehrung zum Kaffeemachen nicht genügt. Dies muß mit strenger Kontrolle geregelt werden, und es muß ganz gleichgültig sein, wie groß die Zahl der Leute ist. Die Bedeckung mit heißem Wasser muß der Zahl entsprechen.«[124]

Reproduktion der Arbeitskraft mit Unterstützung des Betriebes ja, auf der anderen Seite aber strengstes Kontrollieren der Pauseneinhaltung, wofür im übrigen die Meister verantwortlich gemacht wurden, die während der Pausen in der Fabrik zu bleiben hatten. 1866 heißt es in einem Zirkular des Kruppschen Direktoriums an die Belegschaft: »Es ist ungern bemerkt worden, daß die Arbeit nach den Pausen um 8.15 früh und 4.15 nachmittags vielfach nicht regelmäßig wieder begonnen wird ...« Die Kontrollen erstreckten sich selbst auf den nicht vermeidbaren Gang zu den Aborten, von denen noch in den sechziger Jahren nur zwei solcher Häuschen bei der Firma Krupp zur Verfügung standen. Natürlich war dies eine Gelegenheit, sich mit dem »Nachbarn« zu unterhalten, später dort sogar politische Parolen zu verbreiten, sich gegenseitig Zettel mit entsprechenden Nachrichten zuzustecken. Diese »Sitzungen« wurden also ausgedehnt, nahmen Pausenfunktion an, und das behagte dem »Chef« so wenig, daß er bereits in den fünfziger Jahren eigens einen Mann dafür anstellte, »die Leute herunter zu treiben, die sich dort zu lange aufhielten«.[125] Wie schon erwähnt, lag es nicht im Interesse der Fabrikbesitzer, Pausen generell zu verhindern, hatten sie sich doch als unabdingbar erwiesen. Wie abgespannt die Arbeiter mitunter waren, wie gering ihre Kommunikation während der Pausen dann ausfiel, zeigen viele literarische Beispiele aus der 2. Hälfte des 19. Jahrhunderts mit Eindringlichkeit. So hat Pastor Göhre seine Beobachtungen während der Mittagspause in einer Geraer Metallfabrik folgendermaßen geschildert: »Nur selten brach, wenn wir so abgespannt und stumm nebeneinander saßen und lagen, dann einer das Schweigen, und dann war es oft nur ein herbes Wort, wenns auch scherzend klingen sollte, wie das: ›Hat's der arme Arbeiter doch gut!‹«[126]

Resignation spricht aus solchen Äußerungen, und die war bei den gegebenen Umständen bisweilen verständlich. Trotzdem gab es unter diesen Fabrikarbeitern etwas, das es vordem in der werktätigen Bevölkerung nicht gegeben hatte, nämlich ein zunächst eher unbewußtes Gefühl der *Zusammengehörigkeit,* das sich in bewußte Solidarität wandeln konnte. Dieses Gefühl erwuchs aus den neuen

Bedingungen der Fabrikarbeit, der mit ihr verbundenen spezifischen Form von Ausbeutung, Entfremdung, Auseinanderklaffen von Produktion und Reproduktion, Entstehen eines bisher nicht gekannten Volumens an Freizeit, deren Verteidigung gegenüber dem Unternehmer oder dem Staat und deren individuelle oder gemeinschaftliche Nutzung. Dies alles war eng verbunden mit der Entwicklung der Produktivkräfte in der kapitalistischen Gesellschaft, vollzog sich im Spannungsfeld der Interessen von Klassen und Schichten, erwies sich als ein entscheidender Bestandteil des Klassenkampfes in neuer Qualität.[127] Dietrich Mühlberg und sein Kollektiv setzen den Akzent stärker auf die durch die Maschinenarbeit gegebenen neuen »Gewohnheiten und Lebensansprüche«, eine andere Art der »Wertbestimmung der Arbeitskraft« und meinen, »daß die objektiven Reproduktionserfordernisse [durch das gewachsene Freizeitvolumen] stärker berücksichtigt wurden und so – von der untätigen Ruhe bis zum Bildungsverhalten – die individuelle Konsumtion in der arbeitsfreien Zeit den Veränderungen in der Arbeit folgte«.[128]

Wie auch immer: Das, was in erster Linie ein Gefühl der Gemeinsamkeit hervorrief und stimulierte, war in vielem – und von der Spezifik der jeweiligen Branche abgesehen – die Art der Arbeit, die der Proletarier an und mit der Maschine verrichtete. Trotz aller Monotonie für den einzelnen handelte es sich um Gemeinschaftsarbeit, denn der jeweilige Gesamt-Produktionsgang baute auf der Tätigkeit der einzelnen auf, und erst dieser durch alle daran beteiligten Arbeiter abgesicherte und vollendete Produktionsgang garantierte auch die Lohnsumme, auf die man angewiesen war, die bei Ausfall oder Nachlässigkeit des einzelnen niedriger ausfallen mußte. Dieses Gesetz der täglichen Arbeit mit der Verantwortung eines jeden für den anderen schuf erst ein Gefühl der Zusammengehörigkeit, auch der Solidarität – mitunter aber wohl auch Aggression gegen den, der nicht »mitkam«. Alle standen unter den gleichen Existenzbedingungen, keiner konnte sich ihnen entziehen. Die Gemeinschaft der Lohnarbeiter erwuchs aus diesen für sie elementaren Zusammenhängen, und es gab keine andere Schicht des werktätigen Volkes, die einer solch differenzierten Arbeitsteilung, ver-

138 Schiefertafelschneiden bei manufakturähnlicher Arbeitsteilung im Thüringer Wald, um 1900. – Man beachte neben allem anderen die Gleichförmigkeit dieser Akkordarbeit bei höchst unbequem-ungesunder Haltung der Arbeiter.
Museum für Thüringer Volkskunde Erfurt

bunden mit der Verantwortung des einzelnen für die Gemeinschaft, unterworfen war.

Dieses Gefühl der Zusammengehörigkeit wuchs, je größer die Fabriken wurden, je mehr Menschen sich in ihnen zur Arbeit zusammenfanden – und nach der Arbeit in den großen Industriestädten mit ihren Massenquartieren zusammenlebten. Die Proletarier lernten es langsam, dafür aber durch eigene Wahrnehmung intensiver, »die Maschinerie von ihrer kapitalistischen Anwendung zu unterscheiden und ihre Angriffe vom materiellen Produktionsmittel selbst auf dessen gesellschaftliche Exploitationsform zu übertragen«, schrieb Karl Marx. Sie lernten, die Gesetze des Klassenkampfes zu erkennen und sie anzuwenden, sich dieser gemeinsam bewußt zu werden, in einem langwierig-schwierigen Prozeß, der aus dem Alltag der Fabrikarbeit hervorging. »Wissen ist Macht – Macht ist Wissen.«

Dieses Wort von Wilhelm Liebknecht wurde zu einer Grundmaxime der Arbeiterbewegung, dank der sich das deutsche Proletariat unter der wissenschaftlichen Leitung von Karl Marx und Friedrich Engels von einer Klasse an sich zu einer Klasse für sich entwickeln konnte. All dies haben die Fabrikarbeit und der Kampf der Arbeiter um die Überwindung von Entfremdung und Verelendung – gegen die Machtmittel der Maschinenbesitzer und Unternehmer – zustande gebracht!

Wenn wir uns bisher mit dem Arbeitsalltag des Industrieproletariats beschäftigt haben, so mußten die Aussagen notwendig allgemein bleiben, da wir das Produktionsspezifische der einzelnen industriellen Branchen mit z.T. gravierenden Unterschieden im Verhalten der Arbeiter nicht haben berücksichtigen können. Das ist in dem hier gezogenen Rahmen auch nicht zu leisten. Vielmehr müssen weitere Produktionsbereiche Erwähnung finden. So erscheint es uns notwendig, eine kurze Betrachtung über den agrarischen Sektor anzustellen und da der Maschinenarbeit unsere Aufmerksamkeit zu widmen. Hierbei erinnern wir zuerst, daß der Stand der Agrartechnik in Deutschland bis zur Jahrhundertmitte relativ niedrig war und beträchtliches Mißtrauen gegenüber agrartechnischen Neuerungen seitens der Produzenten bestand. Von den *Landarbeitern* gab es teilweise offene Ablehnung bis hin zur Aggression gegenüber Maschinen, die den durch traditionelle Handarbeit erlangten Verdienst geschmälert hätten und geschmälert haben. Für ein junkerlich-gutsherrschaftlich strukturiertes Territorium wie Mecklenburg läßt sich jedenfalls um die Jahrhundertmitte kein sonderliches Interesse an einer Mechanisierung der landwirtschaftlichen Arbeit konstatieren. Zum verstärkten Einsatz gelangten lediglich verbesserte Arbeitsgeräte für Gespannzug und eine einfache Maschinerie, die jedoch nicht den Charakter des bisherigen Produktionsablaufs veränderte wie eine Arbeitsmaschine, deren »Bedienung [aber] in den meisten Fällen ... reibungslos verlief dank der natürlichen technischen Befähigung der arbeitenden Menschen«.[129] Das Vorurteil gegenüber Dreschmaschinen meinte man um 1820 durch die anachronistische Auffassung abbauen zu können, es sei angebrachter, nicht den Begriff Maschine dafür zu verwenden, sondern besser von »Dreschmühle« zu sprechen.

Wenn um 1850 der Wandel im junkerlichen Betrieb auch noch nicht »grundstürzend« gewesen ist, so war er doch für Gesinde, Tagelöhner und Landarbeiter einschneidend genug. Neben den herkömmlichen Kulturpflanzen, Viehsorten, Geräten und Arbeitsverfahren gab es neue Züchtungen, importiertes, leistungsfähiges Vieh, »ferner nie geschaute technische Gebilde wie einen schottischen Pflug, einen schweizerischen Exstirpator, eine englische Häckselmaschine oder eine holländische Turmwindmühle. Veränderungen in der Arbeitsteilung deuteten sich an ...«.[130] Zwischen 1850 und 1870 erfolgte dann der Durchbruch der Agrartechnik durch Einführung der zunächst mit dem Göpel angetriebenen Dreschmaschine, meist englischer Herkunft. Das traf die Tagelöhner, die in großen Junkerwirtschaften etwa dreißig Wochen lang die Ernte mit dem Flegel ausgedroschen hatten, so schwer, daß viele arbeitslos wurden. Ab 1865 machten sie das größte Auswanderungskontingent des Landes aus. Am Anfang der sechziger Jahre kam es häufig zur Zerstörung der Dreschkästen und zu zahlreichen Brandstiftungen. Schuld an dieser für die Drescher katastrophalen Entwicklung waren das Profitstreben der Gutsbesitzer und ein nicht geregeltes, der kapitalistischen Entwicklung inadäquates Entlohnungssystem – Druschanteile statt Geldlohn.

Dennoch hat sich der technische Fortschritt nicht aufhalten lassen; in relativ kurzer Zeit war zumindest jeder Großbetrieb mit diesen Maschinen ausgestattet, und Dampfmaschinen sorgten für eine noch raschere Druschzeit. Im weiteren kam es auch zu entsprechenden Lohn-

139, 140 Griffelherstellung bei Volkmannsdorf im Thüringer Wald, um 1900. – In bergfeuchtem Zustand werden die Griffelrohlinge zunächst vierkantig mit einer Zange »gezwickt« und danach mit der »Durchtretemaschine« in eine runde Griffelform gebracht. Diese fallen durch eine Rutsche der unterhalb sitzenden Frau in den Schoß. Sie werden von ihr gebündelt und am Abend von anderen Familienangehörigen angespitzt, »papiert« und versandfertig gemacht. Für 1000 Stück der »11 cm langen egalen Griffel« zahlte die Rudolstädter Firma Mohr und Löhrs 1 Mark.
Museum für Thüringer Volkskunde Erfurt

festlegungen: Die Drescher wurden zu Tagelöhnern und Landarbeitern, die nun das Maschinendreschen im Auftrag ihrer junkerlichen oder bourgeoisen Gutsherren und Unternehmer durchführten. Die Zwiespältigkeit ihres anfänglichen Aufbegehrens bzw. ihres Verhaltens insgesamt offenbarte sich in dem Umstand, daß sie es selbst gelernt hatten, mit der Maschine zu dreschen, also zeitgemäß zu produzieren, als sie noch unzeitgemäß auf sehr drastische Weise opponierten. »Was die Hände nicht verweigerten, wurde endlich auch durch den Verstand angenommen« – und das war der eigentliche Durchbruch zum Kapitalismus auch in der Landwirtschaft, nämlich durch Überwindung von Trägheit, Furcht und Vorurteil gegenüber der Maschine. 1862 berichteten die »Landwirthschaftlichen Annalen des Mecklenburgischen Patriotischen Vereins«: »Im ganzen sind unsere mecklenburgischen Tagelöhner in den letzten Jahren sehr vertraut mit der Maschinenarbeit geworden, haben ihre theilweisen Vorurtheile gegen die Anwendung derselben verloren und arbeiten gerne mit Maschinen (Dreschmaschinen).«[131] Auch für die früh und intensiv kapitalisierte Magdeburger Börde wurden bereits 1863 die »Bereitschaft, die Willigkeit und das Geschick« der Arbeiter sogar bei Versuchen mit Dampfpflügen hervorgehoben. Der in Neuhaldensleben ansässige

Besitzer und Unternehmer von Nathusius hat 1864 sein eigens geführtes »Tagebuch über die Versuche mit dem Fowlerschen Dampfpflug« erscheinen lassen und darin folgendes notiert: »Zum Schluß ist es mir erfreulich berichten zu können, daß die vom [Landwirtschafts-]Verein gestellten Leute (Kastellan Fromme als Locomobilführer und der Arbeiter Germer als Pflugführer) sich der Versuche mit großem Eifer angenommen haben und die Sache verstanden.«[132]

Die Maschine brachte dem Landarbeiter ohne Zweifel wesentliche Erleichterung – trotzdem hörte die mühselige Handarbeit nicht auf. Über die Mähmaschine befragt, notierte Richard Wossidlo von einem Landarbeiter: »Dat is 'ne Gottsgaw.«[133] Maschinen erhielten mundartliche Funktionsnamen, waren folglich ins Bewußtsein der Landarbeiter aufgenommen, galten nicht mehr als etwas Fremdes, Feindliches. Sie gehörten zum Alltag der Landarbeiter, und damit bestand in dieser Hinsicht kein prinzipieller Unterschied zum Industriearbeiter, der sich ja ebenfalls mit »seiner« Maschine auseinanderzusetzen hatte, sie schließlich akzeptierte und dann auch zum eigenen Vorteil zu nutzen verstand. Dreschmaschinen mit Dampfantrieb fanden relativ schnell auch in bäuerlich strukturierten Gebieten Anwendung. Wenn ihre Nutzung – freilich je nach Betriebsgröße – in erster Linie genossenschaftlich erfolgte, also traditionellen dörflich-bäuerlichen Gemeinschaftsformen entsprach, so bedeutete der Maschineneinsatz auch hier zweifellos den Durchbruch kapitalistischer Produktionsweisen mit den dazugehörigen Konsequenzen – und das geschah nicht viel später als in den agrarischen Großbetrieben.[134]

Als sich die Dampfmaschine als Antriebsmittel und seit den achtziger Jahren das Fowlersche Dampfpflugsystem durchgesetzt hatten,[135] bedeutete dies für Ostelbien den Übergang zu intensiver Produktion und Ausbeutung. Gleichzeitig aber gab es hier auch den Masseneinsatz von Saisonarbeitern, die noch Handarbeit verrichteten, d.h., deren Ausbeutung noch in extensiver Weise erfolgte und deren Alltag sich entsprechend gestaltete. Liest man z.B. die Autobiographie des Landarbeiters Franz Rehbein oder die Berichte über Hofgängerleben in Mecklenburg von August Bebel, wird das Nebeneinander intensiver und extensiver Ausbeutungsformen unter agrarkapitalistischen Voraussetzungen deutlich. Vieles entwickelte sich langsamer als in der Welt der Fabriken; »Mangel an Agrartechnik wurde durch die Landarbeiter manuell kompensiert«. Ein entsprechendes Bonmot besagte, daß es angezeigt sei, bei drohendem Weltuntergang nach Mecklenburg umzuziehen, weil diese Katastrophe dort erst fünfzig Jahre später einträte. Doch die folgende, von

141 Fischer am Ostseestrand bei aufsteigendem Gewitter, von J.J. Gensler, 1837. – Überall stehen werktätige Menschen in schwerem körperlichem Einsatz für ihren und der Familie Broterwerb. Viele Künstler gestalteten ähnlich realistisch solche Szenen, gaben keineswegs mehr der idyllisierenden Romantik den Vorzug.
Altonaer Museum in Hamburg

Richard Wossidlo aufgezeichnete Meinung zweier Gewährsleute aus den Kreisen Ludwigslust und Ribnitz-Damgarten ist konkreter und bewußtseinsmäßig stärker entwickelt. Nach dem Wandel in der Welt befragt, antworteten diese: »Bet 1850 hett jo eegentlich de Welt stillstahn« – »Na 1870 hett de Welt sik dreiht.« Das sind recht präzis die Eckdaten der agrartechnischen Entwicklung der Produktivkräfte in Mecklenburg und mehr oder weniger wohl in Deutschland überhaupt. Ulrich Bentzien ist zuzustimmen, wenn er die Schlußfolgerung zieht, »daß der agrartechnische Fortschritt in dieser Periode bedeutende Auswirkungen auf die Arbeits- und Lebensweise der landwirtschaftlichen unmittelbaren Produzenten hatte und [von diesen] fallweise auch reflektiert wurde«.[136] Daß sie Proletarier waren, bewiesen sie seit der 1848er Revolution in vielen Auseinandersetzungen mit Junkern und bourgeoisen Pächtern.[137]

Anders die *Heimarbeiter* mit ihren Familien, die größtenteils noch auf eine äußerst extensive Weise produzierten und der Verelendung so gut wie schutzlos preisgegeben waren. Wir greifen nur ein einziges Beispiel unter vielen heraus und lassen uns den Arbeitstag von Griffel- und Tafelmachern im Thüringer Wald schildern: Der Ort Steinach bei Sonneberg liegt in einem »freundlichsten Tal«. Die Schachtel-, Griffel- und Schiefertafelmacher haben hier ihren Sitz, denn unweit vom Ort befinden sich die ältesten und ergiebigsten Schieferbrüche. Wie sah es da aus, und wie wurde die Arbeit getan?

»Ein paar zerlumpte Hütten über Berg und Halde verstreut, dazwischen lungernde Kinder, die vom Schmutz starren, so präsentiert sich auf den ersten Blick die Kolonie [der Schiefersteinbrecher und -bearbeiter]. Wir treten in die nächste Hütte ein. Ein furchtbarer Staub benimmt uns den Atem. Vater und Sohn sägen den Griffelstein. Beide nicht menschenähnlich vom Ansehen, die Hose aus zehnerlei Flicken harlekinmäßig zusammengeflickt, das Hemd zerrissen; Schweiß läuft ihnen über Stirn und Nacken, Griffelstaub legt sich darein und bildet dicke Krusten. Warum, ihr Leute, öffnet ihr nicht die Fenster? Weil der Stein keinen Wind verträgt ... In der Ecke steht die massige Durchstoßmaschine (handbetrieben zur Teilung der gesägten Schieferplatten in Stäbe, J.) – wird denn die Hütte die Erschütterung aushalten, wird sie nicht zusammenstürzen, wenn die Arbeit beginnt? – Diese Hütten! Die meisten sind 1,60 bis 1,80 Meter hoch, 2 bis 2,50 Meter breit und 2,50 bis 3 Meter lang. Von 11 Hütten ... bloß eine einzige Hütte über 2 Meter hoch! Darin arbeiten 3 bis 5 Personen! Man kann sich nicht umwenden. 20 Kubikmeter werden in den Lehrbüchern der Hygiene gewöhnlich als Minimum vorausgesetzt.

142 Bahnwärters Weihnachtsabend, von P. Püttner, um 1875. – Eisenbahnbediensteter, wenn nicht gar schon im untersten Beamtenrang, ist einer der neuen Berufe; sicher von vielen ersehnt, aber in der Wirklichkeit ein kümmerliches Auskommen. Über seine enttäuschten Hoffnungen macht sich dieser frierende, dennoch stramm auf Posten stehende Bahnwärter beim Heranbrausen des Kurierzuges wohl seine Gedanken. Später kann er wieder in die kleine Stube gehen, in der die Kinder glücklich vor einem mit drei Pfenniglichten besteckten Bäumchen sitzen und nicht das Elend sehen, das die Familie umgibt: 15 Groschen sind der Tagesverdienst!

Hier, bei den Griffelmachern, ist es ein besonders günstiges Verhältnis, wenn der Gesamtinhalt der Hütte diese Ziffer erreicht. Da ist es denn die Durchdringlichkeit und Schadhaftigkeit der Hüttenwandung, was die Leute vor dem Ersticken wahrt ...

Die Arbeitsteilung in den Familien der Griffelmacher erfolgt derart, daß der Vater die eigentliche Brucharbeit verrichtet, woran er wöchentlich 2 bis 3 Tage sitzt; außerdem behaut er den Stein, sägt ihn und zerspaltet ihn in Griffel. Das Runden, Sortieren, Papieren, Malen sowie das Spitzen ist Sache von Frau und Kind. Auch beim Griffelmacher muß alles mithelfen, bis zum unmündigen Kind herab steckt alles in demselben Schmutz und Staub wie der Vater. Selten wird der Griffelmacher über 40 bis 50 Jahre alt, und wäre nicht die abwechselnde gesunde Arbeit auf dem Bruch, er erlebte nicht das dreißigste. Wöchentlich fertigt die Griffelmacherfamilie 12 000 bis 15 000 Stück Griffel an, von ihrem Erlöse hängt Einkommen und Wohlbefinden ab. Der Griffelpreis schwankt beständig: er sank bisweilen unter 35 Pfennig für das Tausend und erhob sich selten dauernd über 49 Pfennig, fast immer herrschte Not und Elend unter den Arbeitern ...

Will man die Lage des Tafelmachers wissen, so muß man sich das Schlimme des Holzarbeiters und des Griffelmachers verbunden denken und einige eigentümliche Leiden hinzufügen ... Wir besuchen einen der besseren Tafelmacher in Gräfental und finden ihn in einem hölzernen Anbau, der Schabhütte ... nebenan Schweinekoben mit Stopftrog und Mistgrube. In dieser Luft sitzt, gelb und verfallen, zerlumpt und halb nackt, mit einer alten Soldatenmütze auf dem Kopf, unser Meister an der Schabebank. Mit stahlplattiertem Schabemeißel fährt er rasch über die Schieferplatten und schabt und glättet sie, mit vorgebeugtem Oberkörper so recht den abspringenden Schieferstaub einatmend. Das ist seine Arbeit 4 bis 5 Tage in der Woche, täglich 18 Stunden, die übrigen Tage braucht er zum Tafelrahmen.« Frau und Kinder reiben die Tafeln sauber, die Holzrahmen werden in rohem Zustand vor dem Hobeln, Nuten und Zusammensetzen an allen nur möglichen Stellen der Stube getrocknet. »Das alles gibt einen unerträglichen Dunst; Fenster und Türen bleiben aber ängstlich verschlossen«, damit das Holz in der Wärme schnell trocknet. »An der Wand steht die Hobelbank; der Boden ist mit Hobelspänen und Schabeschmutz über und über bedeckt. Drei, vier hölzerne Stühle, eine Ofenbank, die um den Tisch herumläuft, und ein paar Betten: das ist so ziemlich ihre Einrichtung.«

Ein besonders hartes Kapitel der Schiefermacherarbeit war der Transport der Steine. Wie vieles andere in der Heimarbeit anderer Branchen auch, wurde er von Frauen bewältigt. In Steinach schleppten sie »den Stein vom Bergwerk nach Haus. Sie laden 1½ bis 2 Schock Tafelsteine in Körben von 50 bis 60 Kilogramm und müssen damit öfters als zweimal den Berg hinauf und zweimal hinunter keuchen. ›Sie dampfen im Winter ... wie ein röhrendämpfiges Pferd, man hört sie schon von weitem; sie sind in Schweiß gebadet und müssen sich in den Schnee setzen, um auszuruhen; davon zahllose Entzündungen der Lunge, die chronisch werden und mit Phthisis (Schwindsucht, J.) enden‹ ... Die Tafelindustrie ist eine traurige Industrie ...!«

Emma Adler, die Aufklärerin im Wiener Arbeiterbildungsverein, hat diesen Bericht nach eigenem Erleben niedergeschrieben. Hier wurde nicht um Mitleid gebettelt, hier wurde gegen brutalste Ausbeutung als Unmenschlichkeit protestiert, und hier wurde wohl auch an das Solidaritätsgefühl anderer Arbeiter appelliert, unter schon erkämpften, günstigeren Bedingungen die Klassenauseinandersetzungen für Heimarbeiter mit zu führen.[138]

Die Familie

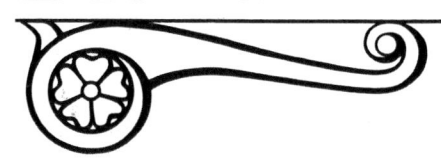

Frau
Kind
Ehe

Die gesellschaftliche Einheit, in der Mann, Frau, Kinder, Großeltern, bisweilen Verwandte sowie – je nach Besitzgröße und außerökonomischer Abhängigkeit – auch Gesinde zusammenlebten und in entsprechender Arbeitsteilung unter einem Dach schafften, war im Feudalismus die *Produktionsfamilie*.[139] Ihre Existenz und ihr Funktionieren sind eine wesentliche Voraussetzung für den Bestand vor allem des bäuerlichen Anwesens, aber genauso für den einer Werkstatt, eines Geschäftes und anderer Einrichtungen gewesen. Das »ganze Haus«, patriarchalisch strukturiert, war als sozialökonomisch-ideologisches Prinzip eine starke Stütze der herrschenden Gesellschaftsordnung, war ihr immanent. Innerhalb der Produktionsfamilie realisierte sich ein bedeutender Teil des Alltags der werktätigen Bevölkerung in Dorf und Stadt. Auf ein solches real existierendes Leitbild mußten so umwälzende gesellschaftliche Veränderungen, wie sie die Entwicklung des Kapitalismus mit sich brachten, entsprechend einwirken. Erhalten blieb die Produktionsfamilie in ihrer (feudalzeitlichen) Spezifik zunächst überall dort, wo die alten Produktionsweisen fortbestanden. Das betraf in erster Linie die Landwirtschaft und Teile des Gewerbes, darunter besonders Handwerk und Heimarbeit. Nun aber und »überall dort, wo die Fabrik die Menschen beschäftigte«,[140] wo Arbeitsort und Reproduktionsstätte getrennt, Arbeitszeit und Freizeit zwei zwar voneinander abhängige, aber doch eigene Größen waren, erhielt »Familie« eine andere Bewertung. Sie gehörte jetzt dem von der Arbeitssphäre abgehobenen und getrennten Reproduktionsbereich an, konnte mit diesem beinahe identifiziert werden. Hier, im Falle des Proletariats, wird man sogar von einer *Reproduktionsfamilie* sprechen dürfen, wenn man – notwendigerweise – von der Funktion der Familie ausgeht. Dadurch, daß Frauen und Kinder gleichfalls ihre Arbeitskraft verkaufen mußten, trugen sie mit dazu bei, die Reproduktionsfähigkeit der Familie zumindest aufrechtzuerhalten, wenn nicht sogar zu erweitern.

Generell gilt auch, daß sich im 19. Jahrhundert »Familie« mehr und mehr auf ihren biologischen Kern (Eltern, Kinder, Großeltern) reduzierte, ferner die Tendenz zur Zwei-Generationen-Familie wuchs und die Zugehörigkeit von Verwandten und Dienstpersonal über die »Kernfamilie« (drei Generationen) hinaus schwand. Die Grundlagen für eine »Großfamilie« im Sinne des »ganzen Hauses« existierten nicht mehr, und somit änderte sich auch der Charakter der in den jeweiligen Sozialbereichen noch bestehenden Produktionsfamilie, in der sich das gegenseitige Aufeinander-angewiesen-Sein im Sinne kapitalistisch geprägter Verhaltensnormen und Abhängigkeiten regelte (vertragliche Festlegungen der Altenteilversorgung, Dienstverträge mit dem Personal, Einschalten staatlicher oder »gemeinnütziger« Verbände bei der Arbeitsvermittlung, einschließlich des Abschlusses von Versicherungen u. a. m.).

Familie ist zu keiner Zeit etwas abstrakt Begriffliches, vielmehr stets eine Widerspiegelung der jeweiligen Produktionsverhältnisse. Familie konstituiert sich konkret sowohl aus der Klassenzugehörigkeit ihrer Mitglieder und den daraus resultierenden Voraussetzungen als auch aus deren Bedürfnissen und dem Vermögen, Familie und Fa-

143 Familienbild, von E. Mengelberg, 1834
Kunstmuseum Düsseldorf

144 Familienbild des badischen Großherzogs, von K. Hoff, 1881
Staatliche Museen zu Berlin, Nationalgalerie

145 Lehrerfamilie, um 1870

146 Arbeiterfamilie, um 1880

147 Altmärkische Bauernfamilie aus Gr. Bierstedt, um 1870
Johann-Friedrich-Danneil-Museum, Salzwedel

Nicht nur das jeweils Modische ist das alle Bilder verbindende Element, sondern der bürgerlich-bourgeoise Habitus bestimmt die Haltung der einzelnen Personen, deren Gesichtsausdruck jedoch die Realität des Alltags nicht immer verbergen kann. »Mehr scheinen als sein«, könnte man unter so viele Familienfotos schreiben, die in unglaublichen Massen produziert worden sind.

milienleben zu gestalten. Im Hinblick auf die Arbeiterklasse galt zukunftsweisend die Feststellung aus dem »Kapital«, wonach – bei aller Schrecklichkeit und Unmenschlichkeit der Auflösung des traditionellen Familienwesens – die »große Industrie« eine fördernde Rolle insofern spielte, als sie »den Weibern, jungen Personen und Kindern beiderlei Geschlechts in gesellschaftlich organisierten Produktionsprozessen jenseits der Sphäre des Hauswesens [eine andere Position] zuweist, die neue ökonomische Grundlagen für eine höhere Form der Familie und des Verhältnisses beider Geschlechter [zueinander schafft]«.[141]

Wenn wir von »Reproduktionsfamilie« geschrieben haben, so schließt das ein, daß so gut wie alle Familienmitglieder in den industriellen Produktionsprozeß eingespannt gewesen sind, da bei niedrigen bzw. oft noch sinkenden Reallöhnen und bei steigenden Preisen der Mann allein den Unterhalt für die Familie nicht aufbringen konnte. Somit war die Mitarbeit aller Angehörigen meist eine existentielle Notwendigkeit, ergab jedoch nicht unbedingt einen erwünschten Mehrverdienst. Vielmehr drückten Frauen und Kinder durch gleiche, aber minderbezahlte Arbeit den Lohn des Familienvaters so stark, daß schließlich der Verdienst aller den des »Haupternährers« ausmachte, die Lohnsumme also die gleiche blieb, sich dafür aber der Mehrwert des Kapitalisten je nach Personenzahl der Arbeiterfamilie steigerte. Der Arbeitslohn wurde mit solchen Manipulierungen auf die Familie umgerechnet, deren Lebenshaltung damit sogar teurer wurde, obwohl nun alle oder ein großer Teil der Familienangehörigen ständig an den Maschinen standen.

Für das Leben und die Stellung der Lohnarbeiter-*Frau* galt die überall verbreitete Auffassung, sie habe ihren Pflichtenkreis in erster Linie zu Hause wahrzunehmen. Wenn sie dennoch außer Haus arbeiten gehe, so wolle sie damit nur das Familienbudget aufbessern, für das und dessen Höhe aber grundsätzlich der Mann aufkomme. Frauenarbeit sei daher prinzipiell niedriger zu entlohnen. Von hier aus war es nur noch ein Schritt bis zu dem Standpunkt, daß, »wenn die Frau außerhalb des Hauses eingesetzt wird, sie eigentlich überhaupt kein Geld zu verdienen braucht, und wenn man ihr einen ganz geringen Lohn zahlt, ein Taschengeld, ein Trinkgeld, das bereits eine außerordentliche Wohltat der Unternehmer darstellt«.[142] Gegen eine solche Apologetik haben Sozialisten seit der Industriellen Revolution genauso vehement angekämpft wie gegen die Art und Weise der Ausbeutung von Frauen, nicht aber gegen Frauenarbeit als solche und auch nicht gegen die durch die Arbeit bedingte Andersgestaltung des Familienlebens – im Gegenteil. Sie wiesen vielmehr darauf hin – und Karl Marx hat explizit die Gesetzmäßigkeit des Entstehungsprozesses massenhafter Frauen- und Kinderarbeit im Zuge der Industrialisierung bewiesen –, daß, »sofern die Maschinerie Muskelkraft entbehrlich macht, sie zum Mittel [wird], Arbeiter ohne Muskelkraft oder von unreifer Körperentwicklung, aber größerer Geschmeidigkeit der Glieder anzuwenden. Weiber- und Kinderarbeit war daher das erste Wort der kapitalistischen Anwendung der Maschinerie!«.[143] Mit dieser Klarstellung der eigentlichen Hintergründe von Frauenarbeit und ihrer verwerflich niedrigen Bezahlung wurde das gebrandmarkt, was Jürgen Kuczynski als die »wahre, allgemeine, massenhafte ökonomische Diskriminierung der Frau ... [bezeichnet, die] mit der Ausbeutung der Fabrikindustrie, mit dem Ende der Produktionsfamilie als allbeherrschender Form der Erwerbstätigkeit« begann.[144]

Wenn mit der intensiven Produktion seit den sechziger Jahren auch geschultere Arbeitskräfte die Frauen und Kinder an Maschinen teilweise ablösten, wuchs doch der Anteil der Frauen in den Industriebelegschaften im letzten Drittel des 19. Jahrhunderts von einer halben auf anderthalb Millionen (wieder) an. Die Erweiterung und Mechanisierung der Leicht-, Genußmittel-, Lebensmittel-, Textil- und Modeindustrie, ferner der staatliche Dienstleistungsapparat sowie die Zunahme der öffentlichen und geschäftlichen Verwaltungen, aber auch der großstädtischen Heimarbeit durch Einsatz von meist privat erspar-

148 Junge Frau beim Schein einer Lampe nähend, von G. F. Kersting, 1825. – Die heile Welt scheint hier vollkommen zu sein. Die junge Frau sinnt über ihrer Näharbeit nach, vielleicht über das, was sie vorher in dem unhandlichen Folianten auf der Fensterbank gelesen hat. Das Nähen ist für sie eine Mußebeschäftigung und keine Notwendigkeit des Broterwerbs.

ten oder kreditierten Nähmaschinen, boten den Frauen jetzt immer mehr Arbeitsmöglichkeiten. Nur war die Minder- und Unterbezahlung notorisch geworden, so daß – ganz gleich zu welcher Zeit der kapitalistischen Entwicklung – die Frau die ausgebeutetste Arbeitskraft darstellte.

In seinem so bedeutsamen Werk »Die Frau und der Sozialismus« hat sich August Bebel ausführlich mit der weiblichen Arbeitskraft außerhalb des Haushalts beschäftigt und dabei festgestellt, daß die Älteren und Verheirateten unter den Frauen »die schlechteste, von anderen gemiedene Arbeit« verrichteten. Dabei galten sie als »zuverlässiger und arbeiten fleißiger als jüngere Mädchen. Jüngere Arbeiterinnen haben durchgängig eine Abneigung gegen unsaubere und unangenehme Arbeiten, welche infolgedessen mit Vorliebe den *anspruchsloseren* Frauen überlassen bleiben (Hervorhebung, J.)«. Trotz gesetzlicher Bestimmungen über eine begrenzte Arbeitsstundenzahl und zum Verbot unzumutbarer Tätigkeit hat sich die Situation der werktätigen Frau bis zur Jahrhundertwende kaum verändert. Die Weiterentwicklung der Industrie bot zwar auch Möglichkeiten der Beschäfti-

149 Der Empfangstag, nach P. Hey, 1898. – In »gutbürgerlichen« Kreisen gibt man von Zeit zu Zeit Gesellschaften, auch wenn es manchmal die finanziellen Verhältnisse eigentlich nicht zulassen. Hier ist aber Gelegenheit gegeben, Verbindungen anzuknüpfen, Karrieren zu fördern, zu plaudern, Kunstverständnis zu heucheln – für manche junge Ehefrau auch Gelegenheit, sich von anderen einmal den Hof machen zu lassen.

150 Die Frau am Waschzuber in geflickter Kleidung, den kleinen, kessen Jungen an der Seite, spiegelt die Realität des Alltags einer unendlich großen Anzahl werktätiger Frauen wider (um 1850).

151 Weihnachten unter dem Dache, von A. Woltze, um 1880. – Auch wenn noch so rührend gestaltet, verklärt diese Abbildung doch in zu offenkundiger Weise die Situation einer gehetzten Näherin an der Maschine.

152 Das Los der werktätigen Frau ist harte Arbeit. Das geschönte Bild aus der Abfüllhalle in Niederselters läßt die Schwere der Arbeit nur als Spielerei empfinden, fast einem folkloristischen Auftritt vergleichbar.

gung, die ihrer Konstitution entsprachen, doch nach wie vor gehörten dazu, wie August Bebel schrieb, »die *anstrengendsten* wie die *unangenehmsten* und für die Gesundheit *gefährlichsten* Tätigkeiten«; und er setzte hinzu, »so wird auch hierdurch jene *phantastische* Auffassung auf ihre wahre Bedeutung reduziert, die in der Frau nur das zarte, fein besaitete Wesen sieht, wie es vielfach Dichter und Romanschreiber für den Kitzel des Mannes schildern«. Zu den gefährlichsten solcher Frauenarbeiten zählt Bebel die Beschäftigung mit Färbereien von Modeartikeln, Kunstblumen, Luxuspapieren, Kinderlackbildern, das Bemalen von Bleisoldaten u. a., was sich nicht nur für die Frauen selbst als schädlich erwies, sondern »für die Leibesfrucht der Schwangeren geradezu tödlich« wirken konnte. Und was die Schwere der Arbeit anlangte, so sei es »wahrlich kein schöner Anblick gewesen, Frauen, sogar in schwangerem Zustand, mit den Männern um die Wette beim Eisenbahnbau schwer beladene Karren fahren zu sehen oder sie als Handlanger, Kalk und Zement anmachend oder schwere Lasten Steine tragend, beim Hausbau zu beobachten oder beim Kohlen- und Eisensteinwaschen«.

Doch das Problem lag nicht im Arbeitsbereich allein. August Bebel verweist auf andere Umstände, die gerade die verheiratete oder geschiedene und verwitwete Frau zur gern gebrauchten Arbeitskraft machten: »Die Rücksicht auf ihre Kinder nötigt sie zur äußersten Anstrengung ihrer Kräfte, um den notwendigsten Lebensunterhalt zu erwerben, und so läßt sie sich manches bieten, was sich die unverheiratete Frau nicht bieten läßt und erst recht nicht der Arbeiter.«[145] Dazu kam ein weiteres, sehr gravierendes Moment: »Durch die häusliche Tätigkeit daran gewöhnt, daß es für sie kein Zeitmaß für die Arbeit gibt, läßt sie (die verheiratete Arbeiterin, J.) die gesteigerten Anforderungen über sich ergehen, ohne Widerstand zu leisten.«[146] Anders gesagt, resultierten ihre Willfährigkeit und Nachgiebigkeit gegenüber dem harten Unternehmer gerade aus ihrer Degradierung innerhalb der Familie als Hausfrau, Gattin und Mutter.[147] Denn »gleichgültig, welcher konkreten Berufstätigkeit [solche Arbeiterinnen] nachgingen, die Hausarbeit als immerwährende, unumgängliche Aufgabe bestimmte ihr ganzes Leben«, lähmte sie in ihrer Entscheidungsfreiheit für eine berufliche Arbeit, machte sie unterwürfig, lustlos und unzufrieden. Immer wieder war es letztlich die Hausarbeit, von der sie alles abhängig machen mußten, von der Wohl und Wehe eines zumindest erstrebten Familienglücks bestimmt wurde. Und diese »Hausarbeit verbrauchte [zumal] bei gleichzeitiger Berufstätigkeit alle lohnarbeitsfreie Zeit der Frauen, machte es ihnen unmöglich, jemals an die eigene Gesundheit, an Erholung oder Unterhaltung zu denken. Wirkliche Freizeit hatten Arbeiterfrauen kaum«, und es ergaben sich daraus sehr wesentliche Fragen und Probleme, die auf den proletarischen Alltag in vielerlei Weise zurückwirkten.

Wie nur wurden Arbeiterfrauen »mit der doppelten Verantwortung und Belastung, mit Lohnarbeit und Haushalt, fertig? Was hatten sie für sich persönlich vom Leben zu erwarten? Ihre Bedürfnisse erschöpften sich [doch keineswegs nur] in Arbeit und Kindererziehung, sondern schlossen (gerade bei den in der Stadt vorhandenen und sichtbaren Vergleichsmöglichkeiten, J.) den Wunsch nach Liebe und Geborgenheit, nach einer guten Wohnung, nach schönen Kleidern, Tanz, Fröhlichkeit und Zerstreuung … ein. (Und wieviel von alledem, J.) wurde von dem ständigen Bedürfnis nach ausreichendem Schlaf und etwas mehr Ruhe in den Hintergrund gedrängt«.[148] Diese Frauen, so hieß es in einer Untersuchung um die Jahrhundertwende, »haben eine Wohnung und kein Heim, sie haben Kinder und sind keine Mütter, sie haben Lebensunterhalt und kein Leben!«.[149] Das waren keine Phrasen, die sich gut lasen oder die zu Herzen gehen und Mitleid erwecken sollten, sondern zusammengefaßte Untersuchungsergebnisse, Enqueten, denen noch viel ärgere Realitäten zugrunde lagen. Unter den zahlreichen Schilderungen proletarischen Hausfrauenelends ist die von Bebel nahezu klassisch geworden: »Die Frau des Arbeiters, die abends müde und abgehetzt nach Hause kommt, hat von neuem alle Hände voll zu tun; Hals über Kopf muß sie arbeiten, um in der Wirtschaft nur das Notwendigste instand zu setzen. Die Kinder werden eiligst ins Bett gebracht, die Frau sitzt und näht und flickt bis in die späte Nacht. Die ihr so nötige Unterhaltung und Aufrichtung fehlt ihr. Der Mann ist oft unwissend, die Frau weiß noch weniger, und das wenige, was man sich sonst zu sagen hat, ist rasch erledigt. Der Mann geht ins Wirtshaus, um dort die Annehmlichkeiten zu finden, die ihm zu Hause fehlen; er trinkt, und ist es noch sowenig, er verbraucht für seine Verhältnisse zuviel … Unterdes sitzt die Frau zu Hause und grollt; sie muß wie ein Lasttier arbeiten, für

153 Auch solche »schneidigen« Damen zum Servieren gehörten in mehrfacher Weise zu den ausgebeuteten Frauen, die keine andere Arbeitsmöglichkeit fanden oder auch direkt in die entsprechenden »Etablissements« vermittelt wurden.
Märkisches Museum Berlin

154 Mit Vergrößerung der Verwaltungen im Geschäftsleben und bei den Behörden eröffneten sich für Frauen neue Möglichkeiten der Beschäftigung. Wenn zunächst auch noch mit Hilfsarbeiten als Boten, als Schreiberinnen oder zum Bedienen von Büromaschinen eingesetzt, erreichten sie nach und nach verantwortungsvollere Posten. »Geschenkt« wurde ihnen dabei allerdings nichts. Das Leben einer »angestellten« Frau war nicht weniger hart. Das hier für die Kopiermaschine gedachte Markenzeichen »Zeit ist Geld!« gilt genauso für die junge Frau, die sie bedient.

155   Der lange Marsch der Bauersfrau zum städtischen Wochenmarkt war seit jeher beschwerlich. Erst wenn sie den Inhalt ihres Rückenkorbes und der Butterwanne wohlfeil verkauft hatte, konnte sie an den Heimweg denken, nachdem sie zuvor noch selbst einiges eingekauft hatte. Wenn die Tragkörbe – letztlich aus Reklamegründen für Hersteller wie Benutzer – noch so schön verziert waren, verminderte das nicht die schwere Last.
Bildarchiv Louis Held, Weimar

156   Die Frauen aus der Kunstblumenfabrik von Louis Meiche haben ihre schönsten Schürzen für das Gemeinschaftsfoto umgebunden. Bei der Arbeit tragen sie diese freilich nicht. Auch sie schaffen im Akkord, aber die Tätigkeit ist frauengemäßer und abwechslungsreicher als anderswo.
Heimatmuseum Sebnitz

sie gibt es keine Ruhepause und Erholung; der Mann benutzt so gut er kann die Freiheit, die ihm der Zufall gibt, als Mann geboren zu sein. So entsteht die Disharmonie. Ist aber die Frau weniger pflichtgetreu, sucht sie am Abend ... eine berechtigte Erholung, so geht die Wirtschaft rückwärts, und das Elend ist doppelt groß. Aber wir leben trotzdem in ›der besten aller Welten‹«,[150] in der, wie schon im »Manifest« geschrieben, die »bürgerlichen Redensarten über Familie und Erziehung, über das traute Verhältnis von Eltern und Kindern ... um so ekelhafter [werden], je mehr infolge der großen Industrie alle Familienbande für die Proletarier zerrissen ... werden«.[151]

Die Forderung der Arbeiterbewegung nach Gleichberechtigung von Mann und Frau, von Arbeiter und Arbeiterin, die Mahnung, auch die schweren Pflichten der Hausarbeit und Kindererziehung gemeinsam zu meistern, sinnvoll zu nutzende Freizeit miteinander zu schaffen, betrachtete die Masse der Proletarier vorerst als Utopie und nicht als ein absehbar zu erreichendes Ziel. Hinzu kam, was Clara Zetkin im letzten Jahrhundertdrittel schrieb: »Die Arbeiterinnen schwiegen von dem, was sie als [im Haushalt und bei der Lohnarbeit doppelt] ausgebeutete Proletarierinnen, als sozial Unmündige fordern und erkämpfen mußten. Die Ideologie dessen, ›was der Frau ziemt‹, hatte offenbar in Deutschland eine besonders stark bindende Kraft ...«[152] – die Frau als Hüterin der heilen Welt der Familie, zur Mutterfigur hochstilisiert, als Hausfrau, je nach sozialer Lage, Vorsteherin des Hauswesens, dies stets ohne Entgelt, sozusagen als Liebesdienst. »Arbeit aus Liebe« oder »Liebe als Arbeit« könnte dieses Bild der bürgerlichen Hausfrau, Gattin und Mutter überschrieben werden,[153] und es war das Leitmotiv für vieles im 19. Jahrhundert, was die Bedeutung der Frau ausmachte und so auch die Erwartungshaltung gegenüber der Arbeiterfrau bestimmte. Ihre doppelte Arbeit galt genauso als selbstverständlich, wie die Hausarbeit als etwas Unqualifiziertes betrachtet wurde, womit sich der verdienende Teil der Familie nicht nur nicht abgeben, sondern durch die er auch nicht gestört sein wollte. Wer wüßte nicht – bis in die neueste Zeit hinein – von Frauen zu berichten, die ihren Stolz dreinsetzten, daß ihre Arbeit gar nicht wahrgenommen wurde, möglichst in Abwesenheit des Mannes geschah. Gisela Bock zitiert einen Autor, der 1881 den folgenden Vorschlag machte: »Strümpfe stopfen, Wäsche ausbessern und andere gröbere Handarbeiten sind am besten in den Morgenstunden oder doch stets so abzumachen, daß anderen nicht der Einblick in diese gewissermaßen inneren Familienangelegenheiten gestattet wird.«[154] Die Frau blieb in ihrem hauswirtschaftlichen Schaffen anonym, sie war anspruchslos und – weil unbezahlt – faktisch wertlos. »Liebe, Abhängigkeit, Arbeit, Ökonomie, Psychologie und Sexualität sind in der Existenz der Frauen ein ebenso untrennbarer Zusammenhang wie ihr Tagesablauf, in den Arbeit und ›Freizeit‹, Opfer und Bedürfnis ununterscheidbar verwoben sind.« Das durch »Häuslichkeit, Unterwürfigkeit, Frömmigkeit, Reinheit« charakterisierte Frauenbild im 19. Jahrhundert fand in der entschuldigend-hilflosen Redewendung Ausdruck: »Als Hausfrau und Mutter muß man mehr geben, als man zurückerhält.« Damit entsprach es den Vorstellungen restaurativer Bürgerlichkeit und der unternehmerischen Großbourgeoisie mit ihren dem Adel abgeschauten Allüren. Zur Repräsentation diente u. a. die hohe, huldvolle Frau, die inmitten ihrer Kinderschar alles leitete und befehlend ordnete, sich selbst, der Familie und dem Vaterland zum Nutzen, zugleich in demutsvoller Ergebenheit vor höheren Mächten.

Und die Arbeiterfrau – doppelt ausgebeutet vom Kapitalisten und oft genug vom eigenen, unverständigen Mann? Wir ersparen uns an dieser Stelle Schilderungen über familiäre Verhältnisse, die durch den Zwang zur Lohnarbeit von Mann und Frau oder durch Arbeitslosigkeit, Wohnungselend und Kinderreichtum bestimmt wurden; allemal waren sie jedenfalls davon geprägt, daß die Proletarierin als Hausfrau, Mutter und Lohnarbeiterin in mitunter unbeschreibbarer Weise überlastet war, und dies nicht zuletzt deshalb, weil der Mann den familiären Bedrängnissen auswich, der Frau bei Hausarbeit und Kindererziehung kaum zur Seite stand, dafür häufig genug seine Wünsche nach Ruhe und sexuellen Bedürfnisse wohl auch gewaltsam durchsetzte.[155] Natürlich hatten August Bebel, Clara Zetkin, Julius Motteler u. a. ihre Forderungen nicht nur nach Befreiung der Arbeiterfrau aus dem Zwang kapitalistischer Ausbeutung, sondern auch aus der Erniedrigung durch Hausarbeit und Ehemann erhoben. 1898 schrieb z. B. Clara Zetkin in der »Gleichheit«: »Die Dürftigkeit der proletarischen Existenz zwingt die ums Brot arbeitende Proletarierin auf zwei Gebieten wirtschaftlich tätig zu sein: in der Industrie und im Hause. Sie ist die moderne Lohnsklavin geworden, aber

157 Bauernhochzeit in Lehre (Ausschnitt), von C. Schröder, um 1840. – Hier heiraten die Kinder zweier Großbauern. Dementsprechend üppig sind die Hochzeitsgaben der Besucher. Die Summe, die der wohlbeleibte Bauer mit lässiger Gebärde in den eigens aufgestellten Zinnteller fallen läßt, muß so erklecklich sein, daß die Dabeistehenden voller Erstaunen die Augen aufreißen oder ihnen der Mund offenstehen bleibt. Die anderen werden versuchen, es ihm gleichzutun. Man ist ja unter sich und läßt sich nicht lumpen. Hier gibt allein die Dorfbourgeoisie den Ton an. Städtisches Museum Braunschweig

gleichzeitig Hausklavin geblieben.« Doch das bürgerliche Frauenideal, sich ohne berufliche Arbeit ganz der Häuslichkeit widmen zu können, wirkte bis weit ins 19. Jahrhundert so nachhaltig, daß man ihm weithin nachzustreben suchte. Das galt für alle Familien unterhalb der großbürgerlichen Schichten und nicht zuletzt für die der besser verdienenden, gelernten Arbeiter, die es sich, und wenn nur zeitweilig, leisten konnten, ihre Frauen nicht »auf Arbeit gehen« zu lassen. Natürlich waren auch diese durch Haushalt, Kindererziehung, vielleicht ein bißchen Gartenarbeit, durch Betreuung des Gatten voll ausgelastet, aber ihr Familienleben spielte sich doch anders ab, in jeder Weise geregelter als dort, wo durch den Zwang kapitalistischer Produktionsverhältnisse ein erstrebtes, aber »verlorenes Familienglück« einem »verlorenen Leben« gleichkam. So berichtet der Arbeiter Albert Rudolph in seinen Jugenderinnerungen über seine Mutter, die sich oft spät in der Nacht über die Kläglichkeit, Erbarmungslosigkeit und Enttäuschung ihrer Ehe in Selbstgesprächen Luft machte, »wie verhaßt ihr alles, alles sei, die Kinder und der Mann. Auch sie hatte einmal vom Glück geträumt. Lächerlich! Keine Hoffnung, kein Wunsch war ihr in Erfüllung gegangen ... Keinen Dank erntete sie für ihre Plage. Sie putzte, scheuerte, bügelte, wusch und nähte vom frühen Morgen bis zum späten Abend, und jeder hielt das für selbstverständlich«.[156]

Die Proletarierfrauen vermochten die ihnen vom herrschenden System auferlegte Verantwortung, die »Reproduktionsfamilie« abzusichern, nicht allein zu tragen. Das war keine schwächliche Unfähigkeit, sondern mehr ein z. T. noch unbewußtes Ringen mit überkommenen Vorstellungen von der Produktionsfamilie im »ganzen Haus« – gewiß kein Ideal, aber doch Element eines irgendwie abgesicherten herrschaftlichen Ordnungssystems auf familial-patriarchalischer Basis und mit einer festen, wenn gleichfalls auch höchst eingeschränkt-erniedrigten, weiblichen Position. Wir wollen nicht verkennen, daß es gegen Ende der vorkapitalistischen Zeit Frauen gegeben hat, die sich gegen diese ihnen von der Gesellschaft zugewiesene und aufgebürdete Rolle teils erfolgreich aufgelehnt haben, aber an eine *Emanzipation* gerade werktätiger Frauen war noch nicht zu denken.

Diese wurde erst durch die kapitalistische Gesellschaftsordnung und durch die Teilnahme des weiblichen Geschlechts an der maschinellen Produktion möglich. Hieraus erwuchsen für Frauen Chancen einer gewissen wirtschaftlichen Selbständigkeit und somit die Grundlagen für ihre Gleichberechtigung und Persönlichkeitsentwicklung. Friedrich Engels hatte sich entsprechend geäußert, »daß die Befreiung der Frau zur ersten Vorbedingung hat die Wiedereinführung des ganzen weiblichen Geschlechts in die öffentliche Industrie«.[157] So richtig diese Grundzüge der marxistischen Emanzipationstheorie waren, von Clara Zetkin zur »Frauenfrage« auf dem Gründungskongreß der II. Internationale 1889 ausgesprochen,[158] so langsam setzten sie sich in den Köpfen der Betroffenen gegen die Einflüsse der alles beschwichtigenden Bourgeoisie, aber auch gegen die Uneinsichtigkeit und Bequemlichkeit der Männer und gegen die traditionsgebundenen Vorstellungen eigener Geschlechtsgenossinnen

durch. Hier hatte zuerst die Überzeugungsarbeit anzusetzen, und schon 1869 hatte Julius Motteler auf der Gründungsversammlung der Internationalen Gewerkschaftsgenossenschaft in Crimmitschau in diesem Sinne über »die Frau und ihre Stellung im Hause und in der Öffentlichkeit« gesprochen.[159] – Es ist für die Gesamtsituation bezeichnend, daß am 31. Mai 1870 der Reichstag des Norddeutschen Bundes gegen die Stimmen der Sozialdemokratie das Strafgesetzbuch beschloß, das auch den berüchtigten § 218 enthielt, mit dem die Frauen bei Androhung einer fünfjährigen Zuchthausstrafe dem Gebärzwang unterworfen wurden.

Die Bedingungen, unter denen sich beim Industrieproletariat »Reproduktionsfamilien« bildeten, waren im Prinzip bei den *Landarbeitern* die gleichen. Je nach den Gegebenheiten gingen Mann, Frau und Kinder in der Frühe ihren jeweiligen Tätigkeiten nach und kehrten zumindest am Abend wieder in die enge Kate zurück. Dort vollzog sich dann das Familienleben kaum anders als in den städtischen Armenquartieren oder in den Mietskasernen. Das betraf in erster Linie wiederum die Frau, die nun alles nachzuholen hatte, was durch ihre Teilnahme an der Feldarbeit liegengeblieben war. A. Trümpelmann berichtet über sie aus den siebziger Jahren: »Die Frau muß mit eintreten. Ihre 6–7 Gr. Tagelohn, welche zum Lohne des Mannes hinzukommen, ermöglichen erst die Existenz der Familie. Wiederum aber wird der Frauenverdienst dadurch nicht unbeträchtlich entwerthet, daß andere Dinge, welche zum Gedeihen des Hauses nicht minder nothwendig sind, zu sehr vernachlässigt werden. Die Pflege der Kinder läßt unendlich viel zu wünschen übrig, und Reinigung und Ordnung im Innern des Hauses sehen wir auf das bescheidenste Maß zurückgeführt. Wenn irgend eine von den Forderungen der Sozialdemokraten berechtigt ist, so ist es die Beschränkung der Frauenarbeit. Wir reden durchaus nicht der gänzlichen Abstellung der Frauenarbeit das Wort …, aber um so mehr fordern wir eine vernünftige Beschränkung der Frauenarbeit. Die Frau muß täglich ein paar Stunden ihrem Hauswesen gelassen werden, und man darf ihr nicht die volle Zahl der Arbeitsstunden der Männer aufbürden … Wären die Frauen nicht gezwungen, den Männern gleich, von früh bis spät mit auf's Feld zu gehen, so würden die Kinder nicht wie kleine Halbwilde auf den Straßen herumliegen …«[160] Auch hier die gleiche Überanstrengung der

158 »Moderne Heirath« hat Gustav Kühn diesen Bilderbogen überschrieben, der deutlich macht, daß persönliche Zuneigung kaum noch eine Rolle spielt. Die Masse an Geld bestimmt allein den Andrang der Freier vor dieser Frau, die nicht gerade anziehend wirkt, aber doch oder gerade deshalb die Werbung der schlitzohrigen Kandidaten zu genießen scheint.
Heimatmuseum Neuruppin

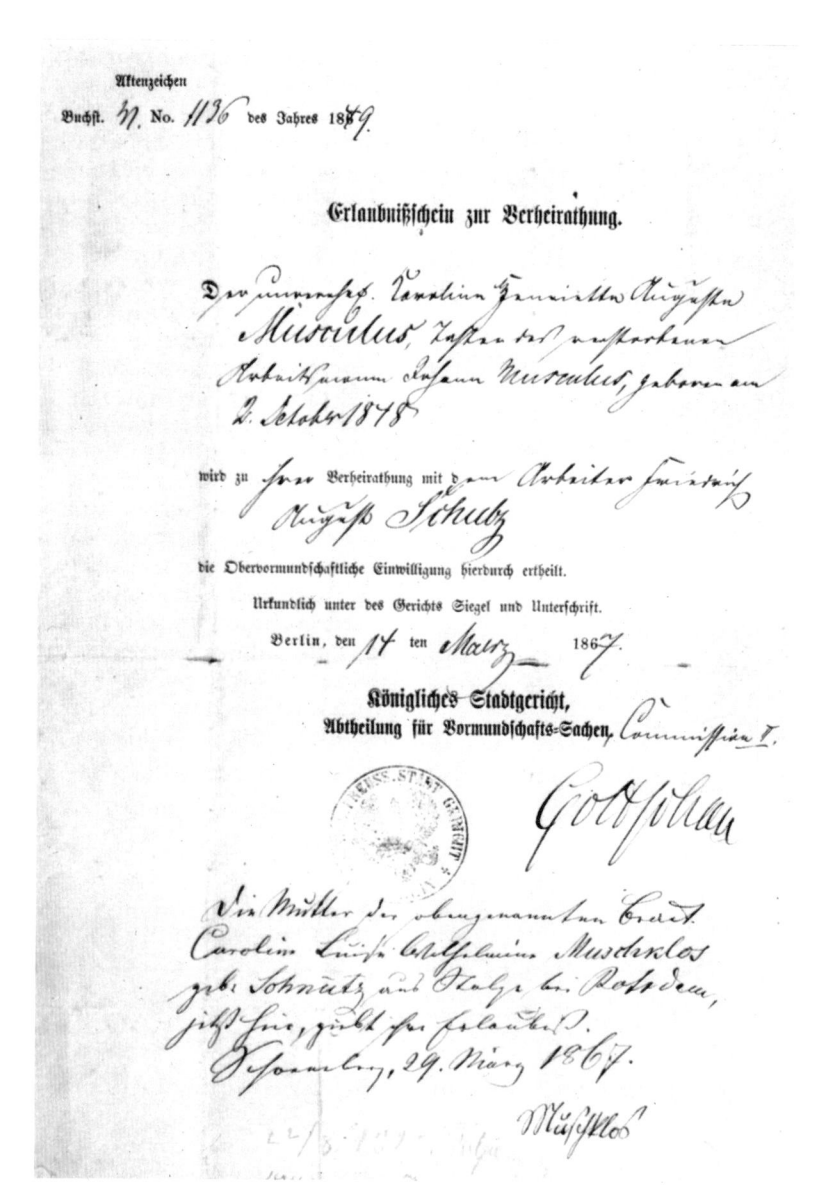

159 Die Kirche verlor das alleinige Recht der Eheschließung. Der Staat schaltete sich ein, erteilte Erlaubnisscheine für noch nichtmündige Ehewillige. 1875 trat die Eheschließung als amtlicher Akt vor der kirchlichen Trauung in Kraft.
Märkisches Museum Berlin

160 Der Stellmacher Jacob Hilper und Anna Sibilla Limburger schlossen am 19. Mai 1890 die Ehe. Die Hilpers hatten 12 Kinder, Anna Sibilla starb 1915. Sie war ein »einfaches Bauernkind« und soll sehr intelligent gewesen sein.
Bildarchiv Adelhart Zippelius, Kommern

Frau, um das Existenzminimum für die Familie halbwegs abzudecken. Im Gegensatz zu unverheirateten Landarbeitern oder jüngeren Knechten und Mägden, die dem Gutsherrn gegenüber schon mal »eine Lippe riskierten«, waren Verheiratete oder gar Hausfrauen und Mütter doch zurückhaltender und sahen berechtigterweise das auf sie zukommen, was v. d. Goltz für den Landarbeiteralltag so ausgedrückt hat: »Unterbrechung der Beschäftigung im Winter, die Nöthigung zu öfterem Umzug, Krankheit der Frau und Kinder und ähnliche Ereignisse führen die Familie schnell ins Elend, und zwar deshalb, weil es an den nöthigen Reservefonds für außerordentliche Begebenheiten fehlt ... Der Lohn aber, der nicht ausreiche, um neben der Befriedigung der Bedürfnisse ... einen Nothpfennig zu sparen, ist offenbar zu niedrig – ganz abgesehen

161 Der erste Zahn, von J. G. Hantzsch, 1834. – Dieses Familienidyll wäre in irgendeinem anderen Milieu besser plaziert gewesen als im Durcheinander einer offensichtlichen Schreinerwerkstatt auf dem Dorf, in der es sich die Oma mit der Wiege bequem gemacht hat. Ein von der Umgebung her unwirkliches Bild, in dessen Mittelpunkt der puppenhaft wirkende Säugling liegt. Der Realitätssinn anderer Maler seiner Zeit fehlt in den Bildern dieses Künstlers.
Museum der Bildenden Künste zu Leipzig

162 Originell–sinnbildhafte Wachsgurke als Votivgabe des 19. Jahrhunderts gegen allzu reichen Kindersegen
Münchner Stadtmuseum München, Abt. Volkskunde

163 Kinderstuhl, 1842. Mit der gebärfreudigen Inschrift versehen: »Salomon der Weise spricht, Weib erfülle deine Pflicht«, soll dieses stabile Möbel sicher für mehrere Generationen reichen.
Staatliche Kunstsammlungen Dresden,
Museum für Volkskunst

164 Eine junge Mutter übergibt ihr Kind, das sie aus irgendwelchen Gründen nicht mehr bei sich behalten kann, einem klösterlichen Findelhaus. Übergabe und Übernahme erfolgen gänzlich anonym.

165 Die alte Mutter schreibt an den Sohn. Es fällt ihr offensichtlich schwer. Sie ist allein und bedarf vielleicht seiner Hilfe. Wie aber kann sie ihn erreichen? Vielleicht ist er ausgewandert oder hat in einer weit entfernten Stadt endlich Arbeit gefunden. Wie lange schon hat er nicht geschrieben? Die alte Frau fühlt sich verlassen: »Elend der alten Leute«!

davon, ob nicht ein wohlberechtigter Anspruch darauf gemacht werden kann, daß bei allgemein steigender Kultur und Wohlhabenheit auch die Lebensform des einfachen Arbeiters, der nur seine Kraft zu verwerthen hat, eine wirthschaftlich behaglichere und reichlichere werden muß.«[161]

Streifen wir im gegebenen Zusammenhang auch die *Heimarbeiter*. Sie konnten sowohl eine Produktions- als auch eine Reproduktionsfamilie bilden – je nach dem Grad der Differenzierung von Arbeitszeit und Freizeit. Wichtiger aber ist die folgende Feststellung von Jürgen Kuczynski, die er – in der Tat – eine erstaunliche nennt: »Von aller Lohnarbeit ist die Heimarbeit die einzige, in der die Frau so vielfach nicht diskriminiert wird, denn der Lohn wird nach der gelieferten Ware bezahlt, ganz gleich, ob der Mann oder die Frau sie hergestellt hat – das gilt für das gewebte Stück Leinen ebenso wie für die Puppe als Kinderspielzeug.«[162] In welchem Maße die öffentlich geringere Diskriminierung der Heimarbeiterfrau auch auf den familialen Bereich zutraf, kann nicht eindeutig beantwortet werden. Ihre bisweilen höhere Wertschätzung im Heim-Produktionsbetrieb könnte sich aus der Herstellung von Erzeugnissen erklären, die eher die Fingerfertigkeit der Frau verlangten als die robusteren Muskeln des Mannes. Gibt es doch Fälle, in denen fast ausschließlich Frauen produziert und Männer den Haushalt versorgt haben, wo ein entsprechender Rollentausch also möglich gewesen ist.

An dieser Stelle muß ein Produktionsmittel, eine mit Muskelkraft betriebene Maschine, genannt werden, die für die hieran Beschäftigten zwar den gleichen Entfremdungseffekt aufwies wie jede andere kapitalistisch betriebene Produktionseinrichtung, die andererseits aber in der Hand vermögender Schichten des Bürgertums den Rang eines Lehr- und Lernmittels einnehmen, auch der Vertreibung von Langeweile dienen konnte. Wir meinen die *Nähmaschine*, in den USA erfunden und konstruiert, in Deutschland zwischen 1850/55 sehr schnell verbreitet, ein Gerät, das Karin Hausen treffend als »Zwitterding zwischen Hausrat und Produktionsanlage« bezeichnet und das es von daher nicht zulasse, »Hauswirtschaft und Erwerbswirtschaft, wie sonst für das 19. Jahrhundert üblich, analytisch fein säuberlich zu trennen«.[163] Dieser Umstand veranlaßt uns, das »Problem Nähmaschine« hier näher zu beleuchten.

Bemerkenswert ist zunächst, daß diese Maschine in der Nachfolge der Spinn- und Webmaschinen stand, ihre Innovation also nicht zufällig, sondern notwendig war, weil die hohe Produktionsquote an textiler Stoffware durch die handwerkliche Schneiderei bei einem enorm gestiegenen Bedarf an Fertigkleidung nicht mehr bewältigt werden konnte. Es entstand, namentlich in Deutschland und da besonders in Berlin, eine umfangreiche Konfektions- und Wäscheindustrie, die sich weitestgehend auf die Nähmaschine stützte. 1862 nahm der Unternehmer Pfaff in Kaiserslautern mit zwei Leuten die Fabrikation auf, 10 Jahre später produzierten dort bereits 30 Beschäftigte an die 1000 Maschinen pro Jahr, 1891 schließlich 500 Arbeiter rund 25 000 dieser Geräte, die dann jeweils mit über 3000 Stichen pro Minute jede Handnadelnäharbeit aus dem Felde schlugen. »In den USA war die Nähmaschine das erste zivile Gerät, welches nach den Handfeuerwaffen in Serienfertigung mit austauschbaren Teilen hergestellt wurde.«[164] Die Nähmaschine, deren Aufstellung wenig Platz erforderte und mit Hand- oder Fußbetrieb leicht zu bedienen war, eroberte sich als »erstes technisches Massenkonsumgut«, also als erste Maschine, die, massenweise gekauft, zu Hause in Betrieb genommen werden konnte, seit den fünfziger Jahren sehr schnell den Markt, gefolgt vom Fahrrad in den neunziger Jahren. Als Massenkonsumartikel projektiert und gebaut, mußte die Maschine relativ wohlfeil sein bzw. als wohlfeil erscheinen. Das erforderte ein neues Verkaufssystem mit

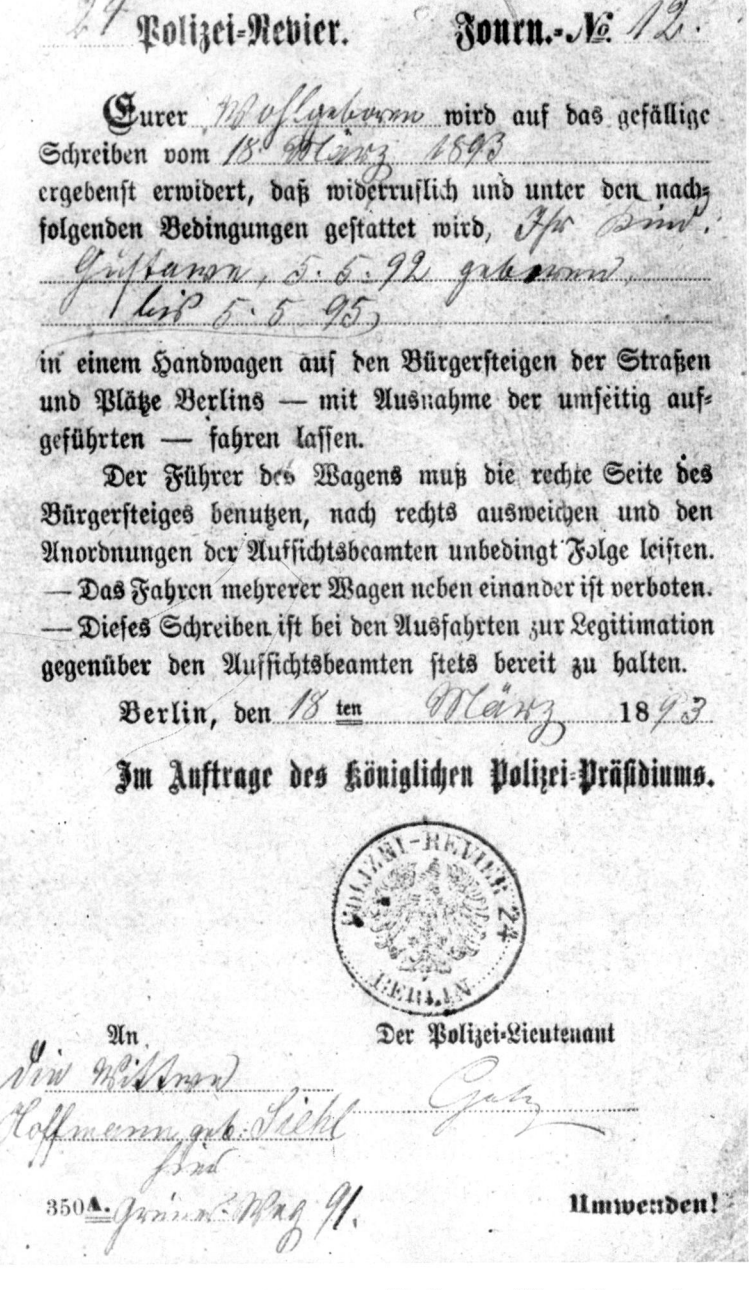

166 Die »Kinderfreundlichkeit« des herrschenden Systems enthüllt sich mit dieser polizeilichen Erlaubnis an die Witwe Hoffmann. Wen könnte sie wohl auf den überbreiten Trottoirs der Stadt stören? Märkisches Museum Berlin

verstärkter Reklame durch Inserate, Plakate sowie durch den Einsatz von »Reisenden«, das Versenden von Preislisten, vor allem aber durch Einführung des Ratenkaufs, der der Nähmaschinenfabrikation den weiten Markt der minderbemittelten Bevölkerung öffnete und den Fabrikanten einen noch höheren Profit durch das letztlich doch teurer gewordene Produkt einbrachte. Bei den relativ klein erscheinenden Raten mag das vielen Käufern nicht so bewußt geworden sein, doch ist nicht daran zu zweifeln, daß z. B. 1887 in Elberfeld der Ratenkaufpreis um 150 Prozent über dem absoluten Wert der Nähmaschine gelegen hat,[165] abgesehen davon, daß das Ratengeschäft für den »kleinen« Käufer stets mit mancherlei Risiko verbunden war.

Die Nähmaschine war in erster Linie ein Gerät für die Hausfrau, das, wie manche meinen, eine emanzipatorische Bedeutung gehabt habe, »weil sich die Frauen durch sie von einem langen Sklavendasein befreien konnten«.[166] Das aber ist eine irreführende Ansicht, denn nicht die Euphorie für eine technische Neuerung machte deren Wert aus, sondern die Art ihrer Verwendung – und da sieht es schon anders aus. Es macht doch einen großen Unterschied, ob in gutsituierten Kreisen der bürgerlichen Gesellschaft die Nähmaschine zum Lerninstrument für Töchter wurde, damit sie ihre Aussteuer selbst zusammenschneidern konnten, so auch auf eventuell eintretende Notzeiten hingewiesen wurden, in denen man froh sein mußte, eine solche Maschine zu besitzen und handhaben zu können, oder ob die Nähmaschine als Arbeitsmittel zu Erwerbszwecken Einzug hielt. Letzteres betraf keineswegs nur Proletarierinnen. Gustav Schmoller schätzte vielmehr für die Zeit um 1870 ein, daß nicht nur die Frauen der »unteren Stände« für die Konfektion arbeiteten, sondern auch »der ganze [unverheiratete] Überschuß von Töchtern aus dem Krämer-, Handwerker- und Beamtenstand ..., [und] sehr viele Witwen sind froh, solche Beschäftigung zu finden«,[167] und das galt auch für die Folgezeit. Karin Hausen bemerkt dazu: »Waren solche Frauen darauf angewiesen, ihren Lebensunterhalt durch Näharbeit zu verdienen, so führten sie ebenso wie die proletarischen Frauen einen hoffnungslosen Kampf um das Existenzminimum«, was »auf eine schier unerschöpfliche weibliche Reservearmee schließen [läßt], die sich auf dem Arbeitsmarkt eine ruinöse, lohndrückende Konkurrenz lieferte.«[168] Daß dem so war und daß es vor allem die verheiratete, mit Kindern »gesegnete« Proletarierfrau gewesen ist, die seit der Jahrhundertmitte für die Konfektionsbranche solche buchstäbliche Heimarbeit geleistet hat, gehört zu den dunkelsten Kapiteln kapitalistischer Ausbeutung.[169] Karin Hausen ist der Nachweis zu danken, daß die Nähmaschine die hiermit erwerbstätige Frau noch mehr versklavt und keinesfalls aus einem unwürdigen Dasein befreit hat. Das Elend der »armen Nähterin« war sprichwörtlich, und wir haben schon auf die ihr gewidmete Graphik von Käthe Kollwitz hingewiesen. Mit dieser Depravierung hing es auch zusammen, wenn sich Frauen der gehobenen bürgerlichen Schichten genierten, sich in Fachgeschäften eine Nähmaschine vorführen zu lassen, sich vielmehr heimlich eine solches Stück liefern ließen und ja nicht erkannt werden wollten, wenn sie mal Maschinengarn kaufen mußten.

Buchstäblich für Hungerlöhne rackerten sich die Näherinnen ab, zumal in den Stoßzeiten der Konfektionsindustrie. »Schwitzbuden« hießen die kleinen, engen, heißdumpfen Räume, in denen Zwischenmeister Frauen bis zu 16 Stunden mit den Maschinen rattern ließen. Und die verheiratete Proletarierin, die sich durch die Heimarbeit einen Ausgleich zwischen Broterwerb und Mutterpflichten erhofft hatte? G. Dyhrenfurth gibt aus empirisch erhobenen Materialien für die Zeit um die Jahrhundertwende die Antwort darauf: »Auch die Mutter einer vielköpfigen Kinderschar, die, in einem einfenstrigen Berliner Zimmer zusammengedrängt, schlief, schrie, spielte, arbeitete und krank lag, meinte: gegen die Unruhe und Unordnung in ihrem Haushalte sei ihr die ruhige gleichmäßige Thätigkeit in der Fabrik ... eine wahre Erholung gewesen, sie habe sich oft kaum entschließen können, heimzukehren. Aber der Säugling sei von den Geschwistern immer überfüttert worden und dauernd elend gewesen, da habe sie die auswärtige Arbeit aufgeben müssen. Jetzt näht sie Blusen zu Hause und verdient bei ungleich längerer Arbeitszeit nur viel weniger. Dabei wird sie innerlich hin- und hergerissen zwischen dem Wunsch, das Nötige zu erwerben, und dem Verlangen, für die Kinder zu sorgen, deren Bedürfnisse ihr jetzt immer vor Augen treten. Gereizt über jede Unterbrechung der Arbeit und andererseits von dem Zustand gepeinigt, in dem sie beim Aufblicken von der Maschine die Kinder und die Häuslichkeit sieht – immer genötigt, eine Pflicht über der anderen zu vernachlässigen –, so wird das Leben zu einem aufreibenden Vielerlei, daß ich immer morgens denke, du kannst nicht aufstehen und einen solchen Tag wieder beginnen.«[170] – Zu alldem tritt noch für die Heimarbeit jener Branchen, die die Luxusbedürfnisse der gehobenen Schichten der Bourgeoisie, die Aufträge einer speziellen Konfektion, der »Haute Couture«, zu bewältigen hatten, ein anderes Moment: Was empfanden diese Frauen und Mädchen, wenn sie viele Stunden lang über die schönsten und feinsten Stoffe gebeugt saßen und mit entzündeten, kurzsichtig gewordenen Augen, auch mit zerstochenen Fingern nähten und nähten, stickten, rafften, plissierten, fältelten oder applizierten, um ein festliches Kleid für eine »Dame von Stand« herzustellen?

Im Jahre 1895 arbeiteten innerhalb des Bekleidungsgewerbes nur in der Sparte »Wäsche, Kleidung, Kopfbedeckung, Putz« einschließlich mithelfender Familienangehöriger 496 831 Frauen, 1907 waren es bereits 584 783 – eine sehr hohe Anzahl schamlos ausgebeuteter proletarischer und kleinbürgerlicher Frauen, die schwer zu organisieren waren und darum kaum durch Streiks oder andere Protestaktionen gegen ihre Situation in nennenswerter Weise ankämpfen konnten. War ihr Verdienst auch noch so schmal und die Lohndrückerei in der Konfektion schon gang und gäbe, stellte es für sie doch eine Möglichkeit dar, die Subsistenzmittel für die Familie ein wenig anzuheben bzw. für sich selbst das Existenzminimum bei härtester Arbeit halbwegs zu erreichen. Karin Hausen zieht die folgende Konsequenz aus der Geschichte der Nähmaschine, dieses phänomenalen Instruments zur radikalen Durchsetzung kapitalistischer Produktionsverhältnisse: »Im Bereich der Konfektion hatte die Maschinisierung der Näharbeit in Gestalt einer Haushaltsmaschine die elende Arbeitssituation ... eher verfestigt als gesprengt, indem sie in großem Maßstab haushaltsintegrierte Erwerbsarbeit ermöglichte. Die vielzitierte Entlastung der privaten Haushalte von der Produktionsfunktion – eine gängige Floskel, die zur Interpretation der Veränderungen viel zu simpel ist, um zutreffend zu sein – läßt sich ... als ein sehr komplizierter Prozeß erkennen, von dem die verschiedenen Haushaltstypen höchst unterschiedlich betroffen waren. An dem Aufblühen der Bekleidungsbranche einfach die Entlastung des privaten Haushalts von der Produktionfunktion abzulesen, grenzt an Zynismus, wenn man sich vergegenwärtigt, daß die angebotenen Waren zu einem beträchtlichen Teil

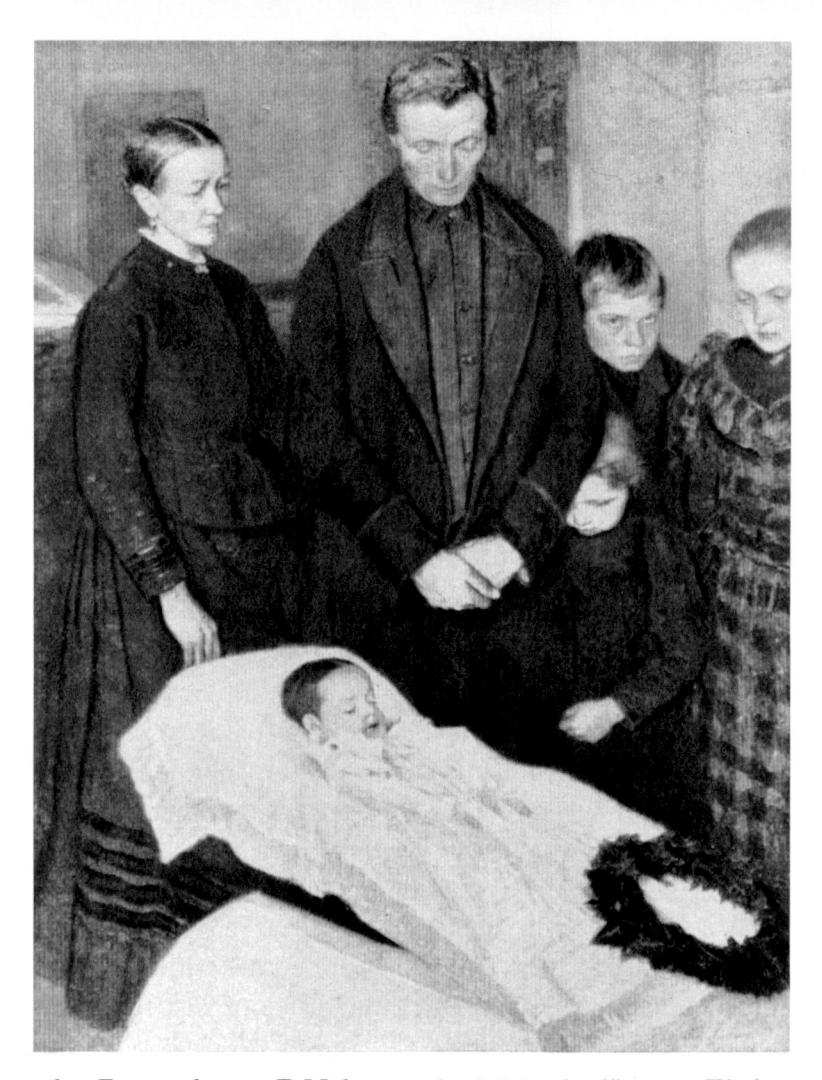

167 Trauernde, von F. Makkensen, 1896. – Die Miene jedes Angehörigen trägt eine andere Art von Ergriffenheit an der Leiche des jüngsten Kindes. Das Gewöhntsein an den Tod meist ganz junger Kinder ist hier nicht wahrzunehmen.

in unterbezahlter Heimarbeit von proletarischen und kleinbürgerlichen Frauen in der eigenen Wohnung mit der eigenen Nähmaschine hergestellt wurden ... Die Einführung der Nähmaschine bedeutete in dieser Gesellschaftsformation [des Kapitalismus] sicherlich technisch und ökonomisch einen Fortschritt. Vorsicht ist allerdings geboten gegenüber der Behauptung, sie habe auch den sozialen Fortschritt befördert.«[171]

Noch eine letzte Bemerkung sei zur Stellung der Frau im Haushalt und zu der oft genug selbst verschuldeten Ausbeutung durch Hausarbeit gemacht, die gleichzeitig eine Art Rollenspiel ist – bürgerlicher Ideologie und patriarchalischen Vorstellungen immanent. Unser folgendes Beispiel schildert das Tagewerk einer biederen kleinbürgerlichen Ehefrau, die sich ausschließlich dem propren

168 Familie Naake, Loschwitz bei Dresden, um 1865. – Alle Angehörigen müssen mithelfen, um das bäuerliche Anwesen winterfest zu machen; und da gibt es noch viel zu tun.
Bildarchiv Ernst Hirsch, Dresden

169 Arbeiterfamilie, von C. Bantzer, 1897. – Sicher kein Idyll! Mann und Frau sind von der Tagesarbeit erschöpft. Als Landarbeiter, die sie wohl sind, sitzen sie in der Abendsonne vor der Tür, sind gemeinsam mit dem Kleinkind eingenickt.
Museum der Bildenden Künste zu Leipzig

Haushalt widmet. Dies tut sie konsequent und flink, sieht darin ihren ganzen Stolz, wenn sie es dem Gatten recht machen kann. Die Schilderung mokiert sich über diese kleine Frau, macht sich lustig, statt zu fragen, wie man ihr helfen könnte, ihre Lebensweise anders zu motivieren. Unsere Geschichte, veröffentlicht in der »Gartenlaube«[172], lautet so: »Sie steht mit den Hühnern auf, sie gönnt sich keine Ruhe, ist den ganzen Tag auf den Beinen und arbeitet mehr als ein halbes Dutzend Dienstmägde. Wenn sie bei guter Laune ist, klopft sie ihren Mann auf die Schultern und sagt: ›Du hast eine Frau! Was ich dir erspare!‹ Und doch ist Mariechen in einer argen Täuschung befangen. Sie erspart nicht – sie verschwendet. Sie verschwendet in erster Linie ihre Arbeit, ihre Kraft, ihre Gesundheit. Ihr ganzes Sinnen und Trachten ist nichts als Putzen und immer wieder Putzen ... Ihre Kraft und Ausdauer, mit der sie zehn Männer beschämt, wird an eine Arbeit verschwendet, die nicht nur ganz überflüssig ist, die nicht selten den anderen Mitgliedern der Familie das Haus zur Hölle macht, und ihre Gesundheit schlägt sie tollkühn in die Schanze, wenn es ihr einfällt, daß nun schon acht Tage lang die Fenster nicht gereinigt wurden. Sie, die sonst still, friedlich, furchtsam ist, wird mutig unternehmend, rücksichtslos, wenn sie ihren Feind wittert – den Staub, den Schmutz. Meist ist dieser Feind nur eingebildet; die Fenster sind spiegelblank, die Thüren weiß wie Schnee, das Küchengeschirr zeigt kein Stäubchen. Aber die Frist ist abgelaufen – es *muß* rein gemacht werden – der Feind ist da, wenn ihn auch die Andern nicht sehen!« Bei aller Kritikwürdigkeit des hier so Gesagten wird man dennoch positiv vermerken müssen, daß die hausfrauliche Tätigkeit immerhin als Arbeit benannt und, wenn auch ein wenig hämisch, sogar gewürdigt wird.

Der alten Produktionsfamilie im »ganzen Haus« sind Knechte und Mägde als Gesinde zugehörig gewesen. Sie hatten ihren Platz lange Zeit am gemeinsamen Tisch, das Arbeitsverhältnis war durch Übereinkommen, durch Tradition und in gewisser Weise auch »brauchtümlich« geregelt. Demgegenüber beschäftigten die entsprechend situierten Schichten der bürgerlichen Gesellschaft des 19. Jahrhunderts *vertraglich* gebundenes Personal, in der Mehrzahl *Dienstmädchen*, die das verrichten mußten, was zu tun die »Dame des Hauses« nicht mehr nötig hatte, was gar unter ihrer Würde war. Meist fungierten sie als »Stütze« in der Hausarbeit, wobei die Hausfrau noch mit Hand anlegte. Bisweilen nahmen sie eine gewisse Vertrauensstellung ein, versorgten die Kinder des Hauses mit, übernahmen mitunter das Zubereiten des Essens, kauften ein usw. Ihr Pflichtenkreis war der Hausarbeit entsprechend groß, ihre Behandlung unterschiedlich, der Lohn minimal – der Bedarf an ihnen enorm; sich ein Dienstmädchen halten zu können wurde in bürgerlichen Kreisen eine Prestige-Frage. Dienstmädchen waren eine geläufige und selbstverständliche Erscheinung in der Sozialstruktur des 19. Jahrhunderts. Während der Beruf des männlichen Dienstboten (Kutscher, Diener, Sekretär, Hauslehrer usw.) durch die besseren Angebote in Wirtschaft und Staat schon mit der Jahrhundertmitte zurückging, trat bei den weiblichen Dienstboten, die 1880 eine Anzahl von 1 324 924 (= 2,3 Prozent der Bevölkerung) ausmachten, diese Tendenz erst in den letzten Jahren vor der Jahrhundertwende ein. 1895 waren etwa ein Fünftel aller berufstätigen Frauen in Deutschland Dienstmädchen. »Damit wurde das Dienstbotenproblem um die Jahrhundertwende zu einem Interessengebiet der Frauenbewegung.« Dienstmädchen waren unverheiratet, kamen oft vom Land schon in recht jungen Jahren in die städtischen Haushalte, meist durch Agenturen vermittelt, lernten dort die Hausarbeit, konnten je nach Anstelligkeit, Fleiß und Können – aber nicht selten wohl auch durch geduldige Hinnahme nicht weniger Unliebsamkeiten und Schikanen – zum Stubenmädchen oder gar zur Köchin aufsteigen, um dann zu heiraten oder bessere Berufschancen wahrzunehmen. Als Partnerinnen, die von der Haushaltführung etwas verstanden, sogar zu kochen wußten, wurden sie gerade von Arbeitern gern geheiratet, und wer seine Tochter in die Stadt auf Arbeit schickte, dem war es lieber, wenn sie als Dienstmädchen statt als Fabrikmädchen unterkommen konnte.

Fragt man nach den Beweggründen, warum sich so viele Landmädchen als Dienstboten verdingten, so waren es wohl deren Hoffnungen auf die gänzlich anderen Lebensbedingungen in der Stadt mit ihren vermeintlich größeren Freizügigkeiten und besseren Heiratschancen. Vielfach folgten sie einfach auch der allgemeinen Landflucht in die Stadt mit vagen Vorstellungen, die oft bitter enttäuscht wurden. Darum mußten für die erste Zeit des Eingewöhnens und der Überbrückung Dienstbotenasyle geschaffen, Bahnhofsmissionen ausgebaut, amtliche Vermittlungsbüros eingerichtet, Beratungen durch städtisches Personal oder von konfessioneller Seite vorgenommen werden usw. Im »Handbuch des Mädchenschutzes« von 1904 heißt es dazu: »Es ist eine Erfahrungstatsache, daß viele Mädchen auf gut Glück in die großen Städte ziehen, ohne sich vorher eine Stelle gesichert zu haben; kommen sie nun an, wissen sie oft keinen Platz zu finden und geraten gar leicht in schlechte Hände. Andere, welche sich bereits vorgesehen, lassen sich oft bei der Ankunft auf den Bahnhöfen von unbekannten Männern und Frauen noch umstimmen. Wieder andere haben sich nicht ausreichend mit Geld versehen und stehen mittellos da, noch ehe sie das Endziel erreicht haben usw.«[173] An ihren dunklen Sonntags- oder Konfirmationskleidern, mit den kleinen Reisekörben in der Hand, waren sie schon beim Verlassen der Zugabteile dritter und vierter Klasse leicht zu erkennen, dann unsicher dastehend und gewiß froh, von irgend jemand angesprochen zu werden, der ihnen helfen wollte oder dies vorgab. Die Damen der Bahnhofsmissionen, der konfessionellen Hilfsvereine trugen Armbinden als Zeichen ihrer Vertrauensstellung. Weniger seriöse Vermittlungsbüros hatten ihre Agenten den Mädchen entgegengeschickt und sie bereits im Zuge in ihre »Obhut« genommen. In den Großstädten konzentrierte sich die Vermittlung auf einige Mietbüros, die überall im Lande einen enormen Bekanntheitsgrad besaßen und wo die »Menschenware« rasch »umgeschlagen« werden mußte. Ein solches Unternehmen registrierte 1892 für Berlin insgesamt 62 000 vermittelte Stellen. Die Schilderungen über das Gebaren von Vermittlern und den aus mancherlei Gründen an den Mädchen Interessierten sind einzigartige Dokumente der sozialen Zustände, aber auch des guten Willens vieler junger Frauen, etwas für ihr späteres Leben zu lernen. Daraus erwuchs, neben der Aneignung positiver Errungenschaften z. B. im hygienischen und gesundheitlichen Verhalten, erklärlicherweise eine Übernahme bürgerlicher Gewohnheiten, die zu konservativ-kleinbürgerlichen Grundeinstellungen führte. Ein positives Verhältnis zur »Herrschaft« war unter Dienstmädchen genauso vorhanden, wie Widersetzlichkeit getadelt und Maßnahmen dagegen in den »besseren Kreisen« erwogen wurden. Das »treue Hausmädchen« war nicht weniger sprichwörtlich als das Bild vom dümmlichen Dienstboten – der »Unschuld vom Lande« – oder vom arbeitsscheuen, unzufriedenen, besserwisserischen »dienstbaren Geist«, der immer das letzte Wort hatte. Diese Typen von Dienstmädchen, auch männlichen Dienstboten, waren ein häufiger Gegenstand der Karika-

170 Unter Aufsicht einer Erwachsenen sitzen arme und verwaiste Kinder bei der Herstellung kleiner, aus Drähten gebogener und verflochtener Täschchen, »als Anhängsel an Uhrketten oder Armspangen, als Opferbeutelchen oder zu Taufpatengeschenken, versilbert oder vergoldet zu 1 Mk.« zu tragen. Der Bedarf an Bijouterien aller Art dient hier der »Disziplinierung durch Arbeit«.
Bildarchiv Wolfgang Kaschuba, Tübingen

tur, und das weist auf die vielschichtigen Gegensätze zwischen Herrschaft und Personal hin, die in mancherlei Weise zum Ausdruck kamen. Dies betraf vor allem die Hausarbeit, die ein »Mädchen für alles« Tag für Tag, von morgens bis abends nach manchmal widersprüchlichen Anweisungen der Hausfrau zu verrichten hatte. Dabei ging es jenen noch am besten, hinter denen nicht eine ewig nörgelnde und antreibende »Gnädige« stand. Teilnahme an den Mahlzeiten der Dienstfamilie gehörte zu den Ausnahmen und widersprach dem Distanzhalten gegenüber den »Domestiken«, unter denen die Gouvernante, wenn man sie sich leisten konnte, meist eine Ausnahme war. Die Mädchen ihrerseits hatten schon in der Anrede gegenüber der Herrschaft auf diese Distanz bis hin zur Unterwürfigkeit zu achten. Ihre Unterbringung in kleinen Nebengelassen mit allernotwendigstem Mobiliar, selbst nur mit einer Liegestatt auf dem Hängeboden, im Badezimmer oder in einer Abstellkammer gehörte zu den übelsten Zumutungen. Die Freizeit oder der Ausgang war kontraktmäßig festgelegt, betraf nur wenige Stunden, um die »jungen Dinger« vor den »sittlichen Gefahren« der Großstadt zu bewahren. Doch diesen konnten sie auch im herrschaftlichen Hause durch den »gnädigen Herrn« oder durch einen der »jungen Herren« ausgesetzt sein. Lohn und andere Zuwendungen waren mäßig. Trotzdem sparten die Mädchen – und wurden dazu angehalten – für ihr späteres Leben, für die Aussteuer, aber wohl auch mit für den Ausgang, zu dem sie sich nach den großen und billigen Angeboten der Warenhäuser oft »schick« machten und es damit der Gnädigen gleichzutun versuchten. Gerade dies aber war der Dienstherrschaft schon in der ersten Jahrhunderthälfte ein Ärgernis, weil es so zu Verwechslungen zwischen Dienstmädchen und der Tochter des Hauses kommen konnte. Auch die Sittlichkeitsvereine traten hier in Aktion, gaben anweisende Ratschläge – an feudalzeitliche Kleiderordnungen erinnernd –, wie solcher »Putzsucht« und vermeintlichen Ausschweifungen zu steuern sei, bis hin zur Strafe der Entlassung. Speziell mit solchen »Verfehlungen« beschäftigten sich bürgerliche Vereine, die sich u. a. Namen zugelegt hatten wie »Frauen-Sittenverein zur Steuer der Putz- und Modesucht und der dadurch entstehenden Sittenverderbnis«.

Im letzten Jahrhundertdrittel setzte unter den Dienstmädchen eine »Hausflucht« ein, die sich als verstärkte Mobilität zwischen den »Stellen«, noch mehr aber als Aufnahme eines neuen Berufs unter den sich zahlreich bietenden Möglichkeiten der industriellen Entwicklung, des Ausbaus der Bürokratie u. a. m. äußerte. Es entstand ein spürbarer Mangel an Hauspersonal. Die Dienstbotenfrage geriet in ein neues Licht, und man kümmerte sich mehr um die sozialen Probleme dieser weiblichen Berufsgruppe. Gleichzeitig begann die Industrie, durch Angebote von elektrischen Haushaltsgeräten und anderen mechanischen Haushaltsmaschinen sich die neue Situation zunutze zu machen. Die Dienstmädchen ihrerseits verweigerten nun schon bei der Vermittlung die Ausführung zu schwerer Arbeit, stellten Forderungen nach gehobener Entlohnung, nach geregelterer Arbeitszeit, besserer Unterbringung usw. Die jetzt noch notwendiger werdenden Anleitungsbücher für Dienstmädchen trugen dem Rechnung und versuchten, dem Hauspersonal manches schmackhafter zu machen, es dadurch zum Bleiben zu animieren oder auf die Vorzüge bestimmter Arbeiten für die spätere Ehe hinzuweisen. Eine der unbeliebtesten Tätigkeiten war Wäschewaschen, das je nach Größe der Familie 2 bis 3 Tage in Anspruch nehmen konnte und nun häufig verweigert wurde. Darum heißt es im »Katechismus für das feine Haus- und Stubenmädchen«: »Also, liebes Hausmädchen, daß dir nicht gleich ›der Graul‹ angeht, wenn der Waschtag festgesetzt wird, gehe mit Freudigkeit, Lust und Liebe an den Waschtag, und wasche soviel deine Kräfte es erlauben, übe dich in dieser unentbehrlichen Arbeit, es ist gut für deine Zukunft, denn es ist kaum anzunehmen, daß dein zukünftiger Mann dir eine Waschfrau wird halten können, und wenn du nicht waschen lernst, mußt du alles vergrauen und verschmutzen lassen, was dich nicht allein in dem Auge ordentlicher sauberer Frauen herabsetzt, sondern auch den ehelichen Frieden und dein Glück stören kann. Darum frisch herbei, es ist lange nicht so schlimm als es aussieht und man es sich vorstellt.«[174]

Viele der Dienstmädchen waren schon aufgrund ihrer Herkunft traditionell-konservativ eingestellt, und die Bürgerlichkeit der städtischen Dienstherrschaft verstärkte dies. Erst mit der »Hausflucht« und seitdem sich die Sozialdemokratische Partei Deutschlands mit dem Erfurter Programm von 1891 auch der Dienstbotenfrage angenommen hatte, begannen diese Frauen, sich zunächst in Vereinen zu organisieren, und ältere »gestandene« Haus-

171 Das Vermieten der Tiroler »Schwabenkinder« in Ravensburg, um 1875. – Wie auf einem Markt wurden Kinder armer Eltern vom 19. März bis 1. November für kleinere Feldarbeiten und zur Viehbetreuung angeworben. Vom Schulunterricht waren sie für diese Zeit befreit.

172 Vom Christmarkte in Dresden, von L. Richter, um 1850. – Ein Geschwisterpaar verkauft seine letzten »Pflaumentoffeln«, jene aus Backpflaumen zusammengesetzten Figürchen, als vermeintliche »Glücksbringer«.
Staatliche Kunstsammlungen Dresden, Kupferstichkabinett

173 Federn sammelnde Kinder bei den Rummelsburger Gänseherden, nach W. Zehme, um 1890. – Wenn zwischen September und Dezember Tausende von Gänsen für die Berliner zusammengetrieben wurden, sammelten Kinder die herumliegenden Federn für 50 Pf. bis 2 Mark das Pfund.

Erstes Gesinde-Vermiethungs-Kontor

Jägerstr. 15.

Gegründet 1815.

Tausende von Herrschaften suchen für gleich, sowie jede andere Zeit bei höchsten Löhnen zu miethen: Köchinnen, Hausmädchen, Mädchen für Alles, Kindermädchen, sowie Restaurationspersonal jeder Art. Gebühr für Dienstpersonal seit dem Jahre 1815 unverändert, nach wie vor 1 Mk., welche indeß erst nach erlangter Stellung zu zahlen ist. Täglich Vormittags von 8 bis 1 Uhr, größte Auswahl von männlichem Dienstpersonal.

174 Dienstbotenmarkt im Elsaß, nach Marchal, um 1895. – Das ist Menschenhandel, den protzige Trachtenbauern mit weiblichem Gesinde treiben. Daß bei der »Auswahl« nicht nur Arbeitswilligkeit und -vermögen eine Rolle spielten, wird aus dem Bild ersichtlich.

175 Reklame für weibliches und männliches Gesinde durch ein Berliner Vermietungs-Kontor, das seit 1815 florierte und vor allem von auswärtigen Bewerbern frequentiert wurde

mädchen, wie z.B. Köchinnen, wurden ihre Wortführerinnen. Diesen Vereinen fehlte es jedoch an Konsequenz und wirklichem Zusammengehörigkeitsgefühl. Ihre Mitglieder strebten eher den Ausgleich mit der Dienstherrschaft an als die Durchsetzung ihrer Rechte, und die Furcht vor dem Einfluß der Sozialdemokratie war unter ihnen groß. Auch Hausfrauen waren da Mitglieder und beredt genug, mögliche Regungen von Solidarität schon im Keim zu ersticken. Lily Braun, die als Sozialdemokratin auf solchen Versammlungen der Hausmädchen gesprochen hat, berichtete, daß viele die Veranstaltungen zunächst als Amüsement betrachteten und sich so fein gemacht hätten wie ihre »Gnädige«. Erst »allmählich überwogen die älteren, die von zehn und zwanzig und dreißig Jahren Dienstzeit erzählen konnten, und die Armen, die Mädchen für Alles waren, auf deren schmale Schultern die gut bürgerliche Hausfrau die Lasten des Lebens abzuwälzen sucht. Und ihre Klagen wurden lauter, ihre Worte deutlicher; das Kichern und Lachen verstummte vor den Bildern des Grams, die sich enthüllten.

Es gab welche, die ihre Kolleginnen um den dunklen Hängeboden über der Küche beneideten, weil sie nichts hatten als ein Schrankbett auf dem offenen Flur oder eine Matratze im Baderaum; ›Dabei wird unsere gute Stube nur zweimal im Jahr für die große Gesellschaft geöffnet ...‹. Dazwischen schüchterne Bitten der Ängstlichen und Gutmütigen: ›Nur ein wenig geregelte Arbeitszeit, – und freundliche Worte statt des ewigen Zanks, – dann wollen wir gern dienen, wollen treu und fleißig sein.‹ Sie waren wie aufgescheuchte Vögel, die ohne Richtung hin- und herflattern« und bei dem Verdacht, es mit Sozialdemokraten zu tun zu bekommen, sogleich ihre Königstreue und Gottesfurcht in hysterischer Erregung gelobten. Karl Kautsky schrieb später in Sachkenntnis der Zusammenhänge über die Hausmädchen und Dienstboten: »Sie bilden keine Opposition gegen die bestehende Gesellschaftsordnung. Im Gegenteil, wie könnten sie wünschen, daß der Reiche verschwinde! ... Bei den persönlichen Beziehungen der Mitglieder dieser Berufe zu ihren ›Herrn‹ würde ein derartiger Haß jede ersprießliche Thätigkeit für sie unmöglich machen. In diesen Berufen ... giebt es genug Kämpfe der Lohnarbeiter

176 Der Abschiedskuß, von E. Wagner, um 1895. – Unbesorgt kann »die Gnädige« zu irgendeiner der vielen »Gesellschaften« oder ins Theater fahren. Das Kindermädchen ist ja da, man kann sich auf sie verlassen, unter Umständen sogar auf ihre Verschwiegenheit. Nicht selten hat sich zwischen herrschaftlichen Kindern und den sie betreuenden »Angestellten« ein inniges Verhältnis herausgebildet; aber nicht weniger häufig wurden Kindermädchen von verzogenen »Geheimratsgören« so drangsaliert, daß sie kündigten.

177 Die Anzahl der »dienstbaren Geister« war in Haushalt, Gewerbe, Gastwirtschaften usw. um 1900 so gestiegen, daß ihre Wählerstimmen bedeutsam wurden. Unser Wahlplakat bringt das sehr deutlich zum Ausdruck, läßt aber genauso erkennen, mit welchen Mitteln der Einschüchterung und plumper Propaganda die Dienstherrschaften gegen eine mögliche Stimmenabgabe für die Sozialdemokratie agitierten.

157

178 Wäscherin, von F. Kraus, um 1865. – Am Waschfaß trug sie anderes Zeug. Wenn sie aber die Wäsche zu den Kunden brachte, mußte sie adrett angezogen sein. Wer hätte ihr wohl anders die Wäsche anvertraut?
Nationalgalerie Berlin (West)

179 Meist trafen sich die Dienstmädchen mit Soldaten in den vielen Tanzsälen der Großstädte. Die Vorliebe fürs Militär war sprichwörtlich. Veranstaltet wurden aber auch eigene Dienstbotenbälle, wie die der Wiener Wäscherinnen, die jedoch nicht minder die Männerwelt aller Schichten anzogen.
Münchner Stadtmuseum München

180, 181 Tanzvergnügen der städtischen Dienstboten sind bekannter als Feste der Mägde auf dem Lande, gemeinsam mit den Knechten. In ihrer Dienst-Tracht führen sie allerlei Wettspiele durch, wie sie allgemein auf dem Lande mehr im Schwange waren als in der Stadt. Trotzdem kommt auch hier das Tanzvergnügen nicht zu kurz (um 1900).

mit den Betriebs- und Haushaltungsleitern; aber man versöhnt sich immer wieder.«[175]

Einen größeren Zulauf verbuchten die konfessionellen, speziell die katholischen Vereine, die früher die Problematik der Dienstbotenfrage erkannten und um den Ausgleich mit der Dienstherrschaft bemüht waren. Hier wurden die Mitglieder seelsorgerisch betreut, pflegte man Geselligkeit und beschäftigte sich erst in zweiter Linie mit wirtschaftlichen und sozialen Fragen. Diese Vereine setzten es sich zur Aufgabe, die religiös-sittliche Haltung ihrer Mitglieder zu heben und sie auf den künftigen Beruf als Hausfrau und Mutter vorzubereiten. »Im ganzen zeigt sich, daß die katholischen Institutionen an der Vorstellung vom persönlichen Charakter des häuslichen Dienstes festhielten und in seiner Erhaltung die Lösung der Dienstbotenfrage sahen.«[176]

159

All das hatte auch eine ideologisch-politische Komponente, die mit der Konstituierung der Arbeiterklasse und mit dem Erstarken der Arbeiterbewegung in Zusammenhang stand. In einem Brief aus Kreisen des norddeutschen Volksschriften-Vereins verlautete noch 1846 über die Berliner Handwerkerfrauen, sie seien Dienstmädchen gewesen, »denen das Sonntagsvergnügen und der Putz höher standen als der innere Wert ... [und] die bei den vollen Töpfen ihrer Herrschaft weder Eintheilen noch Entbehren gelernt«.[177] Das sind die alten Vorurteile, die wir schon im 18. Jahrhundert von den weiblichen Angehörigen plebejischer Schichten vernommen hatten. Um 1900 aber heißt es ganz anders: Da unterhalten sich zwei Handwerksmeister über die hauswirtschaftlichen Qualitäten ihrer Frauen. Die Wohnung des einen – er ist Glasermeister – ist proper, sauber, mit Bildern geschmückt, während den Schlossermeister zu Haus die kahlen Wände anstarren. Beide Frauen sind Berlinerinnen, und ihre Männer tauschen sich nun darüber aus, woran es wohl liege, daß trotz der gemeinsamen städtischen Herkunft ein so großer Unterschied zwischen beiden Haushaltungen bestehe. Dem Schlosser fällt's ganz plötzlich ein, »wo der Hase im Pfeffer liegt: meine Frau ist in die Fabrik gegangen und hat nichts weiter gelernt, als Strümpfe für die Glühlichtflammen zu wirken – meine zerrissenen Strümpfe kann sie aber nicht stopfen, und wenn es auch dort an der Maschine flott von den Fingern gegangen ist, an der Kochmaschine will es nicht gehen ...«. Wahrscheinlich, meint er, sei die Frau des Glasermeisters auf eine Haushaltsschule gegangen. »Nein, Meister, da sind Sie im Irrtum!« kommt da die Antwort. »Meine Frau hat sechs Jahre lang gedient bei lauter netten Herrschaften, zuerst als Hausmädchen, dann als Mädchen für alles, und zuletzt war sie Köchin bei der Frau Hauptmann drüben im Westen. Sehen Sie, darum versteht sie alles aus dem Fundament: Das Waschen, das Flicken und Plätten, besonders aber das Kochen und sogar auch das Schneidern«, ebenso die »Zimmerdekoration«. »Deshalb bin ich aber auch stolz auf meine Frau – und mit ihrem Sparkassenbuch war auch alles in Richtigkeit.« Er rät, des Schlossermeisters Tochter Selma den gleichen Weg einschlagen zu lassen, weil sie ja »an der Mutter keine Lehrmeisterin hat«. Wenn sie einmal einen guten Mann haben will, »dann muß sie in den Dienst treten oder, wie die Mädchen heutzutage sagen, in Stellung gehen!«[178]

Solche Pamphlete sind in dieser Zeit nichts Ungewöhnliches, wollen wohl auch nicht die Fabrikarbeiterin verunglimpfen, weil sie keine Routine in der Haushaltführung hat. Vielmehr sollen sie die Männer auf die Ruhe und Gemütlichkeit eines Heimes hinweisen, in dem man auf keine aufrührerischen Gedanken kommt, in dem »die Welt« außerhalb der vier Wände bleibt, in denen einen nichts anficht. »Ruhe ist die erste Bürgerpflicht!« war immer schon eine Parole der Reaktion, und das will auch dieses »Zwiegespräch« besagen, dem, neben vielen anderen möglichen Beispielen, bereits eine »Adresse deutscher Frauen an ihre Ehemänner« vom Dezember 1848 (!) entspricht, in der diese ihre Gatten auffordern, sich endlich von der Politik ab- und ihre Aufmerksamkeit wieder ihnen, den offensichtlich sich arg vernachlässigt fühlenden Frauen, zuzuwenden: »... Fluch und Wehe den Aufwieglern und Zeitungsschreibern! Keine liebende Gattin soll ihnen den Dornenpfad des Lebens mit Rosen bestreuen, und kein weibliches Auge wird und darf auf ihr einsames Grab eine Träne träufeln lassen! An Euch aber, Verblendete und Unselige, an Euch, deutsche Ehemänner und Gatten, ergeht hiermit die laute Mahnung, der Angstschrei Eurer Frauen: ›Kehrt um auf dem schlimmen Wege, den ihr betreten, lasset Euch nicht verlocken, von den Bösen kehret wieder in die Arme Eurer liebevollen, leicht versöhnten Gattinnen und wir versprechen Euch eine leichte Last, eine süße Bürde‹ ... In der gewohnten, tiefsten Unterwürfigkeit [sic!] legen wir Euch diese unsere Bitte zu Füßen ...«[179] – Familienalltag hat seit jeher seine Funktion im politischen Alltag, wenn es um Revolution oder Restauration, aber auch um Ansporn zur Tapferkeit, ums Durchhalten in den »vaterländisch« verbrämten Kriegen des 19. Jahrhunderts und den Kriegsverbrechen von 1914 und 1939 geht. Da kann diese um die Rückkehr ihres Mannes aus der 1848er Politik besorgte Frau sogar Stolz empfinden, bestenfalls noch »stille Trauer«, wenn der Mann auf dem »Feld der Ehre« fürs Vaterland geblieben ist. Hauswirtschaftliche und weibliche Fähigkeiten solcherart zu lenken ist stets ein probates Herrschaftsmittel gewesen.

In der Produktionsfamilie hatten die *Kinder* von früher Jugend an so lange für den Unterhalt mitzuarbeiten, bis sie das elterliche Haus verlassen und in andere Dienste oder in eine entsprechende Ausbildung überwechseln konnten, auch mußten oder durften. In der Reproduktionsfamilie proletarischer Schichten galt dieser Zwang um so mehr, und es trifft, von gewissen karitativen Maßnahmen abgesehen, zumindest bis in die Zeit der sechziger Jahre die Feststellung Jürgen Kuczynskis zu: »Alle sind gegen die Kinder: die Fabrikanten, die Gemeindebehörden, in denen auch die Fabrikanten sitzen oder ihre Vertreter haben, sowie die Geistlichen, die über den Schulbesuch zu bestimmen haben. Und noch einen Gegner hatten Gesetz und Kinder. Denn zu den Genannten kommen die Eltern, die eine Front mit den Unternehmern und den Geistlichen gegen die Kinder bildeten und bilden mußten. Denn wie sollten die Arbeiterfamilien ohne den Verdienst der Kinder leben! So degradiert der Kapitalismus das Familienleben, daß die Arbeitereltern gezwungen werden, ›freiwillig‹ unter Umgehung des Gesetzes, mit dem Segen der Kirche, ihre Kinder dem ›Moloch Kapital in den Rachen zu werfen‹.«[180]

In der Folgezeit ging die Kinderarbeit zwar zurück, nahm der Schulbesuch einen größeren Teil des Alltags ein, aber der kindliche Freiraum wurde so noch mehr eingeschränkt, mußte doch die Lernzeit für den Unterhalt der proletarischen Familie wieder »herausgearbeitet« werden, und das betraf um die Jahrhundertwende alles in allem etwa eine Million vollbeschäftigter Arbeiterkinder bei sechs bis acht Unterrichtsstunden pro Woche. Das besagt also, daß immer noch und trotz bestehender Kinderschutzverordnung »in großen Teilen der Wirtschaft eine gemeinsame Front von Unternehmern und durch äußerst niedrige Löhne zum Verkauf der Arbeit ihrer Kinder gezwungenen Eltern« existierte.[181] Unter solchen Umständen war es fast ein Akt der Selbsthilfe, auch eine Notaktion, daß sich die sozialdemokratische Partei nunmehr dieser in ihrer ferneren Auswirkung nicht abzusehenden Misere annahm und die eigenen Mitglieder aufforderte, mit gutem Beispiel voranzugehen, keine Zuarbeit ihrer Kinder mehr zu gestatten, ihnen selbst das Austragen der Parteipresse zu untersagen, die Geldeinbußen durch den fehlenden Arbeitslohn der Kinder großzügig zu verschmerzen, wirklich nur in äußersten Notfällen Kinderarbeit weiterhin in Anspruch zu nehmen. Außerdem sei es ein Unding, die Löhne der Väter durch die eigenen Kinder drücken zu lassen. In Dresden und Leipzig hatten sich die sozialdemokratischen Frauen schon in den ersten Jahren nach 1900 tatkräftig für einen intensiveren Schutz der Kinder eingesetzt und Kinderschutzkommissionen gegründet. Käte Duncker hat in ihrem Buch »Die

Bereiche industrieller Kinderarbeit	1884			1900		
Industriegruppen	Kinder unter 14 Jahren	Junge Leute von 14 bis 16 Jahren	Zusammen	Kinder von 12 bis 14 Jahren	Junge Leute von 14 bis 16 Jahren	Zusammen
Bergbau	964	15 920	16 884	172	29 758	29 930
Industrie der Steine und Erden	1 585	12 956	14 541	1 703	36 269	37 972
Metalle	1 080	15 664	16 744	981	41 981	42 962
Maschinen, Instrumente	498	10 033	10 531	774	42 887	43 661
Chemische Industrie	425	1 764	2 189	84	4 628	4 712
Industrie der Heiz- und Leuchtstoffe	43	403	446	42	1 626	1 668
Textilindustrie	6 906	37 671	44 577	2 154	67 606	69 760
Papier und Leder	706	7 908	8 614	566	16 493	17 059
Holz- und Schnitzstoffe	669	4 522	5 191	599	16 093	16 692
Nahrungs- und Genußmittel	4 308	14 264	18 572	1 282	40 064	41 346
Bekleidung und Reinigung	796	5 288	6 084	496	16 219	16 715
Polygraphische Gewerbe	472	4 471	4 943	382	14 215	14 597
Verschiedene Industrien	251	3 418	3 669	112	7 008	7 120
	18 703	134 282	152 985	9 347	344 847	344 194

Kinderarbeit und ihre Bekämpfung«[182] die Frage nach den Ursachen gestellt, warum »Menscheneltern oft genug schlechter für ihre Nachkommen sorgen als Tiere. Sind ihre Herzen durch Gewinngier verhärtet? Haben diese Väter und Mütter in der Hausindustrie ihre Kinder nicht auch lieb? Was hat sie zu unbarmherzigen Ausbeutern und Antreibern ihrer Kinder gemacht? Die Not hat sie dazu getrieben, die Not, in die schon ihre Vorväter gerieten ...«.

Nach einer so langen, viele Jahrzehnte währenden Zeit elender Kinderausbeutung gab es für den Proletarier keine andere Alternative, als selbst und mit Hilfe seiner Organisation aktiv zu werden, um die Verordnungen des Staates durchzusetzen, gleichzeitig die Kapitalisten zu zwingen, ihnen höhere Löhne zu zahlen, und derart gemeinsame Solidarität um der Kinder willen zu üben. Käte Duncker führte aus: »Wer für die Abschaffung der Kinderarbeit agitiert, muß ... auch für die Kräftigung der Gewerkschaften agitieren. Er muß sagen: ›Mein Freund, deine Kinder darfst du nicht mehr ausbeuten. Aber den Lohnausfall ... kannst du wieder ausgleichen, indem du gemeinsam mit deinen Arbeitskollegen um höheren Lohn kämpfst. Und du hast jetzt gute Chancen in diesem Kampfe: die unterbietende Konkurrenz der Kinder ist ausgeschlossen ... Es gilt, die Agitation darauf zu richten, daß die Eltern aufhören, die Ausbeutung ihrer Kinder als etwas Natürliches und Selbstverständliches anzusehen.« Das war nicht nur eine Aufforderung, Agitation und Propaganda zu verstärken, mehr noch eine zum unmittelbaren Handeln, die Kinder mit Hilfe der großen Klassenorganisationen aus dem Elend ihrer Zwangsarbeit zu befreien, die Arbeitereltern zu mobilisieren. Vor allem die Arbeiterfrauen wurden hier aktiv, indem sie die Durchführung der Verordnungen zum Kinderschutz kontrollierten, die jeweiligen Verhältnisse untersuchten, sich um Abhilfe kümmerten, auch mit den Eltern diskutierten, ihnen ins Gewissen redeten – und das geschah nicht immer ohne Widerspruch!

»So, unter solchen Schwierigkeiten, mußte die Partei der Arbeiterklasse gegen die Kinderausbeutung kämpfen!«[183] Dabei hatte sie sich nach dem erzwungenen Fall des Bismarckschen Sozialistengesetzes 1890 noch mit »Vorschlägen zur Verbesserung der Arbeiter« auseinanderzusetzen, wie sie Wilhelm II. verkünden ließ: »Die Frage von dem sogenannten Schutz der Arbeiter ist nicht bloß von dem Standpunkte der Menschenliebe zu beurteilen; sie hat eine gleich schwerwiegende wirtschaftliche und sittliche Bedeutung. Würde ein Normalarbeitstag von 8 Stunden, ein Ausschluß jeder Frauenarbeit, die weitgehende Beschränkung der Kinderarbeit (bis zu 14 Jahren) herbeigeführt werden, so ist in sittlicher Beziehung (wozu hat dieser Begriff im kapitalistischen Deutschland nicht alles herhalten müssen!, J.) zu befürchten: 1. daß der erwachsene Arbeiter seine freie Zeit im Wirtshaus zubringt, daß er mehr als bisher an agitatorischen Versammlungen teilnimmt, mehr Geld ausgibt und, obwohl der Lohn derselbe bleiben wird, wie für den bisherigen Arbeitstag, doch nicht zufrieden ist; 2. daß der Zuschuß, den mitarbeitende Ehefrauen und Kinder zu den Kosten des Haushalts beitragen, wegfällt; daß dieser Haushalt gezwungen wird, sich noch mehr als bisher einzuschränken und daß mit dem schwindenden materiellen Wohlbefinden auch das Familienleben einen Stoß erhält; 3. daß die heranwachsenden Kinder, insbesondere die halbwüchsigen Burschen und Mädchen sich außerhalb des Hauses umhertreiben und sittlich verwahrlosen und verwildern.«[184] Welcher Unverstand, welche Doppelzüngigkeit und welcher Haß gegenüber dem Proletariat, das unter schwersten Alltagsbedingungen den gesellschaftlichen Reichtum erschuftete, zudem die eigenen Familienmitglieder selbst ausbeuten mußte, was dann von einer feudalaristokratisch-bourgeoisen Herrschaftsschicht noch gutgeheißen wurde. »Erstaunlich und erschreckend all diese Widersprüche!« vermerkt Jürgen Kuczynski zu Recht, aber auch bezeichnend für dieses wilhelminische System, von dem kein wirklicher Versuch zur Lösung so gravierender sozialökonomischer Probleme dieses Zeitraums zu erwarten war. Die Selbsthilfe der Arbeiter und ihrer Bewegung stellte die einzige Möglichkeit dar, dem Elend des Alltags zu steuern. Die sozialpolitischen Maßnahmen des Staates während und nach dem Sozialistengesetz waren Beschwichtigungsmittel, Manipulierungsversuche, dennoch Zugeständnisse an die politische Kraft der Arbeiterklasse und ihrer Bewegung.

Was unter all diesen Bedingungen die Kinder anlangt, so konnten Arbeitshetze und der erklärlicherweise oft verhaßte Schulbesuch kaum durch ein umsorgendes Elternhaus ausgeglichen werden. Vater und Mutter standen unter ähnlich harten Bedingungen und kamen nur selten in die Lage, sich den Kindern so zu widmen, wie sie es

182 »Der Dorfschulmeister, seine Gebühren einsammelnd«, von C. Schröder, um 1850. – Heischeumzüge veranstalteten nicht nur die armen Kinder des Dorfes. Auch der Verdienst eines Landlehrers war so gering, daß es ihm mitunter erlaubt war, durchs Dorf zu ziehen, die Kinder vor den Häusern der Eltern singen oder Verse aufsagen zu lassen, um damit vorzuführen, was er ihnen mühsam genug eingetrichtert hatte.
Städtisches Museum Braunschweig

selbst oft gern getan hätten. Mitunter brachte wohl der Sonntag eine Ausnahme. Aber sonst war es die Straße, die dem Proletarierkind Abwechslung, Aufenthalts- und Kommunikationsraum unter seinesgleichen bot, wo natürlich auch allerlei gespielt und damit ein Ausgleich gesucht wurde. Otto Rühle schreibt: »Die Straße ist die Heimat des proletarischen Kindes. Hier verbringt es den größten und besten Teil seiner Jugend. Hier empfangen seine Sinne Nahrung, hier wachsen seine Kräfte ... Nur selten ist die Straße ein Erzieher zum Guten. Denn sie ist ... leider nicht nur ein Schulbuch, sondern auch ein Schauer- und Schundroman schlimmster Art.« Und dann, wenn das Kind in einer Straße ein bißchen »hei-

183 Dresdner Familie bei der Vorbereitung zu einem Ausflug mit dem Hochrad, 1860er Jahre (Abzug von einer Kollodium-Platte). – Das Bild besitzt einen doppelten Seltenheitswert: Einmal repräsentiert es einen frühen technischen Stand aufwendigen photochemischen Entwicklungsverfahrens, zum anderen zeigt es die Anteilnahme der Familie an einem ungewöhnlich erscheinenden Ausflug mit dem neuartigen Verkehrsmittel. Die junge Frau im »Hosenanzug« scheint bereit, den Mann bei seinem Experiment begleiten zu wollen.
Bildarchiv Ernst Hirsch, Dresden

misch« geworden ist, muß es woanders hin, denn die sprichwörtliche, aus den Existenzbedingungen resultierende Mobilität der Proletarierfamilie läßt es von einer Straße zur anderen ziehen, versetzt es wieder in ein anderes Milieu. Dies entwickelt keine Stetigkeit, schafft aber wache Aufmerksamkeit, Behendigkeit, schnelles Anpassen und Eingewöhnen in immer neue Situationen, wodurch sich das Proletarierkind auszeichnet. Wie oft sich ein solches Hin- und Herziehen ereignen konnte, hat ebenfalls Otto Rühle für die Zeit um die Jahrhundertwende aus Gotha festgehalten: »Seit dem Eintritt in die Schule waren [dort] von 1996 Schülern: 612 (30 Prozent) nicht umgezogen; 458 einmal; 318 zweimal; 231 dreimal; 119 viermal; 64 fünfmal; 25 sechsmal; 20 siebenmal; 5 achtmal; 2 neunmal; 4 zehnmal und öfter.«[185] »Nach solchen Informationen [über die Lebensbedingungen von Arbeiterkindern]«, meint Ingeborg Weber-Kellermann, »scheint die Frage nach Kinderkultur und -entwicklung dieser Jugend fast zynisch. Wieviel Begabungen hier verlorengingen, wieviel Hoffnungen versiegten, läßt sich statistisch nicht beweisen.«[186] Das ist richtig, und das bestimmte weitgehend den Preis, den die Arbeiterklasse zahlen mußte, sich selbst aus Not, Elend, Unmündigkeit und Unwissen zu befreien. Daß sie unter den oft mehr als trostlosen Bedingungen ihrer Existenz dafür die nötige Kraft aufbrachte, ist eine unvergleichliche kulturelle Leistung.

Die proletarische *Familie* konnte unter den Voraussetzungen, wie wir sie skizzierten, für lange Zeit nicht der Hort friedlicher Erholung, zufriedenen Familienlebens und der Gemeinsamkeit sein, aus der man für die Bewältigung des Alltags Kraft zu schöpfen vermochte. Die Fabrikarbeit war allgegenwärtig, prägte sich allen Lebensbereichen und -äußerungen auf. Nur ganz allmählich, in einem langwierigen Prozeß, änderte sich das Verhalten der Arbeiter zu ihr, wurden auch positive Züge des Fabrikarbeiterdaseins mit der Zeit erkannt, als Erfahrung erlebt und zu eigenständigen Formen entwickelt, verbunden mit eigenen Vorstellungen und Alternativen der Lebensbewältigung. Das waren schwere Wege für den einzelnen, für die Klasse – und auch für die kleinste Lebensgemeinschaft, die »Reproduktionsfamilie«.

Natürlich gewannen besonders im 19. Jahrhundert kleinbürgerliche Familienvorstellungen geradezu Vorbildcharakter unter Proletariern. Otto Rühle hat uns solche ideal gedachten, aber letztlich doch unwirklichen Formen proletarischer Ehen folgendermaßen geschildert: »Der junge Proletarier, früh den Eltern entlaufen, auf sich

184 Unzählig sind die Schulbilder, die von Jahr zu Jahr immer wieder durch Wanderfotografen angefertigt und reihum verkauft wurden. Je einfacher sich das Entwicklungsverfahren des Negativmaterials gestaltete, je leistungsstärker und schneller die Optik arbeitete, desto mehr war an Bildern zu schaffen, stieg der Verdienst. Das Herumzeigen der Erinnerungsfotos – und nicht nur derjenigen aus der Schulzeit – gab bei geselligem Beisammensein immer wieder neuen Erzählstoff. So erhielt diese Art Fotos eine echte, neue Unterhaltungsfunktion.
Historisches Museum Schwerin,
Abt. Volkskunde

angewiesen, hart herumgestoßen und herumgeworfen, in Herbergen und Schlafstellen quartierend, kommt in seiner Entwicklung eines Tages an den Punkt, wo er sich sagt: ich brauche eine Frau. Nicht eine Geliebte – die kann er in Menge haben, nicht eine Bettgenossin – damit ist er versorgt, etwas anderes: eine Frau, eine richtige Ehefrau. Das heißt: eine Frau, die für ihn flickt und kocht, sein Zeug zusammenhält, Tisch und Bett versorgt, einem kleinen Haushalt vorsteht, Ordnung in sein Leben bringt, in ihrem Zusammenleben mit ihm dem ganzen Dasein einen richtigen Sinn gibt.

Und die junge Proletarierin, von klein auf in Erwerbsarbeit stehend, schlecht behandelt und entlohnt, eine Beute der Männer, ohne Rückhalt und sicheren Boden unter den Füßen, kommt im Ablauf ihres Lebens ebenfalls an einen Punkt, an dem sie sich sagt: ich brauche einen Mann. Nicht einen Liebhaber für zärtliche Stunden, nicht einen Genossen für sexuelle Erlebnisse. Nein: einen Mann, der sie versorgt, der verdient und erwirbt, der ihr die Möglichkeit verschafft, etwas Eigenes zu haben, eine warme Stube, eine Küche, ein Ehebett und ein paar Kinder, denen sie Mutter sein kann.«[187]

Solche Wünsche hat es vor allem unter den Arbeitern gegeben, die als gelernte Kräfte zur Schicht der Arbeiteraristokratie zählten, die es sich also »leisten« konnten, daß ihre Frauen zu Hause blieben und in erster Linie für sie da waren. »Doch gerade diese Tendenzen unter den gelernten Arbeitern und ihren Frauen unterstreichen die Zerrüttung des Familienlebens unter der großen Masse des Fabrikproletariats. In ihr sind Ehen nur möglich, wenn auch die Frau auf Arbeit geht.«[188] Aber nur auf dieser massenhaften Grundlage konnte letztlich Neues erwachsen wie die Emanzipation der doppelt degradierten Proletarierfrau. Auch ein neues Verhältnis zur Sexualität, das durch das gemeinsame Arbeiten von Männern und Frauen im engen Betrieb ohnehin ein freieres war, entwickelte sich hierbei. Manches erregte außerhalb der Fabrik Anstoß, brachte Fabrikmädchen wegen vermeintlich zu leichten Lebenswandels pauschal ins Gerede; auch uneheliche Schwangerschaften zählten hierzu, die allerdings häufig durch Heirat legalisiert wurden. Anzügliche Redensarten zwischen Männern und Frauen in der Fabrik gab es zur Genüge, an Handgreiflichkeiten fehlte es nicht, wie auch nicht an der unmittelbaren Befriedigung libidinöser Bedürfnisse beiderseits, »für die in der ›Freizeit‹ kein Raum, vor allem aber nicht genügend Zeit gegeben war«. Das Hereinnehmen von solchen intimen Lebensgewohnheiten oder Funktionen in die Fabriksphäre

165

gehörte bisweilen zum Arbeiteralltag wie manch anderes Freizeitbedürfnis, das in den Werkhallen befriedigt oder abreagiert wurde. (Wir hatten darüber schon geschrieben.) Namentlich für die Männer galt, daß die Fabrik für die Entwicklung ihrer Sexualität »in gewisser Weise eine Wildbahn wurde, wo sie sich, angestachelt von den Reden ihrer Kollegen, dem anderen Geschlecht nähern und ihre ersten ›Sporen‹ verdienen konnten. Das Zusammensein mit Erwachsenen führte bei Mädchen und Jungen zur sexuellen Frühreife«, deren Grund ja schon in der Enge der elterlichen Wohnung gelegt wurde, die die Kinder manches an sexuellen Dingen zwangsläufig miterleben ließ, was in bürgerlichen Kreisen tabuisiert war, und so hat die folgende Feststellung aus der Zeit um die Jahrhundertwende wohl ihre Berechtigung: »Die freie Liebe hat im Proletariat zu allen Zeiten nie als Sünde gegolten. Wo kein Besitz vorhanden ist, der einem legitimen Erben hinterlassen werden könnte, wo der Zug des Herzens zueinander führt, da hat man sich von jeher nicht viel um des Priesters Segen gekümmert; und wäre heute die bürgerliche Form der Eheschließung nicht so einfach, und würden andererseits den unehelichen Müttern nicht so viel Schwierigkeiten in den Weg gelegt, wer weiß, ob das moderne Proletariat für sich nicht längst die Ehe abgeschafft hätte.«[189]

Und in den Ehen selbst? Verheiratete Arbeiterinnen hatten nicht so viele Kinder wie die Nur-Hausfrauen oder die Heimarbeiterinnen. Die Anzahl der Kinder richtete sich aber auch danach – wir vermerkten es schon an anderer Stelle –, ob ein Bedarf an Mitverdienenden bestand. Andernfalls galt eine größere Kinderschar nur als Belastung: »Je größer die Zahl der Kinder, desto größer ... die Existenz- und Ernährungsprobleme der Familie und die Mehrarbeit der Frauen. Die Kindersterblichkeit wie auch die Wöchnerinnensterblichkeit lag in den Arbeiterfamilien weit über dem Durchschnitt. Ausgelaugte, erschöpfte und häufig unterernährte Frauen waren die Folgen dieses unkontrollierten Kindersegens. ›Je elender es ihnen ging‹, schreibt ein Arzt, ›um so gleichgültiger wurden sie. Nicht nur ihr Leib ging zugrunde – auch psychisch litten sie bis zur Leidenslosigkeit ...‹.[190] Die häufig beschriebene Apathie der Arbeiterfrauen war nicht nur Ausdruck ihrer aussichtslosen Situation, sondern zugleich auch eine Form, sich den Ansprüchen der Familie und des Mannes zu entziehen. Ein anderes Mittel der Verweigerung oder doch der Einschränkung sexueller Kontakte war schließlich das getrennte Schlafen der Eltern, die Gewohnheit, mit Kindern das Bett zu teilen. Mit dem Alter und der Zahl der Geburten einer Frau veränderten sich fraglos das sexuelle Erleben, die Lustmöglichkeiten und -erwartungen. Ab einer gewissen Zeit bestimmte die Angst vor einer erneuten Schwangerschaft die Haltung gegenüber Sexualität. Psychische Erschöpfung oder der Einfluß von Alkohol erschwerten zudem wohl Kontrollen oder Verhütungsmaßnahmen von seiten der Männer ... Wie groß das Bedürfnis der Frauen nach Geburtenbeschränkung war, läßt sich an der großen Zahl der Abtreibungen ablesen. Allein 41 von 100 Berliner Arbeiterfrauen[191] hatten um 1910 die körperliche Quälerei einer oder sogar mehrerer Abtreibungen auf sich genom-

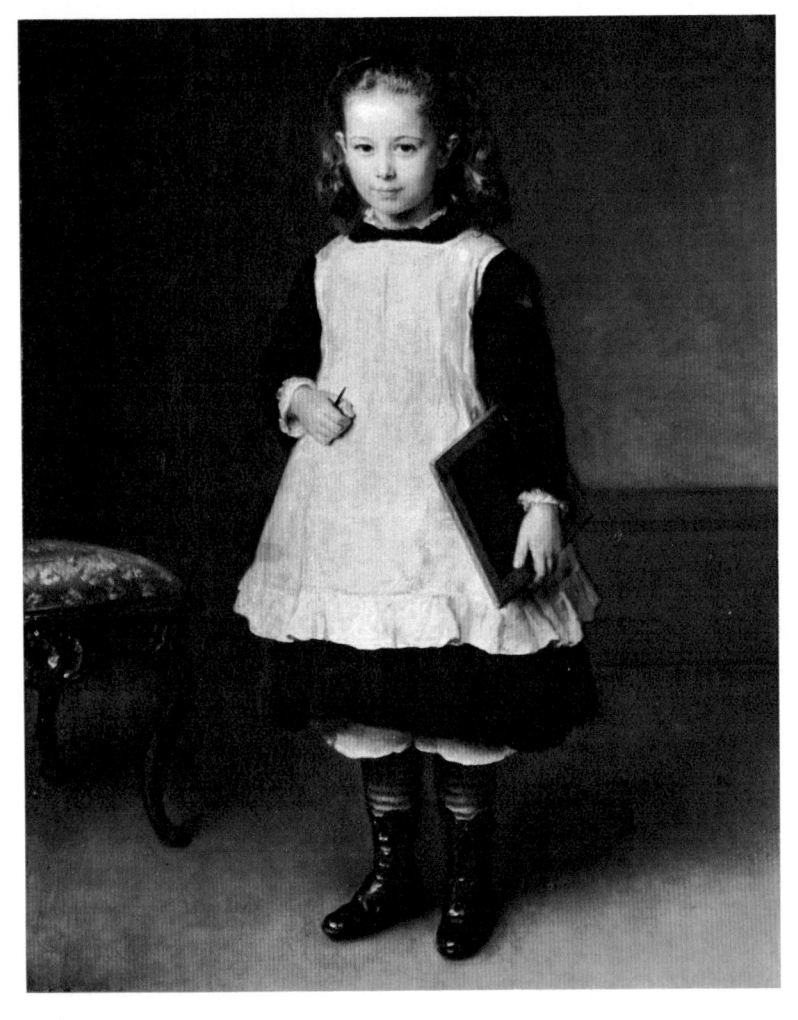

185 Mädchen mit Schiefertafel, von L. Knaus, um 1900. – Ein Schulmädchen, das wie eine kleine Erwachsene seine Arbeit verrichtet und diese offenbar ernst nimmt. Sie geht sicher nicht in die »Einklassenschule«, und das Lernen scheint ihr Spaß zu machen. Museum Wiesbaden

186 Knaben- und Mädchenschule – wie hier in dem stadtnahen Industrieort Velten um 1890 – wurden vielfach gesondert, aber nebeneinander errichtet. Sie waren markante Gebäude im jeweiligen Stadtbild.
Museum für
Deutsche Geschichte Berlin

187 »Kunze's neue Schulbank« hieß dieser Möbeltyp um 1870; einer der vielen, die erfunden wurden, um die Kinder vor Haltungsschäden während der Schulzeit zu schützen. In der Tat war dies ein Gesundheitsproblem, das auch die militärischen Rekrutierungsämter beschäftigte.

men ... Bedenkt man die körperlichen und seelischen Strapazen, denen Arbeiterfrauen ausgesetzt waren, nimmt es nicht wunder, daß eine Industriesoziologin 1891 unter den Frauen, die zu Zoten neigten, die verheirateten Frauen ›am schmutzigsten und zynischsten‹[192] fand. Deren Desillusionierung war auch am größten«,[193] wurde durch einen »§ 218« immer von neuem genährt.

Wir haben hier nur eine Seite proletarischen Familien- und Eheelends herausgestellt. Ihrer aller Lage als Ausgebeutete macht vieles verständlich – auch die mitunter sicher wohlmeinenden bürgerlichen Versuche zur Abhilfe. Doch manches gerade davon war Augenauswischerei oder völlig illusionär, da ohne ausreichende Kenntnis der eigentlichen Lage und vom Standpunkt der »heilen« bürgerlichen Welt gesehen oder propagiert. Was wohl sollten Arbeitertöchter mit Kochkursen an »Volkshaushaltsschulen« wie in Leipzig anfangen (gegründet 1891), wenn es dazu heißt: »Der Speisezettel, der von den Vorstandsdamen [!] ausgearbeitet wird, nimmt auf möglichst vielseitige und kräftige Ernährung Bedacht und weist für das Halbjahr 55 [!] verschiedene Gerichte auf, deren Zubereitung gelehrt wird ... Der Preis darf durchschnittlich nicht über 15 Pfennige pro Portion betragen ... In jeder Woche gibt es mindestens einmal Fleisch, aber in möglichst abwechselnder Form: vom einfach gekochten Rindfleisch bis zum Hackebraten, Fricadellen, Lungenhaschee. Mehlspeisen, Fisch, Gemüse kommen wöchentlich je einmal vor ...«[194]

Auch hier war es das Proletariat selbst, das sich aus der ihm aufgezwungenen Familiennotlage befreien mußte, von der Grundlage seiner Klassensituation aus lernen mußte, die Gleichberechtigung der Partner anzuerkennen und entsprechende Konsequenzen zu ziehen. Das war ein langer, leidvoller Weg, den wir in nur einigen wenigen, aber wesentlichen Zügen skizziert haben. Doch von hier aus ergaben sich Perspektiven für eine fundierte Ehe und Familie der Arbeiterklasse, denn »Grundlage für die von bürgerlicher und kleinbürgerlicher Lebensweise unterschiedenen zwischenmenschlichen Beziehungen in Proletarierfamilien war die Tatsache, daß jedes Familienmitglied, sobald es seine Arbeitskraft verkaufen konnte, ›auf eigenen Füßen‹ stand, im ökonomischen Sinne selbständig war. Das wechselseitige Anerkennen dieser relativen Eigenständigkeit des anderen konnte viel eher zur Berücksichtigung individueller Neigungen, zu Liebe, gegenseitiger Achtung und Kameradschaft führen, als das möglich war, solange nur der Hausherr, Ehemann und Vater eigenes Geld verdiente, darüber bestimmte und von allen anderen Familienmitgliedern Respekt, Disziplin und Zucht verlangte. Der Herrschaftsanspruch des Mannes ... wurde am ehesten in den Arbeiterfamilien abgebaut, in denen die Frau arbeiten ging. Ein kameradschaftliches Verhältnis der Ehepartner, die gemeinsame Bewältigung der Haushaltungs- und Erziehungspflichten konnten die nächsten Schritte sein. Erst mit der Entlastung der doppelt frei arbeitenden Frau kamen auch die bis dahin verdeckten kulturell fortschrittlichen Seiten ihrer Berufstätigkeit zur Geltung – sei es für ihren Mann, ihre Kinder, für ihre ganze persönliche Entwicklung oder für das Proletariat als Klasse«.[195]

Verbunden mit Wucher und Teuerung hatten Mißernten überall Hungerkatastrophen ausgelöst. Als im August 1817 seit langem wieder gute Garben eingefahren werden konnten, war die Freude ob der nun überstandenen Furcht vor weiteren Heimsuchungen dieser Art groß. Das farbenfrohe Aquarell, das ein Johann Georg Kaiser zu diesem Ereignis in mühevoller Kleinarbeit schuf, ist Ausdruck der Erleichterung und des Dankes.
Städtisches Museum Ludwigsburg

170

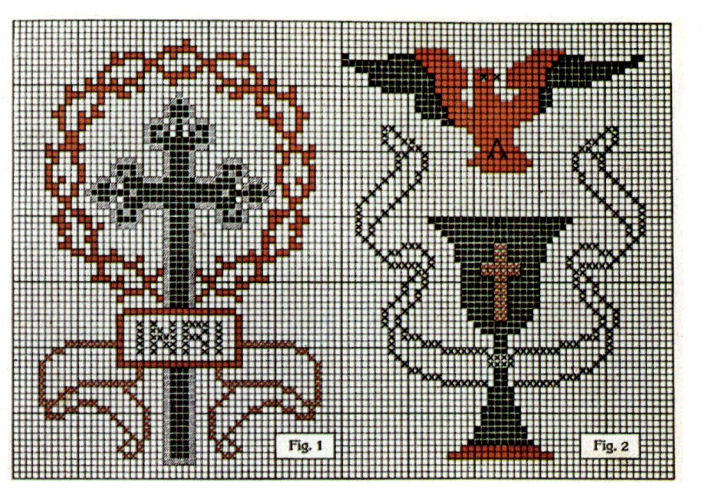

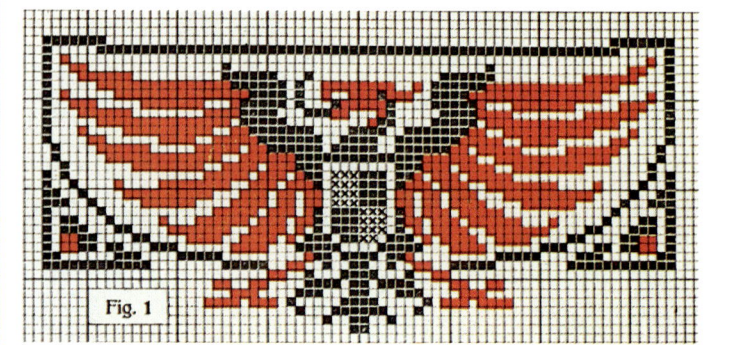

Wolfacherin in festtäglicher Kleidung von K. Schmider (um 1880). – Wohlhabende und angesehene Bürgersfrau in einer späten trachtenartigen Bekleidung aus kostbarem Material.
Heimatmuseum Wolfach/Baden

Spazierendes Paar im Biedermeierkostüm (1830/40). – Zur distinguierten Haltung der beiden will die offene Liebeserklärung auf der Umschrift der Spanschachtel nicht recht passen. Aber als beliebtes und oft benutztes Behältnis für allerlei Kleidungszubehör mußte eine solche Schachtel die unterschiedlichen Mentalitäten der potentiellen Käufer ansprechen: Zeitgemäß-Modernes und Traditionell-Gemüthaftes.
Staatliche Kunstsammlungen Kassel, Abt. Volkskunde

Hochzeitmachen ist seit jeher ein besonderes Ereignis, das nicht nur die unmittelbaren Angehörigen zu festlichem Begehen zusammenführt, sondern auch Nachbarn, Freunde und Verwandte einbezieht. Dort, wo es reiche Bauern gibt – wie hier in der Schönberg-Ratzeburgischen Gegend Mecklenburgs um 1850 –, verheißt der Hochzeitsbitter bereits die üppigen Genüsse des Festmahls.
Staatliches Museum Schwerin, Abt. Volkskunde

Stickmustervorlagen für die deutsche Hausfrau (um 1900). – Mit Reichsadler, Herrscherkronen und Elementen christlich-kirchlicher Liturgie wird das Bündnis von Thron und Altar beschworen und in tausendfacher Weise alltäglich sinnfällig gemacht, überaus simpel in der Herstellung und doch so wirksam bei der Indoktrination der Bevölkerung.
Sammlung Bornitz, Berlin

J. A. Lasinsky hielt in seinem Gemälde den Augenblick fest, als Wallfahrer zum »ungenähten« heiligen Trierer Rock Christi noch einmal eine Rast einlegen (1844). Es sind Leute aus dem Notstandsgebiet der Eifel, in frommer Zuversicht, daß ihnen durch die Anbetung der heiligen Reliquie geholfen werde. St. Helena soll diese »einmalige« Tunika aus dem Heiligen Land mitgebracht haben. Diese Sage hatte man den Wallern erzählt. Doch wußten sie nichts von einer Schrift mit dem Titel »Der heilige Rock zu Trier und die 44 anderen heiligen Röcke«.
Städtisches Museum Simeonsstift Trier

172

Bilderbogen auf die Einweihung des »Ludwigs (I.) Monuments zu Darmstadt am 25ten August 1844«. – Abordnungen von Bauern aus allen Kreisen des Großherzogtums waren zur Huldigung von Serenissimus und zur Demonstration der vermeintlichen Einheit des heimischen Bauernstandes aufgeboten worden. Es war eines der frühen politisch-restaurativen Spektakel, das mit anachronistisch-theatralischen Versatzstücken heile Welt und Harmonie von Heimat und Vaterland vorspielen sollte.
Sammlung Siegfried Becker, Marburg/Lahn

»Haussegen« wurden seit den 1880er Jahren als Wandschmuck zu Tausenden in Heimarbeit auf Papierkanevas hergestellt. Die Verleger hielten sie mit Inhalten für jeden Geschmack, noch mehr aber für alle Weltanschauungen, Glaubensrichtungen und Haltungen bereit. Es waren regelrechte »Gesinnungsmanifestationen«, die auch entsprechend gesteuert wurden und ihren Einfluß nicht verfehlten. Am beliebtesten waren die Haussegen mit Spruch, Bildmotiv und getrockneten Pflanzen. Vorwiegend in den Arbeiterbezirken Berlins gefertigt, verdiente die Heimarbeiterin etwa acht Pfennige pro Stück; drei davon vermochte sie in einer Stunde zu sticken.
Museum für Deutsche Geschichte Berlin

173

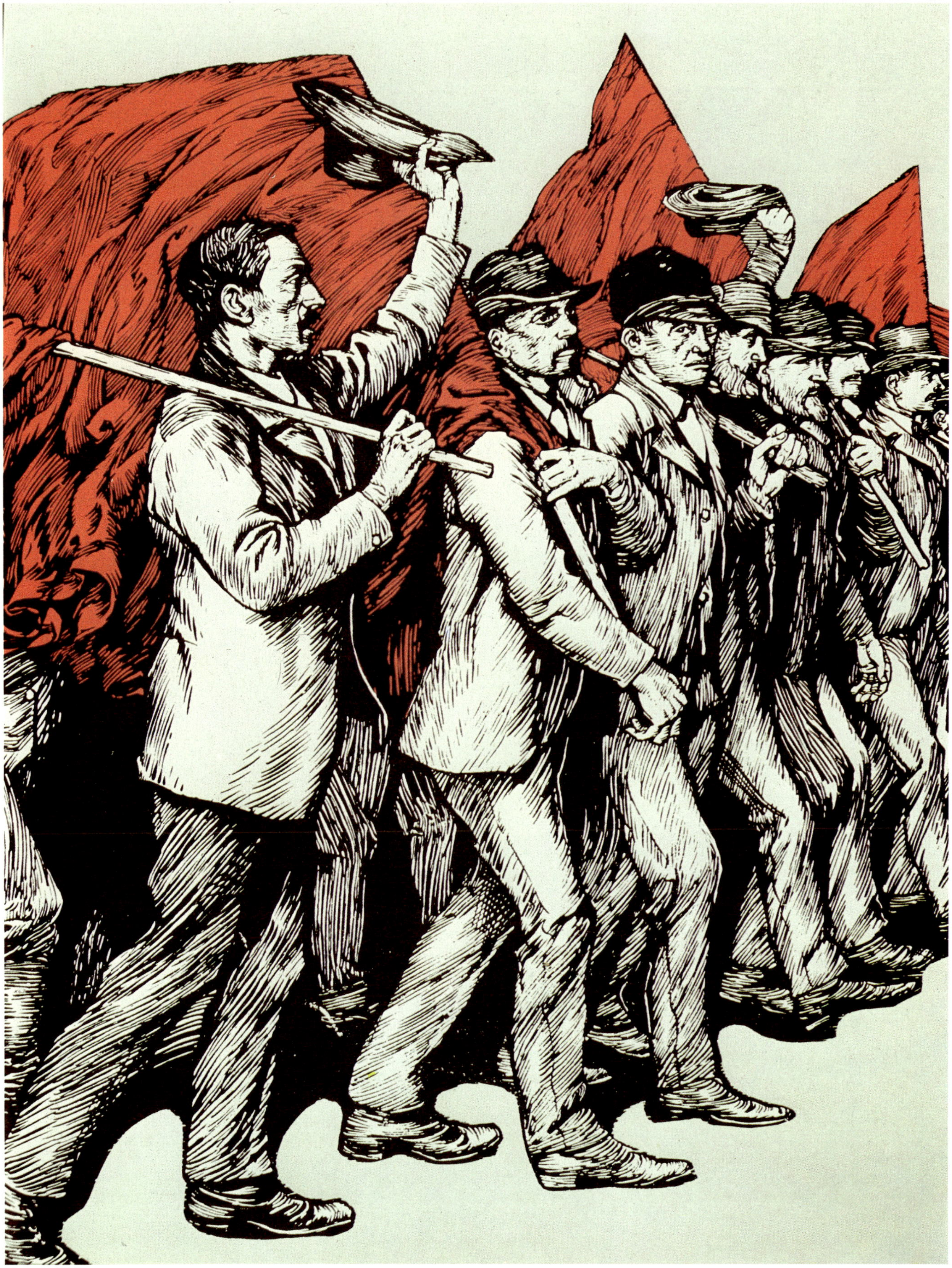

Maifestzeitung des »Vorwärts« (1904). – Der 1. Mai war seit 1889/90 der Kampftag der Arbeiterklasse vor allem für den Achtstundentag. Mit ihm verbanden sich gleichzeitig die Demonstration der Internationalität und das Streben nach gemeinsamen Aktionen mit anderen sozialen Schichten für die gleichen Interessen aller Werktätigen. Dieser Kampf um gemeinsame Interessen wird hier in eindrucksvoller Weise zum Ausdruck gebracht.

Erinnerungen an die Soldatenzeit (um 1900). Vielgestaltig waren diese »Erinnerungen an meine Dienstzeit«. Sie reichten von Anstecknadeln über Halstücher, Pfeifenköpfe, Bierseidel usw. bis zu Einzelfotos oder Gruppenaufnahmen der Korporalschaft bzw. der Kompanie. Nicht so häufig dürften Anstekker mit der Aufschrift »Raus aus Gottesaue« u. ä. gewesen sein. »Gottesaue« steht hier für Kasernenhof oder Exerzierplatz, und wer diese »abgedient« hatte, besaß guten Grund, sich ein solches Abzeichen an den Rock zu heften. Sammlung Jürgen Gottschalk, Berlin

Volksaufruhr von C. Strathmann (Ende des 19. Jahrhunderts). – Die Vielfalt und Buntheit der Kopfbedeckungen ist hier gleichsam ein Synonym für die soziale Differenziertheit der Gesellschaft, in der werktätiges Volk dominiert; ein latenter Unruheherd. Aus all dem Durcheinander erhebt sich nur ein stabilisierendes Element, dem sich die Masse der Hüte und Mützen zuwendet: die glänzende, akkurate Pickelhaube des Gendarmen. Sie ist zunächst Ruhepol und zugleich Symbol der Staatsgewalt. Die dargestellte Szene ist spannungsgeladen, die Gesichter sind ernst und entschlossen. Ein Beschwichtigen der Menge scheint nicht mehr möglich. Repräsentiert die Pickelhaube noch die Ordnungsmacht?
Münchner Stadtmuseum München

Die große Wachparade von W. Trübner (1881). – Dieses Gemälde, das eine dicht gedrängte Menge beim Beobachten des Wachaufzugs am Münchner Odeonsplatz zeigt, ist eine der frühen Darstellungen dieser Art. Die einzelnen Gestalten sind durch ihre Tätigkeit, ihre Umwelt und ihr persönliches Schicksal auch physiognomisch geprägt. Trübner hat keine amorphe Menschenmasse gemalt. Er zeigt vielmehr eine Fülle unterschiedlicher Individualitäten, die jedoch allesamt dem werktätigen Volk in seiner sozialen Differenziertheit angehören. Sammlung Georg Schäfer, Obbach-Schweinfurt

Grundbedürfnisse

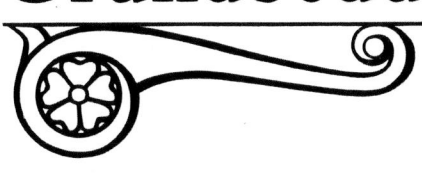

Realitäten
ihrer Befriedigung

Die Grundbedürfnisse zu realisieren ist eine Existenzfrage zu allen Zeiten. Nur wie man sie befriedigt und in welchem Umfang sie befriedigt werden können, hängt von den jeweiligen historisch-gesellschaftlichen Bedingungen ab. Für die Angehörigen der Arbeiterklasse waren diese Probleme zunächst schwer zu lösen, noch schwieriger gestalteten sie sich für die pauperisierten Massen – zumal in den Städten; im ländlich-bäuerlichen Bereich bestanden für die Werktätigen etwas günstigere Voraussetzungen. Im weiteren Verlauf der kapitalistischen Entwicklung kam hinzu, daß die Proletariermassen durch die Notwendigkeit ihrer Versorgung ein lohnendes Objekt dafür wurden, in ihnen mehr Bedürfnisse zu wecken, als es je zuvor geschehen war. Das bedeutete, daß jetzt der Arbeiter vielfach ausgebeutet wurde, um die eigenen Bedürfnisse zu produzieren, daß er somit Produzent *und* Konsument zugleich für dieselbe Ware sein konnte und dadurch den Unternehmerprofit erhöhte; ein teuflischer Kreislauf, der sich in der Zeit des Monopolkapitalismus noch stärker abzeichnen sollte.

Ernährung

Obwohl die ökonomischen und technischen Umwälzungen des 19. Jahrhunderts auch die Ernährung der Werktätigen in Stadt und Land beeinflußt haben, ist es nicht möglich, »vom Wandel der wirtschaftlichen Basis direkt auf konkrete Folgen in den Speisen und Mahlzeiten zu schließen«.[196] Vielmehr zeigt die Ernährung eine beachtliche Eigengesetzlichkeit, wurden doch die im 18. Jahrhundert eingeleiteten Innovationsprozesse – wie der Kartoffelanbau, der Genuß von Kaffee und Tee, die Einführung neuer Eßsitten u. a. – zwar beschleunigt oder auch verlangsamt, jedenfalls nicht durch Industrialisierung und Verstädterung unterbrochen oder in völlig neue Bahnen gelenkt. In den meisten Regionen Deutschlands herrschte noch bis in die 2. Hälfte des 19. Jahrhunderts die Eigenproduktion von Nahrungsmitteln vor, d. h. die unmittelbare Versorgung aus Feld und Stall, aus Garten und Wald, und dies betraf Land und Stadt gleichermaßen. Doch die Voraussetzung dafür blieb der Besitz einer gewissen Bodenfläche oder die Möglichkeit, eine solche zu bewirtschaften. Das war letztlich die Gewähr für eine sicherere Ernährung, und unterschiedliche Besitzverhältnisse schufen da schon auf dem Lande gravierende Unterschiede.

Am Ende der Versorgungskette mit Lebensmitteln befand sich nach 1860 der städtische Fabrikarbeiter ohne Landbesitz und Anbaumöglichkeiten, der den für den Verkauf seiner Arbeitskraft erhaltenen Lohn u. a. für seine und seiner Familie Ernährung umsetzte, um so – wie Karl Marx es nannte – die »individuelle Konsumtion« oder die »Lebensfunktion außerhalb des Produktionsprozesses«[197] zu befriedigen. Sein täglicher Lebensmittelbedarf wurde entscheidend durch das empfangene Geld realisiert. Dadurch entstand eine weitgehende Abhängigkeit in der Nahrungsbeschaffung vom Lohn, was gleichfalls eine kurzfristige Ernährungsplanung zur Folge hatte. Andererseits verstärkte sich die Möglichkeit, die Nahrungskonsum-Freiheit erheblich auszuweiten und die Mahlzeiten entsprechend zu bereichern.[198] Das enorm

188 Kritische Kundschaft, von F. Schnitzler, um 1890

189 Verkauf von Fleischabfällen in einem Berliner Fleischerladen, nach W. Zehme, 1892

190 Dresden-Neustädter Grün- und Fischwarenmarkt, um 1900
Institut und Museum für Geschichte der Stadt Dresden

191 Fischauktion in einer Berliner Markthalle, 1896
Märkisches Museum Berlin

Die Ernährung der großstädtischen Bevölkerung erfolgte über Märkte und Verkaufsorganisationen. Für alle daran Beteiligten war es ein lukratives Geschäft. Es gab manche stadtnahen Dörfer und Landschaften, die sich ganz auf Anbau und Verkauf besonders beliebter Produkte zu spezialisieren begannen. Ihre Erzeuger hatten schon das übliche Gebaren von Geschäftsleuten angenommen, die wissen, wie die Ware an den Mann zu bringen ist.

wachsende Angebot des Handels kam einem allgemeinen, klassenübergreifenden Emanzipationsstreben auch auf diesem Gebiet entgegen und führte am Ende des Jahrhunderts zu einer gewissen Annäherung von Arbeiter- und Bürgerkost, verbunden mit einer relativen Beendigung der vorausgegangenen extremen Eintönigkeit des Essens.

Die beträchtliche Produktionssteigerung der Landwirtschaft, das wachsende Transport- und Verkehrswesen sowie die fabrikmäßige Lebensmittelverarbeitung trugen zur Verbesserung der Ernährung bei und machten Deutschland so von Mißernten unabhängiger, die bis in die vierziger Jahre verheerende Hungersnöte zur Folge gehabt hatten. Damit sind gleichzeitig Wandlungsprozesse angedeutet, die allerdings wesentlich von den hierfür überhaupt möglichen Ausgaben der Sich-nicht-mehr-selbst-Versorgenden abhingen. Als Teil der Gesamtausgaben für die Lebenshaltung waren die Nahrungsausgaben in entscheidendem Maße von der Familiengröße abhängig. Das machte besonders anfällig bei Preissteigerungen, beeinflußte in hohem Maße die Kosten ebenso wie die Möglichkeiten des Ausweichens auf Billigangebote, auf Surrogate oder andere Nahrungsprodukte. Zum Ende des 19. Jahrhunderts können wir zwar eine allgemeine Verbesserung der Ernährung konstatieren, müssen zum anderen aber die Existenz von etwa 8 Millionen Familien mit einem hohen Anteil unterernährter Kinder und Erwachsener berücksichtigen, die aufgrund zu geringen Einkommens weder genügend Fett noch genügend Fleisch zu sich nehmen konnten. Zu diesen Familien zählten keineswegs nur städtische Arbeitslose oder Arbeiterfamilien mit einem Jahresverdienst von etwa 1000 Mark; hierzu gehörten ebenso Angestellte und Beamte, selbständige Gewerbetreibende in Handel und Handwerk, Saisonarbeiter u. a. m.

Der Beginn unseres Zeitraums wird mit einer großen Ernteausfallkrise eingeleitet. Ungünstige Witterungsbedingungen und damit mehrere aufeinanderfolgende schlechte Erntejahre seit 1811 hatten zu einem kontinuierlichen Anstieg der Getreidepreise geführt. Bis 1817 erhöhten sich die Preise von Weizen und Roggen im Vergleich zu 1815 auf 150 Prozent in Berlin, in Süddeutschland sogar bis auf das Dreifache. Sie kulminierten 1816/17 zusätzlich durch hohe Kriegskontributionen, durch steigende Steuern und andere Abgaben sowie nicht zuletzt durch Wuchergeschäfte privater Getreidehändler, durch Fälschungen und Betrügereien im getreideverarbeitenden Gewerbe u. a. m. Natürlich verteilten sich diese Erscheinungen nicht gleichmäßig über das Land, vielmehr waren der Süden und Westen davon stärker betroffen als der Norden und Osten. Für Württemberg beispielsweise wuchs sich die Hungersnot von 1816/17 zur schwersten Teuerungskrise des Landes nach dem Dreißigjährigen Krieg aus. Mit einem Bündel von Maßnahmen – Markt- und Preisregulierungen, gesteuerter Vorratswirtschaft, Empfehlungen und Verordnungen zur Erweiterung der zu bebauenden Flächen, Ausdehnung des Futtermittel- und Obstanbaus, Verzehr von Ersatzstoffen u. a. – versuchte die württembergische Regierung dem Hunger zu wehren. Zugleich sollte auf diese Weise befürchteten Unruhen entgegengewirkt werden, die um so eher zu erwarten waren, als in den Monaten April bis Juni 1817 – dem Höhepunkt der Krise – bis zu 70 Prozent der Haushalte als »›anerkannt‹ bargeld-, getreide- und brotlos«[199] registriert werden mußten. Doch die Bevölkerung blieb relativ ruhig, wartete untertänig auf die Maßnahmen der »väterlichen« Regierung bzw. suchte Zuflucht zu Wildwachsendem – zu Kräutern, Beeren, Wurzeln, auch zu Moosen und Flechten; und anstelle des fehlenden Schweine-, Rind- oder Schafffleisches traten Hunde-, Katzen- und Pferdefleisch. Dabei war Hunger mehr als nur ein physisches Problem: »Nicht allein Kalorien wurden ... entbehrt, sondern ein herkömmlicher Zusammenhang von Arbeit, Nahrung und zubereitetem Essen, der Autonomie, sozialen Status und Ehre im lokalen Lebenszusammenhang garantierte und Freiheit von der Schande, als

192 Votivpflugschar aus
Inchenhofen, 1816
Heimatmuseum Aichach

193 Bilderbogen auf die Teuerungszeit von 1816/1817 mit wohlgenährten, wuchernden Händlern. Die gute Ernte von 1817 läßt die arge Not bald wieder vergessen.
Heimatmuseum Aichach

194 Erinnerungsmünze auf die Teuerung von 1847 mit plastischer Darstellung des Elends einer hungernden Familie; auf der Rückseite befinden sich Angaben der Wucherpreise.
Bezirksmuseum Potsdam

arm zu gelten.«[200] Was Hans Medick hier für die Krise von 1816/17 in Württemberg formuliert hat, kann wohl als allgemeine, von der Not her verursachte »Hungererfahrung« geltend gemacht werden und trifft auch für andere Perioden der kapitalistischen Entwicklung in Deutschland zu. In der »Gartenlaube« des 1856er Jahrgangs wird beispielsweise zum Problem »Hunger« unter der Überschrift »Ernährung der armen Bevölkerung« betont, »Hunger stillen« sei nicht gleichbedeutend mit »sich ordentlich ernähren … Es drückt sich der Armuths-Habitus … um so deutlicher aus, je mehr der Arme durch körperliche Anstrengungen, also auf Kosten seiner Muskeln oder des Fleisches, seinen Lebensunterhalt verdienen muß und diese bei der Arbeit sich aufreibenden Muskeln doch nicht ordentlich durch gehörige eiweißhaltige Kost zu ernähren im Stande ist«.

Im Odenwald hatte sich zur gleichen Zeit aufgrund der hohen Ablösungen von den Feudallasten gar keine bäuerliche Mittelschicht entwickeln können.[201] Die zahlreichen Landarmen und Landlosen dieses Raumes besaßen folglich für solch eine verzweifelte Lage – wie sie sich 1816/17 darstellte – keinerlei Rücklagen, da auch in den Jahren zuvor der Mangel immer das Normale war. Bis Juli 1817 waren hier aber die Preise für Roggen, Weizen und Dinkel um 400 bis 500 Prozent gestiegen, für Kartoffeln um 500 Prozent, und für Brot fiel die Steigerung gar noch höher aus. Als erste Reaktion auf diese immense Teuerung versuchten die Hungernden, ihre Ernährungsweise umzustellen, indem sie wie anderswo auf Surrogate oder Wildwachsendes auswichen. Auch die Behörden blieben nicht untätig, versuchten vor allem, auf den allgemeinen Verbrauch Einfluß zu nehmen, indem sie das Branntweinbrennen und das Wirtshauslaufen verboten oder Backvorschriften erteilten, nach denen verstärkt gröber gemahlenes Mehl verwendet werden sollte; in anderen Territorien beteiligten sich Beamte sogar an der Suche nach Korn- und Brotersatz. Der König in Bayern empfahl in einer Bekanntmachung die Beimischung von Rüben – gewaschen, geschält, fein gerieben oder in einem Trog verstampft – wie gleichermaßen Flechten, z. B. »Isländisches Moos«, zum Kornmehl. In Nürnberg ließen die Behörden 1817 den Brotbedarf bedürftiger Familien feststellen, um an diese dann Brotzeichen (»Billette«) auszugeben, die beim jeweils zugewiesenen Bäcker einzulösen waren.

Wie auch immer: »Die konkrete alltägliche Erfahrung des Hungers ... als eines erlittenen Zustandes äußersten Mangels vor allem von Brot, Getreide und dessen angemessener Zubereitung als Essen bzw. als ›Speise‹, wurde durch die ›Hungerpolitik‹ keinesfalls aufgehoben«, resümiert Hans Medick zu Recht.[202] Wilhelm Abel hebt demgegenüber die selbständigen Abhilfen der Werktätigen hervor, wenn er schreibt: Es könne »keinen Zweifel geben, daß die Leistungen der Regierungen (Staaten, Fürsten) weit hinter den Leistungen der Städte und ihrer Bürger zurückstanden«,[203] und er führt als Beispiel an, daß in Elberfeld im Jahre 1817 bereits 14 Tage nach einem Spendenaufruf der Armen-Kommission 70 000 Taler zusammengekommen seien.[204] Verallgemeinernd stellt er weiter fest, »daß am Anfang der modernen von humanitären Grundgesetzen geprägten Sozialpolitik nicht die Regierungshilfe stand. Städte und Gemeinden, städtische und kirchliche Organisationen und die schlichte Bürgerhilfe schritten voran«.[205]

Natürlich gab es mancherorts Hungerkrawalle, aber das Militär stellte bald die Ruhe wieder her. Gravierender erwiesen sich neben der Zunahme des Bettelns die steigenden Auswandererzahlen. Kein Geringerer als Friedrich List schrieb nach eigenen Erkundigungen in württembergischen Gemeinden über die Stimmung der Hungernden: »Der Druck, welchen alle diese Gebrechen dem Bürger verursachen, ist durch den Mißwachs der letzten Jahre, durch die daher rührende große Teuerung der Lebensmittel und durch Mangel an Arbeit auf einen Grad gesteigert, welcher den weniger Bemittelten zur Verzweiflung bringt. Denn es ist wohl die Sprache der Verzweiflung, wenn die Auswanderer von Weinsberg sagen: Es sei keine Besserung zu hoffen. Sie wollen lieber Sklaven in Amerika sein, als Bürger in Weinsberg.«[206]

In den Folgejahren bis 1844 öffnete sich die »Schere« zwischen den weitgehend gleich, d. h. niedrig bleibenden Löhnen sowie dem Einkommen der pauperisierten Massen der industriellen Reservearmee und den Preisen der wichtigsten Nahrungsmittel weit. Die Meldungen von Hunger und Elend, teils von Empörungen wegen zu hoher Steuern und Abgaben häuften sich, vor allem aus den Mittelgebirgsregionen, aus Württemberg, Hessen und Baden. Über die ärgsten Notstände im Osten der preußischen Monarchie, in der Tuchelschen Heide und in der sogenannten Kassubei, berichtete 1819 ein Oberforstmeister, daß die Nahrung der Bewohner denen der Haustiere gleiche. Fleisch sei eine seltene Speise und komme zuweilen jahrelang nicht auf den Tisch.[207] Ähnliches meldete am 10. März 1844 die »Leipziger Allgemeine« aus dem oberen Erzgebirge: »Unsere Not scheint nur der Anfang einer noch größeren und unser Gebirgsleben tief erschütternden zu sein.« Und sie hatte recht, denn 1845 war wieder ein Jahr allgemein schlechter Ernten. Die fehlenden Agrarprodukte wurden zwar z. T. von englischen und holländischen Märkten importiert, aber damit stieg der Brotpreis unaufhaltsam, was für mehr und mehr Familien nicht einfach teureres Brot bedeutete, sondern we-

195 Die Brotvisitation, von S. Hirschfelder (1876) Heimatmuseum Horb/Neckar

196 Hungerstein in Gernrode/Harz, 1847, mit der Inschrift »*SPARE*. i.(m) J.(ahre) 1847 w.(aren) d.(ie) G.(etreide) P.(reise) w.(ie) f.(olgt) 6 Rthr. (Reichstaler) der Sffl.(Scheffel) Waizen 5¼ Rthr. der Sffl. Roggen 4 Rthr. der Sffl. Gerste 2½ Rthr. der Sffl. Hafer Bildarchiv Irene Ziehe, Halberstadt

Die beiden letzten großen Hungers- und Teuerungsnöte erlebten die Menschen 1816/1817 und 1847/1848. Überall finden sich spontane Erinnerungen an diese Zeiten mit vielen Hinweisen darauf, wie solche Elendsjahre zu verhindern seien, mit Anklagen gegen wucherische Bauern und Händler, aber auch mit Aktionen gerade um 1848 gegen zu geringes Brotgewicht, mit Brotkrawallen, Katzenmusiken oder Charivaris. Namentlich die Hungersnot von 1847/1848, die auch die Unfähigkeit der Regierungen zur Behebung akuter Notsituationen erwies, trug zur Verschärfung der revolutionären Stimmung im Lande bei.

niger Brot.[208] Da infolge schlechter Ernten 1846 und 1847 Kartoffeln gleichermaßen knapp und die Kartoffelpreise 1847 auch wie die des Getreides um das Dreifache gestiegen waren, gab es für ein Umsteigen auf dieses vielfach wichtigste andere Grundnahrungsmittel gar keine Chance.

Der mit der Knappheit einhergehenden Teuerung hielten die Löhne und Gehälter nicht stand. Im Gegenteil: Eine der schlimmsten Seiten der Teuerung sei es, »daß sie den Lohn ... herabzudrücken sucht«, heißt es in einer zeitgenössischen Untersuchung.[209] Dieser Druck auf die Löhne wurde von wachsender Arbeitslosigkeit begleitet, die zur Konzentration der Ausgaben auf die notwendigsten Lebensmittel zwang, so daß für andere Grundbedürfnisse kaum etwas blieb. Vor allem zahlreiche Handwerker, insbesondere Schuster und Schneider, aber auch Inhaber kleiner Läden, Beschäftigte der Textilbranchen u. a. wurden von Arbeitslosigkeit, Teuerung und Hunger betroffen.

Hinzu kam die Angst als ständiger Begleiter dieser sozialen Situation namentlich zwischen 1845 und 1847. Es war die Angst vor dem Verhungern, die Angst der Mütter um ihre Kinder, die Angst des Mannes, seine Familie nicht durchbringen zu können. Und diese Angst förderte Spannungen, löste Verbitterungen, aber nun auch schon lautere Proteste gegen die Obrigkeit aus, wie Georg Weerth es in dem »Hungerlied« aus dem Jahre 1845 ausgedrückt hat:

»Verehrter Herr und König,
Weißt du die schlimme Geschicht'?
Am Montag aßen wir wenig,
Und am Dienstag aßen wir nicht.

Und am Mittwoch mußten wir darben,
und am Donnerstag litten wir Not;
Und ach am Freitag starben
Wir fast den Hungertod!

Drum laß am Samstag backen
Das Brot fein säuberlich –
Sonst werden wir sonntags packen
Und fressen, o König, dich!«

Im lokalen Rahmen richtete sich der Protest besonders gegen die Bäcker wegen zu niedriger Brotgewichte und zu hoher Brotpreise. Beispielsweise hatten in Eßlingen viele Familien ihr Brot noch so lange selbst gebacken, wie eigenes Brotgetreide vorhanden bzw. der Getreidepreis relativ niedrig war. Mit dieser »eigenen Produzentenerfahrung« verband sich somit eine besondere Kompetenz in Sachen Brotpreis. »Das geht soweit, daß in der Lokalzeitung unter der Rubrik ›Eingesandt‹ den Bäckern detaillierte Gegenrechnungen ihrer tatsächlichen Betriebskosten aufgemacht werden, die exakt alle Forderungen nach einer Brotpreiserhöhung widerlegen können.«[210] Dies wiederum führte dazu, daß der Brotpreis vom Stadtrat festgelegt und »durch Ausrufen« einer gespannten Zuhörerschaft bekanntgegeben wurde. Ein Eßlinger Beobachter notierte u. a. im Hungermonat April 1847: »Der Schauerruf des Polizeidieners, der die Preiserhöhung des Brodes durch die Straße verkündet, hat ... wiederum manchen Familienvater mit Schrecken erfüllt.«[211] – Wie gesagt, erhob sich dann öffentlicher Protest, traf er zunächst die Bäcker – als letztes Glied einer Kette von Mehl- und Getreidehändlern, besser Wucherern. Gewöhnlich begann es mit sarkastischen Bemerkungen und Anspielungen, so in Eßlingen auf die immer kleiner geratenen »Kreuzerwekken«, die der Bäcker notfalls auch bei geschlossenem Laden verkaufen könne, weil sie problemlos durchs Schlüsselloch paßten, und ging dann bis zum Vorwurf des »Wuchers«. Die Bäcker konnten solchen Protesten nur entgegenhalten, daß sie selbst Opfer der Willkür und der Launen der großen Mehl- und Getreidehändler und der wohlhabenden Bauern seien.

Auch in anderen Regionen ereigneten sich aus den gleichen Gründen Unruhen, so in Schleswig-Holstein, wo es nach langen Jahren relativer Ruhe u. a. im August 1848 in Husum zu einem »allgemeinen Tumult und Aufstand« der Hafenarbeiter kam. Sie verlangten vom Magistrat Maßnahmen gegen die Auf- und Verkäufer von Butter auf dem Wochenmarkt und forderten gleichzeitig mehr Lohn, bedrohten den Bürgermeister und protestierten damit erstmalig gegen die »weltliche Ordnung«.[212] Was solche Veränderungen im traditionellen Protestverhalten herbeiführte, waren die Machenschaften jener rücksichtslosen Spekulanten, die den Hunger verschlimmerten, das Elend vergrößerten und gegen die eine wie auch immer sozial strukturierte Obrigkeit nur halbherzige Maßnahmen ergriff, während sie gegen protestierende Massen sehr schnell Militär aufzubieten wußte. So wird als »allgemeines Charakteristikum der Protesthaltungen augenfäl-

197 Bilderbogen auf die Gefahren und Folgen von grassierendem übermäßigem Schnapsgenuß, um 1845
Heimatmuseum Neuruppin

198 »Tabakneger«-Reklamefigur für Tabak- und Zigarrenläden
Focke-Museum Bremen

lig, daß es sich (zwischen 1844 und 1847, J.) nicht einfach um reflexhafte Reaktionen auf Hunger und hohe Brotpreise handelt ... Vielmehr scheinen es gezielte Antworten auf die Verletzung [von] sozialmoralischen Prinzipien«.[213]

Natürlich stieg die Zahl der Todesfälle, gingen die Eheschließungen zurück, sank die Geburtenrate und nahm die Auswanderungsbereitschaft zu. Diese in Deutschland letzte von Naturunbilden hervorgerufene, aber durch Wucher und fehlende Maßnahmen des Staates verschlimmerte Hungersnot von 1845/47 glich in manchen Landschaften einer »Hungerpest«, so daß sich die Menschen nun anders zu wehren versuchten. Sie verharrten nicht mehr demutsvoll in einer untertänigen Erwartungshaltung. Jetzt verwandelte sich das einstige Vertrauen eines »naiven Monarchismus« allmählich in Mißtrauen und verstärkte Konfliktbereitschaft. Als im Mai 1847 die Getreidepreise ihren Höhepunkt überschritten hatten und

199 Berliner Destillation, um 1865. Übermäßiger Alkoholkonsum hat die unterschiedlichsten Ursachen in den Lebensbedingungen der werktätigen Bevölkerung und anderer Sozialschichten. Im Widerstreit der gesellschaftlichen Interessen wird einerseits »das Laster« durch sinnfällige Warnungen, Verbote oder karitative Maßnahmen unterschiedlicher Art bekämpft, andererseits wird der Verbrauch der Genußmittel aus Gründen des Profitstrebens enorm gefördert, erhalten die Gasthäuser, Kneipen, Destillen, Biergärten und Brauereien mit ihrem die Kommunikation stimulierenden Charakter entsprechenden Zulauf durch katastrophale Wohnungsverhältnisse und anderes.

200 Bierverkauf »über die Straße« für den häuslichen Feierabend (Bilderbogenausschnitt), um 1870
Märkisches Museum Berlin

201 Fliegende Waffelbäckerei in Berlin, von W. Wick, um 1895. – Die Notwendigkeit in den Städten, schnell etwas zu essen oder zu trinken, keine Zeit zu längerem Verweilen zu haben, drückt sich in einem flotten Straßenleben aus. Vor allem die kleine Geschäftswelt stellt sich darauf ein. Die »fliegende Waffelbäckerei« verkauft für nur 10 Pfennige drei »Butter-Waffeln«, welche die Frau am gleichen Stand bäckt. Solche fliegenden Straßenhändler aller Branchen gehören zum Großstadtalltag wie die Stehbierhalle, die Kneipe, der Stundenkintopp und vieles andere. Befriedigung der »schnellen Genüsse« ist die Parole.

damit die Unruhen abebbten, wurde zwar das Ende der Hungerkrise eingeleitet, doch es blieb der Haß gegenüber der Gewalt von Polizei und Militär, die Empörung über soziale Ungerechtigkeit, aber auch über politische Unmündigkeit. Diese Erfahrung des Widerstandes gegenüber den Machthabenden und den Machtausübenden dürfte für die Revolution von 1848/49 nicht unbedeutend gewesen sein. Deshalb schien es uns notwendig, diesen Zusammenhang zwischen Ernährung und politischem Verhalten (Widerstand) ausführlicher darzustellen, denn »man könnte hier dem Bild von den ›hungrigen Vierzigern‹ mit einigem Recht jenes der ›zornigen Vierzigerjahre‹ entgegensetzen«.[214]

Mit dem Gesagten wollten wir auch darauf aufmerksam machen, daß noch die 1. Hälfte des 19. Jahrhunderts von schweren Ernährungskrisen heimgesucht wurde und erst die Zeit um 1850 als ein Wendepunkt im Ernährungsverhalten der neuen Gesellschaftsordnung bezeichnet werden kann. Wir möchten das an Betrachtungen über *Grundnahrungsmittel* deutlich zu machen versuchen.

Brot aus Roggen, Gerste, Hafer oder aus Emmer und Dinkel hatte sich im 18. Jahrhundert mehr und mehr als Speise der Nebenmahlzeiten durchgesetzt, doch war es für die ärmeren Schichten immer noch nichts Alltägliches. Da aber die Pflanzennahrung allgemein und damit Getreide auch im 19. Jahrhundert Grundlage der Ernährung blieb, kam es zu einer weiteren Ausdehnung der Brotnahrung, die jetzt endgültig den jahrhundertealten »Brei- und Mus-Standard« verdrängte. Hinzu kam eine allgemeine Veränderung im Stellenwert der einzelnen Getreidearten, so daß am Ende des 19. Jahrhunderts weitestgehend Roggen und Weizen dominierten und Hafer und Gerste fast ausschließlich zum Viehfutter herabsanken. Hier wiederum war der Verzehr von Roggenbrot auf dem Lande viel größer als in der Stadt, wurden noch um 1860 etwa zwei Drittel aller Brote im eigenen oder in Gemeindebacköfen gebacken, mußten also nicht beim Bäcker gekauft werden. Roggenmehlbrot war nicht nur billiger – zur Herstellung der gleichen Gewichtsmenge Weizenbrot wurde immerhin die doppelte Getreidemenge benötigt –, es erlaubte auch einen sparsameren Verbrauch, und gerade darauf wurde in unserem Zeitraum großer Wert gelegt. So vermied man es nach Möglichkeit, frischgebackenes Brot noch am selben Tage anzuschneiden. Der Spruch aus dem österreichischen Waldviertel: »Mühlarm und ofenwarm macht den größten Bauern arm« wird nicht nur dort als mahnende Warnung verstanden worden sein.

Die Art des verwendeten Brotgetreides wurde im Verlauf des 19. Jahrhunderts zunehmend zu einer Prestigefrage. Wenn es auch vielfach nur die begehrte Semmel am Sonntag war, so erfreute sich Weißbrot im Verlauf des 19. Jahrhunderts einer immer größer werdenden Beliebtheit in allen Schichten der Bevölkerung. Nicht zuletzt ist der hohe Anstieg der Preßhefeherstellung um 1885 – eine größere Fabrik hatte einen täglichen Ausstoß von 100 Zentnern – ein Indiz für den zunehmenden Verzehr von aus Weizenmehl Gebackenem.[215]

Während bei der ärmeren Bevölkerung Brot neben Kartoffeln der wichtigste Magenfüller wurde, verstand man in der bürgerlichen Küche aus Brot die feinsten und kostspieligsten Torten, Kuchen und sogar Pudding zu bereiten. So vermerkt schon Dorothea Grimm, die Frau von Wilhelm Grimm, in einem ihrer Rezeptbücher die Brottorte, die sie 1824 auf einer Kindtaufe gegessen hatte, mit dem Prädikat »sehr gut«, was sich bei den aufgeführten Zutaten denken läßt: »Man nimmt ½ Pfund fein gestoßenen Zucker, ½ Pfund fein gestoßene Mandeln, 8 Lot ganz trockenes gestoßenes Brot, 12 gestoßene Nelken, 1 Quentchen gestoßenen Zimt, etwas Zitronat und eingemachte Orangenschale (geschnitten), 14 Eier (man kann auch 16 nehmen). Nun feuchtet man mit einem Weinglas voll Wein das Brot an, rührt die Eigelb, den Zucker und die Mandeln eine Weile zusammen und tut dann zuletzt das Brot und den Schnee von den 14 Eiern dazu, schmiert die Pfanne mit Butter, bestreut sie mit Weckkrumen und bäckt sie langsam.«[216]

»Bei unserer ärmeren Volksklasse [ist] die *Kartoffel* das Haupt-, ja man kann fast sagen, das einzige Nahrungsmittel geworden,«[217] schrieb 1857 ein Merseburger Arzt. Brot- und Kartoffelverbrauch standen dabei allerdings in einem reziproken Verhältnis: War die Kartoffelernte gut, so ging der Brotverbrauch zurück; wenn umgekehrt vor der neuen Ernte die Preise für die »Knollen« stiegen, nahm der Verzehr von Brot zu. Doch gibt es für den Kartoffelkonsum des 19. Jahrhunderts auch eine allgemeingültige Regel, die sich aus der Funktion der Kartoffel ableitete, das jeweilige Defizit des täglichen Nahrungsbedarfs der pauperisierten Schichten abzudecken: Je größer eine Familie und je geringer das Einkommen war, um so mehr Kartoffeln wurden gegessen.[218] Die Gründe hierfür sind zum einen, daß Kartoffeln immer relativ billig waren, und zum anderen, daß ihre Zubereitung zahlreiche Möglichkeiten bot. Karl Marx schrieb, daß eben der niedrige Preis der Kartoffeln die Höhe der Konsumtion bestimme, »... weil in einer auf das *Elend* begründeten Gesellschaft die *elendsten* Produkte das naturnotwendige Vorrecht haben, dem Gebrauch der großen Masse zu dienen«.[219]

Die Kartoffel rangierte als »Brot der Armen« quantitativ bald an erster Stelle, war dabei aber qualitativ als nicht vollwertige Nahrung dem Getreideprodukt Brot unterlegen. Darauf haben Mediziner immer wieder aufmerksam gemacht. Dennoch war ihr Siegeszug bei steigenden Erträgen in keiner Weise aufzuhalten. Der jährliche Pro-Kopf-Verbrauch an Kartoffeln in Deutschland verdoppelte sich während der 2. Hälfte des 19. Jahrhunderts auf rund 300 kg und erreichte damit den absoluten Höhepunkt, denn nach der Jahrhundertwende ging der Verbrauch wieder zurück.[220] In den gehobeneren Kreisen war sie nun zwar nicht mehr eine Delikatesse wie zur Zeit ihrer Einführung, wurde aber häufige Beilage zur Sonntags- und Festspeise. Die breite Skala ihrer Zubereitung reichte bis zum zeitaufwendigen Kartoffelkuchen.[221] Kaum eine andere Nahrungsfrucht vermochte solch eine Abwechslung des Speisezettels zu bieten.

Für Josef Mooser gilt die Kartoffel im 19. Jahrhundert »als ein Symbol des Fortschritts«, und er zitiert zur Bekräftigung dieser Einschätzung aus dem Jahr 1861: »Unsere ganze eminente industrielle Entwicklung ... wäre ohne die Kartoffel nimmermehr möglich gewesen. Und die Kartoffel ist darum auf dem Gebiet der Nahrung das Glied, mit welchem auf dem Gebiete der Kleidung die Baumwolle, auf dem Gebiete der physischen Arbeit der Dampf und die Maschinen etc., als andere Glieder zu einer Kette eben so großer socialer als culturhistorischer Bedeutung unauflöslich verbunden sind.«[222]

Während Kartoffeln die Ernährung sicherer machten, ist der steigende *Fleisch*-Konsum im Verlauf des 19. Jahrhunderts als Gradmesser einer allgemeinen Verbesserung des Nahrungsstandards zu werten. Dabei müssen wir freilich davon ausgehen, daß der durchschnittliche jährliche Fleischverbrauch am Ende des Mittelalters mit etwa 100 kg pro Kopf z. T. zwei- bis dreimal höher lag als um 1900. Des weiteren ist zu beachten, daß alle Angaben zum Fleischverzehr einer wirklichen Genauigkeit entbehren, vielmehr nur als grobe Schätzungen zu deuten sind.

Das resultiert schon allein aus der noch weit verbreiteten Viehhaltung bei fast jeder Familie auf dem Lande, aber auch in den kleineren und mittleren Städten; erst nach 1870 setzte hier ein merklicher Rückgang ein. Auf ganz Deutschland bezogen, stieg der Fleischverbrauch pro Kopf und Jahr von 13,6 kg 1816 auf 43,4 kg um 1900 bei entsprechender regionaler und sozialer Differenzierung. So lag z. B. der Fleischverbrauch im hochindustrialisierten Sachsen zwischen 1875 und 1895 um etwa 5 kg höher als der Reichsdurchschnitt. Der Fleischverzehr in Städten mit mehr als 8 000 Einwohnern überragte in Sachsen allgemein den Landesdurchschnitt, so im Jahre 1867 mit 26,8 kg, wobei die Großstädte Dresden, Leipzig und Chemnitz an der Spitze lagen. Reine Fabrikstädte, wie Schneeberg, Glauchau, Meerane u. a., mit einer insgesamt weit ärmeren Einwohnerschaft hatten hingegen niedrigere Verbrauchszahlen. Dies galt in gleicher Weise für andere Regionen. Beispielsweise lag der Fleischkonsum in einer Stadt wie Wiesbaden beinahe dreimal über dem der bevölkerungsreicheren Textilarbeiterstadt Barmen. Solche knappen Angaben besagen immerhin dieses: »Alle Vorstellungen, die Landbewohner hätten ihre nahrhaften und reich gefüllten Fleischtöpfe verlassen, um als städtisches Lohnproletariat eine fleischlose und sehr viel schlechtere Kost einzutauschen«, haben so pauschal keine Gültigkeit.[223]

Der Fleischkonsum wurde zum Gradmesser des Wohlstands: So aßen die reichen Voigtländer z.B. die Kartoffel »mit Fleisch«, die armen Bewohner »leider meist ohne Fleisch«.[224] Im wesentlichen bestimmten Einkommen und Familiengröße neben der privaten Viehhaltung den Fleischverzehr eines Haushalts, so daß u. a. aus den

202 Mittag, von H. Baluschek, 1894. – »Hunderte von essentragenden Arbeiterfrauen und Kindern durcheilten da täglich kurz vor 12 die Straße, um pünktlich bei dem harrenden hungrigen Gatten und Vater oder der Mutter zu sein«, schrieb Pastor Göhre in Erinnerung an seine Chemnitzer Fabrikzeit.
Märkisches Museum Berlin

Haushaltsrechnungen von Fabrikarbeiterfamilien ganz gravierende Unterschiede ablesbar sind, wobei Unterkonsumtion und Unterernährung in den meisten Arbeiterfamilien die Regel, ausreichende Bedarfsdeckung eher die Ausnahme darstellten. Hinzu kam die Hierarchie in der Fleischzuteilung, wie sie in den Familien praktiziert wurde und noch weit ins 20. Jahrhundert hinein gültig blieb: »Den Löwenanteil erhält selbstverständlich der Vater, ihm folgen die erwerbenden Söhne, dann die erwerbenden Töchter, die paar noch verbleibenden Zipfelchen oder auch *nichts* fallen der erwerbslosen Hausmutter und den Schulkindern zu. Nur wo auch die Hausmutter erwirbt, herrscht eine größere Demokratie bei der Verteilung dieses Nahrungsmittels.«[225]

Der dennoch allgemein steigende Verzehr von Fleisch- und Wurstwaren spiegelte auch das zunehmende Bedürfnis wider, eine wertvollere Nahrung aufnehmen zu wollen. Immerhin lagen neue Erkenntnisse über die menschliche Ernährung vor, besonders über die Rolle von Eiweiß. Die bahnbrechenden Arbeiten Justus von Liebigs ab 1842 hatten die Grundlage einer Ernährungslehre geschaffen, die deutlich zu machen versuchte, wie sehr der menschliche Organismus auf die bedarfsgerechte Zufuhr von Eiweiß, Fetten, Kohlehydraten und Salzen angewiesen ist und daß davon tierisches Eiweiß der wichtigste

203 Brotbüchse und Kaffeekanne aus Weißblech, von Schwälmer Blechschmieden und Klempnern um 1900 auf Bestellung gefertigt. Vielfältig nach Formen und Material, waren die »Stullenbüchsen« und »Kaffeepullen« bald genauso »Arbeitsinstrument« wie die Weckeruhr.
Museum für Deutsche Volkskunde Berlin (West)

204 Das Eisenwalzwerk (Ausschnitt), von A. v. Menzel, 1875. – Pastor Göhre bezeichnete die Art und Weise, wie Fabrikarbeiter das Essen zu sich nähmen, mit Recht als unwürdig. Solche Pausen in einer abgeschlagenen Ecke unweit der laufenden Maschinen waren auch alles andere als der Entspannung dienend.
Staatliche Museen zu Berlin, Nationalgalerie

und durch nichts zu ersetzende Nährstoff ist. Trotz dieser Erkenntnisse lag im Fleisch- und Wurstverbrauch Deutschland um 1900 ganz erheblich unter dem Niveau seiner wirtschaftlichen Konkurrenten Großbritannien, Frankreich und USA. Eine vom »Bund der deutschen Nahrungsmittel-Fabrikanten und -Händler« 1902 veröffentlichte Dokumentation trug den für die eigentlich prekäre Situation auf dem Fleischmarkt symptomatischen Titel »Die in Deutschland vorhandene Fleischnot«.

Nun zu einigen sogenannten *Genußmitteln*, zunächst zum *Branntwein*, den die Werktätigen unseres Zeitraums mehr zu ihren Nahrungsmitteln zählten. Die Branntweinherstellung war durch industriemäßige Verfahren billiger geworden. Neben Getreide und Obstmost gelangte auch die Kartoffel zur Verarbeitung, was sich seit dem ersten Drittel des 19. Jahrhunderts vor allem für Gutsbetriebe als gewinnbringendes Geschäft bestätigte. Der billige Kartoffelschnaps kam dem Bedürfnis nach Abwechslung von der täglichen langweilig-einförmigen Mahlzeitenkost und der nicht minder anstrengend-eintönigen Arbeit entgegen, wirkte in gewisser Weise sogar sättigend, vor allem aber stimulierend-berauschend und ermöglichte, Trinkgewohnheiten der Wohlhabenderen nachzuahmen.

Bis 1831 erhöhte sich der Branntwein-Pro-Kopf-Verbrauch in Preußen von etwa 3 Quart im Jahre 1805 auf mindestens 8,1 Quart 1831.[226] Erhebliche Gewinne der Brennereibesitzer standen einer zunehmenden Trunksucht gegenüber, die vielfach zu Arbeits- und Wehruntauglichkeit führte, Pauperisierung und Kriminalität in großen Teilen der Bevölkerung vermehrte. Unternehmer und Behörden, Kirchen und bürgerliche Abstinenzvereine, später auch die Arbeiterbewegung, suchten Mittel zu finden, um dem übermäßigen Branntweingenuß zu begegnen.[227] Zahlreiche Schriften der dreißiger Jahre wand-

205 Eigens für Arbeiterfamilien erschien 1882 ein »Koch- und Anleitungsbuch« mit dem Titel »Das häusliche Glück«, gegründet auf Bescheidenheit auch in »kulinarischen« Dingen. Wie billig und eintönig Mittagsmahlzeiten für 4 Erwachsene sein können, zeigt dieser Ausschnitt.

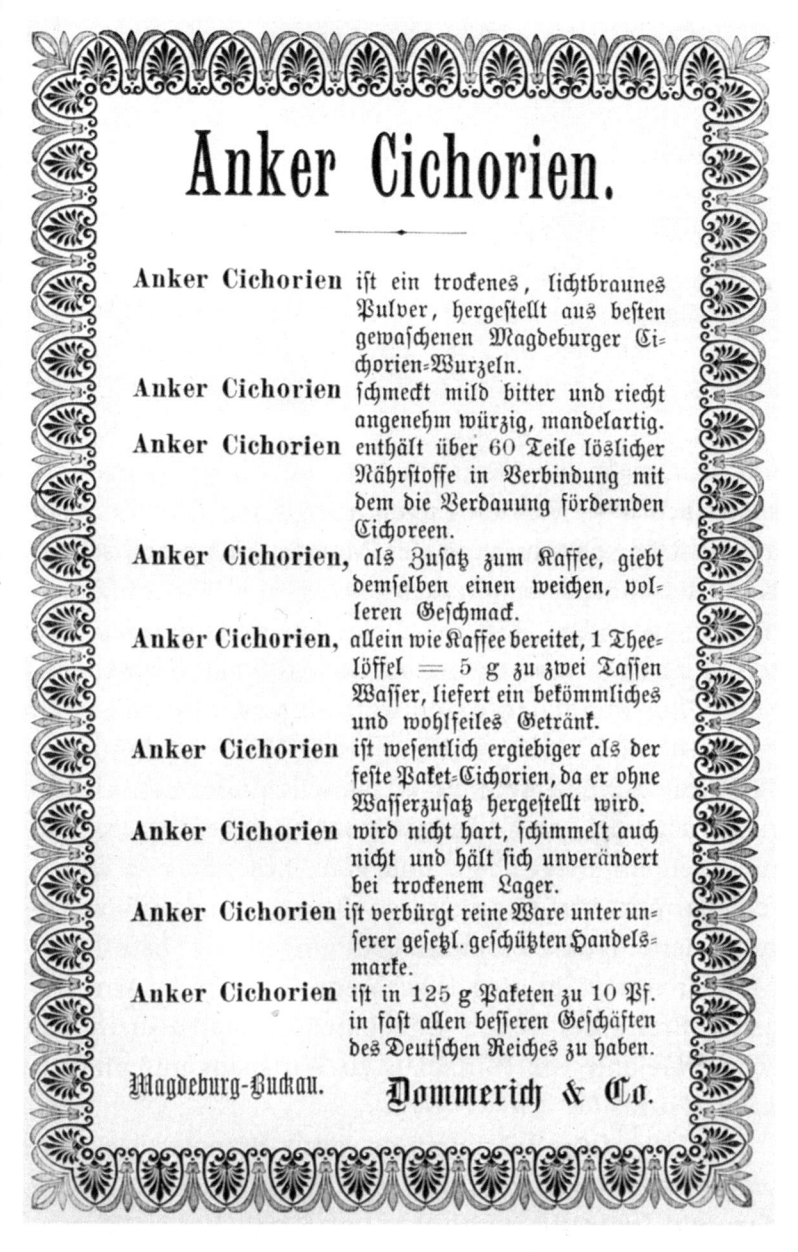

206 Was die Kaffeeflaschen der Arbeiter enthielten, war vor allem »Muckefuck«, der aus Zichorien gekocht wurde. Seine Bekömmlichkeit und »Güte« wurden oft und lobend angepriesen (1888).
Sammlung Bornitz, Berlin

207 Blick in eine bürgerliche Berliner Gaststätte um 1900, wo man sein untergäriges Bier gemütlich aus Birkenholzkrügen trinken konnte

208 Im Gartenlokal, von Th. Hosemann, um 1850 Staatliche Museen zu Berlin, Sammlung der Zeichnungen

Gaststätten unterschiedlicher Art sind besonders für den Arbeiter in den Großstädten der wichtigste öffentliche Freizeitort. »Das Wirthaus war«, schreibt Dietrich Mühlberg, »ein außerhalb der eigenen vier Wände liegender Teil der Arbeiterwohnung. Auf einen Gastwirt entfielen in Berlin 129 Einwohner, in Hamburg waren es 159, in Dresden 232 und in Leipzig 290.«

ten sich gegen die »Branntweinpest«. Einige Jahrzehnte später schrieb Friedrich Engels 1876 seine Erinnerungen an die Überschwemmung des Marktes mit preußischem Kartoffelschnaps im Industrierevier um Elberfeld-Barmen nieder: »Die Wirkung dieser an verschiedenen Zeiten, aber stets fast urplötzlich sich fühlbar machenden, beispiellos wohlfeilen Branntweinpreise war unerhört. Ich erinnere mich noch sehr gut, wie Ende der zwanziger Jahre die Schnapswohlfeilheit plötzlich über den niederrheinisch-märkischen Industriebezirk hereinbrach. Namentlich im Bergischen, und ganz besonders in Elberfeld-Barmen, verfiel die Masse der arbeitenden Bevölkerung dem Trunk. Schwankend gingen die besoffenen Männer von 9 Uhr abends scharenweise Arm in Arm, die ganze Breite der Straße einnehmend, unter disharmonischem Gejohle von Wirtshaus zu Wirtshaus und endlich nach Hause.«[228]

Im Verlauf des Jahrhunderts wurde Branntwein vielerorts Mahlzeitengetränk, und sein Verbrauch konnte geradezu ein Indikator städtischer und ländlicher Notstandsgebiete sein, in denen ein »allzustarkes Branntweintrinken« über das Erleben der täglichen Misere hinweghelfen sollte.[229] Doch »es wäre verfehlt, das Trinkverhalten der Unterschichten nur als Ausdruck der Demoralisierung und als Folge der wirtschaftlichen und sozialen Unsicherheit zu interpretieren«, warnt Roman Sandgruber und verweist auf den Zusammenhang, der zwischen dem Rhythmus des Trinkens und den Terminen der Lohnzahlung sowie den regelmäßigen Treffen in Kneipen bestand. »Die Gastwirtschaft und der Branntweiner erlangten bei der Enge der Wohnungen und dem Fehlen sonstiger Treffpunkte eine wesentliche Funktion in Freizeitgestaltung, Vereinsleben und politischer Agitation.«[230]

Obwohl der Branntweinkonsum in der zweiten Jahrhunderthälfte zurückging, stieg der jährliche Alkoholverbrauch pro Kopf der Bevölkerung weiterhin an – von durchschittlich 3 Litern in den Jahren 1837 bis 1849 erhöhte sich der Pro-Kopf-Verbrauch auf 4,5 Liter in den Jahren zwischen 1868 und 1878.[231] Diese Steigerung bewirkte das *Bier*, das nun als Reiz- und Stärkungsmittel teilweise an die Stelle des Branntweins trat. Seine Qualität hatte durch Fortschritte im Brauwesen, durch die Erfindung des Lagerbiers und bessere Kühlmöglichkeiten wesentlich zugenommen. Selbst im Weinland Österreich mußte der Wein »seine Stellung als Getränk der unteren und mittleren Schichten an das Bier und den Branntwein abgeben und wurde immer mehr zu einem Oberschichtengetränk«.[232] In Bayern war das Bier schon um die Jahrhundertmitte »der Mittel- und Schwerpunkt alles und jedes Genusses ..., ein Lebenselement des Volkes, ein charakterisierendes Merkmal von Land und Stadt und Leuten«, heißt es in der »Gartenlaube« 1859, »die elendste Spelunke, wenn sie gutes Bier schenkt, wird von dem Münchener dem elegantesten Locale, der feinsten Küche, der kurzweiligsten Unterhaltung vorgezogen ... Die Bierfabrikation hat sich so ausgebreitet ..., daß Bayern seine gesamte Staatsschuld ... nicht nur verzinst, sondern auch tilgt«. Und dann ist von der zunehmenden Bedeutung der Kneipen die Rede: »Es gibt in München über 300 Bierschenken, ungerechnet die Gast- und Kaffeehäuser, in denen ebenfalls Bier getrunken wird ..., während die feinfühlendere und prüdere Welt in den glänzenden Sälen und an den gedeckten Tischen der Cafe's sich niederläßt, zieht der breitere Strom in die ordinären Kneipen.«[233]

Seit seiner Einführung im 17./18. Jahrhundert war *Kaffee* als »echter« Bohnenkaffee zum Luxusgetränk wohlhabender Kreise und zum anderen als Kaffee-Ersatz ein »hungersättigender« Trank der ärmeren Bevölkerung geworden. Als »Volksgetränk« hatte sich um 1800 nur der Kaffee-Ersatz durchgesetzt, der im Verlauf des 19. Jahrhunderts sowohl als Zichorienkaffee als auch als Malzkaffee zunehmend Aufnahme in den Haushalten Süddeutschlands und Österreichs fand. Wie ehedem in den mitteldeutschen Gewerbelandschaften erkannten auch hier zunächst die Heimarbeiterinnen und die Fabrikarbeiterinnen die Vorteile des Kaffees. Man konnte ihn z.B. während der Arbeit rasch zwischendurch trinken, womit er zur Unterdrückung von Hunger und Müdigkeit beitrug, und gleichzeitig wärmte er Magen und Körper. Wo immer in den Haushaltsrechnungen von Arbeitern des 19. Jahrhunderts der Begriff »Kaffee« erscheint, ist davon auszugehen, daß es sich meist um die zum Jahrhundertende hin inzwischen allerorts verbreiteten industriell hergestellten Kaffee-Surrogate handelte. Allein in Preußen wurden im Jahre 1862 mehr als 80000 Zentner Zichorienkaffee hergestellt.[234] Wie schon erwähnt, entsprach die wenig zeitaufwendige Kaffeebereitung der Intensivierung des Produktionsprozesses, der gestiegenen Arbeitshetze. Zudem war Kaffee-Ersatz billig, und diese Vorteile wurden vor allem von Frauen geschätzt. So wird in einer 1896 in Wien durchgeführten Arbeiterinnen-Enquete u. a. darauf verwiesen, daß die meisten Arbeiterinnen früh, mittags und abends von Kaffee und Brot leben, wobei es heißt: »Mittags gehen sie beinahe alle ins Kaffeehaus«,[235] d. h. in die sogenannten Sechs-Kreuzer-Kaffeehäuser. Echten Bohnenkaffee trank man in den vornehmen teuren Kaffeehäusern. Auf der einen Seite also der »reine« Bohnenkaffee als Luxusgetränk des mehr oder minder bemittelten Bürgertums, auch der wohlhabenden Bauern, als Element der Geselligkeit und Kommunikation, aber zugleich als geschätztes Statussymbol; auf der anderen Seite das Nahrungsmittel Kaffee als Surrogat, bestenfalls mit einigen Kaffeebohnen aufgebessert, für den Bevölkerungsteil, dessen Einkommen keinen Luxus ermöglichte, der jedoch alle Vorteile der braunen Brühe zu nutzen versuchte. Anfänglich beinahe nur ein Nahrungsmittel kommerzialisierter Landschaften, wurden Kaffee und seine Surrogate mehr und mehr ein Zeichen der sich verändernden Lebensweise unter kapitalistischen Bedingungen.

Zu den gleichfalls typischen Nahrungsmitteln der Industrialisierung gehörte auch *Zucker*, der aber zu Beginn des 19. Jahrhunderts für die Masse der Werktätigen kaum erschwinglich war. Erst mit der 1801 beginnenden fabrikmäßigen Produktion des Rübenzuckers im schlesischen Cunern wurden diesem wichtigen Nährmittel ganz neue Perspektiven eröffnet. H. J. Teuteberg spricht sogar von einem »revolutionären Eindringen des Zuckers in die deutsche Volksnahrung« und belegt das mit Produktionsziffern. So stieg trotz der negativen Auswirkung der Rübenzuckersteuer 1841 die Zahl der Zuckerfabriken zwischen 1836 und 1900 um das Vierfache, wurde die Anbaufläche erheblich ausgedehnt, nahm die Zuckerproduktion in Preußen dank der Erfolge in der Rübenzüchtung folgende Entwicklung: 1836 belief sich die Rohzuckererzeugung auf 14000 dz, 1870 auf 2,63 Millionen dz, und bis 1913 hatte sich die Herstellung verzehnfacht.[236] Beinahe parallel dazu erhöhte sich der jährliche Pro-Kopf-Verbrauch: 1840 betrug er 2,4 kg, 1864 verzehrte man schon 3,6 kg pro Kopf und 1899 13,0 kg.[237]

Zunächst begnügten sich vor allem die ärmeren Schichten bis zur Mitte des Jahrhunderts mit dem Nebenprodukt der Zuckerherstellung, dem Sirup, der z. T. bis zu 60 Prozent billiger war als Zucker. Doch insbesondere die fallenden Preise für Zucker[238] führten zu einem enormen Verbrauchsanstieg, der nur zeitweilig von Kriegen und Krisen unterbrochen wurde. Damit nahm der Zucker innerhalb weniger Jahrzehnte seinen Weg vom begehrten Luxusartikel höherer Kreise zu einem allgemein geschätzten und reichlich verbrauchten Nahrungsmittel, besonders im Arbeiterhaushalt. Mit Zucker wurden bewußt oder unbewußt die fehlenden Kalorien ergänzt. Gleichermaßen erzeugte der so lange, monotone Arbeitstag ein allzu verständliches Bedürfnis nach einer wenig aufwendigen Abwechslung, die z. B. Kaffee mit Zucker und dazu noch etwas Süßes in Form kleiner Naschereien anboten.

Wenden wir uns nun der Ernährung der werktätigen Verbraucherschichten zu. Ganz allgemein können wir davon ausgehen, daß die Ausgaben für die Ernährung im Rahmen der Gesamtaufwendungen eines Haushalts den vordersten Platz einnahmen. Somit ist an den Ausgaben für Kartoffeln, Brot, Fleisch, Fett, Alkohol und Zucker die wirtschaftliche Situation einer Familie ablesbar. Wie stark dieser Nahrungskostenanteil auch je nach der Lage der Betreffenden schwankte, beliefen sich die Ausgaben im allgemeinen auf 50 bis 80 Prozent des Budgets. Hinzu kamen die sich im Verlauf des Jahrhunderts verändernden Reallöhne, die großen Preisschwankungen u. a. m. In den vierziger Jahren bekam nach Ernst Dronke, dem späteren Mitredakteur von Karl Marx an der »Rheinischen Zeitung« in Köln, ein geschickter Weber für ein 66 Ellen langes und 17/8 breites Stück Leinwand 3 Taler 5 Silbergroschen. Für armseligste Nahrung benötigte er aber im Monat 6 Taler 4 Silbergroschen, oder ein alleinstehender Arbeiter mußte etwa 7 Taler für die Ernährung und 2 bis 2 ½ Taler für die Schlafstelle monatlich zahlen. Dafür reichte sein Lohn oft nicht.[239] – Und was die Arbeiterinnen betrifft, so waren sie aufgrund des geringeren Lohnes noch schlechter dran. Nach einer Erhebung von

1879 hatten beispielsweise Arbeiterinnen der Wäschebranche anfänglich einen Wochenlohn von 4 bis 5 Mark; später konnte der Lohn für einige auf 12 bis 15 Mark steigen. Die wöchentlichen Ausgaben für Logis und Kost beliefen sich bei bescheidensten Ansprüchen auf 8,40 Mark, doch diese Summe verdienten die meisten Frauen nicht.[240]

Aus Haushaltsrechnungen und nach anderen Angaben für das Existenzminimum einer vierköpfigen Familie ist bekannt, daß bei Arbeitern »nur eine Minderheit« diese Einnahmen aufbrachte, daß z. B. 1888 von 9231 Mannheimer Fabrikarbeitern nur etwa 50 Prozent das von der Fabrikinspektion festgesetzte Existenzminimum von 5 Mark pro Woche erreichten.[241] Wie notwendig also die Mitarbeit der Ehefrauen für den Familienunterhalt – allein zur Befriedigung der Ernährungsgrundbedürfnisse – war, ist hieran abzulesen.

Für städtische Lohnarbeiterfamilien hat H. J. Teuteberg zum letzten Drittel des 19. Jahrhunderts die Rangfolge der Nahrungsausgaben in Chemnitz, Nürnberg, München und Frankfurt/Main zusammengestellt. Danach wendete man für »Fleischernes« ein Viertel bis ein Drittel der Nahrungskosten auf. Es folgten die Ausgaben für Brot, Mehl und Backwaren; dann schlossen sich Milch, Fette und Zucker an. Kartoffeln belasteten zwar das Ausgabenbudget nur relativ schwach, spielten aber im mengenmäßigen Verbrauch zusammen mit Brot die größte Rolle und lagen so auf der Ausgabenseite zwei- bis dreimal höher als bei den einkommensstärkeren Schichten.[242] Auch in der zweiten Jahrhunderthälfte blieben Kartoffeln, Brot, Mehlspeisen und Suppen und damit die pflanzliche Kost die Hauptbestandteile der Arbeiternahrung.

Doch gewann zum Ende des Jahrhunderts Fleisch – und hier fast ausschließlich Frischfleisch – neben Wurst eine zunehmende Bedeutung, wenn davon auch vielfach nur billigere Teile gekauft wurden. Nicht unwichtig dürfte darum das erweiterte Angebot von »Freibankfleisch« gewesen sein, kein verdorbenes bzw. von Finnen durchsetztes Fleisch, sondern jene minderwertigeren Teile, die seit 1869 nicht mehr in den offiziellen Handel gelangten. Ähnlich wie beim Kaffee lag im Fleischverbrauch das früh industrialisierte Sachsen vorn, zeigte sich hier ein rascherer Anstieg des Fleischkonsums, so daß zwischen 1875 und 1895 der durchschnittliche Pro-Kopf-Verbrauch den Reichsdurchschnitt um 5 kg überschritt.

Dabei aßen die bestbezahlten Arbeiter noch etwa dreimal soviel Fleisch und Wurstwaren wie diejenigen mit den niedrigsten Löhnen und zudem großen Familien.[243]

Was das Nahrungsverhalten in der Fabrik anbelangt, so hat darüber Paul Göhre recht genau geschrieben: In einer Chemnitzer Maschinenfabrik mit 500 Arbeitern »gab es zwei Essenspausen, Frühstück und Mittag. Das Frühstück wurde von beinahe allen in der Fabrik selbst eingenommen … Sobald das Wetter einigermaßen schön war, setzte man sich ins Freie, d.h. in den geräumigen Fabrikhof, an den Lattenzaun … Aus alten Kisten, Brettern, Eisenteilen baute man sich da schnell einen Sitz. Ein Teil frühstückte auch im Speisesaale … An vorheriges Toilettemachen war natürlich nicht zu denken. Die Kürze der Zeit (gewöhnlich eine viertel Stunde, J.) verbot selbst eine gründliche Reinigung der schwarzen Hände am Waschtroge. So begnügten wir uns damit, sie an der selbst schmutzigen Schürze, an Putzfäden, Sägespänen oder sonst etwas flüchtig abzuwischen … Es wurde sehr stark gegessen: ein großes Butterbrot und stets etwas dazu, Wurst, rohes Fleisch, Käse, ab und zu gekochte Eier, saure Gurken. Je weiter der letzte Lohntag zurücklag, desto mehr herrschte der Käse vor … Stets auch wurde dazu etwas getrunken, was infolge unsrer Beschäftigung ebenso notwendig war wie gutes Essen. Man trank gleich häufig kalten oder warmen Kaffee oder Buttermilch … Dagegen war der Genuß von einfachem Bier … in stetem Zunehmen und verdrängte immer mehr und mehr den Schnapsgenuß.«[244] Natürlich handelte es sich hier eindeutig um Männer mit qualifizierten Fertigkeiten – 120 von ihnen arbeiteten in der Werkzeugmaschinenabteilung –, deren Lohn ein »starkes« Essen ermöglichte. Bedenken wir aber, daß es vielleicht schon in der Fabrik nebenan Arbeiter gab, die ihr trockenes Brot abseits von den Kollegen in einer Ecke verzehrten, um nicht ausgelacht zu werden. – Für die Mittagspause galt allgemein der Grundsatz: Wer nach Hause gehen kann, geht nach Hause. Für sehr viele war der Weg zu weit. Ihnen brachten dann die Frauen oder die Kinder warmes Essen ans Fabriktor. Aber auch mitgebrachte, belegte Brote, eventuell ein Gang in eine nahe Restauration oder in die späteren Kantinen füllten die Mittagspause.

Fabrikarbeiterinnen waren in bezug auf die Ernährung gewöhnlich noch anspruchsloser als die Männer. Wir zitieren hierzu aus einem Bericht vom Anfang der neunzi-

209 Pflaumenmusbereitung auf einem Gut, von E. Hosang, um 1895

210 Geflügelmarkt am Schlesischen Bahnhof in Berlin, nach F. Müller-Münster, um 1895

ger Jahre: »Wir hatten in allen Fabriken einen sogenannten Speisesaal, einen großen, im Souterrain gelegenen feuchtkalten Raum mit nackten Wänden und Steinboden, in dem eine Reihe der primitivsten hölzernen Bänke vor ebensolchen Tischen standen. Der Hauptkontingent hatte nichts weiter denn einen Topf Kartoffel oder Reisbrei mit, etliche hatten Nudeln, Graupen, Erbsen; Fleisch habe ich in der ganzen Zeit auch nicht bei einer einzigen gesehen. Ein sehr beliebtes Essen bildete trockenes Kommißbrot und eine saure Gurke, ... auch wurde viel Kartoffelsalat gegessen, der keine weiteren Zutaten aufweisen konnte, denn Essig und Zwiebeln. Als Getränk zentrifugierte Milch, Buttermilch und Kaffee, ein greulich riechender, grünlicher Aufguß von Zichorie. In den letzten Tagen vor der Löhnung wurde zur Mittagsnahrung vielfach nur solcher Kaffee mit Kommißbrot genossen, auf das die meisten ungeheure Mengen von Salz streuten.«[245] Diese »teilnehmenden Beobachtungen« von Minna Wettstein-Adelt aus ihrer 3½ monatigen Zeit als Fabrikarbeiterin sind zugleich ein weiterer Beleg für die wichtige Funktion von Brot, das hier als »trockenes Kommißbrot« gar »ein sehr beliebtes Essen bildete«, aber auch deshalb, weil es den neuen Nahrungsbedürfnissen, wie sie sich aus der Fabrikarbeit ergaben, mit am ehesten entsprach. Gleiches galt für den mit dem Brotkonsum steigenden Wurst- und Käseverbrauch. Dabei tauchen folgende Wurstsorten in den Haushaltsrechnungen immer wieder auf: »Stadtwurst, Roter Preßsack, Preßsack, Rohwurst, Fleisch-, Leber- und Blutwurst 2. Sorte, Schwartenwurst, Gehacktes 2. Wahl und Knoblauchwurst.«[246]

Während die Arbeiterinnen vornehmlich den Süßwaren als stimulierendem Mittel zugetan waren, bevorzugten die Männer, trotz Verbot in den Fabrikordnungen, Schnaps. Das Übertreten dieses Verbotes erfolgte z. T. jedoch durch die Unternehmer selbst. Alf Lüdtke zeigt das am Beispiel der »Gußstahlfabrik Friedrich Krupp, Essen«, deren Alleininhaber, Alfred Krupp, 1865 den Alkoholkonsum seiner Arbeiter so rechtfertigte: »Wenn wir den Schmelzern ihren Schnaps entziehen, so gerät kein Guß« – eine nüchtern berechnende Reaktion, die auf das gesundheitliche Wohl der Arbeiter keine Rücksicht nahm.[247] Noch in den achtziger Jahren meinten die Bergleute des Saargebietes schon vor Schichtbeginn (nach ihrer mitunter langen Anreise) einen »kräftigenden Spirituosengenuß« zu benötigen und verschafften sich diesen auf dem Weg zur Zeche in der »Schankwirtschaft« oder beim Spirituosenhändler. Polizeilich verhängte Ausschankverbote »im Sommer vor morgens sieben und im Winter vor acht Uhr« wurden wegen mangelnder Kontrolle ständig übertreten, und auch die Einrichtung von »Kaffeeschenken« innerhalb des Grubengeländes blieb erfolglos.[248] Über den Fabrikalltag hinaus spielte Alkohol in der Freizeit eine besondere Rolle. Wir haben darüber schon geschrieben und ergänzen hier nur, daß mit wachsendem Bierkonsum ein gesteigertes Geselligkeitsbedürfnis einherging. Die vielen neuen vor allem großstädtischen Vereinslokale sind ein Beweis dafür.[249]

Kehren wir zu den Essensgewohnheiten im Arbeiterhaushalt zurück, so ist das Fehlen jener Nahrungsgüter auffallend, die uns heute als Vitaminspender so notwendig sind: Gemüse, Obst, Butter, Eier u. a. Als Gemüse gab es im wesentlichen Kohl. Neben Rüben, Möhren, Gurken und Zwiebeln kam sonst jenes Gemüse auf den Tisch, wofür das Geld reichte, was der nahe gelegene Markt bzw. die Markthalle oder auch der zunehmend beliebtere »Schrebergarten« bot. Um die Jahrhundertwende war allein in Berlin der Schrebergarten für 120000 bis 140000 Arbeiterfamilien eine wichtige Grundlage für die Sicherung der Ernährung.[250] Mit dem rasanten Wachsen der Städte verbesserte sich im allgemeinen das Gemüseangebot, schlug den auswärtigen Gemüseproduzenten ein günstiger Absatz voll zu Buche. So entwickelte sich Berlin mit dem Beginn der 70er Jahre zu einem immer begehrteren Absatzort für Spreewaldgemüse.[251] Aber auch sonst war ein allgemeiner Anstieg im Gemüseverzehr festzustellen, kletterte der Verbrauch im Reichsdurchschnitt von 37 kg pro Kopf und Jahr um 1850 auf 61 kg bis zur Jahrhundertwende. Im Arbeiterhaushalt blieb Gemüse dennoch aus zwei Gründen relativ gering vertreten: aufgrund des verhältnismäßig hohen Arbeitsaufwandes bei der Zubereitung und infolge des geringen Sättigungsgrades von Frischgemüse.

Auch frisches Obst findet sich in den Arbeiterhaushaltrechnungen kaum verzeichnet. Obwohl sich der Obstbau als Folge verbesserter Züchtung in den letzten Jahrzehnten bedeutend ausgedehnt hatte – allein in Preußen zwischen 1880 und 1900 um mehr als das Doppelte –, galt Obst als ein Nahrungsstoff, »der nicht die Befriedigung des Hungers zum Zwecke hat«. Noch am weitesten verbreitet war unter den Fabrikarbeitern der Verzehr von Dörr- und Backobst – die auch in den Kochbüchern eine große Rolle spielen –, daneben von Pflaumenmus. Freilich bleibt bei alldem zu berücksichtigen, daß die physiologische Bedeutung von Gemüse und Obst für die menschliche Ernährung und Gesundheit noch viel zuwenig bekannt war.

Wenn auch zumeist als »zweite Qualität«, nämlich als Koch- oder Faßbutter, besaß in der Arbeiternahrung Butter durchaus einen gewissen Stellenwert. Doch entstand mit der 1869 zuerst in Frankreich fabrizierten Margarine eine erhebliche Konkurrenz. Sie fand als »Sparbutter« oder »Kunstbutter« recht schnell einen großen Zuspruch. Nicht nur ihr günstigerer Preis gegenüber »guter« Butter, sondern auch die entsprechende Werbung für »Butter-Ersatzmittel« dürfte zur Förderung des Verbrauchs beigetragen haben. So heißt es u. a. in dem weit verbreiteten Kochbuch von Henriette Davidis (»Praktisches Kochbuch für die gewöhnliche und feinere Küche«) schon 1858:

211 Obstplantagenpächter bei der Ernte, um 1865
Bildarchiv Ernst Hirsch, Dresden
Der Handel mit Lebensmitteln »en gros« bestimmte in mehrfacher Hinsicht das Stadt-Land-Verhältnis. Spezialisierung auf gutgehende Marktprodukte förderte den Anbau von Monokulturen. Der erhöhte Lebensmittelbedarf in den Großstädten, aber auch die Möglichkeit, in profitable Exportgeschäfte einzusteigen, banden die Landwirtschaft an das Auf und Ab der kapitalistischen Konjunkturen und Krisen.

»Gute Butter gibt selbstredend den meisten Speisen den feinsten Geschmack, ist aber auch, besonders frisch gebraucht, das teuerste Fett. Es wird daher dem haushälterischen Sinne angemessen sein, auf eine vernünftige Weise darin zu sparen und Ersatzmittel zu Hülfe zu nehmen.«[252] Weder über den Margarine- noch über den Butterverbrauch liegen annähernd verwertbare Angaben vor und schon gar nicht für die einzelnen Sozialschichten differenziert.

Gleiches gilt für Angaben über den Milchkonsum, von dem anzunehmen ist, daß erst mit den Molkereien und Meiereien sowie mit der Verbesserung der Verkaufsbedingungen zum Ende des Jahrhunderts der Milchverbrauch zunahm; so hat sich beipielsweise in Wien der durchschnittliche Pro-Kopf-Verbrauch zwischen 1820 und 1900 verdoppelt, d.h. von etwa 60 Litern im Jahr auf 120 Liter.[253]

Damit fällt die Palette der im Arbeiterhaushalt verwendeten Nahrungsmittel nicht groß aus, doch um 1900 immerhin weit größer als um 1800. Nicht minder wichtig war bei den durch die Fabrikarbeit bedingten Veränderungen in der Lebensweise das notwendige Bedürfnis nach vorpräparierten bzw. kochfertigen Speisen. Dem trugen neue Techniken in der Nahrungszubereitung und -konservierung insbesondere nach 1850 Rechnung. Namen wie Denis Papin, Nicolas Appert, Louis Pasteur, Bryan Donkin zählen zu den Pionieren jener Ernährungsindustrie, von der die Chicagoer Ausgabe der »Encyclopedia Britannica« etwa 150 Jahre später schreibt: »Man kann wahrscheinlich behaupten, daß die Methode der Nahrungsmittelkonservierung in Dosen die größte Erfindung aller Zeiten ist.«[254] Dabei ist diese Art der Konservierung bekanntlich nur die eine Seite der längerfristigen Haltbarmachung; ihr ging die Aufbewahrung in Gläsern bzw. Glasflaschen voraus, nachdem es dem Franzosen N. Appert 1810 gelungen war, die Sterilisation von Fleisch und Gemüse durch Hitze erfolgreich durchzuführen.[255] Noch im selben Jahr wurden in England zwei weitere Patente auf Konservierung von Lebensmitteln in Eisengefäßen und in Weißblechdosen erteilt. In Deutschland begannen wenige Jahrzehnte später die Klempnermeister Züchner in Seesen sowie Daubert und Pillmann im Braunschweigischen mit der Herstellung von Spargelkonserven, vor allem für die herrschaftliche Tafel. Erst

212 Milchverkaufskarre für den Straßenhandel in Hamburg, um 1900

213 Der erste Tag der Milchkur, von F. Levy, um 1880

Der Milchverbrauch stieg in den Städten so stark an, daß man ambulante Verkaufsmöglichkeiten, vor allem für die arbeitende Bevölkerung, schaffen mußte. Wer es sich leisten konnte, unterzog sich einer Milchkur gegen irgendwelche »Störungen« möglichst auf dem Lande. Das war dann für manche gleichzeitig ein Ausflug ins Exotische.

Die Weck'schen Frischhaltungs-Einrichtungen.

Die Weck'schen Frischhaltungs-Einrichtungen bilden ein geschlossenes Ganzes, und zwar gruppieren sich die einzelnen Teile um den Apparat, der den Mittelpunkt bildet. Sie zerfallen in Haupt- und in Hilfs-Geräte.

A. Die Hauptgeräte sind:
1. Der Apparat (Frischhalter) nebst Federn und Stelltellern.
2. Der Sterilisiertopf mit Thermometer.
3. Die Gläser mit Deckeln und Gummiringen.
4. Der Gemüsedämpfer.

B. Die Hilfsgeräte bestehen aus:
1. Dem kleinen Apparat mit Federn und Stellteller.
2. Dem Sterilisiertopf für den kleinen Apparat.
3. Gläserbürsten.
4. Holzstößer.
5. Wärmebecher.
6. Sauger.
7. Schutzring für den großen Apparat.

C. Weitere Hilfsgeräte sind noch:
1. Bügel und Schutzkörbchen für einzelne Gläser und Topfeinlage.
2. Löffel.
3. Trichter.
4. Sterilisier-Krone.
5. Bronze-Obstmesser.
6. Etiketten.

214 Frauen bei Vorbereitungsarbeiten zur Gemüsekonservierung, um 1860
Bildarchiv Florian Tennstedt, Kassel

215 Für den Einzelhaushalt entwickelte die Firma Weck Einrichtungen zum Einkochen und damit zum Konservieren von Nahrungsmitteln aller Art.
Sammlung Bornitz, Berlin

216 Künstliche Eisfabrikation zum Frischhalten verderblicher Lebensmittel in Kühlhallen, 1895

1896 gelang es dem Fleischermeister Heine in Halberstadt, Würstchen in Dosen zu konservieren und diese auch in billige Gaststätten zu liefern. Etwa zur gleichen Zeit begann ebenfalls die Produktion von Fischkonserven für den allgemeinen Markt. All diese Erfolge der Haltbarmachung von Lebensmitteln und deren Aufbewahrung in Dosen wären ohne die Kenntnisse und Anwendung der Pasteurisierung nicht möglich gewesen. Die Herstellung von Konserven blieb aber im 19. Jahrhundert zunächst eine exquisite Branche der Ernährungsindustrie, noch waren Konserven als preisintensive Produkte nur einem geringen Teil der Bevölkerung zugänglich. So stimmen wir Wilhelm Treue zu, wenn er dazu schreibt: »Ein Fortschritt für einen Nebenzweig von Landwirtschaft und Gartenbau, für einige Viehzüchter und Fleischer, einen schmalen Bereich der Fischwirtschaft, für ein paar Blech- und Dosenfabrikanten und vorwiegend Delikatessengeschäfte«[256], in denen die werktätige Bevölkerung wohl kaum zur Käuferschicht gehörte.

Zu den »Volksnahrungsmitteln« zählen wir jene schnell zu bereitenden, vorgefertigten Nahrungsmittel wie »Liebig's Fleischextrakt« ab 1857, eine durch Verdampfen zu Mus verdickte Fleischbrühe, die bald die Grundlage der gesamten Fleischbrühen- und Suppenwürfelindustrie bildete. Neun Jahre später begann Julius Maggi mit der Herstellung eines »Suppenmehls« aus Gemüse, Kräutern u. a. Er hatte in seiner Schweizer Heimat erfahren, in welcher Hetze jene Frauen das Essen bereiteten, die in den Fabriken arbeiteten, und ihnen wollte er durch schnell zu fertigende Gerichte helfen. Neben Justus Liebig und Julius Maggi zählt auch Carl Heinrich Knorr zu den Pionieren der neuen Lebensmittelindustrie. Er begann in den siebziger Jahren mit der Produktion von kochfertigen Suppen, vor allem der »Erbswurst«, einer Erfindung des Berliner Kochs Grüneberg, die, als Gemisch aus Erbsenmehl, Speck und Gewürzen in eine darmartige Hülle gepreßt, mit Wasser gekocht, in kürzester Zeit eine gut sättigende Mahlzeit lieferte.[257] Nicht nur diese industriell präparierten und damit schnell zu bereitenden Produkte erfreuten sich in der Arbeiternahrung alsbald einer großen Beliebtheit; hierzu zählten neben Kaffee und Zuckerwerk auch solche Lebensmittel wie Reis, dessen Verbrauch sich zwischen 1850 und 1900 versechzehnfachte.[258] Reis wurde schnell eine »gewöhnliche Werktagsspeise der Arbeiter« und verlor somit seinen einstigen Stellenwert bei hohen Festen.[259] Gleichermaßen rechneten dazu Teigwaren, eine Vielzahl von gebratenen Fleischgerichten, wie Schnitzel, Kotelett und Gulasch,

217 Das Konservieren von großen Mengen an Nahrungsgütern für den Massenbedarf namentlich billigerer Erzeugnisse bot Frauen ein Betätigungsfeld, wenn auch oft nicht gerade angenehmer Art, wie hier bei der fabrikmäßigen Fischverarbeitung um 1900. Altonaer Museum in Hamburg

Eine Lebensmittelvorratswirtschaft war unter den beengten Wohnungsverhältnissen und meist ohne geeignetes Nebengelaß in den Großstadtquartieren des 19. Jahrhunderts nicht mehr möglich. Großhandel und Lebensmittelindustrie sorgten jedoch für ein immer reichhaltigeres Angebot an Konserven verschiedener Art, die man schnell tischfertig herrichten und auch zu Hause in kleineren Mengen platzsparend aufbewahren konnte.

218 Unter den Küchengeräten wurde die Vielzahl an tönernen und hölzernen Utensilien mehr und mehr durch haltbarere Gegenstände aus Gußeisen oder Weißblech ersetzt. Überall gab es Hütten und Fabriken für die Produktion eines vielfältigen Sortiments, das in Katalogen angepriesen und selbst durch den ambulanten Handel von Dorf zu Dorf, von Straße zu Straße mit abgesetzt wurde.

219 Modell eines eisernen Sparherdes, auch »Rumfordherd« genannt, aus einer Puppenküche. Dieser Herd zeichnete sich durch die mögliche Nutzung jedes verfügbaren Heizungsmaterials und durch optimale Verwendung der Herdoberfläche samt einer Backröhre aus.
Münchner Stadtmuseum München, Abt. Volkskunde

die in die bürgerlichen Küchen schon in der ersten Jahrhunderthälfte Eingang gefunden hatten, im letzten Jahrhundertdrittel aber auch an Sonn- und Festtagen auf den Tischen von Arbeiterfamilien anzutreffen waren. Sicher versuchten damit manche Frauen, ihre Männer vom Wirtshausbesuch abzuhalten, wenn sie das auch mit einem Mehraufwand an Arbeit bezahlen mußten. Einige der zahlreichen »Gestickten Sprüche für Haus und Küche«[260], die ab 1870 ihre Blütezeit erlebten und kaum in einem Haushalt fehlten, rechtfertigten geradezu diese zusätzlichen Mühen, standen oder hingen den Frauen ständig vor Augen: »Koche gut zu Haus / geht dein Mann nicht aus«, »Für ein gut Gericht / Scheue Arbeit nicht« oder »Ein gutes Mahl / lohnt Müh und Qual«. Um diese »Küchen-Indoktrination« wissend, wandte sich August Bebel 1879 genau gegen solchen zusätzlichen Aufwand der Frauen »in der eigenen Küche«.[261]

Die seit der Mitte des Jahrhunderts in großem Umfang einsetzende Kochbuchliteratur versuchte mehr Abwechslung in der Speisenfolge durchzusetzen, die z. T. mangelhaften Kenntnisse der Arbeiterinnen bei der Nahrungszu-

220 Zur schnellen und dennoch schmackhaften Essenbereitung stellte die Lebensmittelindustrie entsprechende Ingredienzen zur Verfügung. In Deutschland teilten sich die Firmen Maggi, Knorr und Liebig das Monopol. Für die Massenwerbung beschäftigten sie als Texter und Bildchenmacher sogar namhafte Künstler.

221 Titelblatt der 21. Auflage des berühmten bürgerlichen Kochbuchs von Henriette Davidis (1800–1876), das zu besitzen zum Standard vieler junger Eheleute zählte, in deren Küchen mahnende Wandsprüche hingen wie »Jede Gattin klug und weise/Kocht des Mannes Lieblingsspeise« oder »Schmeckt daheim der Schmaus/Bleibt der Mann zuhaus«.

bereitung abbauen zu helfen, allgemein den »Anfängerinnen und angehenden Hausfrauen« Unterstützung zu geben. Doch bleibt hier festzuhalten, daß »die auf größte Sparsamkeit abgestimmten Kochbücher ... der arbeitenden Frau weder Zeit noch Küchengeräte, noch Brennmaterial liefern ..., [denn] bis weit ins 20. Jahrhundert hinein taten die billigen Garküchen, in denen man Kutteln, oder der Stand, an dem man heiße Würstchen kaufen konnte, der Schweinemetzger und der Mann, der in den Straßen seine Fische und Muscheln ausrief, mehr für die Ernährung des Industriearbeiters als jeder Autor«.[262]

Diejenige Kochbuchliteratur, die dem wachsenden Bedürfnis nach einer wohlfeileren Ernährung unter den Arbeitern entgegenkam, traf zeitlich zusammen mit ganz praktischen Verbesserungen, wie der Ablösung des jahrhundertelangen Kochens am offenen Feuer durch den eisernen bzw. gemauert-gekachelten »Sparherd« oder die sogenannte Kochmaschine seit 1850/60. Jener »Sparherd« wurde zwar noch mit Holz, Kohle, später auch mit Gas geheizt; er half aber vor allem Zeit sparen, da auf mehreren Stellen gleichzeitig gekocht oder gebraten werden konnte und dies von einem Feuerloch aus, wobei eine Back- und Bratröhre vorhanden und vielfach noch ein »Wasserschiff« oder eine »Wasserblase« eingesenkt waren, in der »nebenbei« Wasser erwärmte.

Bei allem vorhandenen Fortschritt und dem Bemühen, sich den verändernden Arbeits- und Reproduktionsbedingungen, auch dem Wandel im Konsumverhalten, anpassen zu wollen, blieb aus heutiger Sicht die Ernährung der Fabrikarbeiter im 19. Jahrhundert nicht nur unzureichend, sondern sie war in vielen Fällen geradezu falsch. Zusammenfassend können dafür zwei Gründe benannt werden: zum einen die in vielen Fällen zu geringen Mittel für den Kauf von qualitätvollen Produkten und zum anderen die unzureichende Vorbereitung eines großen Teils der Arbeiterfrauen auf die Haushaltsführung, damit verbunden der Mangel an ernährungsphysiologischen Kenntnissen. Die Versuche vieler Frauen, sich mit der Ernährung an das Vorbild der bürgerlichen Küche anzulehnen, waren mitunter mehr der »falschen« als einer »richtigen« Ernährung dienlich. Hinzu kam die schon erwähnte Ernährungshierarchie in der Familie, so daß noch innerhalb der Arbeiterfamilien große Unterschiede bestanden. Politische Fortschrittlichkeit und Engagement in der Arbeiterbewegung entsprachen dabei nicht immer einem adäquaten Verhalten in der Herausbildung neuer Formen von Lebensweise.

Ähnliche Umstände gelten für die Ernährung der *Heimarbeiter*-Familien. Wenn sich hier die Frauen ihre Zeit zur Nahrungszubereitung möglicherweise auch besser

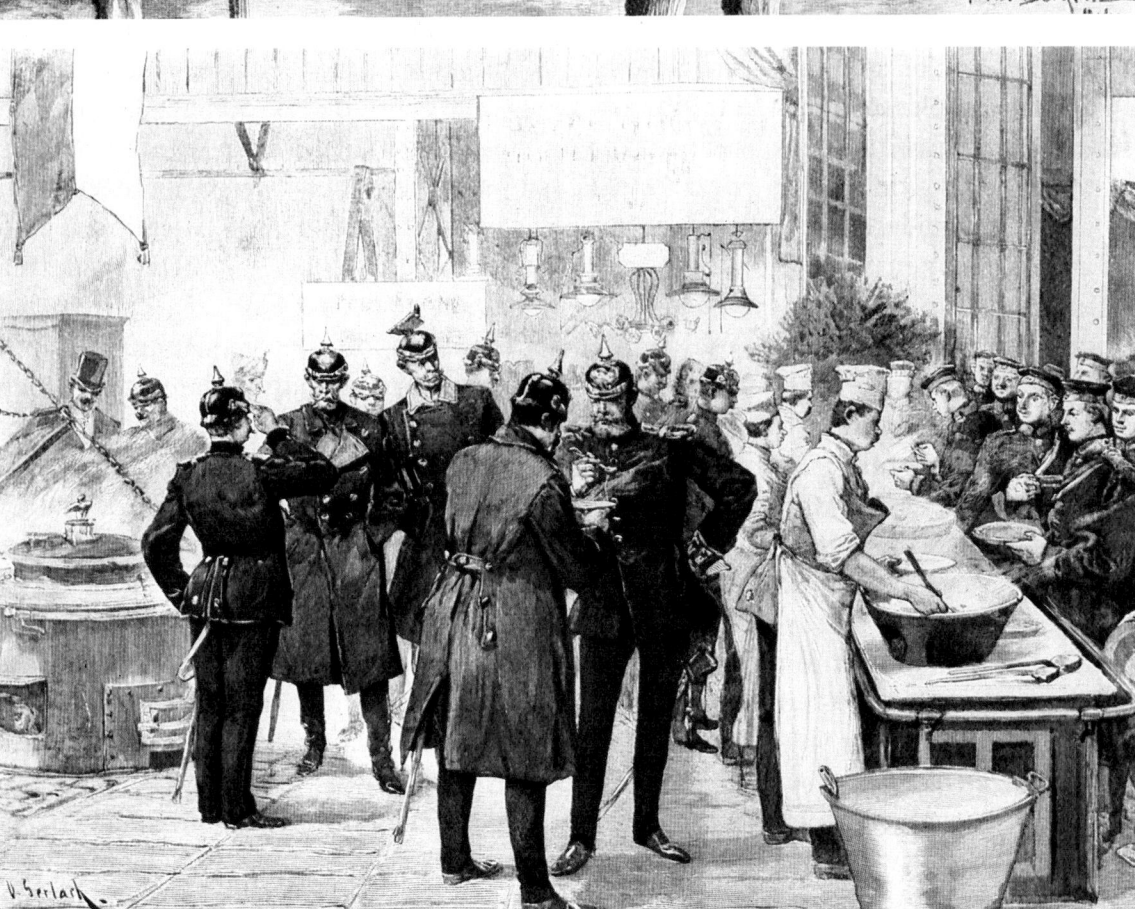

222 Die neue Wärmestube in München, von F. Bergen, 1895. – Schon ab 5 Uhr früh bis abends geöffnet, bezahlten hier Arbeits- und Obdachlose für eine Tasse Kaffee oder einen Teller Suppe je 3 Pfennige.

223 Massenspeisung von Soldaten, vorgeführt und begutachtet auf der Leipziger internationalen Ausstellung für das Rote Kreuz 1892, von O. Gerlach
Organisierte Massenspeisung war nicht nur die für den Staat und andere Einrichtungen einfachste und billigste Art der Armenbeköstigung. Hiermit konnten auch Erfahrungen für die militärische Verpflegung unter verschiedenen Bedingungen gesammelt werden.

224 Speisenverteilung an Arme in einer Kasernenküche, von E. Hosang, um 1880
Bildarchiv Florian Tennstedt, Kassel

Ob und in welchem Maße die Kartoffelnahrung überwog, hing vom jeweiligen Verdienst der Posamentierer, Strumpfwirker, Spitzenklöpplerinnen im Erzgebirge und Vogtland, ebenso der Spielzeugmacher um das erzgebirgische Seiffen und in vielen anderen Heimarbeits- und Notstandsgebieten Deutschlands ab. Wo nicht schon morgens Kartoffeln gegessen werden mußten, bestand das Frühstück »überwiegend aus Zichorienkaffee und einem Stück Brot, das entweder mit Sirup bestrichen oder in Leinöl getaucht wurde. Für die Mittags- und Abendmahlzeiten aber bildete die Kartoffel das Hauptnahrungsmittel. Sie wurde in Verbindung mit Quark, Leinöl und Hering in zahlreichen Varianten zubereitet ... Es gereicht den Frauen der Seiffener Spielzeugmacher zur Ehre«, schreibt Hellmut Bilz, »wie sie aus der Not eine Tugend machten und es verstanden, aus Kartoffeln, Quark und Leinöl nicht weniger als acht verschiedene Speisen als grüne Talken, gekochte Talken, Quarkkeulchen, Dansch, Rauchemaad, Britscheln, Buttermilchgetzen und Röhrenkuchen auf den Tisch zu bringen«. Diese Gerichte aß man hauptsächlich als Mittagbrot, während abends Pellkartoffeln, oft in Verbindung mit Leinöl oder Hering – dem »Karpfen des Erzgebirges« – verzehrt wurden. Fleisch und Wurst kamen selten auf den Tisch, bestenfalls einmal sonntags oder zu Feiertagen. Im Sommer erweiterte sich die schmale Speisenpalette durch Früchte des Waldes, vor allem durch Heidelbeeren, Himbeeren, Preiselbeeren und Pilze, wobei Heidelbeeren als sogenannte Schwarzbeermansche mit eingebrocktem Brot als Hauptmahlzeit am Abend gegessen wurden.[264] Wie schwer die Ernährungslage werden konnte, bezeugt der Brief eines Spielzeugmachers aus dem erzgebirgischen Heidelberg an das Gerichtsamt Purschenstein vom 11. Februar 1855: »Da ich nur noch auf diesen Morgen Nahrung habe, auch keine Aussicht wo Hilfe zu Hoffen ist, so wende ich mich in vollen Vertrauen an Sie, ich bitte nur um Arbeit für mich und meine Familie, wo ich so viel verdienen kann, um mich satt zu essen.«[265] Keinesfalls ein Einzelschicksal einer Heimarbeiterfamilie aus dieser Zeit des Kapitalismus der freien Konkurrenz!

Wie abhängig die Ernährungslage der Heimarbeiter vom jeweiligen Reallohn, dann vom Absatz, vom kontinuierlichen Fleiß und natürlich von den Preisen der wichtigsten Lebensmittel war, soll noch am Beispiel von Heimarbeitern, die im thüringischen Lauscha Christ-

einteilen konnten, blieb in ihrem Zeitbudget letztlich genausowenig Platz für die Zubereitung des Essens. Was den Ernährungsstandard betrifft, so spielte wohl die Bewirtschaftung eines Stückchen Garten- oder Ackerlandes eine gewisse Rolle, aber das hob nicht die sonstigen miserablen Lebensbedingungen auf, über die wir bereits geschrieben haben.

Nur mit wenigen Beispielen wollen wir die unzureichende und vielfach ungesunde Ernährungsweise von Heimarbeitern belegen. In den Zentren der Heimarbeit, vor allem in den Mittelgebirgsregionen, spielte die Kartoffel die wichtigste Rolle. Dazu ist in einer geographisch-topographischen »Beschreibung des Königreichs Sachsen« aus dem Jahre 1852 u. a. zu lesen: »... sie wird ... in kurzer Zeit gekocht und gebraten, ohne weitere Zutat, wie andere Gemüse sie erfordern ... und füllt mit ihrer Masse den hungrigen Magen mehr, beschwichtigt ihn länger als jedes andere, dieselbe Menge Nahrungsstoff gebende Nahrungsmittel ... oft nur mit Salz, günstigerenfalls mit Quark, selten mit Butter [bildet sie] das regelmäßige Morgen-, Mittag- und Abendbrot.«[263] Kartoffeln seien die »wahre Brodfrucht«, heißt es dort zudem.

baumschmuck herstellten, aufgezeigt werden. Hier verdiente ein Glasbläser um 1900 ohne fremde Hilfe in den Wochen und Monaten der Vollbeschäftigung – allgemein von Juni bis Dezember – etwa 4 Mark pro Tag, ein Aufbläser bis zu 3 Mark und ein Arbeitsmädchen, das mit Pinsel und Farbe die vielfältigen Dekors auf die Glaskugeln brachte, etwa 1 Mark. Ein Kilogramm Rindfleisch kostete aber zur gleichen Zeit 1,00 bis 1,20 Mark, 1 kg Schweinefleisch 1,40 bis 1,60 Mark, 1 kg Zucker 0,80 Mark, 1 kg Butter 2,40 Mark usw. Hieraus wird deutlich, daß der ungleich über das Jahr verteilte Lohn zu Unsicherheit in der Ernährung führte, namentlich dann, wenn Arbeit und Geld knapp wurden. Um sich diesem alljährlich neu auftretenden Risiko halbwegs zu entziehen, bemühten sich die Lauschaer Heimarbeiter um Garten- oder Ackerland – auch wenn dieses auf den schwer zu nutzenden Berghängen lag –, weil hierauf ein Teil der Grundnahrungsmittel angebaut werden konnte bzw. von dem Futter eine Ziege oder ein Schwein satt wurde. Doch die vorhandenen Flächen reichten nur für etwa die Hälfte der Lauschaer Glasproduzenten, während für die anderen die Angst um die Nahrung weiterhin zur täglichen Begleiterscheinung gehörte.[266]

Bleiben wir noch in Thüringen, und zwar bei den schon einmal beschriebenen Griffelmachern im Meiningischen, von denen folgendes berichtet wird: »Fast jeder besitzt ein Häuschen und ein Stück Feld, welches ihm sein Hauptnahrungsmittel, die Kartoffel, liefert. Der Griffelmacher genießt sie selbst zubereitet in seiner Griffelhütte und als Abendbrot zuhause bei seiner Familie. Am Sonntag erscheint sie in Form von rohen Klößen auf dem Tisch. Verschiedene Pilze, vor allem aber den sogenannten Stockschwamm, welchen die Frauen ausgezeichnet zuzubereiten verstehen, sind ein Leibgericht der Griffelmacher. Um es zu sichern ... gräbt mancher die großen Buchenstöcke, an welchen sie wachsen, mit vieler Mühe aus und schafft sie in seinen Garten oder Keller. Werden sie zuweilen begossen, so geben sie willig an jedem Sonnabend ihren Ertrag.« Hier ist weder von Fleisch oder gar Butter die Rede, vielmehr erscheinen die Pilze als »Leckerbissen«, fehlt jedes tierische Eiweiß, und dies bei einer »schweren, gefahrvollen Arbeit mit sehr einfachen Produktionsvorrichtungen« in den Griffelsteinbrüchen.[267]

Bei den *Landarbeitern* nahmen die Ernährungskosten den höchsten Anteil unter den Haushaltsausgaben ein, wie wir es schon für andere Bevölkerungsschichten feststellen konnten. Sie betrugen in der Magdeburger Börde etwa zwischen 55 und 65 Prozent vom jährlichen Unterhaltsbedarf.[268] Dennoch gab es Unterschiede sowohl in der Versorgung mit Grundnahrungsmitteln als auch im Speisezettel selbst (vor allem in der ersten Jahrhunderthälfte). Die Deputatlandarbeiter lagen z. B. unter dem o. g. Durchschnitt, weil deren Naturallohn nicht nur den Eigenbedarf weitgehend deckte, sondern mitunter sogar als Überschuß verkauft werden konnte. Dagegen bekamen die freien Landarbeiter im »Zehntverhältnis« gewöhnlich nur dann ein Getreidedeputat, wenn sie zum Einbringen der Getreideernte herangezogen wurden. Da dieses Deputat aber nicht ausreichte, war zumeist ein Zukauf erforderlich. Beim ledigen Gesinde, bei Mägden und Knechten, Enken u. a., gehörte die Verpflegung in der Regel zum Lohn, und dementsprechend niedrig war der Bargeldanteil, doch ist hier zwischen der Beköstigung des Guts- und des Bauerngesindes zu unterscheiden. Gewöhnlich stand die Gesindekost auf den Gütern jener in den mittleren und großen Bauernwirtschaften so lange nach, wie Bauer und Gesinde an einem Tisch aßen. Dennoch waren zeitweilige Gesindedienste auf den Gütern nicht unbeliebt, vermutlich wegen einer etwas reichlicheren Fleischkost und des mitunter zusätzlich verabreichten Lebensmitteldeputats. So erhielt 1885 ein Gutsknecht in Mecklenburg »an Wochenrationen sommers 7 kg, winters 6 kg Brot sowie 500 g Butter bzw. Schmalz, ca. 1 ½ ›Pott‹ Milch täglich, weiterhin jährlich 26 Scheffel Kartoffeln, ca. 50 kg Fleisch und Speck, Bier und Branntwein ..., Mehl zu Suppen sowie Hering, Gemüse u. a. Zutaten«. Eine Magd bekam in der gleichen Gegend annähernd nur vier Fünftel der genannten Produkte.[269] Insgesamt ein recht hohes Deputat, das andernorts nur zur Hälfte und weniger ausgegeben wurde. Aber weder Deputat noch Gesindekost waren auf den Gütern einer Gegend gleich. Zu viele Faktoren spielten dabei eine Rolle. Nicht unwichtig war die Stadtnähe, denn mit zunehmender Entfernung der Gutswirtschaften von der Stadt ist von einfacherer Kost die Rede, in der besonders der Fleischanteil abnimmt – ein Tatbestand, der sich sicher aus der Möglichkeit zur Abwanderung in die nahe gelegene Stadt erklärt und wiederum darauf verweist, daß Landarbeiter und Gesinde ihre Situation als »unabkömmliche« Arbeitskräfte zu nutzen verstanden.

225 »Centralstelle der Wille'schen Milchcuranstalt in Dresden«, von Hortitzsch, um 1885. – Auch in der sächsischen Metropole gab es Abmelkbetriebe mit hygienisch optimal gehaltenem Hochgebirgsvieh, in denen für hohe Preise Milch als Säuglingsnahrung verkauft oder auf die Stunde genau in die herrschaftlichen Häuser geliefert wurde. Damit wollte man auch der steigenden Tendenz der Kinderversorgung durch Ammen vorbauen. Die Stallanlagen waren so sauber, daß sie sogar als eine Art Restauration benutzt werden konnten. In Berlin wurden Tausende von Milchkühen gehalten, und Bauern hatten sich darauf spezialisiert, diese Abmelkbetriebe ständig mit frischem Heu zu versorgen – eine neue Art der Verbindung zwischen Stadt und Land.

Verblieb bis zur Jahrhundertmitte das bäuerliche Gesinde am Tische des Dienstherren, vollzog sich ab etwa 1860 ein allgemeiner Wandel in der bäuerlichen Gesindeköstigung, d. h., die Mahlzeiten wurden fortan zunehmend getrennt eingenommen. Franz Rehbein hat als Landarbeiter beides erlebt – als »Dienstjunge« war er in den achtziger Jahren auf einem Gut in der holsteinischen »Grafenecke«, und anschließend ließ er sich über einen »Gesindevermieter« zu einem Bauern in Dithmarschen als »Dienstknecht« vermitteln. Über seine »Dienstjungen«-Zeit berichtet er: »Die Kost war, wenn auch derb und grob, doch im allgemeinen auskömmlich, teilweise sogar gut. Des Morgens und Abends gab's regelmäßig Buchweizengrütze, die in Schleudermilch (entrahmter Milch, J.) eingelegt wurde ... Zu der Grütze konnte man nach Belieben Schwarzbrot essen, wozu jeder seinen ›Stoß‹ Leutebutter, im Winter Schmalz, erhielt. Es war dies ein rundlich geformter Klacks von bestimmter Größe, ausreichend, um zwei bis drei Brotschnitten damit zu beschmieren. Zu Mittag erhielten wir abwechselnd ›Klüten‹ oder ›Pfannkoken‹, auch Erbsen, Bohnen und Kohl in verschiedener Zubereitung, Sonntags auch wohl Weizenklöße. Speck gab's fast zu jeder Mittagsmahlzeit, hin und wieder sogar frisches Fleisch ... Vesperbrot wurde nur im Sommer verabfolgt; zweites Frühstück nur im Moor und in der Erntezeit; beim Einfahren gab's wohl auch einen Schnaps, sonst aber nicht.«[270] Wohl doch ein »gutes« Essen!? Und dann erinnert sich Rehbein auch an die Kost als »Dienstknecht« bei Bauern: »Die gute ›Dithmarscher Kost‹ essen sie selber, ihre Leute aber können sich an dem Geruch erfreuen und müssen mit fadem Mehlpamp vorliebnehmen.«[271] So etwas finden wir sogar in manchen gereimten Zeugnissen, z. B. aus Schwaben: »Heut ist die heilige Fasenacht, / Do stechet d' Baure Säu, / Do frißt der Bauer d' Leberwürst / Und d' Knecht de häbere Brei.«[272] Hier trifft das zu, was Franz Rehbein folgendermaßen hinterfragt: »Was würde wohl der honette Bürgersmann sagen, wenn er 14mal in der Woche Grütze, und immer wieder Klüten und Pannkoken hinunterwürgen sollte! Von der Creme der Gesellschaft ... ganz zu schweigen. Erst wenn man diesen Vergleich zieht, kann man sich einen richtigen Begriff machen von der ungeheuern Genügsamkeit und Anspruchslosigkeit der Landarbeiter.«[273]

Diese eigenen Erfahrungen des Landarbeiters Rehbein haben Allgemeingültigkeit, und sie lassen sich schon aus den Hauptbestandteilen der Landarbeiterkost ablesen, unter denen auch wieder die Kartoffel den vordersten

226 Erzgebirgische Häuslerfamilie vor der Mahlzeit, um 1900

227 Thüringische Tagelöhner beim Mittagessen, von D. Günther, um 1875

208

228 Einband des »Allgemeinen Deutschen Kochbuchs für alle Stände«, 33. Auflage, 1891
Sammlung Bornitz, Berlin

229 Tischgebet, von F. v. Uhde 1897
Hessisches Landesmuseum Darmstadt

230 Das ländliche Mahl, von A. Bürger, um 1900
Städelsches Kunstinstitut Frankfurt am Main

Die jeweiligen Tischszenen demonstrieren einen sozial unterschiedlichen Grad von Eßkultur, die vom gemeinsamen Essen aus einer Schüssel über das Essen aus einzelnen Tellern bei offensichtlicher Notlage der das Tischgebet sprechenden Familie, über bürgerliche Festtafel mit Hinweis auf die fleißige und bedachtsame Köchin in der Kellerküche bis zum weißgedeckten Eßtisch eines wohlhabenden Bauern im eigenen Speisezimmer reicht. Eine eindrucksvolle kulturgeschichtliche Skala, festgemacht am Mahlzeitverhalten eines gewissen Bevölkerungsquerschnitts im so widersprüchlichen kapitalistischen 19. Jahrhundert.

Platz einnahm. Kartoffeln gewannen vor allem dort an Bedeutung, wo bei generellem Rückgang der Gesindeköstigung – vornehmlich auf Gütern –, d. h. reduziertem Naturallohn, die individuelle Versorgung verstärkt in der zweiten Jahrhunderthälfte einen neuen Stellenwert erhielt. Um so wichtiger wurde es jetzt, ein Stück Land mit Kartoffeln u. a. zu bepflanzen. Das aber hatte man im magdeburgischen Kreis Wolmirstedt bereits 1848 erkannt, wo es hieß: »Sich und seine Familie durch den Winter zu bringen, bedarf es hauptsächlich nur, sich mit dem gehörigen Kartoffelvorrath und mit Brennmaterial zu versehen ... Was den Kartoffelvorrath betrifft, so pachten sich die vorsorglichen Wirthe das Land dazu, gewinnen auf diese Weise ihren Bedarf.«[274] Bezeichnend ist es darum für die damaligen Lebensverhältnisse, daß ein Landloser zuerst nach dem Besitz von Acker und Wald strebte. Maria Rörig hat das ausführlich am Beispiel einer »ländlichen Arbeiterfamilie« des Sauerlandes dargestellt: Der Tagelöhner und Leineweber Christian Glingener verzeichnet den Kauf seiner ersten Bodenparzelle 1854 und erwirbt 10 Morgen 7 Ruthen Wald und 3 Morgen 123 Ruthen Acker und Hutung erst, als seine Kinder selbst verdienen; das Geld für den Kauf muß er sich z. T. borgen. Dieses Land »sollte den aufeinanderfolgenden Generationen wenigstens ein Mindestmaß an landwirtschaftlicher Selbstversorgung garantieren und sie von Wirtschaftskrisen und Teuerung unabhängiger machen«.[275] Eine andere Möglichkeit zur Verbesserung seiner Lage sah Glingener um die Jahrhundertmitte offenbar nicht. Er strebte deshalb zunächst nach einer sicheren Ernährungsgrundlage.

Geht man den Ursachen all dieser Erscheinungen nach, kommt man mit S. Goldschmidt am Beispiel des Landarbeiterlebens in Sachsen, Braunschweig und Anhalt zum Ende des Jahrhunderts zu folgender Einschätzung: »Während in Gegenden mit ansehnlichen Naturalempfängen die Unterschiede in der Ernährung der Arbeiter und Bauern (sicher Kleinbauern, J.) auf ein Minimum zusammenschrumpfen und beide Schichten der ländlichen Bevölkerung gleich gut oder schlecht leben, wird da, wo das rein geldwirtschaftliche Arbeitsverhältnis vorherrscht, ... die Lebenshaltung des Arbeiters im Verhältnis zu den Besitzenden eine geradezu jämmerliche genannt.«[276] Das bedeutet: »Die Ernährung der Landarbeiter war dort am dürftigsten und der des Industriearbeiters am nächsten, wo (wie in der Magdeburger Börde, J.) die kapitalistische Produktionsweise in der Landwirtschaft am meisten fortgeschritten war.«[277]

Für Großbauern war charakteristisch, daß nach 1830 traditionelle Speisen zwar weiterhin sehr beliebt blieben, aber gleichermaßen vieles Neugebotene sehr schnell Eingang in die Küchen ihrer Häuser fand. Dazu zählten solche Lebens- und Genußmittel, wie sie in zahlreichen Bürgerhäusern schon selbstverständlich waren, also Frischfleisch, auch Wild, zunehmend Bohnenkaffee, Zucker und Naschwerk und zahlreiche Früchte südlicher Regionen. Alle jene Produkte gehörten bald zum Angebot der sich seit der Mitte des Jahrhunderts in vielen Dörfern reicher Landschaften immer mehr ausbreitenden Geschäfte. So gab es beispielsweise im magdeburgischen Kreis Wanzleben 1864 schon 348 sogenannte Victualienhändler, davon 254 in den 46 Dörfern des Kreises bzw. existierten bereits je Dorf 5 solcher Geschäfte, dazu durchschnittlich mehr als ein Fleischer und 2 Bäcker.[278] Mit dem weitreichenden Angebot dieser »Kaufmannsläden« wurde nicht nur »ein Stück Stadt ins Dorf geholt«; es förderte gleichzeitig den allgemein einsetzenden Wandel der Nahrungsgewohnheiten, wie wir ihn schon dargestellt hatten: die schnelle Verbreitung von Kaffee, Branntwein, Zucker u. a. Gerade Kaffee – wenn auch hier fast ausschließlich mit Surrogaten gestreckt – wurde für die Landarbeiter ein immer wichtigeres Nahrungsmittel. Sein steigender Verbrauch führte sogar regional zur Abnahme des Biertrinkens und damit zu einem Rückgang der Bierbrauereien – in der Magdeburger Börde von 1842 bis 1864 von 12 auf 5.[279] In den achtziger Jahren wird dann aus dem Magdeburgischen berichtet, Kaffee gehöre »zu den nothwendigsten Lebensbedürfnissen der hiesigen ländlichen Arbeiterfamilien ... Caffee trinken sie Morgens und Abends. Caffee nehmen sie mit aufs Feld, Caffee mit in die Fabrik«, und eine 5-Personen-Familie benötige 1 Pfund Kaffee monatlich.[280]

Für die Landarbeiterkost gelten die gleichen Hauptbestandteile, wie wir sie für die Fabrik- und Heimarbeiter kennengelernt haben, nämlich Kartoffeln, Brot, Kaffee, auch Bier und (oder) Branntwein, übereinstimmen ebenso die fett- und fleischarme Kost sowie sparsamer Umgang und Verbrauch. Dieser Ernährungsstandard hat auch noch für die Kleinbauern Gültigkeit, was für die achtziger Jahre aus Schwaben bestätigt werden kann.[281] Wurde dennoch bisweilen ein geringer Überschuß erwirtschaftet, so stammte er »nicht aus der vollen Scheune, sondern aus dem leeren Magen«, schreibt Karl Kautsky in seiner »Agrarfrage«.[282] Konnte man sich aber manchmal den »Luxus« besseren Essens und Trinkens leisten, gab das Anlaß zur Kritik, wie in einem oberschwäbischen Wochenblatt für die Landwirtschaft von 1887 geschehen: Früher habe der kleine Bauer »mit seiner ganzen Familie morgens bei Suppe und Kartoffeln [gesessen] und sich recht wohl dabei [befunden]. Statt dessen steht jetzt der Kaffeehafen auf dem Tisch, der viel mehr kostet, als sich die Bäuerin zu gestehen vermag. Denn ihr Erlös für Butter und Eier, womit die Bäuerinnen früher das Nötigste in der Haushaltung beschafften, wandert jetzt zum Kaufmann oder Bäcker«; die Männer aber tragen es in die an Zahl zunehmenden Bierwirtschaften und »rauchen dabei die ziemlich teuren Cigarren statt des billigen Knaster von früher«.[283] Wenn Otto Rühle schreibt: »Das Landproletariat lebt nicht besser als das Industrieproletariat«,[284] so dürfen wir wohl behaupten, es lebte noch schlechter, und das bestätigt eine evangelisch-lutherische Kirchenzeitung des Jahres 1888 über die Magdeburger Börde: »Der Mehrzahl der hiesigen Bewohner, dem größten Theil der Arbeiter geht es gar nicht übermäßig wohl ... Allein trotz der Wohlhabenheit, welche der ganzen Gegend ihr Gepräge aufdrückt, lebt doch die Masse des Volks, der Arbeiterstand, sozusagen aus der Hand in den Mund und bringt es bei unermüdlicher Arbeit an Werktag und Sonntag nur in Ausnahmefällen zu einem sorgenfreien Dasein.« Im Jahre 1893 ging ein Berichterstatter den Ursachen dafür nach, und er resümierte: »Das Resultat der hier [in der Börde] gestiegenen Kultur ist die soziale Zerklüftung der Bauern und Arbeiter«, die durch den rapide gestiegenen Bodenwert hervorgerufen sei, an dem die Landarbeiter zwar mitgearbeitet hätten, doch dessen Erlös sei »in die Taschen der Grundbesitzer geflossen«.[285] Damit stellen sich die verschärften sozialen Gegensätze auf dem Lande zum Ende des Jahrhunderts für das »Grundbedürfnis Ernährung« so dar: auf der einen Seite Wachstum von

231 Schüssel und Krug, geschnitzter Holzlöffel: »Nötigstes zum Leben um 1850: Kostbare Gegenstände konnten sich die armen Leute nicht leisten.«

232 Tiefer Teller, Messer und Gabel, Löffel, Krug, Trinkgefäß (emailliertes Blech): »Schmucklose Armut um 1875: Bei den Arbeitern mußte der gedeckte Tisch schlicht und einfach bleiben.«

233 Flacher Teller, Messer und Gabel, Löffel, Krug, Trinkgefäß: »Schlichte Form aus Notwendigkeit um 1900: Für die meisten mußte der gedeckte Tisch schlicht und einfach bleiben.«

234 Flacher Teller (Porzellan), Messer und Gabel (Eisen und Silber geheftet), Löffel (Silber geschmiedet), Kanne (Glas, rot gefärbt, gegossene Zinnmontierung), Trinkgefäß (dito): »Die Freude am Ornament um 1875: In der Gründerzeit erwachte beim Bürgertum die Freude an Pomp und Pracht nach dem Vorbild der Aristokratie.«

Wohlstand und Luxus bei Landbesitzenden und auf der anderen Seite Mangel, Einschränkungen und eine weiterhin einseitige, z. T. ungesunde Ernährung des großen Heeres von landarmen und landlosen Dorfbewohnern.

Und wie sah es bei den *arbeitslosen, pauperisierten* Massen aus? Ihre Nahrungsgrundlage wurde von Volksküchen, kirchlichen Spenden und mitleidigen »milden« Gaben bürgerlicher Wohlfahrtsvereine bestimmt – wohl bisweilen auch von »Anstaltskost«.

Bei der Ernährung der *Kinder* in Stadt und Land vollzog sich im Kapitalismus ein Wandel, der von der historischen Nahrungsforschung lange Zeit eine nur geringe Beachtung erfahren hat, ja das Problem der Kinderernährung wurde selbst von der zeitgenössischen Berichterstattung vernachlässigt, obwohl es doch ein so ernstes war.

In dem 1906 vom Ernährungswissenschaftler und Pädiater Philipp Biedert herausgegebenen Familienbuch »Das Kind, seine geistige und körperliche Pflege von der Geburt bis zur Reife« heißt es, daß gar manche junge Frau gar nicht wüßte, »mit welcher Nahrung sie es großziehen soll«. Man habe ihr zwar eine gediegene Bildung zuteil werden lassen, »aber von der Pflege, Ernährung und Erziehung eines kleinen Kindes hat sie nicht die leiseste Ahnung«.[286] Und dies galt für eine soziale Schicht von Frauen, deren Leben weitgehend von jener Aufgabe des »Kinderaufziehens« bestimmt war! Dennoch darf die Einschätzung gar nicht so erstaunlich wirken. Ganz sicher spielten hier traditionelle Vorstellungen eine Rolle, die in Kindern kleine Erwachsene sahen, deren Pflege und Ernährung deshalb keiner sonderlichen Bemühungen bedurften. Hinzu kam der lange Zeit auch von Medizinern allzu gering veranschlagte Stellenwert der Ernährung im Kindesalter überhaupt bzw. sogar die Propagierung falscher Theorien; und so blieb trotz aller späteren neuen wissenschaftlichen Erkenntnisse eine tiefe Kluft zwischen Ernährungswissenschaft und tatsächlich praktizierter Kinderernährung. War beispielsweise in Süddeutschland Mehlbrei im ganzen 19. Jahrhundert die hauptsächliche Zusatz- bzw. Ersatznahrung, gab man in Norddeutschland den Kindern oft viel zu früh Erwachsenenkost in Form von Kartoffeln, Schwarzbrot und Ersatzkaffee. »So scheint es nicht übertrieben, bis zum Beginn des Bismarckreiches von einer vorwissenschaftlichen Phase der Kinderernährung zu sprechen, in der empirische Beobachtungen vermischt mit moralisch-pädagogischen Einsichten anstelle wissenschaftlicher Erkenntnisse dominierten.«[287]

Dabei bildete der Übergang von der Muttermilch zur Brei- bzw. »Erwachsenen«-Nahrung denjenigen Punkt im Leben eines Kindes, an dem oft über Leben und Tod entschieden wurde. Doch gerade dieser Zeitpunkt war weitgehend von dem Arbeitsvolumen und den Arbeitsbedingungen der Mütter abhängig, d. h., der Übergang von der Muttermilch zu »Surrogaten« setzte zumeist dann ein, wenn die Frauen zum Familienunterhalt beitragen mußten oder allein für sich und das Kind zu sorgen hatten. Je länger die Kinder gestillt werden konnten, desto größer war ihre Überlebenschance im Säuglingsalter. Arthur Imhof hat hierzu für die sächsischen Städte Zwickau, Löbau und Kamenz nachweisen können, daß bei einem höheren Anteil von Fabrikarbeiterinnen unter der weiblichen Bevölkerung auch die Mortalität der Säuglinge höher lag. Imhof konnte gleichfalls für drei Kreise in Bayern während der zweiten Jahrhunderthälfte folgende Zusammenhänge aufzeigen: Je früher der Übergang zu jedweder Ersatznahrung beim Säugling einsetzte, um so höher lag die Sterblichkeitsrate; das galt so lange, wie die fehlende Muttermilch nicht durch eine annähernd gleichwertige künstliche Babykost zu ersetzen war. Dabei erscheint es besonders bemerkenswert, daß die Säuglingssterblichkeit in der Stadt niedriger war als auf dem Lande, wo doch eigentlich frische Tiermilch als Ersatznahrung immer zur Verfügung stand. »Irrtum«, schreibt Imhof und fährt fort: »Die Bauern verkauften nicht selten den größten Teil gerade der besten Milch in die nahe gelegenen Städte, wo die Obrigkeit zwecks Senkung der Säuglingssterblichkeit [sic!] vor allem den Transport und die Verteilung von Frischmilch immer rigoroser regelte.«[288] Andererseits waren die Kleinstkinder in den Städten viel stärker von sogenannten Sommerdiarrhöen betroffen, die Imhof statistisch als »Sommergipfel« darstellt und die als »Ernährungsstörung« den Zusammenhang zwischen Fehlernährung und Körperschädigung bedingte. Worin lagen die Ursachen dieser todbringenden »Ernährungsstörungen«?

Sowohl in den Städten als auch auf dem Lande waren sie eindeutig in einer falschen und mangelnden Ernährung sowie in einer schlechten Pflege der Säuglinge zu suchen. Ärzte und Bevölkerungsstatistiker erkannten diese Probleme zunehmend seit der zweiten Jahrhunderthälfte. So rissen beispielsweise in Württemberg bis zur Jahrhundertwende die Klagen darüber nicht ab, daß die Frauen ihre Kinder zuwenig oder gar nicht stillten, diese statt dessen schon in den ersten Lebenstagen mit »Surrogaten« in Form von unverdünnter Kuhmilch, Mehlbrei oder Zwieback abspeisten, dem sie z.T. noch reichlich Fett zugaben. Utz Jeggle konnte mit Angaben eines Hebammentagebuchs aus dem württembergischen Kiebingen (ca. 600 Einwohner) belegen, daß zwischen 1887 und 1891 nur ein Viertel aller Kiebinger Mütter ihre Säuglinge gestillt haben. Carda Lipp ist im selben Ort den Ursachen nachgegangen und kam zu folgendem Ergebnis: Bei den jungen Müttern handelte es sich hier weitgehend um Bäuerinnen, »die von morgens früh bis spät in die Nacht« ihr Arbeitspensum zu bewältigen versuchten. Unter diesen Umständen waren kleine Kinder in jedem Falle eine zusätzliche Belastung. »Da den Frauen ja wirklich oft die Zeit fehlte, sich um die Kinder zu kümmern, waren sie bestrebt, den Zeit- und Arbeitsaufwand hier möglichst gering zu halten«, schreibt C. Lipp und verweist darauf, daß die Bedürfnisse eines Säuglings oft nur schwer mit dem jahreszeitlichen Produktionsablauf in der Landwirtschaft zu vereinbaren waren.[289] Denn sorgfältige Ernährung und Pflege, insbesondere das Stillen eines Säuglings behinderten die Arbeitsfähigkeit der Frau. Man überließ es eher den älteren Geschwistern oder einer Großmutter, dem Säugling Kuhmilch oder andere Ersatzstoffe wie Anistee, Kaffee u. ä. zu verabreichen, und die Bäuerin-Mutter konnte dann den Arbeiten nachgehen, die in der Wirtschaft eine gewisse Regelmäßigkeit verlangten bzw. regelmäßig wiederkehrten. So sind die Ursachen in Dorf und Stadt, die zum Tod der Säuglinge führten, in vielen Fällen in der Überlastung der Mütter zu suchen, die gerade in den ersten Monaten Ersatznahrung füttern lassen mußten. In Kiebingen waren es die aufeinanderfolgenden Ernten, die den Müttern alle Kraft abverlangten, in den Städten war es die steigende Arbeitsintensität in den Fabriken. In den Ballungszentren wurde die katastrophale Trink- und Abwasserversorgung für zahlreiche Kinder verhängnisvoll. So gelang es in Berlin erst nach 1885, mit einer »allgemeinen Hygienisierung von Leib und Leben« – dem Ausbau der Kanalisation und der Anlage von Rieselfeldern (seit 1875), einem geregelteren Frischmilchangebot, einer besseren Milchhygiene durch Kühlung und Sterilisierung – die Säuglingssterblichkeit einzudämmen und so den »Sommergipfel« abzubauen.[290]

Die Kost jener Kinder, die das erste Lebensjahr überstanden hatten, glich gewöhnlich der Erwachsenennahrung, vorausgesetzt, es mußte nicht ständig am Essen gespart werden. War dies allerdings doch der Fall, wie z.B. in Notsituationen, so wurde am ehesten den Kindern die Ration gekürzt, dann ihren Müttern, die selbst noch mehr darbten, während der Vater als Ernährer oft noch einen Extra-Bissen bekam. Stellte aber die Mutter die Alleinernährerin der Familie, so ergibt sich aus zahlreichen Berichten, daß Nahrungsmangel und Hunger dominierten.[291] Und ein weiteres ist solchen Quellen zu entnehmen: Wie nämlich die Erinnerungen an das Essen und Trinken in der Kindheit zu einem Kennzeichen jener Jahre werden konnten! So betont Adelheid Popp, daß sie sich nicht gern an ihre Kindheit erinnere, weil der Vater – ein Trinker – früh starb und die Mutter nun alles tat, »ihre Kinder redlich zu erziehen und sie vor Hunger zu schützen«; von einer »sonnigen« Kindheit konnte hier keine Rede sein.[292]

Die Ernährung in Kinderbewahranstalten, wie den entstehenden Kinderkrippen und -gärten, Waisenhäusern u.a., schätzt E. Seidler so ein: »Dort zog ... bald die kalorische Monotonie der wissenschaftlich-normierten Speisepläne ein«, und er vergleicht diese Abfütterung mit der »Aufzucht und Fütterung beim Tier«, die »sich beim Menschenkind in dem nunmehr wissenschaftlich normierbaren Begriffspaar Erziehung und Verpflegung aus[drückt]«.[293] So können wir uns resümierend der Einschätzung von Teuteberg/Bernhard anschließen: »Im ganzen war die Kindernahrung im 19. Jahrhundert bei ärmeren Bevölkerungsschichten nährwertmäßig im Grunde nicht sehr verschieden von der Erwachsenenkost. Es gab vielmehr dieselben strukturellen Defizite. Die Ernährung der Waisen in Anstalten ... rangierte allerdings mit Sicherheit auf der untersten Stufe.«[294]

In der *Eßkultur* hatten sich bereits im 17./18. Jahrhundert mit der Nachahmung des höfisch-bürgerlichen Standards grundlegende Wandlungen vollzogen, die zum einen zur Verbesserung der Verhaltensweisen bei Tisch und zum anderen zur Komplettierung und Verfeinerung der Mahlzeitenausstattung geführt hatten. Wichtigste Symbole waren Tafeltuch und Servietten, Porzellangeschirr, komplette Eßbestecke und z.T. das Eß-Zimmer. Doch die Übernahme jenes Standards war nur einem sehr geringen Teil der Bevölkerung gelungen. Im Verlauf des

19. Jahrhunderts vollzog sich nun eine Ausweitung dahingehend, daß eine bestimmte Eßkultur zum allgemein verbindlichen Mahlzeitensymbol wurde, und sei es mitunter auch nur zu festlichen Anlässen. Decken oder Deckchen, mehr oder weniger gutes Porzellan in umfangreichen Services, komplette Eßbestecke, besondere Gläser für unterschiedliche Getränke u. a. m. hatten zum Ende des Jahrhunderts wohl in allen bürgerlichen Haushalten Eingang gefunden. Güte und Umfang der Ausstattung von Mahlzeitenzubehör blieben freilich weitgehend durch die jeweilige Vermögenslage des Hausstandes bestimmt, was vielfach zum Ausborgen jener Ausstattung bei nahen Verwandten und Bekannten führte, um bei »gesellschaftlichen Verpflichtungen« eben bürgerlichem Anspruch gerecht werden zu können.

An alldem orientierten sich mehr und mehr Angehörige der übrigen Sozialschichten. So war gediegene Eßkultur, wo sie die Ausstattung der Mahlzeiten und das Umfeld ihrer Zubereitung betraf, eine ablesbare Wohlstandsnorm, übrigens nicht nur im städtischen Bereich. Auf dem Lande kam es mit dem schon erwähnten Prozeß der Verdrängung des Hausgesindes vom gemeinsamen Tisch gleichfalls zu einer verstärkten Nachahmung der bürgerlich-städtischen Mahlzeitensitten. Statt von Holztellern oder von Steingutgeschirr aßen vermögende Bauern zunehmend von Porzellangeschirr, statt von der blanken Tischplatte vom Tischtuch usw., schließlich auch in speziellen Eß-Zimmern, wie sie seit der Jahrhundertmitte in den Häusern des wohlhabenden Bürgertums üblich wurden. Demgegenüber aßen Mägde, Knechte und das übrige Gesinde bis weit ins 20. Jahrhundert hinein größtenteils aus einer gemeinsamen Schüssel. Hier hatte sich auch bei den Klein- und Mittelbauern werktags wenig geändert, da alle um den Tisch Versammelten in einen Ölnapf tunkten und dazu ihre gepellten Kartoffeln aßen oder aus einer Schüssel löffelten. In jenen Bauernhäusern begann man aber, Feiern und Feste zum Anlaß zu nehmen, um sich ebenfalls im »kultivierten« Essen zu üben und »gutes« Geschirr wenigstens zu solchen Gelegenheiten zu benutzen.

So ist am Ende des Jahrhunderts allgemein unter den Werktätigen in Stadt und Land ein starkes Bedürfnis nach einer gehobeneren Eßkultur zu beobachten. Daneben lief ein Angleichungsprozeß – nicht nur der ländlichen Eßkultur an die städtische –, über den es in der »Gartenlaube« des Jahres 1886 heißt: »Die Entwicklung geht ... in der Zeit darauf hinaus, die Unterschiede, welche lokale Bedingungen in der Ernährung geschaffen haben und noch erzeugen, nach und nach zu verwischen. In gewissen Schichten der Gesellschaft ist dies schon geschehen; das Hotel und das Restaurant, diese beiden Hebel der fortschrittlichen Civilisation, haben jetzt schon einen gleichförmigen Tisch für die ganze von der Kultur beleckte Welt geschaffen. Man speist in Kairo nicht anders, als in Mürren auf 2000 Meter Höhe, und die Tafel der australischen Dampfer wird nicht anders besetzt, als diejenige der ersten Restaurants in Paris. Das kann sehr langweilig werden, läßt sich aber nicht ändern, und aus den Hotels und aus der Welt der Reisenden sickern die Gewohnheiten und Gepflogenheiten allmählich hinab in die Familien und die bürgerliche Gesellschaft.«[295] Jene Aussage darf am Ende unseres Ernährungs-Kapitels nicht darüber hinwegtäuschen, daß sich am Ausgang des Jahrhunderts die Nahrungsversorgung zwar besser darstellte als um 1810, daß aber immer noch eine tiefe Kluft bestand zwischen einem geringen Teil der Bevölkerung, der in stetem Überfluß lebte, und jener beachtlichen Masse von Werktätigen, die oft nicht satt werden konnten, weil Überproduktionskrisen sie zu Arbeitslosigkeit verdammten, in die pauperisierte Masse fallen ließen oder bei denen einfach das Geld nicht reichte. Genügte aber die Quantität, dann mangelte es oft an Qualität, denn Eintönigkeit und ein geringer Nahrungsspielraum zählten zu den dominierenden Merkmalen ihrer Kost, wenn sich auch hier in den letzten Jahrzehnten Tendenzen einer zunehmenden Abwechslung – vor allem in den Städten – abzeichneten. Von entscheidendem Einfluß waren dabei wiederum die Einkommenslage und immer noch die Höhe der Selbstversorgung aus dem eigenen bzw. gepachteten Garten oder Feld, Stall oder Wald.

Kleidung

Mit der Französischen Revolution nahmen die Reglementierungen durch Kleiderordnungen auch in Deutschland ein Ende. »Was die Mode streng geteilt« – nämlich die feudalen Stände mittels ihrer Kleidung von Bauern, Bürgern und Angehörigen anderer sozialer Schichten –, galt nicht mehr. Folglich verlagerte sich das ehemals höfisch-ständische Modegeschehen mit seinen Beeinflussungen in andere Bahnen. Anders als im Feudalismus war die jeweils herrschende Mode nicht allein mehr eine Mode der Herrschenden. Zum ersten Mal war es allen Bevölkerungsschichten möglich, an der neuesten Mode teilzuhaben, sie nach den jeweils vorhandenen Voraussetzungen zu adaptieren, und so sollte es von nun an auch bleiben, denn das entsprach kapitalistischem Denken und Handeln. Dementsprechend wurden Mittel und Möglichkeiten für die Bekleidung in entscheidendem Maße zuerst von den sozial-ökonomischen Verhältnissen bestimmt. Doch traten noch weitere Faktoren hinzu, die das Kleidungsverhalten beeinflußten, d. h. mitbestimmten, welchen Stellenwert Kleidung im Alltagsleben der Werktätigen einnahm. Das gilt sowohl und namentlich für die »Sonntags«-Kleidung als Spiegelbild der jeweiligen Modeströmungen als auch für die Arbeits-Kleidung. Dabei müssen wir hier gewissermaßen ausschnitthaft arbeiten und dies schon deshalb, weil bisher eine umfassende Darstellung der historischen Kleidung werktätiger Schichten in Stadt und Land besonders für das 19. Jahrhundert fehlt. Die vorliegenden Publikationen setzen ihre Schwerpunkte mehr auf die »Geschichte des Kostüms«,[296] damit vor allem auf eine Geschichte der Moden; oder sie konzentrieren sich auf jenen Kleidungsbereich der Dorfbevölkerung, der nach dem weit verbreiteten und beliebten Spruch des ausgehenden 18. Jahrhunderts »Selbst gesponnen, selbst gemacht, ist die schönste Bauerntracht!« vermeintlich schöpferische Autarkie zu demonstrieren vorgibt – wir meinen die Masse der Trachten. Die uns zur Verfügung stehenden Untersuchungen sind zwar wichtige Bausteine für eine Erforschung der Kleidung schlechthin, doch legen sie unzweifelhaft die Tatsache offen, daß Kleidungsforschung – verstanden als Untersuchungsfeld von Kleidungskonsum und Bekleidungs-Produktion bzw. dem Bedürfnis nach Kleidung unterschiedlichster Art und Herkommens, aber ebenso von dessen Realisierung innerhalb aller Klassen und Schichten in Stadt und Land – zu den arg vernachlässigten Gebieten der Historiographie zählt.

Erst in jüngster Zeit ist mit der zunehmenden Bedeutung der »Alltagsgeschichte« auch die Kleidungsfrage stärker ins Blickfeld gerückt. So hat z. B. das Niedersächsische Freilichtmuseum Cloppenburg ein regionales Forschungsprojekt mit dem Ziel begonnen, »die Grundzüge der Entwicklung der Kleidung von der frühen Neuzeit bis zur Gegenwart in Niedersachsen zu dokumentieren ... (sowie) die flächendeckende historische Erfassung ländlichen und städtischen Kleidungsverhaltens«[297] durchzuführen, um – verallgemeinernd gedacht – auf diese Weise »historische, geographische und sozial genau abgegrenzte Phänomene von sich wandelndem Bekleidungsverhalten«[298] ablesbar zu machen. Nicht nur Bildzeugnisse und Gegenständliches können in der Kleiderforschung zu neuen Aussagen verhelfen, sondern auch Personen- und Sachbeschreibungen von Justizverwaltungen, Polizeiberichte, Anschreibebücher, Tagebücher, Testamente, Zeitschriften, Handelsregister, Auktionsbekanntmachungen und andere gewerbegeschichtliche Quellen. Sie geben Auskunft über die Kleidung ländlicher Bevölkerungsschichten in diesem Zeitraum schlechthin und vermitteln Angaben darüber, welche Kleidungsvielfalt innerhalb einer Region und Zeit und ebenso innerhalb einer Bevölkerungsschicht anzutreffen war, zeigen auch starke städtisch-bürgerliche Einflüsse auf. Von dieser Vielfalt haben wir also nicht nur dann auszugehen, wenn sich Angehörige unterschiedlicher Schichten städtischer und ländlicher Herkunft zu einem Anlaß, etwa zu einem großen Fest, einem Fürstenbesuch, einer Prozession usw., zusammenfanden.

Nach dem Wegfall der Kleiderordnungen und mit dem gleichzeitigen Durchsetzen einer gesünderen, bequemeren und einfacheren Bekleidung zu Beginn des 19. Jahrhunderts gewann die Mode bürgerlichen Zuschnitts einen zunehmenden Einfluß auf die Kleidung eines weit größeren Teils der Bevölkerung als vordem. Während sich aber die Männermode nach 1789 eher revolutionär, z. B. an der Arbeitskleidung der Fischer und Hafenarbeiter, orientierte und die bequemeren Pantalons gegen die engen Kniehosen des Adels eingetauscht hat, verblieb die Frauenmode das ganze Jahrhundert hindurch bei »historischen« Formen, die es darauf anlegten, die »andere Welt der Frau« von der Arbeitswelt des Mannes abzugrenzen. Dieses Bestreben fand am Ende der 1. Hälfte des 19. Jahrhunderts einen ersten Höhepunkt, als sich nämlich jene »biedermeierliche« Mode durchgesetzt hatte, die weitgehend dem Zeitbild der biederen Hausfrau entsprach und den Körper in viel Stoff einhüllte. Dieser neue Schnitt der Kleider zeigte sich hochgeschlossen – nur zu abendlichen Festlichkeiten war ein Dekolleté erlaubt – mit schmaler, durch ein Korsett geschnürter

235 Geschnitzte und bemalte Berchtesgadener Holzfiguren, um 1810. – Kunstgewerbliche Arbeit zur Nachgestaltung der vier Jahreszeitenmotive in modischer Empirekleidung Germanisches Nationalmuseum Nürnberg

236 Das Schießhaus zu Weimar während des Vogelschießens, von C.A. Schwerdgeburth, 1824. – Ein Vogelschießen, ein Schützenfest u.ä. sind allemal willkommener Anlaß, sich zu vergnügen. Da fallen bisweilen die Standesschranken, man mischt sich untereinander, aber immer noch erkennbar an der jeweiligen Kleidung. Das macht unser Bild besonders interessant: Bauern sind da in altväterlicher Gewandung oder schon im städtischen Habit, Beamte in ihren uniformartigen Anzügen, Bürger-Volk mit Kopfbedeckungen, die ihre Gesinnung kundtun sollen, beherrscht die Szene. Nur im dunklen Vordergrund warten ermüdete Spielleute.
Staatliche Kunstsammlungen zu Weimar

»Wespentaille«. Allein die Entwicklung des Rockes belegt, »wie wenig die Mode noch an Emanzipation und Gleichberechtigung der Frau dachte«, schreibt Erika Thiel, denn nachdem die Röcke in den zwanziger Jahren kürzer geworden waren, erreichten sie zum Ende des bürgerlichen Biedermeiers[299] eine solche Länge, daß gerade noch der absatzlose Kreuzbandschuh, der im Ballettschuh bis heute weiterlebt, oder zierliche Stiefeletten, die, ebenfalls aus Stoff hergestellt, lediglich eine Ledersohle besaßen, zu sehen waren. Zudem wurden die Röcke, verziert mit mehr und mehr Volants und ausstaffiert mit einer wachsenden Anzahl von Unterröcken, immer weiter. Erotisches blieb dabei ausgespart, ja wurde verdrängt. Bieder-brav und jugendlich-naiv galten als Anliegen dieses Modetrends, der mit einem zunehmenden Bedarf an Stoff und diversem Zubehör immer aufwendiger wurde, dessen Silhouette jedoch von Frauen *aller* Schichten recht bald übernommen werden sollte. Soziale, selbst Klassenunterschiede waren an der Qualität der Stoffe, auch der Stoffmenge, der Aufmachung von Frisur und Kopfbedeckung – einer sogenannten Schute als Grundform – und vielfältigen Accessoires, wie Haarkämmen, Blumen, Bändern, Spitzen, Schals u. a., ablesbar. Ein Vielerlei an Zubehör und die insgesamt eingeschränkte Freiheit der Körperbewegung standen in krassem Gegensatz zu jener bewußten Einfachheit in der Frauenkleidung, die sich in den Jahrzehnten um die Französische Revolution angebahnt und recht schnell durchgesetzt hatte und zu deren Verbreitung nicht zuletzt Goethes »Werther« (1774) beigetragen haben dürfte.[300]

»Die Männer, schon durch Soldatentum und Sport auf praktische Kleidung bedacht, hatten den Übergang zur neuen Form [nach 1789] verhältnismäßig schnell und endgültig empfunden. Sie standen im öffentlichen Leben, in ständiger Begegnung mit den weiteren Revolutionen des 19. Jahrhunderts, ihnen war der neue Kleidungsgedanke schnell vertraut, sie blieben bei den Pantalons und den Anzügen aus kräftigem, dunklem Stoff«,[301] letztlich den Ausgangsformen für Straßenanzüge, die sich seit der

2. Hälfte des 19. Jahrhunderts immer mehr durchsetzten, deren sackartig geschnittenes Jackett oder Sakko den taillierten Gehrock und Frack »von damals« ablösten. Damit erhielt die Männermode immer mehr den Rang einer Art Arbeitskleidung. Das wiederum führte zu einer »Demokratisierung des Schnittes« in der Straßenkleidung und zu einer Gleichheit der männlichen Kleidung, bedingt durch den Wandel zu mehr Zweckmäßigkeit. Zahlreiche Karikaturisten verspotteten jetzt die eleganten Bürger, die nun die gleichen Röcke wie Arbeiter trugen. Die zunehmende Einbindung der Unternehmer und Bankiers in die Prozesse der Wirtschaft und Industrie, ihre ständige Bereitschaft, bei wachsendem ökonomischem Konkurrenzkampf auf dem Posten zu sein, ließen ihnen immer weniger Zeit, sich täglich und dies manchmal stundenlang mit einer aufwendigen Garderobe zu beschäftigen. So war auch das Eindringen dezenter Farben nicht mehr aufzuhalten; vielmehr ist eine »Verschwärzlichung in der Herrenmode des 19. Jahrhunderts« zu konstatieren.[302] Als einziges Kleidungsstück erfuhr die Weste eine stärkere farbliche Betonung, die vom »moralisch-ehrenhaften« reinweiß, über geblümt, gestreift, kariert usw. variiert wurde und so zugleich einen gewissen Luxus zum Ausdruck brachte. Ihre große Beliebtheit läßt sich schon allein daraus ableiten, daß sie als »Westenstücke«, folglich als Halbfabrikate, in beachtlichen Mengen hergestellt wurden, als »Modisches Westenzeugs« mit viel Reklame in den Handel kamen und dann von ortsansässigen Schneidern den Körpermaßen angemessen zugeschnitten und genäht oder in der Konfektionsbranche als Stapelware für den Massenbedarf verarbeitet und angepriesen wurden.[303]

Auch das unpraktische männliche Korsett, das – bei Offizieren beliebt – eine breite männliche Brust und eine enge Taille betonen sollte, verschwand nun. Das Beiwerk zur Kleidung veränderte sich gleichermaßen im Verlauf des Jahrhunderts: Behielt das Hemd zunächst den steifen »Vatermörder«-Stehkragen, so begann man meist mit der Zeit des Vormärz, ganz bewußt den Hemdenkragen umzulegen und einfachere Krawatten zu wählen, um damit

237 Biedermeiermoden für Damen und Herren der Gesellschaft einschließlich einiger Accessoires und Schmuckelemente, um 1840. – Die in Umlauf kommenden Modeblätter, bei allen Schneidern sehr beliebt, verbreiten jeweilige Modekreationen schnell in Stadt und Land.
Märkisches Museum Berlin

eine oppositionelle Haltung gegen die herrschende Reaktion zu dokumentieren. Das sah dann so aus, daß »Spießbürger« und Bürokraten weiterhin beim »Vatermörder« blieben und auch an den einst als Zeichen höfischer Eleganz geltenden weißen gestärkten Tüchern festhielten, die kunstvoll um den Hals gebunden wurden; Kragen und Krawatten blieben so äußere Indizien restaurativer politischer Gesinnung. Künstler, Dichter und Freigeister warfen dagegen als Zeichen revolutionärer Haltung ihre Halstücher »in nachlässigen Bogen und Falten« um den Hals, und die Kämpfer auf den Barrikaden trugen häufig schwarz-rot-goldene oder rote Krawatten, die ihren Schärpen und Kokarden glichen.[304] Ebenso galten Kopfbedeckungen und Haartracht als Erkennungsmerkmale politischer Gesinnung. So trugen die Anhänger der Französischen Revolution neben der Jakobiner-Mütze den Zylinder als Ausdruck der freiheitlich gesinnten Amerika- und Englandschwärmerei. Sehr schnell wurde er zur unentbehrlichen Kopfbedeckung fast für jedermann und blieb es lange Zeit. Selbst die steife »klassische« Zylinderform veränderte sich nur wenig, deshalb kam die Erfindung des Pariser Hutmachers Gibus der zunehmenden Beliebtheit dieser Kopfbedeckung entgegen, nämlich Zylinder als »Chapeau claque« zusammenklappen und gegebenenfalls unter dem Arm oder in einer Tasche tragen zu können. – Auch unter Frauen und Mädchen fand der Zylinder Anhängerinnen. Zwar etwas niedriger und nicht ganz so röhrenartig, dazu geziert mit Blumen und Federn, setzte sich der »Damen-Zylinder« in Stadt und Land im Verlauf der dreißiger Jahre so rasch durch, daß er sogar von Schulmädchen getragen wurde. Einige Jahrzehnte später wunderte sich ein gewisser W. Hardenbeck in einem »Führer zum Artländer Trachtenfest« über diese Hutmode im nordwestlichen Badbergen und vermutete: »Es wird wohl ein freiheitlicher Zug die jungen Mädchen angesteckt haben, der durch Annahme des Zylinderhuts zum Ausdruck gebracht werden sollte.« Doch jener Kleidungskenner geht noch weiter: »Die Gleichheit der Frauen- und Manneshüte sollte bekunden, daß die Frauen fortan gleiche Rechte wie die Männer beanspruchten.«[305]

Wie dem auch sei, der Zylinder büßte seine Funktion

238 Faust und Gretchen (Ausschnitt), von F. Dobiaschofsky, um 1850 – zweite Version des Bildes nach Einspruch der Zensur
Kunsthistorisches Museum Wien, Gemäldegalerie

239 Barrikadenmädchen, von F. Russ sen., 1848. – In Wien waren Frauen beim Barrikadenkampf besonders engagiert. Sie nahmen geradezu legendäre Gestalt an. Überall sollen sie mit der Fahne in der Hand voranmarschiert sein und die Männer angefeuert haben.
Historisches Museum der Stadt Wien

240 Volksbewaffnung 1848: Freiwilliger aus Leipzig mit landwehrartiger Uniform, verziertem »Heckerhut« und schwarz-rot-goldener Kokarde, bereit, Schleswig-Holstein gegen die Dänen zu schützen

als Zeichen einer progressiven Gesinnung dennoch wieder ein. Nach 1840 trat mehr und mehr eine neue Kopfbedeckung bei demokratisch gesinnten Männern in den Vordergrund, der sogenannte Kalabreser oder Carbonarihut – ein weicher Filzhut, wie ihn jene italienischen Freiheitskämpfer gegen französische Fremdherrschaft und für die nationale Einheit ihres Landes trugen. Mit aufgeschlagener Krempe und einem Federschmuck versehen, entwickelte er sich zum Symbol der Revolutionäre von 1848/49, die ihn jetzt nach dem badischen Revolutionsführer Friedrich Hecker auch »Heckerhut« nannten. Kein Wunder, daß ein Bild »Faust und Gretchen im 19. Jahrhundert« die Ordnungshüter erregte: Der Wiener Maler Franz Dobiaschofsky hatte nämlich Faust als 1848er Student mit diesem Barrikadenhut und einer schwarz-rotgoldenen Schärpe dargestellt. »Die Polizei schritt ein, und der Kalabreser mußte sich in einen hohen grauen Stadthut, die Schärpe aber in Luft verwandeln.«[306] – Der biedere brave Bürger blieb aber dem Zylinder treu und trug ihn als »Angströhre«, die viel Spott erntete. Er trug ihn auch als Mitglied der Bürgerwehr, wenn es darum ging, revoltierende Massen zu bekämpfen, »notfalls« niederzuschießen. Und als der Zylinder sogar zur Kopfbedeckung der Polizei wurde, war er, selbst wenn man ihn kurzzeitig mit schwarz-rot-goldenen Kokarden versah, Symbol von Reaktion, ja Konterrevolution geworden.

Wie die Kopfbedeckung, galt auch der Bart als sichtbares Zeichen politischer Anschauung. Solange das Barttragen noch gewissen staatlichen Reglementierungen unterlag, erblickte man in den Vollbärten der vierziger Jahre Feinde gegen die Staatsgewalt. Der Vollbart fiel auch nicht mit dem Sieg der Reaktion, sondern fand ganz im Gegenteil zunehmend Anhänger unter demokratisch Gesinnten. – Unmittelbar nach der Französischen Revolution waren schmale Backenbärte aufgekommen, und es war bis 1830 dem Militär erlaubt, Schnurrbärte zu tragen. Doch nach der Julirevolution von 1830 wurde der Schnurrbart »auch unter anderen jungen Leuten vom Civilstande, besonders Jägern, Künstlern, Literaten u.a. ... wieder häufig, am meisten in Österreich und Bayern« getragen. Andererseits war es in Preußen nach 1846 Referendaren und Postbeamten untersagt, einen Schnurrbart zu haben. Später bekundeten diejenigen »Treue zum Vaterland«, die sich die Barttracht des jeweiligen Herrschers zum Vorbild nahmen, so den ausrasierten Backenbart Wilhelms I. oder den kunstvoll aufgezwirbelten Schnurrbart Wilhelms II. Es ist aber ebenso zu erwägen, ob der für August Bebel typische spitze Bart nicht auch zu einer Nachahmung bei politisch engagierten Angehörigen der Arbeiterklasse geführt hat.

Die Männerkleidung erfuhr in ihren wesentlichen Bestandteilen Jackett (Rock), Hose und Weste im Verlauf des 19. Jahrhunderts keine grundlegenden Wandlungen mehr. Nicht die Pracht des Anzugs war gefragt, vielmehr der Chic des Tragens. Wer gut angezogen sein wollte, mußte Wert darauf legen, nicht aufzufallen – eine Maxime, die teilweise bis heute ihre Gültigkeit bewahrt hat.

Ganz anders die Frauenkleidung, die sich noch in der zweiten Jahrhunderthälfte historisierenden Formen verschrieben hatte, damit weiterhin aufwendig, unbequem und äußerst auffällig blieb. Keine Epoche zuvor konnte so deutliche Unterschiede in der Frauen- und Männerkleidung aufweisen wie jetzt das 19. Jahrhundert, und »noch nie zuvor ist es geschehen, daß die Männerkleidung anderen Prinzipien gefolgt wäre als die Frauenkleidung ... immer bot sie in ihrer Gesamtheit ein einheitliches Bild ... [jetzt] lag eine Welt zwischen Männer- und Frauenkleidung«.[307] Die Frauenmode wurde wieder zur Kleidung der Herrschenden, Paris wieder zu einem Mittelpunkt der Moden. Hier trug nun die schöne Kaiserin Eugénie die neuesten Kreationen der französischen Modeschöpfer zur Schau, deren prominenteste Vertreter sich in jener Zeit zur »Haute Couture« zusammengeschlossen hatten. Begründer der »Haute Couture« war der junge englische Schneider Charles Frederick Worth, der 1859 seinen ersten Salon in Paris eröffnete und jenen »Kult um die Novität« einführte, der es nur den Frauen der Großbourgeoisie und des Adels ermöglichte, sich nach der aktuellsten Mode zu kleiden und damit ihren Wohlstand zu präsentieren. Aber die »Haute Couture« als eben ein im Kapitalismus wurzelndes und diesem verpflichtetes Gewerbe hatte gleichzeitig auch die ökonomischen Interessen der neuen Klasse zu vertreten, was nur gelingen konnte, wenn sie alle Schichten der Bevölkerung am Modegeschehen teilnehmen ließ; d.h., sie verkaufte ihre Modelle auch an die Bekleidungsindustrie, die nach 1850 mit zunehmender Massenproduktion »die für die Geld-

241 Bärtiger Männerkopf, von A.v.Menzel, zwischen 1840/1850. – Das 19. Jahrhundert ist die Zeit der Bartmoden, die sich nach verschiedenen Vorbildern entwickelt. Mal sind es die Bärte der »höchsten Herrschaften«, mal die der Territorialfürsten, oft auch die der Arbeiterführer. Was an äußeren Dingen des Alltags entspricht in dieser Zeit nicht modischen Einflüssen – im weitesten Sinne?
Nationalgalerie Berlin (West)

242 Sonntagmorgen vor der Kirche, von C. L. Jessen, 1878. – Ein Treffpunkt für alle, die aus den weit voneinander entfernten Dörfern und Höfen zum Gottesdienst kommen. Die Älteren als Besitzbauern in modisch-trachtenartigem Anzug und hohem (städtischen) Zylinder; zwei jüngere Männer, in die Kirchentür drängend, mit modischem dunklem Anzug und Bowler bzw. Schirmmütze. Die sie tragen, mögen in einer Fabrik arbeiten oder zur See fahren: Sie kennen die herkömmliche Kleidung der Alten nicht mehr, sind vielleicht auch als »Städter« zu Besuch gekommen. Der Maler hat sie versteckt ins Bild gebracht. Altonaer Museum in Hamburg

243 Wen diese Vereinigung von Männern auch immer repräsentiert, es sind Städter auf einem Ausflug ins Grüne, durchweg nach der neuesten Mode gekleidet. Das zeichnet sie hier besonders aus. Märkisches Museum Berlin

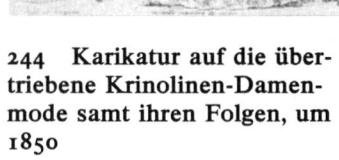

244 Karikatur auf die übertriebene Krinolinen-Damenmode samt ihren Folgen, um 1850

245 Damenmode der siebziger und achtziger Jahre, sogenannte Visitentoiletten mit der Ausstaffierung des Hinterteils als »cul de Paris« – eine Modetorheit, die in entsprechenden Abwandlungen auch als »gute« Kleidung von Bauersfrauen und Arbeiterinnen getragen wurde

246 Die Mitglieder dieses Jungmädchenkränzchens aus Luckenwalde tragen das zur internationalen modischen Kleidung gehörige Korsett, letztlich als Zeichen bürgerlichen Sozialprestiges.
Märkisches Museum Berlin

aristokratie konzipierten Modelle mit billigen Mitteln für breiter Schichten nachahmte«.[308] Doch werfen wir, bevor wir auf diese aufblühende Bekleidungsindustrie näher eingehen, noch einen Blick auf die Modetrends der Jahrzehnte nach 1850 und deren Konsumenten.

Ausschweifende Röcke bis zu 12 Meter Weite, aus luxuriösem und teurem Material, dazu ein umfangreiches Beiwerk, wie Rüschen, Spitzen, Volants u.a., erlaubten es wieder, Reichtum zu zeigen. Diese stoffreichen Röcke wurden von der »Krinoline« gestützt, die schon die Reifröcke des Rokoko betonen half; nur waren jetzt Roßhaar und Fischbeinstäbe durch Stahlgestelle ersetzt worden, für deren Herstellung pro Krinoline durchschnittlich etwa 90 Ellen Draht verarbeitet wurden. Aber nicht nur die Rockweite wurde künstlich geformt. Zur Silhouette der Frau gehörte nun auch die Betonung der Taille durch Schnürleibchen oder Korsett, dessen schädliche Wirkungen auf den weiblichen Körper eine weitreichende Verteufelungskampagne durch Ärzte und Reformer auslösten. Nach dem Stand der medizinischen Forschung um 1900 nannten Mediziner etwa 20 Krankheiten als Folgen des Korsetttragens, unter ihnen Beeinträchtigung der Verdauungsorgane, des Unterleibs, Muskelschwund, Rückenschmerzen bis zu Schwindsucht und Atemnot.[309] Schon in der Kindheit mußten die Mädchen für die spätere »Wespentaille« sorgen. Ein Dresdener Arzt plädierte dafür, daß das Korsett »wenigstens beim Turnunterricht« verboten sein müßte und die Lehrerinnen bei der »Einführung einer vernünftigen Kleidung« selbst Vorbild zu sein hätten.[310] Nicht zuletzt nahmen die Karikaturisten den Kampf gegen das widernatürliche Einzwängen des Körpers auf. Doch zum hübschen Ankleiden – wollte man nicht auffallen – gehörte eben die geschnürte Taille, und wenn es nur an wenigen Tagen des Jahres war, wie mitunter bei Arbeiterinnen. Denn das Korsettkleid blieb auch nach dem Zurückgehen der Krinoline (nach 1870/71) in Mode. Zwar büßten die Röcke kaum ihren Stoffreichtum ein, doch wurde ihre Weite nach hinten verlagert zur sogenannten Tournüre bzw. in den achtziger Jahren zum »cul de Paris« – einer Kleidung, die mit ihren vielen Polstern, Raffungen und Drapierungen, dazu den langen unbequemen Röcken, nicht nur von den Zeitgenossen mit viel Spott und Hohn bedacht wurde.[311]

Es drückte sich in dieser Mode auch eine gewisse Abkehr vom realen Leben mit seinen sozialen Massenproblemen aus, und nicht ohne Grund waren es vor allem die Frauen der »oberen Zehntausend«, die solche neuesten und kostspieligsten Modetorheiten mitmachten. Mit ihrer Kleidung hatten diese Damen den Besitzstand ihres Mannes und zudem ihr Einverständnis mit der Rolle anzuzeigen, die ihnen die Klassengesellschaft schon seit Generationen zuschrieb, nämlich Objekte männlicher Sexualbedürfnisse und als Mütter für die Fortpflanzung der Familie »verantwortlich« zu sein. All jene vermeintlichen weiblichen Ideale der Bourgeoisie sollten sich auch in dieser Art Kleidung artikulieren. So zeigt sich am führenden Modestil der sogenannten Gründerzeit noch einmal deutlich der gesellschaftliche Auftrag an die beherrschende Haute Couture: »Nur eine im höchsten Maße differenzierte Gesellschaft mit antagonistischen ... Klassen konnte für ihre herrschende Schicht dermaßen abgehobene Kleidungszeichen erdenken – wie einst in den Zeitaltern der Aristokratenherrschaft.«[312]

Andererseits waren die Forderungen nach einer bequemeren und praktischeren Frauenkleidung, nach einer Ablösung aus den überlieferten Formen nicht verstummt. Die Anzahl der Frauen, die jede Einengung – und dies nicht nur auf dem Gebiet der Kleidung – ablehnte, wurde immer größer. Daneben setzten sich Sozialreformer, Ärzte, Künstler u.a. mehr und mehr für eine natürlichere Kleidung des weiblichen Geschlechts ein, d.h. ohne Korsett, Stahlgestelle und sonstiges Unbequeme und Steife. Schon in den fünfziger Jahren – zur Zeit der aufgebauschten Reifröcke des »Zweiten Rokoko« – trugen Vertreterinnen einer reformierten Frauenkleidung Jacken, verkürzte Röcke, dazu Blusen, Westen u.a. nach dem Vorbild der Männerkleidung. Dieses Nachahmen maskuliner Kleidungsdetails sollte neben einem Protest gegen die herrschende Mode zugleich die Unterdrückung und Unfreiheit der Frau brandmarken, und es heißt 1880 darüber in J. von Falkes »Costümgeschichte«: »Das Haar wird viel einfacher, mitunter allzu schlicht und einfach, aber nicht ohne Reiz behandelt. Dazu paßt nun wieder der runde Hut. Aber auch er erscheint in viel einfacheren ... Formen ... Und was noch merkwürdiger ist, er erscheint ganz in den schlichten, schmucklosen Formen des männlichen Hutes, wie ihn sonst nur Reiterinnen tragen. Ist es ein Zeichen der Emancipation des weiblichen Geschlechts? Ein Zeichen, daß die Frau siegreich vorwärts schreitet auf dem Weg moderner Befreiung aus vielhundertjähriger Sklaverei?« Und dann nennt v. Falke weitere Stücke, »die Cravatte, den Hemdkragen, die Weste«, die sie sich ebenso nach und nach anlegte, »wie sie trachtet, sich jeglichen Beruf des Mannes Stück um Stück zu eigen zu machen«.[313] Hier liegt die völlig richtige Einschätzung eines guten Beobachters zeitgenössischer Kleidung vor, der sehr wohl vermerkte, daß der Verlauf des Industrialisierungsprozesses von einer immer stärkeren emanzipatorischen Einbeziehung der Frauen begleitet war, sei es im Berufsleben oder im sonstigen Auftreten in der Öffentlichkeit, auf der Straße, in den Verkehrsmitteln, in Warenhäusern und anderswo.

So haben wir in den letzten Jahrzehnten des 19. Jahrhunderts eine zwiespältige Situation zu verzeichnen: zum einen die unbequeme und aufwendige traditionelle Damenmode, die durch Bekleidungsindustrie und erweitertes Angebot in den Städten, z. B. über Warenhäuser oder Geschäfte für »abgelegte Herrschaftskleider«, immer mehr Frauen aller Schichten erreichte, aber auch erreichbarer schien, demzufolge – nach Gottfried Kellers »Kleider machen Leute« – eine zunehmende Faszination auf Frauen eigentlich aller Schichten ausübte, zum anderen die Bemühungen um eine Reform dieser unzweckmäßigen Frauenkleidung als »Mitbedingung ... bei der Befreiung der Frau«.[314] Die Kleiderreform wurde zum Bestandteil der bürgerlichen Frauenbewegung, die sich zu einer »Kriegserklärung an die herrschende Mode« entschlossen hatte, so der Titel des folgenden Gedichtes aus einer schweizerischen Lehrerinnenzeitung von 1897:

»Frau Mode wird der Krieg erklärt
Vom weiblichen Geschlechte.
Wie sie sich sperrt, wie sie sich wehrt,
Wir bleiben keine Knechte.

Du hast uns lang genug regiert
Von deinem stolzen Throne,
Hast uns zu Puppen degradiert
Der ganzen Welt zum Hohne.

Bald willst du dies, bald willst du das,
Bald dick, bald dünn uns sehen.
Bald Arme wie ein Butterfass,
Ein Kleid bis auf die Zehen.

Und können wir auch kaum mehr gehen
Kaum atmen ohne Keuchen,

Es muss die ganze Hygien'
Vor dir, Tyrannin weichen.

Nach Freiheit strebt jetzt auch das Weib,
Nach Freiheit und nach Sitte.
Du willst uns knechten Seel' und Leib,
Krieg jedem deiner Schritte!«

1897 kam es zur Gründung eines »Allgemeinen Vereins zur Verbesserung der Frauenkleidung«; mehrere Zeitschriften[315] und Bücher trugen zur Verbreitung der Reformkleidung bei. So veröffentlichte die »Gartenlaube« 1888 eine Mitteilung über die Kleiderreform in England, Schweden und Norwegen, die darauf abziele, daß nicht mehr die Toilettenfrage allein das Denken der Frau ausfüllen dürfe, »daß sie eine einfache, billige und vor allem praktische hygienische Kleidung haben muß«; in Schweden habe das sogar eine Reform der Unterkleider zur Folge.[316] (Zu jener Zeit gehörte beispielsweise neben dem Korsett noch die Unterhose zu den unbequemsten Stücken der Unterwäsche. Erst um 1850 hatte sie sich durchgesetzt, bestand aber noch aus zwei separaten Beinlingen, die durch einen Gurt verbunden wurden.) In Berlin wurde 1902 sogar eine »Ausstellung für die neue Frauentracht« eröffnet.[317] Zu den propagierten Kleidungselementen gehörten da vor allem Blusen aus verschiedensten Stoffen, die sich 1890, kombiniert mit einem andersfarbigen Rock, insbesondere unter den berufstätigen Frauen aller Schichten, größter Beliebtheit erfreuten. Daneben empfahl man das Kostüm, das, in den achtziger Jahren aus England kommend, als entscheidende Neuheit galt und mit Blusen oder »Jabots« – das sind Rüschen aus duftigem Crêpe oder Spitzen – getragen, auch recht bald seinen Siegeszug antrat. Als ein beredter Ausdruck des zunehmenden Aufbegehrens gegen die herrschende Mode mag im folgenden ein Bericht aus der »Gartenlaube« von 1892 stehen, wonach sich in Berlin »ein großer Kreis von Frauen einmüthig« dagegen erhoben habe, die lange Kleiderschleppe im Straßendreck weiterhin schleifen zu lassen. Sie gingen jetzt mit fußfreiem Rock oder hatten das Kleid entsprechend mit der Hand gehoben; und weiter heißt es dort: »Darum Ehre den vernünftigen deutschen Frauen, die hier einmal durch die That bewiesen haben, daß ihr Geschlecht geistig vorwärts gekommen ist und sein Urtheil über den blinden Modedrang zu setzen versteht!«[318] Dem dennoch wachsenden

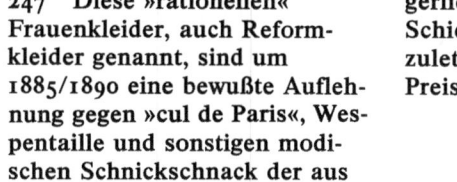

247 Diese »rationellen« Frauenkleider, auch Reformkleider genannt, sind um 1885/1890 eine bewußte Auflehnung gegen »cul de Paris«, Wespentaille und sonstigen modischen Schnickschnack der aus Frankreich kommenden Moden der Haute Couture.

248 Reformerisches in der Kleidung fand in den Dörfern kaum Anklang. Eher ging da bisweilen Trachtenhypertrophie mit modischem Stoff und Schnitt eine eigenartige Verbindung ein. Die verschnörkelten Dekors der Möbel im Fotoatelier entsprechen dem Kleidungsstil der Bäuerin auf unserem Foto.
Museum für Thüringer Volkskunde Erfurt

249 Zweiteilige Kleidung (Bluse und Rock) war aus praktischen Gründen um 1900 beliebt. Sie wurde von kleinbürgerlichen und proletarischen Schichten gern getragen, nicht zuletzt wegen des niedrigeren Preises.

250 »Im Wettstreit« heißt diese Zeichnung von P. Hen aus den neunziger Jahren. Es zeigt vier freundlich dreinschauende Putzmacherinnen, die all den modischen Kram mit Nadel und Faden annähen müssen. Was das Bild nicht zeigt, ist die fliegende Hast, mit der die Arbeit zur baldigen Abgabe an den Kunden verrichtet werden muß, sind die zerstochenen Finger und die bei schlechtem Licht nicht ausbleibende frühe Kurzsichtigkeit der im Dienste der Mode ausgebeuteten Frauen.

Bestreben nach modischer Kleidung kam die *Bekleidungsindustrie* in den Städten entgegen. Hier war, wie wir schon dargestellt haben, das Angebot an billigen weiblichen Arbeitskräften hoch, und diese Tatsache verstand die neue Konsumgüterbranche auszunützen. Einstige Luxusartikel – bisher ausschließlich in Handarbeit hergestellte Spitzen, Bänder, Stickereien u. a. – wurden mit Hilfe der Technik zu Massenartikeln und für einen weit größeren Bevölkerungskreis erschwinglich. Hinzu kam der steigende Import von billigen Textilprodukten aus den Kolonial- und Überseeländern. Das noch vor der Jahrhundertmitte sich schnell ausweitende Angebot – vor allem an diversem Zubehör – kam dem Wunsch vieler Frauen entgegen, ihre Kleider selbst zu nähen und den Möglichkeiten entsprechend auszuschmücken. Doch bald folgte die Konfektion von Frauen- und Männerkleidung, entwickelte sich mit der Erfindung der Nähmaschine die Konfektionsindustrie zu einer Großindustrie, die bekanntlich weniger in Fabrikhallen als vielmehr in den Wohnungen vieler Tausender Heimarbeiterinnen ablief. Diese Konfektionsindustrie mußte, wollte sie gewinnbringend produzieren, den Bedürfnissen ihrer Konsumenten entgegenkommen. Kleidung »von der Stange« war jetzt nur noch bei wohlhabenden Bürgern verpönt, die sich weiterhin in exklusiv Maßgeschneidertes hüllten. In allen übrigen Bevölkerungskreisen erfreute sich Konfektionskleidung zunehmender Beliebtheit, weil es dadurch erstmalig möglich war, sich abwechslungsreicher und damit modischer zu kleiden, ein Bedürfnis, das mit dem reichhaltigeren Angebot natürlich mehr und mehr geweckt, aber ebenso einflußreich manipuliert wurde.

Beispielgebend für die Entwicklung der Kleiderkonfektion war Berlin, das seine Pionierstellung in den ersten Jahrzehnten des 20. Jahrhunderts als Monopol in Deutschland ausbauen konnte. Hier war der Damenmäntelkonfektion die Herstellung von Jacken, dicken Unterröcken, Blusen, Schürzen und am Ende des 19. Jahrhunderts von Kostümen und Kleidern gefolgt.[319] Dabei führte die Kleiderkonfektion große Konkurrenzkämpfe: zum einen gegen die gelernten Damen- und Herrenschneider, zum anderen zwischen den kleineren und größeren Betrieben, was wiederum die Verbilligung solcher Erzeugnisse bewirkte, die en masse produziert und abgesetzt wurden, jetzt aber nicht nur in Läden und auf Märkten, sondern zunehmend auch in Warenhäusern. Denn mit diesen »Billigwaren« erfolgte die Ankurbelung eines Massenkonsums, der zur Begründung gerade von Warenhäusern führte, deren Angebot auf bestimmte Käufergruppen

251 Eine solche Maschine um 1885 gehörte fast zur Standardausrüstung jedes Haushalts. Mit ihr wurde für den Familienbedarf geschneidert, noch mehr aber ratterten darauf die Heimarbeiterinnen für die Bekleidungskaufhäuser bis in die Nächte hinein.
Werksarchiv der A. G. Pfaff AG Kaiserslautern

252 Blick auf das Großkaufhaus von Hermann Gerson in Berlin, das schon um 1870 alles, was es an Textilien gab, in seinen Räumlichkeiten anbot. Die Bevorzugung der französischen Sprache für die Fassadenreklame soll auf den Pariser Chic hinweisen, den das Haus Gerson auch zu offerieren hatte und den deutsche Nähmädchen, Schneiderinnen, Stickerinnen usw. genauso herzurichten verstanden – vor allem unter den gleichen Bedingungen – wie Pariser Midinetten
Märkisches Museum Berlin

253 Im Pferdeomnibus um 1900 sitzen die Vertreter der verschiedensten sozialen Schichten, an ihren Bekleidungen erkennbar, fast einträchtig beieinander. Nur die einfach gekleidete Arbeiterfrau hat sich in der Ecke niedergelassen. Oder haben die anderen den Platz neben ihr absichtlich nicht besetzt?

227

254 Halbwüchsige Armenkinder aus Frankfurt-Sachsenhausen singen ihr Fastnachtsheischelied, in dem sie ihrem Wunsch nach späterer Wohlhabenheit Ausdruck geben, von J. F. Dielmann, 1853
Historisches Museum Frankfurt am Main, Graphische Sammlung

255 Paul, Maria und Filomena v. Putzer, von F. Wasmann, um 1840
Nationalgalerie Berlin (West)

256 Barfüßiger Dorfschuljunge beim Kirschenessen auf dem Heimweg, von L. v. Kalckreuth, 1893
Staatliche Kunstsammlungen Weimar

257 Bruder und Schwester aus einem Altmarkdorf, um 1870
Johann-Friedrich-Danneil-Museum Salzwedel

abzielte und die dementsprechend ausgestattet waren »zwischen Kitsch und Kunst, zwischen Palast und Ramschbasar«.[320] Häuser, wie die von Jandorf, Hertzog, Manheimer, Israel u. a. hielten ein breites Bekleidungsangebot besonders für die ärmeren Bevölkerungsschichten bereit, zumal bei ihnen auch getragene Sachen zu den Auslagen zählten. Tietz- und Wertheim-Warenhäuser verkauften vornehmlich an die Wohlhabenderen. Somit erweiterten Konfektionsindustrie und -absatz den Kreis derjenigen, die an der Mode – zunehmend über die Ware Kleidung – teilhaben konnten, aber auch die Gruppe jener Produzenten – vom Fabrikanten über den Zwischenmeisterbetrieb bis zu den Heimarbeiterinnen –, die von der Mode und deren Konsumenten abhängiger wurden. Die Konfektion beförderte also nur scheinbar einen »Demokratisierungsprozeß« in der Mode, wenn in den letzten Jahrzehnten des 19. Jahrhunderts auch ein einheitlicheres äußeres Passantenbild in die Großstadtstraßen Einzug hielt.

Dieses Straßenbild in den Städten prägten nun viele Arbeiterinnen und Arbeiter mit, die – wie Otto Rühle schreibt – »lieber Hunger ertragen oder am Essen sparen, als in schlechter Kleidung auf die Straße gehen«.[321] Minna Wettstein-Adelt schreibt über ihre Kolleginnen in einer Chemnitzer Fabrik: »Die Arbeiterinnen verzichten lieber auf jede menschenwürdige Nahrung, um sich einen modernen Hut, ein hübsches Kleid oder einen Sonnenschirm zu kaufen, ja am Sonntag tragen die meisten Glacéhandschuhe ... Sonntags ... unterscheidet man sie größtenteils in nichts von den Bürgermädchen.«[322] Gleiches vermerkte Paul Göhre vom Sonntagsanzug Chemnitzer Arbeiter zum Ende des Jahrhunderts: Mit der »Sonntags«-Kleidung konnte eine Notlage verheimlicht oder eine gesicherte Existenz vorgetäuscht bzw. bewiesen werden. Diesem Bedürfnis nach schöner Kleidung kamen mitunter preiswerte Angebote, aber auch die Möglichkeit der Abzahlung entgegen, wobei sich die billigen Angebote zumeist als schlechte Qualität herausstellten und die in Raten gekaufte neue Kleidung am Ende sich um das Doppelte oder gar Dreifache teurer erwies. Häufig genug war das erste Stück noch nicht abgezahlt, wenn das nächste schon gebraucht wurde. Reichten hierfür die Mittel nicht aus, so gab es das Angebot getragener Sachen bei Hausierern oder Trödlern, schließlich das Selbermachen mit mehr oder weniger Geschick. Am leichtesten, modisch gekleidet zu gehen, hatten es jene Frauen, die an den Umgang mit Nadel und Faden bzw. an die Nähmaschine ohnehin täglich gebunden waren, wie z. B. die Blusennäherinnen, jene zwar schlecht bezahlten Heimarbeiterinnen, die aber stets über die jeweilige Mode Bescheid wußten und schnell aus einem alten Stück etwas Neues nähen konnten. In jedem Falle bestimmte letztlich das Einkommen die Ausgaben für die Kleidung, d. h., mit steigendem Lohn nahmen gewöhnlich auch die Kleidungsaufwendungen zu, die etwa mit 10 bis 20 Prozent des Gesamtverdienstes anzusetzen sind.

In der Familie fiel gewöhnlich dem Mann als sogenanntem Hauptenährer auch der höchste Anteil des Kleidungsbudgets zu. Der »gute Sonntagsanzug« für ihn stand immer an erster Stelle. Danach folgten das Schuhwerk für die Familienmitglieder und erst dann die Frauenkleidung, schließlich Unterwäsche und Kindersachen. Der Stellenwert des Schuhwerkes rührt daher, daß Mangel oder Nichtbesitz von Schuhen ein Zeichen für Armut darstellte. Besonders bei den Arbeiterkindern spielte der Besitz von Fußbekleidung eine ausschlaggebende Rolle als gewisser Statusfaktor. Dennoch galt sommerliches Barfußlaufen als selbstverständliche Sparmaßnahme. Im allgemeinen wurden Schuhe für Kinder auf Zuwachs angeschafft. Bei der Kinderkleidung versuchte man, den Standard der jeweils städtischen Durchschnittskleidung mitzuhalten, aber dieser wurde »nur selten und unter großen Anstrengungen der Mütter erreicht«.[323] Ein sorgfältiger Umgang mit all diesen Artikeln, die zum Kleidungsbestand zählten, gehörte geradezu zur Strategie einer Arbeiterfamilie. Durch Ändern bzw. Wiederverwenden, Reparieren, Umfunktionieren u. a. – durch »Flicken« also – wurde erfolgreich die Gebrauchsdauer von Kleidung verlängert. Arbeiterinnen setzten viel Ehrgeiz darein, diese Flickarbeiten so »unsichtbar« wie möglich auszuführen, und sie verbrachten einen großen Teil ihrer »Frei«-Zeit damit, die Kleidung sowie die Wäsche der Familie sorgfältigst in Ordnung zu bringen, denn: »Derjenige, dessen Kleidung zerrissen war, obwohl sie hätte geflickt sein können, verlor an Prestige, derjenige, der für seine soziale Stellung ungewöhnlich gut gekleidet war – und sei es in umgeschneiderten Anzügen – gewann an Prestige.«[324] Hinzu kamen die Normen der Sauberkeit! Ingeborg Weber-Kellermann formuliert: »›Arm, aber reinlich‹ war eine der rücksichtslosesten Forderungen der Gesellschaft an die Arbeiterfrau, ohne zu bedenken, daß Sauberkeit beim Besitz von sechs Hemden leichter zu erreichen ist, als wenn es sich bestenfalls um zwei handelt. So blieb die Wertorientierung bürgerlich gerichtet mit modischen Wunschvorstellungen. Zumindest am Sonntag wollte auch die Arbeiterfrau ihre Kinder herausputzen«,[325] wollte sie sich selbst einmal schön machen, sollte der Familienvater seinen guten Sonntagsanzug tragen. Doch all diese Wunschvorstellungen hingen eben weitestgehend vom verdienten Lohn ab, so daß wir uns zusammenfassend Otto Rühle anschließen können, der die Art und Weise der Kleidung des Arbeiters und der Arbeiterin »nach ihrem Geldwerte, ihrer Quantität wie Qualität ... im allgemeinen immer im geraden Verhältnis zu seiner Wirtschaftslage (sieht, J.). Der gut entlohnte Arbeiter ist in der Regel auch gut angezogen«.[326]

Fragen wir nach der *Arbeits-* oder *Berufs-*Kleidung, so liegen weit weniger Beschreibungen vor als über die sonntägliche; dieses Gebiet ist eines der vernachlässigsten Felder der Kleidungsforschung. Wieder ist es Paul Göhre, dessen Schilderung der Kleidung Chemnitzer Arbeiter zum Ende des 19. Jahrhunderts wir hier wiedergeben: »In der Fabrik war die Kleidung selbstverständlich primitiv und schmutzig. Ein festes, wenn auch durch langen Gebrauch abgeschabtes, glänzig gewordenes Beinkleid, eine Weste und darüber ein blauer Leinwandkittel (Bluse, J.) war das übliche Kostüm. Mit Vorliebe zog man in der Fabrik die Stiefel aus und Holzpantoffeln an ... Nur wenige arbeiteten mit unbedecktem Kopfe; die meisten trugen ... eine leichte billige Mütze oder den alten abgenutzten Hut.« Handarbeiter und solche, die viel zu heben und transportieren hatten, banden sich »eine aus altem Sackleinen meist selbst gefertigte Schürze vor«. Dazu kamen wollene Strümpfe und in der kalten Jahreszeit ein wollenes Unterhemd und Unterhosen. Die meisten gingen im Arbeitsanzug nach Hause oder zogen nur »einen alten ehemaligen Rock oder eine Jacke« über die blaue Bluse. Diese blaue Leinenbluse war eigentlich das typischste Kleidungsstück des Arbeiters. Sie wurde wöchentlich gewechselt, »und es fiel geradezu auf, wenn Montag morgens einer wieder die altwaschene mitbrachte«, berichtet

258 Glasarbeiterkinder vor den Werkswohnungen der Hütte Gätcke in Ottensen, um 1900. – Zur Standaufnahme wurden diese Kinder aus den überbelegten Wohnungen sauber und ordentlich angezogen, so daß man sie kaum von Jungen und Mädchen aus anderen Schichten unterscheiden kann. Nur weist ihre große Anzahl vor den Gätcke-Häusern auf das Wohnmilieu hin, in dem sie leben und das sie prägt.
Altonaer Museum in Hamburg

259 Kinder aus Berlin W und aus Berlin N, von H. Zille, um 1900. – Die sozialen Gegensätze zwischen diesen ordentlichen, weiß gekleideten Bürgerkindern und den struppigen Proletarierjungen und -mädchen mit ihren langen Arbeitskleidern sind hier keineswegs karikierend, sondern mit ätzender Ironie dargestellt.

Göhre.³²⁷ Den Stolz auf diese Arbeiter-Bluse, ihren Symbolwert für die Ziele der Arbeiterbewegung besingt in eindrucksvoller Weise das »Lied von der Blouse«:

»Den Frack trägt jeder Charlatan,
Der Stutzer seinen Kittel.
Den grünen Rock der Jägersmann,
Des Kaiser's Rock der Büttel.

Schwarz, schwarz erscheint die Geistlichkeit
Vom Kopfe bis zum Fuße, –
Das stolzeste, das schönste Kleid,
: Das bleibt doch meine Blouse!:

Von meiner Arbeit Schweiß getränkt,
Versteht sie meine Klagen,
Und was mein Herz im Stillen denkt,
Darf ich ihr alles sagen.

D'rum ob zerrissen, ob geflickt,
Ob ölig, ob voll Ruße,
Mit Liebe stets mein Auge blickt
: Auf meine treue Blouse.:

Die Blouse lehrt mich jeden Tag
Die Furcht von tausend Jahren:
Daß es nicht besser werden mag,
Bis einig unsre Schaaren!

Und seh ich einen Blousenmann,
Biet ich die Hand zum Gruße;
Denn diesem ich vertrauen kann,
: Das sagt mir meine Blouse.:

Den fest geschloss'nen Bruderbund
Kann keine Macht bezwingen,
Durch ihn – das thut die Blouse kund –
Wird uns das Werk gelingen.

Hinweg mit allen Thyrannei'n,
Mehr Brod, mehr Schlaf, mehr Muße,
Wir wollen freie Männer sein,
: Das kündet unsre Blouse!:«³²⁸

Blau spielte in dunklen oder »waschblauen« Tönen in der Arbeitskleidung ohnehin eine große Rolle, »da indigogefärbter Stoff als farbecht und unverwüstlich galt und den Bedürfnissen der Alltagstracht besonders entsprach«.³²⁹ Auch die Frauen trugen in den Fabriken zumeist breite blaue Leinenschürzen zum langen Rock und zur hochgeschlossenen Bluse. Als Alltagskleider waren zudem lange Kleider aus Blaudruckstoffen mit kleinen unauffälligen Mustern beliebt, dazu in der kälteren Jahreszeit große wollene Schultertücher, sogenannte Seelenwärmer, und kleine gestrickte Kopftücher. Im übrigen war es üblich, die abgenutzte Sonntagskleidung noch in der Arbeit aufzutragen. Wenn auch in einigen Berufen, so bei Maurern, Zimmermännern, Schmieden, Schlossern, eine bestimmte Arbeitskleidung üblich wurde, wie sie z. T. schon früher von Handwerkern getragen worden war, so gehörten doch die gleichen o. g. Grundbestandteile zur Ausstattung, variierten aber Farben und Details, wie es im »Lied von der Blouse« anklang und 1885 die »Gartenlaube« verallgemeinernd berichtet: »Noch zur Zeit unserer Großeltern hatte der Schulmeister einen hechtgrauen, der Müller einen blaugrauen, der Jäger einen hellgrünen, der Gerber einen lohfarbenen, der Schneider und der

260 Vorarbeiter, Werkmeister und »Dirigent« (von rechts) in einer Fabrikwerkstatt, um 1865. – In der Arbeitskleidung werden die Befugnisse und Verantwortlichkeiten in geradezu hierarchischer Weise deutlich.

261 Belegschaft einer Eisenkunstguß-Fabrik um 1870, bekleidet mit den typischen Arbeits-»Blousen« der Metallarbeiter
Märkisches Museum Berlin

262 Loschwitzer Bauhandwerker, um 1890. – Neben den z.T. gräulich-weiß gehaltenen Hemden, Hosen und Westen sind die vorgebundenen, bis über die Knie reichenden groben Lederschurze und die Holzpantinen typisch-zweckmäßige Stücke einer dem Charakter der Arbeit entsprechenden Bekleidung.
Sammlung Ernst Hirsch, Dresden

Maurer einen dunkelblauen, der Leineweber einen hellblauen, der Schäfer einen weißen, der Professor einen kaffeebraunen, der Fleischer einen rotbraunen und der Musikus einen zimmetfarbenen Rock an ... Schwarz trugen damals nur die Rathsherren, die Priester, die Scholarchen, die Trauernden und die Schornsteinfeger.«[330] Die weiße Berufskleidung von Ärzten und medizinischem Personal nahm erst zum Ende unseres Zeitraums ihren Anfang, wurde zur Begleiterscheinung von Antiseptik und Aseptik.

Eine eigene Berufskleidung entstand in der 2. Hälfte des 19. Jahrhunderts für die Dienstboten, um damit »die Schranken zwischen Bürgern und Dienstboten ... erneut zu festigen und ihnen ... sichtbaren Ausdruck zu verleihen«.[331] Dabei wurde bei Ammen, Dienstmädchen, Stubenmädchen und Köchinnen besonderer Wert auf die Haube gelegt, die, aus weißem Stoff und gestärkt, als Schiffchen, Schleifen oder in anderen Formen Sittsamkeit und Sauberkeit symbolisieren sollte. »An Sonntagen befreiten sich die Dienstmädchen von der Haube, trugen Kleidung wie die Herrschaften ... Sie schmückten sich als Symbol dieser Befreiung mit einem Hut, wie man ihn von der modisch gekleideten Dame des Hauses kannte.«[332] Männliche Dienstboten erhielten von ihrer Herrschaft Livreen, die sich nach der auszuübenden Tätigkeit unterschieden. Da gab es verschiedene Anzüge für

263 Zur Garten- oder Feldarbeit trägt die junge Frau eine an Trachten des 18. Jahrhunderts erinnernde Kleidung.
Sammlung Ernst Hirsch, Dresden

264 Die Weberfrau Karoline Böhme aus Sebnitz, um 1900, ruht sich von der ermüdenden Jätearbeit aus. Die unvermeidlich lange Arbeitsschürze ist vorn hochgebunden, um bei der bückenden Beschäftigung nicht hinderlich zu sein. Die ältesten Schuhe sind für die Feldarbeit gerade gut genug. Das nirgendwo fehlende Kopftuch, meist unterm Kinn gebunden, schützt vor Wind und Wetter, vor Schmutz und Unfall. Die Zweckmäßigkeit aller Arbeitskleidung beruht auf einem langen Erfahrungsschatz und scheint in manchen Stücken – so dem Kopftuch der Frauen – zeitlos zu sein. Es wird zum Attribut der Frauenkleidung schlechthin.
Heimatmuseum Sebnitz

265 Der Gutsherr von Bornstedt, von E. Henseler, 1898. – Auf dem Bild dominiert zwar der kontrollierend-antreibende Junker hoch zu Roß. Aber die die schwere Arbeit verrichtenden Schnitter und Binderinnen sind doch die eigentlichen Akteure, wiederum ausgezeichnet durch die Zweckmäßigkeit ihrer Arbeitskleidung: die Mäher mit dem weiten Strohhut, die Binderinnen mit Armstulpen gegen die stechenden Grannen geschützt.
Historisches Museum Schwerin, Abt. Volkskunde

266 Die Gänserupferinnen (Ausschnitt), von M. Liebermann, 1871/1872. – In dem großen gedielten Raum, in dem die Gänse im Akkord gerupft werden, zieht es. Dagegen hilft ein wollenes Umschlagtuch, der »Seelenwärmer«, um das Rheuma nicht noch weiter zu verschlimmern. Die vielfach geflickte Schürze – ein immer wiederkehrendes Stück der weiblichen Arbeitskleidung!

den Diener des Hauses – einen »Hausanzug«, den »besseren Anzug« und die Dienerlivree zum Servieren; aber auch solche für Kutscher, Jäger und später Chauffeure.[333] Diese männliche Dienstbotenkleidung wurde in der zweiten Jahrhunderthälfte nicht nur in eigens dafür gegründeten Geschäften angeboten, sondern auch in Kaufhäusern. Demgegenüber bezogen die weiblichen Dienstboten ihre Kleidung von den zahlreichen großstädtischen Schneiderinnen, die ausschließlich für Dienstmädchenkleidung arbeiteten.

Noch eine Kleidung spielte im Leben der Männer des 19. Jahrhunderts eine wichtige Rolle, die *Uniform*. In einem »Mahnwort an die jüngeren Rekruten« zum Ende des Jahrhunderts war zu lesen: »Der Soldat trägt des Königs Rock; er wird dadurch gleichsam ein anderer Mensch. Sein Gang wird stolz und elastisch, seine Haltung edel und selbstbewußt.«[334] Diese »Einstimmung« der Soldaten in die neue, nun uniforme Kleidung hatte in gewisser Weise recht. Soldaten stand es nämlich zu, »forscher« aufzutreten, sei es auf der Straße oder in der Gastwirtschaft. Nicht zuletzt bei jungen Mädchen zählte ein Uniformierter gewöhnlich mehr als ein »sonstiger« Bürger. Beim Auftreten in der Masse machte die Gleichheit Eindruck, waren alle Unterschiede von vorher getragener, zerschlissener, geflickter oder auch eleganter Kleidung hier verwischt, und unmodern konnte man in einer Uniform schon gar nicht sein. Wer ohnehin nicht das Geld für eine halbwegs anständige Garderobe aufbringen konnte, dem war der Uniformrock häufig schon aus diesem Grunde willkommen. Natürlich hatte uniforme Kleidung auch Funktionen, die den »anderen Menschen« ausmachen sollten: die einheitliche Kennzeichnung, die Zugehörigkeit und zugleich das Sichtbarmachen der Hierarchie innerhalb der Uniformträger; daneben eine Schutzfunktion für Leib und Leben und wiederum das Symbolisieren von Macht des monarchistisch-militaristischen Staates.

Das bisher vorgestellte Kleidungsverhalten bezog sich ausschließlich auf den städtischen Bereich. Welcher Einfluß ging von hier auf die nahe gelegenen oder weiter entfernten Landbewohner aus? Kam den Städten eine Vermittlerposition zu? Um 1840 schreibt der österreichische Statistiker Johann Springer: »In den Städten ist auch der meiste Wechsel in Stoff und Form der Kleidungsstücke und der größte Verbrauch auswärtiger Stoffe, während der Landbewohner im Allgemeinen an dem hergebrachten Schnitt festhält und sich mit inländischen Fabrikaten begnügt.«[335] Dies bedeutete u. a., daß auf dem Lande noch weit ins 19. Jahrhundert hinein ein Großteil einheimischer Textilien (Leinen und Loden) oder Mischgewebe aus Leinen und Baumwolle (Barchent) verarbeitet wurden, die sich durch hohe Haltbarkeit auszeichneten; in der Stadt fand dagegen ein größerer Verbrauch »auswärtiger Stoffe« statt. Jene noch von der höfischen Mode beeinflußten Kleidertrachten auf dem Lande zeigten sich aber weder einheitlich noch als erstarrte Kleiderformen. Entsprechend ihrer sozialen Trägergruppe – Groß-, Mittel-, Kleinbauern – fielen sie reicher oder ärmer in der Anzahl der Stücke, des Zubehörs, auch der Farben und des verwendeten Materials aus. Neben der regionalen Zugehörigkeit konnte diese ländliche Kleidung Familienstand und Altersstufen sowie verschiedenste religiöse und kulturelle Ereignisse anzeigen, erlaubte zudem einen gewissen Spielraum individueller Ausstattung gemäß der sozialen und ökonomischen Position des Betreffenden. So signalisierte die ländliche Kleidung, die wir als Tracht (von Tragen) ansprechen, den Kleidungsstil einer sozialen Gruppe der dörflichen Hierarchie innerhalb eines bestimmten geographischen Raumes. Oder anders formuliert: »Tracht als ›Identifikationsmittel‹ mit ablesbarem Regionalcharakter«.[336]

Auf diese Weise hatte sich die Landbevölkerung zum Beginn des 19. Jahrhunderts mit einem von Region zu Region unterschiedlichen Kleidungsstil von den keinesfalls einheitlich gekleideten Stadtbewohnern separiert. Doch blieb der Einfluß der Städte wie schon vordem nicht aus, vielmehr veränderte sich im Verlauf des Jahrhunderts das dörfliche Kleidungsverhalten in zwei Richtungen. Zum einen orientierten sich die Landbewohner zunehmend an den städtischen Verbrauchsmustern, übernahmen dort getragene Kleidungselemente in ihre Kleider-Trachten, bis sie sich der bürgerlichen Mode ganz anpaßten und die Trachten vollständig ablegten. Zum anderen aber verharrten einzelne Regionen nicht nur in ihrer herkömmlichen Kleidung, sondern entfalteten in dieser mit den neuen Möglichkeiten des städtischen Gewebe- und Zutatenangebots eine z. T. sehr aufwendige Farben- und Formenpracht – die neuen Erkenntnisse der Farbenlehre und die Erfindung der Anilinfarben boten eine reiche Palette des Farbenangebots, so daß kräftig-grelle Farben ebenso zusammengestellt wurden, wie es sehr harmonische Arrangements innerhalb der Trachten gab.[337] Mit dieser Farben- und Formenpracht wollte und konnte man den »Charakter« einer Region, selbst eines Ortes, nach außen noch besser demonstrieren bzw. ein Markenzeichen für eine feilgebotene Ware setzen. Jene »Warenzeichenfunktion der Tracht« – Wolf-Dieter Könenkamp konnte dies nachweisen – führte beispielsweise in den »Vierlanden« dazu, daß »die Marktgänger die Tracht nicht nur später ab[legten], sie legten sie am Ende des 19. Jahrhunderts eigentlich erst wieder für den Markt an«.[338]

Nur in den seltensten Fällen waren Materialien und Zubehör für die Tracht »selbstgemacht«, und wenn sie es waren, beschränkte sich die eigene »Machart« fast immer auf die Stoffe der Werktagskleidung. Manufakturen und Fabriken produzierten vielfältige Stoffe, Tücher, Bänder, Schleifen, Tressen u. a.; Heimarbeiterinnen oder in den Dörfern nicht landwirtschaftlich tätige Frauen lieferten kunstvolle Stickereien, Spitzen und andere Handarbeiten als Massenware, Haubenmacherinnen fertigten Mützen und auffallenden Kopfputz usw. Selbst ausländische Fabrikate sind nachweisbar Bestandteil von Trachten gewesen, sei es in der Auszier oder in den verarbeiteten Stoffen. Ein umfängliches Angebot all dieser Zutaten boten

267 Steinbrucharbeiter um 1890. – Arbeitskleidung an sich ist in den meisten Fällen kein Indikator für soziale Stellung oder entsprechendes Verhalten. Man zieht das an, was einerseits wärmt, aber auch nicht schwitzen macht, und was schützt. Dieses Arbeitszeug flickt man so lange, wie es geht. So gesehen, war »Flick-Werk nicht die Ausnahme, sondern die Regel«. Aber »daß die Dinge (und nicht nur die Kleidung!) eine ganze Weile hielten und daß ihre Lebensdauer immer wieder verlängert wurde, war ein sichtbares Zeichen der Schwierigkeiten, mit denen sich die Menschen herumschlagen mußten«. (Flickwerk, Stuttgart 1983, S. 6f.)
Steinarbeiterhaus Hohburg

268 Dienstmädchen (Bauerntochter) in Berlin, um 1900. – Um zum Ausgang chic zu sein, kleideten sich die Dienstmädchen in den großen Kleidermagazinen modisch ein, hatten eigens dafür gespart und versuchten so, wenigstens für kurze Zeit, es ihrer »Gnädigen« nachzutun.

269 Köchin in einem bürgerlichen Haushalt zu sein kam einem besonderem Status gleich, und der wurde durch eine entsprechende »Dienstkleidung« herausgestellt. Eine Köchin besaß oft das Vertrauen der Dame des Hauses, durfte selbständig einkaufen, gar den wöchentlichen Speiseplan aufstellen usw.

außerdem Läden, Märkte, Warenhäuser in den Städten und nicht zuletzt eine Vielzahl von Hausierern feil. Begünstigend für den Absatz war der allgemeine ökonomische Aufschwung, den die Landwirtschaft in der zweiten Jahrhunderthälfte erfuhr und der in einnahmestarken Regionen auch die häusliche Textilproduktion für den Eigenverbrauch zurückdrängte. Man war jetzt nicht mehr gezwungen, Trachtenstoffe selbst anzufertigen, wo der Handel genügend preiswerte Materialien in großem Variantenreichtum anbot. Hinzu kam das Streben, den Habitus modischer Kleidung mit den gebotenen Mitteln zu kopieren, dabei aber nur Schnittformen und einzelne Elemente zu übernehmen und sie den regionalen Gegebenheiten anzupassen.

Auch dies führte verständlicherweise in manchen Regionen zu einem Wandel in der Tracht. Nehmen wir als ein Beispiel die Kleidung der Sorben um Lübbenau – die bekannte Spreewälder Tracht.[339] Als Theodor Fontane 1859 die »Spreewaldhauptstadt« besuchte und ihn zunächst die hier gehandelten Mengen von Gurken, Kürbis und Meerrettich beeindruckten, nahm er an einem Lübbenauer Gottesdienst teil. Über seine dort gemachten Beobachtungen schrieb er: » ... nur die Frauen trugen noch ihr spezielles Spreewaldkostüm ... Der kurze faltenreiche Friesrock, das knappe Mieder, das Busentuch, die Schnallenschuhe, selbst die bunten Bänder, die, mit großem Luxus gewählt, über die Brust fallen, sind allerorten in wenigstens ähnlicher Weise vorkommende Dinge, wogegen nur der Kopfputz und die Halskrause von dem sonst herkömmlichen abweichend erschienen ... Allgemein aber ist der spreewäldlerische Kopfputz ... Eine zugeschrägte Papier- oder Papphülse bildet das Gestell, darüber legen sich Tüll und Gaze, Kanten und Bänder und stellen eine Art Spitzhaube her.« Fontane vermerkte aber, daß die Halskrause »nicht allgemein« sei und außerdem verheiratete Frauen ein Kopftuch um die Haube hätten. »Junge, reiche Frauen schienen [dabei] schwarze Seide zu bevorzugen, während sich ärmere und ältere mit krapprotem Zitz und selbst mit ockerfarbenem Kattun begnügten.«[340] Mit dem allgemeinen Wandel der Spreewaldtracht zwischen 1880 und 1890 fielen nicht nur die bunten Bänder weg; es »verschwanden die Halskrause an den Hauben und das über den Pappbügel gebundene Tuch wurde zur allgemeinen Kopfbedeckung ... Die handgewebten Röcke verschwanden aus der Sonntagstracht ... Statt dessen kamen nach modischen Vorbildern genähte Röcke auf, wie man sie bei den weiblichen Angehörigen der Gutsbesitzerfamilien oder den Frauen der städtischen Spreewaldbesucher gesehen hatte«.[341]

Nach den hier so ausführlich aufgezeigten Veränderungen der sorbischen Tracht um Lübbenau sollte deutlich werden, daß diese keineswegs als erstarrte Bekleidungsform anzusprechen ist. Vielmehr dürfen wir deren Wandlungen als Ausdruck einer regionalen Identitätsfindung –

237

270 Auch herrschaftliche Bedienstete männlichen Geschlechts konnten sich als Kammerdiener, Kutscher oder Chauffeur, als Reitknecht, Leibjäger, Sekretär u.a.m. hinaufdienen. Als Zeichen ihrer Vertrauensstellung und ihrer Würde trugen sie uniformartige Livreen, auf die sie sich oft nicht wenig einbildeten, denn diese hatten, zumal im preußisch-deutschen Staat, eine Statusfunktion.

271 Mit dem martialischen Hauptmann auf der Leiter nahmen solche Feuerwehrleute im Bewußtsein der Öffentlichkeit einen hohen Rang ein – auch wenn es sich wie hier in Berlin-Stralau nur um eine gestellte Löschprobe handelt.
Märkisches Museum Berlin

272   Ein schneidiger Armeetambour um 1890

273   »... zur Mutter«, von B. Woltze, 1871. – Als Soldat, gar mit einem Orden dekoriert, ist man selbst Symbol. Ins trauliche Heimathaus zurückgekehrt, von der in Tracht emsig schaffenden alten Mutter empfangen, findet die gefühlsträchtige vaterländische Verklärung einen Höhepunkt und stärkt den Widerstand gegen alles, was von draußen gegen das »traute Heim« als den Hort alles Guten anzustürmen scheint.

274   Auch solche Zöllner an der Dresdner Albertbrücke waren nicht zu übersehende Respektspersonen.
Institut und Museum für die Geschichte der Stadt Dresden

aus welchen Gründen auch immer – verstehen, hat unser Beispiel Allgemeingültigkeit. Mit den veränderten gesellschaftlichen Verhältnissen und den neuen Sozialstrukturen im Dorf vollzog sich gleichfalls ein Funktionswandel in der Tracht. »Diese Vorgänge vollziehen sich jedoch nicht überall in gleicher Weise. Landschaften mit mehr Beharrungswillen stehen neben solchen mit größerem Neuerungsstreben. Voraussetzungen und Gründe für diese oder jene Verhaltensweise können verschiedenster Art sein, mögen auf sozioökonomischen oder auch politischen oder territorialen Verhältnissen beruhen, mögen der Versuch sein, äußeren Zwängen gegenüber regionale Individualität zu behaupten, oder Selbstbewußtsein und Anspruch sichtbar werden zu lassen.«[342] »Regionale Individualität« aber hier nicht verstanden als Unterschied von Dorf zu Dorf.[343]

Fest steht also, daß die Tracht mit dem 19. Jahrhundert »ihren größten Umstrukturierungen entgegenging und die Anfänge ihres Niedergangs fand«.[344] Daß dieser Niedergang in der zweiten Jahrhunderthälfte und im Umkreis der Städte eher einsetzte, wie es z. B. die »Trachten in und um München« belegen, ist selbstverständlich. So waren die Zuzügler in den Dörfern rund um München – zumeist nicht mehr in der Landwirtschaft Tätige – kaum bereit, die hier heimische Tracht zu tragen. Viel interessanter aber dürfte sein, daß bäuerliche Tracht für bestimmte Bevölkerungskreise hier zum Faschingskostüm in Bayerns Hauptstadt taugte, und dies zu einer Zeit, in der nach 1871 gegründete »Trachtenvereine« gerade für die Bewahrung der »Volkstrachten«, aber auch für deren Verbreitung und Wiederbelebung Sorge tragen sollten, in der übersteigertes Nationalgefühl, auch ein Rückgriff auf eine vermeintlich heile Welt des »bäuerlichen Volkes«, Gelehrte und Politiker, Museumsfreunde, Heimatforscher u. a. veranlaßte, Trachten nicht nur in Sammlungen zu retten, sondern auch vergessene durch »Trachtenfeste« wieder ins Gedächnis zu rufen und sie damit »als Zeugnis einstiger nationaler Vergangenheit zu propagieren«.[345]

275, 276 Ob Schulanfänger oder Abiturienten: Allein das Tragen einer uniformartigen Mütze hob sie aus dem Alltag derjenigen hinaus, die sich den Besuch einer »höheren« Schule nicht leisten konnten.

277 Die Erbgroßherzogin von Baden in Miesbacher Tracht, 1896. – Volksverbundenheit soll so etwas vortäuschen und Harmonisierung der sozialen Gegensätze durch verlogene Heimattümelei bewirken. Später wird man solche Erscheinungen mit Folklorismus bezeichnen und sie kritisieren; man wird sie aber auch offener und ungezügelter zu politischem Revanchismus mißbrauchen.

278 »Bürger im Bauernkleid« oder »Künstler der Betzinger Malerschule erlauben sich einen ›Witz‹«, indem sie sich in weiblicher Tracht fotografieren lassen, um damit den Anachronismus und die »Heile-Welt-Lüge« vom »ewigen« und allseits gesunden Bauerntum ad absurdum zu führen.
Bildarchiv Martin Scharfe, Marburg/Lahn

279 Der Photograph auf dem Lande, von Th. Schmidt, um 1890. – Die »malerische« Betzinger Tracht wurde schon seit den 1850er Jahren von Malern entdeckt, und dann wurden die Trachtenfotografen in Betzingen zu einer solchen Modeerscheinung, daß man sie selbst bei ihrem Geschäft malte. Die Betzinger ließen sich wohlgekleidet in ihrer damit verbundenen »antrainierten urwüchsigen Bauernmentalität« gern porträtieren und knipsen – und waren doch schon meist Arbeiterbauern!
Bildarchiv Martin Scharfe, Marburg/Lahn

241

Wenn vielleicht auch nicht für alle Landschaften zutreffend, scheint uns der Gedanke keinesfalls abwegig, daß unter den mannigfachen Objektivationen bäuerlich deklarierter Volkskultur die Tracht aus der zweiten Jahrhunderthälfte Requisit der genannten Vereine war, ja daß mit ihrer Kreierung sowie mit dem Boom des Volksliedersingens und des Märchenerzählens eigentlich der Folklorismus geboren wurde.[346]

»Nur eine Tracht hatte es in sich, nicht nur das Absterben der gleichzeitig abgetretenen Typen zu überdauern ..., sondern auch nahezu den gesamten Stammesraum zu ergreifen, mitzureißen und fortzubewegen«, schreibt Franz C. Lipp,[347] und er meint damit »das graue Lodengewand mit den grünen Aufschlägen«, jene »grau-grüne Tracht«, die – ursprünglich als Kleidung der Jäger – auch bei den Jagden der Herrscherhäuser (Wittelsbacher und Habsburger) Gefallen fand und eine Ideologiefunktion gewann.[348] Da diese grau-grüne Kleidung auch Frauen gefiel, nahm sie als solche den gleichen Verlauf von den Jägern über den Adel zu Bürgern und Bauern. Nur trugen die Frauen im 19. Jahrhundert anstelle der Hosen den Rock.[349]

Kommen wir nun zu jenen Landbewohnern, die sehr bald die neuen städtisch-bürgerlichen Kleiderformen annahmen. Hier trafen die allgemeingültigen Regeln der Stadt-Land-Diffusion zu, nach denen Neuerungen im näheren Einzugsbereich der Städte und in verkehrsungünstigen Lagen zumeist früher von den Dörflern übernom-

280 Blutritt zu Weingarten, von L. Braun, 1863. – Eine bekannte Wallfahrt findet hier statt, deren eigentlicher Anlaß nicht erörtert werden soll. Wichtiger ist das durch die Kleidung charakterisierte soziale Bild der Waller und Zuschauer: Angeführt von Militär, begleitet von bäuerlichen Reitern in bürgerlichen Anzügen, gefolgt von paradierenden Husaren und anderen Reitern, der Begleitung ähnlich, reitet auch der Priester mit schimmernder Monstranz durch die Flur. Am Rande des Zuges *stehen* als Zuschauer offenbar wohlhabende Trachtenbauern, auf der Erde aber *knien* zuschauende Arme und Unterprivilegierte in einfacher Gewandung und mit gebundenen Kopftüchern. Wie vielschichtig kann das Bild von der »Volksfrömmigkeit« sein? Württembergische Landesbibliothek, Stuttgart

men wurden, als es in stadtfernen Lagen der Fall war. Doch für das Sich-Kleiden à la mode spielten hier noch weitere Faktoren eine Rolle. Hans-Jürgen Rach faßt sie für die »Großbauern« der Magdeburger Börde unseres Zeitraums so zusammen: »Der Erwerb der modischen Stoffe mußte möglich sein, ... die neuen Modetrends mußten bekannt werden ... und schließlich mußte das Schneiderhandwerk zahlreich und qualifiziert genug sein.« Die Stoffe wurden in Magdeburg eingekauft, Modejournale, aber auch die Begegnung mit der städtischen Bourgeoisie vermittelten die neuen Moden, und Schneider gab es zumindest quantitativ reichlich, so 1858 allein im Kreis Wanzleben 242 Meister, 49 Gesellen und 34 Lehrlinge. Natürlich nutzten auch Mittelbauern die gleichen Möglichkeiten, sofern es ihre finanzielle Lage erlaubte. Sie versuchten in erster Linie – wie zugleich einige Kleinbauern –, »ihre Töchter besonders ›rauszuputzen‹, um sie als gute ›Partie‹ vor allem den Großbauernsöhnen ›schmackhaft‹ zu machen‹«.[350] In der zweiten Jahrhunderthälfte wurde die zunehmende Kleidernachfrage in den Städten auch immer mehr von der Landbevölkerung mitbestimmt, so daß ein Pfarrer 1874 berichtet: »In der hochcultivierten Börde sieht man jetzt kaum noch die Volkstrachten: Mann und Frau kleiden sich jetzt städtisch.«[351] Und aus einer anderen Landschaft heißt es um 1900: »Um die alte Tracht noch in ihrer Blüte beobachten zu können, müssen wir uns volle hundert Jahre zurückversetzen. Wenigstens hat die städtische Mode in Nordthüringen und auf dem flachen Lande schon seit Menschengedenken ihren Einzug gehalten.«[352] Obwohl die Vermittlung städtischer Moden und Lebensweisen sehr viel stärker über die oft zum Markte gehenden Frauen als über die Männer erfolgte,[353] übernahmen gewöhnlich die Männer wesentlich früher die städtische Kleidung,[354] und dies beschränkte sich keinesfalls nur auf die wohlhabenden Landbewohner. Solche Männer, die ihre bäuerliche Arbeit aufgaben, diese weitestgehend den Frauen überließen und einer Tätigkeit in der Industrie oder sonstigen auswärtigen Arbeiten meist als Pendler nachgingen, legten damit auch ihre Tracht ab, »weil hier kein Zusammenhang mehr bestand zwischen dem Bauernkittel und der Arbeit in Fabrik und Hütte«.[355]

Die neue Alltags- und Sonntagskleidung nach bürgerlich-städtischem Vorbild zeigte so die Aufgabe des »bäuerlichen Berufes« und die Zugehörigkeit zu einer neuen Sozialgruppe bzw. einer Übergangsstellung als Arbeiter-Bauern an. In diesem Zusammenhang muß auch auf den »vielgeschmähten Kleiderluxus« der landarmen Manufakturarbeiterschicht, der Heimarbeiter, verwiesen werden, der nicht nur das Nachahmen städtischer Moden bedeutete, sondern hinter dem sich auch ein neues Prestigedenken verbarg, das durch Kleiderluxus den Besitzbauern gegenüber zum Ausdruck gebracht werden sollte.[356] Zu den ersten Trägern städtischer Kleidung in den Dörfern dürfen wir allgemein die Angehörigen der Landarmut und des Landproletariats zählen. Auf die Magdeburger Börde bezogen, schreibt Hainer Plaul: »Landarbeiter haben (eine Tracht, J.) weder aufgenommen noch etwa eine eigene Tracht entwickelt. Sie folgten in ihrer Bekleidung überwiegend dem Angebot der Städte«, so daß eine typische, gar einheitliche Kleidung der Landarbeiter nicht aufkam, diese sich höchstens in deren »durchgängiger Dürftigkeit« zeigte.[357] Die städtischen Bezugsquellen von Sonntags- und Arbeitskleidung stellten vor der Jahrhundertmitte vor allem Trödler und mitleidige wohlhabende Bürger dar, nach 1850 wurden gewiß in bescheidenem Maße auch die sonstigen Einkaufsmöglichkeiten in den Städten genutzt. Viel wichtiger als halbwegs modische Kleidung war den ärmeren Landbewohnern natürlich die Haltbarkeit. Doch im Verlauf des Jahrhunderts verringerte sich diese, war ein Mehraufwand an Reparaturarbeiten auch hier erforderlich. Was wir schon für die städtischen Arbeiterfamilien festgestellt hatten, galt allgemein auch für die Landbewohner. Die Pflege der Kleidung oblag den Frauen, und geflickt und gestopft wurde viel, denn am Zustand der Kleidung maß man gerade bei den Ärmeren auch im Dorf Fleiß und Moral der Frau und damit der Familie.[358] Selbst in der Sonntagskleidung versuchte man durch weitgehende Schonung und Pflege, die »Lebensdauer« zu verlängern.

Krasse Unterschiede gab es so bei allem Bemühen, sich den städtischen Kleidungsformen und -normen anpassen zu wollen, wie ein Vergleich der sonntäglich-festlichen Kleidung eines Landarbeiterehepaars der Börde mit der eines Großbauern in Schleswig zeigen mag. Der »Hausvater« jener Landarbeiterfamilie besaß im Jahre 1872: »1 Sonntagsrock samt Hose, Weste auf 12 Jahre ausreichend«, die »Hausmutter«: »für sonntags oder auf Lebenszeit 1 Mantel, 1 Rock, 1 Kamisol, 1 Schürze und 1 schwarzes Tuch auf 2 Jahre«.[359] Über den schleswigschen Bauern heißt es 1860 in einer Erinnerung: »Alle waren im Festanzug, in vollständig städtischer Kleidung; ich sah seidene, kostbare Kleider, ganz moderne Strohhüte, goldene Ketten, kleine zierliche Damenuhren und mit edlen Steinen besetzte Armbänder. Man liebt es in Schleswig, bei Besuchen und Fahrten über Land seinen Schmuck und seine modernen Kleider, deren Schnitt sich oft keine Dame in einer großen deutschen Stadt zu schämen braucht, zu zeigen.«[360] Schließlich gelten im verallgemeinernden Sinne die Bilder des Silhouetteurs Dilly, durch die Helmut Ottenjann nachweisen konnte, daß zwischen 1815 und 1839 im nordwestlichen Niedersachsen mittlere und obere Sozialschichten in den Dörfern Empire-Kleidung trugen und daß der große Umschwung vom Empire zum Biedermeier mitgemacht wurde. Gleichfalls sind keine regionaltypischen Ausprägungen ablesbar, vielmehr kleideten sich Frauen und Männer nach der aktuellen Mode, trugen keine Tracht![361]

Wollen wir für das Kleidungsverhalten der Landbewohner im 19. Jahrhundert ein zusammenfassendes Bild entwerfen, so kann obenan die an Anschreibebüchern ländlicher Handwerksstätten ablesbare Sozialstruktur auch für die Kleiderforschung geltend gemacht werden: 1. die »Honoratiorenschicht« bzw. »nichtbäuerliche Oberschicht« (Landadel, Advokaten, Großkaufleute), 2. die »besitzbäuerliche Mittelschicht«, 3. die »Gruppe der selbständigen Handwerksmeister, Kleinkaufleute, Gastwirte, Dorfschullehrer, Küster etc.«, 4. die »nichtbesitzbäuerliche Schicht«, darunter sowohl in der Landwirtschaft Tätige als auch außerhalb des agraren Bereichs Arbeitende.[362] Dabei tendierte das bäuerliche Sich-Kleiden in zwei Richtungen: zum einen als Anpassung an die bürgerliche Garderobe, zum anderen zu einer Kleidung mit regional-spezifischer Ausprägung, die von bürgerlich-städtischen Modevorbildern, selbst von militärischen, nicht unbeeinflußt blieb und die als Tracht von den Frauen länger beibehalten wurde als von den Männern. Doch am Ende unseres Zeitraums dominieren auch bei den Trachtenträgern die modischen und dazu billigeren Erzeugnisse der Bekleidungsindustrie. Sogenannte Trachtenlandschaften entstanden zu jenem Zeitpunkt nur noch aus Künstlerideen und waren Fiktionen.

Das bunte Bild, das die Kleidung des 19. Jahrhunderts im allgemeinen liefert, ist als ein Ausdruck der sozialökonomischen Situation und des Bewußtseins der gesellschaftlichen Position der sozialen Klassen und Schichten ein wichtiges Spiegelbild der Klassenhierarchie in der kapitalistischen Gesellschaft.

Haus und Wohnen

Ein Dach über dem Kopf zu haben, zu wohnen, blieb natürlich auch im 19. Jahrhundert ein primäres menschliches Bedürfnis. Wohnen bezog sich dabei nicht nur auf einen individuellen Raum und dessen Nutzung, Wohnen war vielmehr ein gesellschaftlicher Vorgang. Wie und warum Werktätige so wohnten, war in entscheidendem Maße von den sozialökonomischen Verhältnissen geprägt, d. h., es bestand ein enger Zusammenhang zwischen der Zugehörigkeit zu den verschiedenen Klassen und Schichten einerseits und der Nutzung der Wohnung als architektonischer und sozialer Raum andererseits. Doch konnten wiederum innerhalb gleicher Sozialschichten – beispielsweise in verschiedenen Berufsgruppen – wesentliche Unterschiede in der Wohnausstattung auftreten.[363] Wohnen hing aber auch von regionalen und zeittypischen Merkmalen ab. Gleichermaßen war die Wohnkultur des 19. Jahrhunderts ein Indikator soziokultureller Beziehungen zwischen Stadt und Land, wobei die ländlichen Sozialschichten zumeist hinter dem vergleichbaren städtischen Standard zurückblieben. Demzufolge dürfen wir davon ausgehen, Wohnen sowohl als Spiegelbild der sozialökonomischen Verhältnisse als auch als Ausdruck individueller Aktivitäten und Verhaltensmuster zu verstehen. Wohnen war somit zum einen kaum mehr als ein Dach über dem Kopf, ein Aufenthalt im Haus, zum anderen aber ebenso das ganze, das eigene Haus, die Sicherung eines komplexen Wohnbedürfnisses im Haus, d. h. die Nutzung von Räumen, deren Ausstattung mit Gegenständen, die über das Schlafen, Essen und Sich-Kleiden hinaus ein Zusammenleben und vielfach ein Zusammenarbeiten, eben die innere Wohnqualität, ausmachten. Hinzu kamen Faktoren der äußeren Wohnqualität, des Wohnumfeldes, wie Arbeitsnähe, Kommunikations- und Versorgungsmöglichkeiten, Nachbarschaft u. a.

Wohnbedürfnisse und -ansprüche sind bekanntlich bis heute auf die Normen der inneren und äußeren Wohnqualität ausgerichtet. So selbstverständlich sie uns gegenwärtig auch erscheinen mögen, sind sie als erstrebenswerte Wohnbedingungen in wesentlichen Punkten erst im 19. Jahrhundert mit der Trennung von Arbeits- und Re-

281 Herbstlied, von einem unbekannten Maler. – Biedermeierliches Wohnen in aller Gediegen- und Wohlhabenheit ist hier ein Zeugnis für gewisses bürgerliches Verhalten in dieser Periode vormärzlichen Rumorens im Lande.
Landesbildstelle Rheinland, Düsseldorf

produktionssphäre entwickelt worden, und sie erfuhren zudem erhebliche Wandlungen im Verlauf des gleichen Jahrhunderts. Nämlich »erst zu Beginn der Urbanisierungszeit konstituierte sich in baulicher Beziehung unser moderner Wohnungsbegriff, der für den Massenmietwohnungsbau der zweiten Hälfte des 19. Jahrhunderts schnell gültig wurde«,[364] denn mit Industrialisierung, Bevölkerungswachstum und Verstädterung gehörte die »Wohnungsfrage« recht bald zu einem der wichtigsten und meistdiskutierten sozialpolitischen Themen.

Im Vorwort der 2. Auflage seiner Schrift »Zur Wohnungsfrage« schreibt Friedrich Engels 1887 über die Ursachen der plötzlich auftretenden Wohnungsnot: »Die Zeit, worin ein altes Kulturland einen solchen, obendrein durch so günstige Umstände beschleunigten Übergang von der Manufaktur und dem Kleinbetrieb zur großen Industriestadt macht, ist auch vorwiegend die Zeit der ›Wohnungsnot‹. Einerseits werden Massen ländlicher Arbeiter plötzlich in die großen Städte gezogen, die sich zu industriellen Mittelpunkten entwickeln; andererseits entspricht die Bauanlage dieser älteren Städte nicht mehr den Bedingungen der neuen Großindustrie und des ihr entsprechenden Verkehrs; Straßen werden erweitert und neu durchgebrochen, Eisenbahnen mitten hindurchgeführt. In demselben Augenblick, wo Arbeiter haufenweis zuströmen, werden die Arbeiterwohnungen massenweis eingerissen. Daher die plötzliche Wohnungsnot der Arbeiter und des auf Arbeiterkundschaft angewiesenen Kleinhandels und Kleingewerbes.«[365] Die Zuwachsraten der städtischen Bevölkerung waren in der Tat hoch: Zwischen 1819 und 1852 betrugen sie in preußischen Städten mit mindestens 20 000 Einwohnern jährlich 2,4 Prozent, in der zweiten Jahrhunderthälfte 4,2 Prozent; dabei lagen die Großstädte bei über 5 Prozent im Jahr.[366] In erster Linie waren es die Arbeitsmöglichkeiten mit den verführerisch scheinenden höheren Lohnchancen der neuen Industrien, die über das gesamte Jahrhundert bekanntlich eine Wanderungsbewegung auslösten, in deren Ergebnis sich ein sozialer und wirtschaftlicher Umstrukturierungsprozeß größten Ausmaßes vollzog.[367] Völlig zu Recht unter-

282 Schuhmacherfamilie, von Th. Hosemann, 1845

283 Die Dachstube. Aufbruch zur Arbeit, von F.G. Waldmüller, 1854. – Die Enge der Wohnungen, ihr miserabler Zustand und relativ hohe Mieten sind eine unsägliche Belastung für eine pauperisierte Bevölkerung in Stadt und Land, die häufig genug den knappen Raum noch zu Arbeitszwecken für den Broterwerb nutzen muß.

284 Eine Voigtländerin am Stickrahmen, von G. Schweissinger, 1860

schied Friedrich Engels deshalb zwischen der Wohnungsnot, die »alle unterdrückten Klassen aller Zeiten ziemlich gleichmäßig betroffen« hat und jener »eigentümlichen Verschärfung, die die schlechten Wohnverhältnisse der Arbeiter durch den plötzlichen Andrang der Bevölkerung nach den großen Städten erlitten haben«.[368] Viele der zugewanderten Proletarier mußten noch miserablere Wohnbedingungen als vordem in Kauf nehmen. Für andere war städtisches Wohnen gegenüber den weit verbreiteten Mißständen in ostelbischen Regionen oder in den Eifelkreisen, in Schlesien usw. ein Fortschritt und wurde als solcher empfunden.

In der ersten Jahrhunderthälfte stieg die Zahl der Einwohner zumeist schneller als die Zahl der Wohnungen, und dies hatte eine immer dichtere Belegung der Häuser zur Folge. So gab es in Berlin[369]

1815 je Haus   6 Wohnungen und ca. 30 Bewohner
1830 je Haus   7 Wohnungen und ca. 36 Bewohner
1850 je Haus über   9 Wohnungen und ca. 48 Bewohner
1860 je Haus fast   10 Wohnungen und ca. 49 Bewohner.

In der Großstadt Berlin trafen ohnehin alle die Industrialisierung begleitenden Erscheinungen besonders augenfällig zusammen, denn hier zog das Lohngefälle zwischen der Stadt und ihren umliegenden Gebieten immer mehr Menschen an.[370] 1816 wohnten in Berlin 223 000 Menschen, 1852 hatte sich seine Einwohnerzahl mit 511 000 verdoppelt; 20 Jahre später war die Millionengrenze erreicht, und um 1900 lebten bereits 2 712 190 Menschen in der jetzt größten Mietskasernenstadt der Welt.[371] »Das nunmehr entstehende großstädtische Massenmietshaus war der frühe Versuch, in rationeller Weise Wohnungen für eine stetig steigende Anzahl von Arbeitern bzw. Arbeiterfamilien zu schaffen.« Das hatte eine wesentliche Stadterweiterung zur Folge.

Während diese in Wien 1857 auf der Grundlage eines öffentlichen Wettbewerbs begann, erstellte im preußischen Berlin der Ingenieur James Hobrecht einen Generalbebauungsplan, der 1862 zur Rechtsgrundlage für das beginnende Wachstum einer Millionenstadt wurde. Dieser Plan war somit die Basis für die Anlage von *Mietskasernen*. Ausgehend von der Baupolizeiordnung von 1853, die zwar die Höhe der Häuser sowie deren Geschoßzahl festlegte, auch mit 5,3 x 5,3 Meter die Mindestgröße der Höfe zum Einfahren und Wenden von Feuerspritzen vorgab, wurde über die Bebauung in die Tiefe nichts angegeben. Das heißt, jeder Bauherr hatte eine weitgehende Handlungsfreiheit auf seinem Grundstück, wodurch der Spekulation Tür und Tor geöffnet war. Aber erst mit dem Sieg über Frankreich und mit der Zahlung der Milliarden-Kriegskontributionen von 1871 begann die eigentliche Stadtausdehnung Berlins.[372] Jetzt verwandelten sich weite Flächen der Umgebung in einen Bauplatz von kombinierten Miets- und Gewerbehäusern, aber auch ausschließlich Wohn-Miets-Häusern, jeweils aus Vorderhaus, Seitenflügeln und Quergebäude bestehend.

Dieses große Berliner Mietshaus – die Mietskaserne –, das »auf schmaler und tiefer Parzelle gebaut, sich aneinanderreiht und geschlossene Baublöcke bildet, ein Haustyp, der, weder innerlich noch äußerlich gleich, ein gemeinsames Grundmuster variiert«,[373] prägte von nun an die großen und größer werdenden Städte vor allem Mittel-, Nord- und Ostdeutschlands. Der damit einsetzende, ungesteuerte Massenwohnungsbau – betrieben von Genossenschaften, Vereinen, Fabriken, Werken und gewinnsüchtigen Spekulanten – richtete sich zwar an einem Normalbedürfnis aus, entsprach aber in keiner Weise den Reformbestrebungen nach einem sogenannten familien-

285 Panoramafotografie A. Meydenbauers vom Rathausturm auf einen Teil der Berliner Innenstadt; Blick nach Südosten, 1868, mit feudalzeitlichen Giebelhäusern und ersten Mietskasernen. Typisch ist die enge Bebauung.

286 Die Baracken der Obdachlosen in Berlin, von G. Koch, um 1870. – Wohnraummangel, hohe Mieten und Exmittierung zwingen obdachlos gewordene Proletarier und Angehörige der pauperisierten Schichten zur Selbsthilfe. Aus allen möglichen Materialien zimmern sie sich Hütten zusammen, um wenigstens ein Dach über dem Kopf zu haben. Ein geläufiges Bild beim Aufbau der Industriestädte!

287 Blick auf Freudenberg im Siegerland, das, wie viele andere Dörfer und kleine Städte, den traditionellen Fachwerkstil bis ins 20. Jahrhundert weitgehend beibehalten und die geschlossene Siedlungsform bewahren konnte.
Bildarchiv Gottfried Korff, Tübingen

gerechten Wohnen, wie es infolge der Trennung von industrieller Produktionssphäre und Reproduktionsbereich notwendig gewesen wäre. Dafür waren die Wohnungen zu groß und zu teuer; Hausbesitzer teilten deshalb vielfach die abgeschlossenen Familienwohnungen in mehrere Teilwohnungen auf und vermieteten sie getrennt – in München z. B. umfaßten Teilwohnungen zum Ende des Jahrhunderts etwa die Hälfte aller kleinen Wohnungstypen.[374] Dennoch gab es einen ungeheuren Mangel an Kleinwohnungen, der zwischen 1879 und 1886 zu maximalen Mietpreissteigerungen führte, die keinesfalls nur Arbeiterfamilien betrafen, sondern ebenso niedere Beamte, kleine Handwerker usw. Als Reaktion auf diese Wohnungsnot entstanden Elendshütten, so in Berlin auf dem Rixdorfer Feld am Cottbuser Tor, auf den Feldern vor dem Frankfurter und Landsberger Tor. Und gerade hier kam es zu Streiks oder Krawallen besonders nach 1871.

Da nach Konsumerhebungen des 19. Jahrhunderts die Ausgaben fürs Wohnen bei steigendem Einkommen relativ abnahmen, bisweilen höhere Einkommen von sonst geringer Verdienenden aber nicht zuerst in höhere Mieten umgesetzt wurden, sondern vielmehr zur Befriedigung momentaner anderer Bedürfnisse dienten, blieben von vornherein Keller- und Dachwohnungen den Einkommensschwächsten vorbehalten, war damit die soziale Hierarchie im Mietshaus geradezu perfekt. Der Mietpreis, der in erster Linie von Angebot und Nachfrage abhängig war, betrug bei schwächer Verdienenden in der Regel ein Drittel bis ein Fünftel des Monatslohnes bzw. nahm einen ganzen Wochenlohn in Anspruch. Hinzu kamen Mietpreissteigerungen, die, über das ganze Jahrhundert verteilt, zu den besonderen Belastungen des Alltags gehörten. In Berlin kosteten 1815/16 »fast 60 % der Wohnungen höchstens 30 Taler, im Jahre 1829 waren es nur noch 25 % und 1860 knapp 10 % aller Wohnungen«.[375] In Wien stiegen die Mieten im Verlauf des 19. Jahrhunderts auf das Siebenfache, während die sonstigen Verbraucherpreise sich nicht einmal verdoppelten.[376]

Trotz dieser und anderer Unzulänglichkeiten hatten sich für die Masse der Werktätigen des 19. Jahrhunderts Mietwohnungen als überlegen erwiesen, betrug der Anteil der zur Miete Wohnenden am Ende des Jahrhunderts etwa 90 Prozent. Der Erwerb eines eigenen, gar nur von einer Familie bewohnten Hauses, wie ihn Vertreter der Wohnungsreformbewegung der fünfziger und sechziger Jahre in Anlehnung an englische Vorbilder vertraten, blieb ein utopisches Ziel. So war die deutsche Großstadt

288 Nürnberg war die erste Stadt in Bayern, die 1847 eine Gasbeleuchtung installierte.

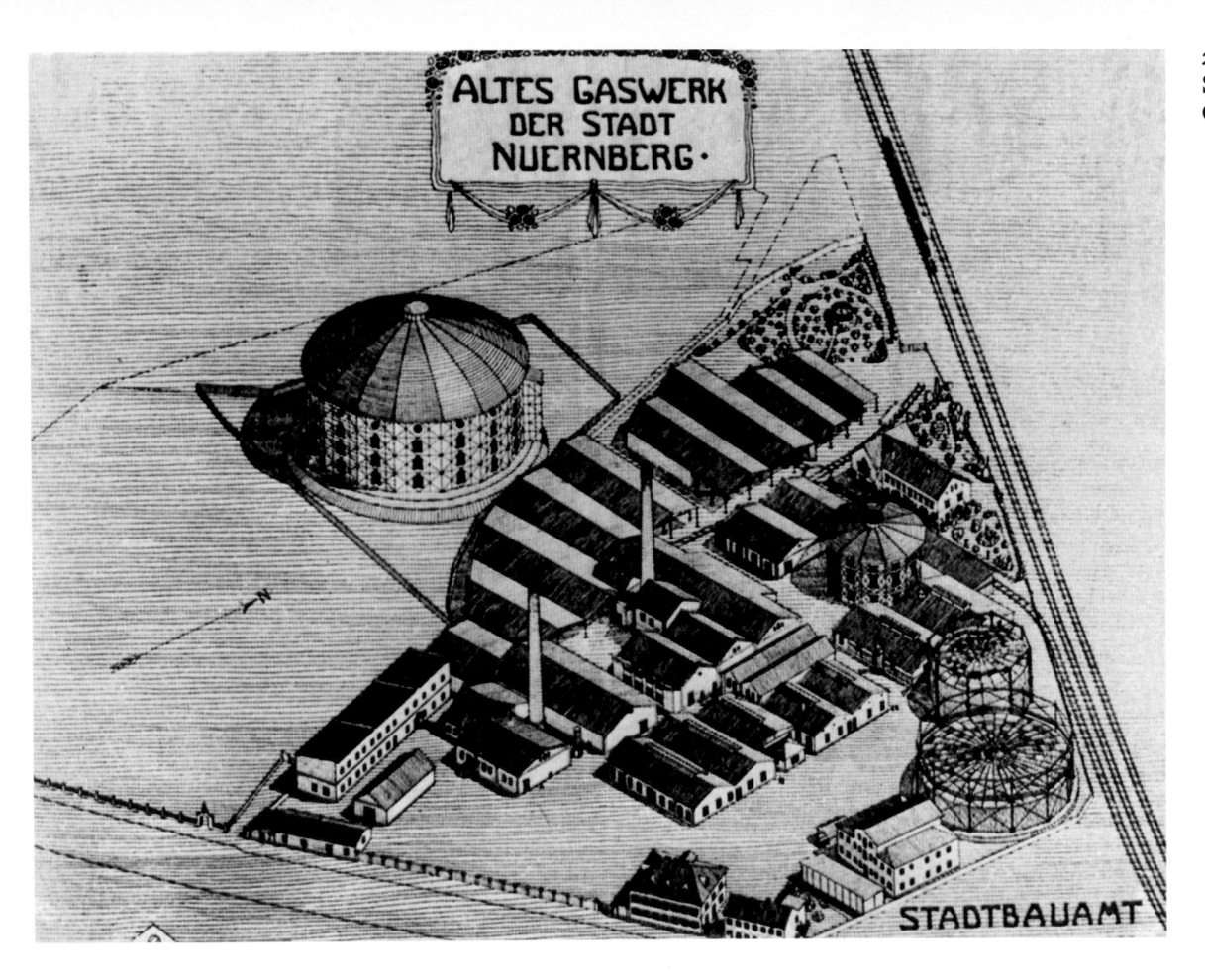

am Ende unseres Zeitraums »zu einer Gesellschaft von Mietern geworden«, schreibt Clemens Wischermann, und er bringt dazu Angaben aus München bei, die besagen, daß hier 1904/07 sogar 85 Prozent der »oberen Mittelschicht« zur Miete wohnten und der Anteil der »Eigentümerwohnungen« in den »unteren und oberen Unterschichten« zwischen 2,5 und 4,1 Prozent betrug.[377]

Obwohl Wohnungsmangel und Wohnungselend den Verstädterungsprozeß bis zur Jahrhundertwende begleiteten, trat insbesondere im letzten Drittel des Jahrhunderts eine gewisse Verbesserung des Wohnniveaus ein. So entstanden mit dem Bau zentraler Wasserwerke und nachfolgender Versorgungseinrichtungen sowie einer systematischen Kanalisation wichtige Voraussetzungen für die Realisierung notwendigster hygienischer Standards, die mit fließendem Wasser und z. T. Wasserklosetts, später Gasanschluß und Elektrizität, die Anfänge einer hygienischen Lebensweise darstellen. Daß dann aber dieser Fortschritt in den Vierteln des wohlhabenden Bürgertums besser genutzt werden konnte als in den überbelegten Proletarier-Quartieren, kann allein mit der Säuglingssterblichkeit belegt werden: Diese lag in Berlin z. B. im Jahre 1905 durchschnittlich bei 19,5 Prozent, betrug im vornehmeren Tiergarten-Viertel 5,2 Prozent, im proletarischen Wedding aber 42 Prozent![378]

Zu dieser relativen Verbesserung des allgemeinen Wohnniveaus kam hinzu, daß im Durchschnitt »ein nachhaltiger Abbau der krassesten Unterversorgung« mit Wohnraum erreicht werden konnte. So war beispielsweise in Hamburg im Jahre 1867 der Anteil der in »überbevölkerten Wohnungen« der Innenstadt und der Vorstädte lebenden Bevölkerung mit 16 Prozent so hoch wie in der gesamten zweiten Jahrhunderthälfte nicht mehr. Mit der Öffnung des alten Stadtkerns in die Vororte nach 1870 verlagerten sich aber die »schlimmsten Konzentrationen der Unterversorgung« in die Arbeiterviertel im Süden und Südosten der Stadt, wo in den neunziger Jahren fast 30 Prozent der Bewohner in überbelegten Quartieren zusammenleben mußten; betrug die Überbevölkerungsquote in Hamburg zu diesem Zeitpunkt durchschnittlich zwar 10,5 Prozent, so lag sie in den Arbeitervierteln um das Doppelte höher.[379]

289 Das neue Berliner Wasserwerk vor dem »Stralauer Thore«, 1858

290 Die neue Leipziger Schwimmanstalt von 1866

Das rasche Anwachsen der Industriegroßstädte erforderte entsprechende Maßnahmen zur allseitigen, besseren Versorgung der Bevölkerung, zur Verhinderung von Krankheiten, gar Seuchen, aber auch zur Förderung von Leibesübungen oder sportlicher Betätigung und zur Freizeitgestaltung. Das waren Notwendigkeiten, die von den Behörden eingeleitet wurden, die aber auch zum Sozialprogramm der Arbeiterbewegung gehörten und in den Stadtparlamenten vertreten bzw. durchgesetzt wurden.

Wenn sich also zum Ende des 19. Jahrhunderts Wohnqualität und Wohnungsversorgung ganz allgemein geringfügig verbessert hatten, so konnten dennoch bei weitem nicht alle Werktätigen an diesem relativen Fortschritt teilhaben. Wie differenziert sich die Realisierung zu verbessernder Wohnbedürfnisse zwischen und innerhalb einzelner Schichten darstellt, soll uns bei der Untersuchung vom Wohnen in den Räumen selbst und deren Ausstattungen deutlich werden.

Bleiben wir zunächst in der Stadt. Der *Wohnbereich* innerhalb der vier Wände, der Haushalt, gewann im Verlauf des 19. Jahrhunderts für alle Klassen und Schichten einen zunehmend höheren Stellenwert. Es entwickelte sich geradezu eine Art Haus-und-Heim-Ideologie als Reaktion auf die Begleiterscheinungen der sich lautstark ausbreitenden Industrialisierung und Urbanisierung. Wohnung als Gegenpol zu einem »Mikrokosmos der kleinbürgerlich-patriarchalischen Gesellschaftsvorstellungen«[380] nach dem Motto »Mein Heim ist meine Welt«.

Unter dem geschmacksbestimmenden Einfluß des Bürgertums rangierte bis 1840 »intime Wohnlichkeit ... vor Prunksucht und unechtem eklektizistischem Formgefühl«, waren in der Zeit des Biedermeiers Ausstattungen bei wohlhabenden Bürgern von Schloßräumen des Adels nur noch unwesentlich voneinander zu unterscheiden.[381] Eine wachsende Anzahl von selbständigen Tischlermeistern und Manufakturen arbeiteten für dieses neue Wohnen, für »Biedermeierleben« in Räumen, die je nach Einkommen entsprechend ausgestaltet wurden. Wir wollen dies mit zwei Beispielen aus der hessischen Kleinstadt Friedberg belegen, die zu jener Zeit 3 000 Einwohner zählte: »An der Ecke Haagstraße/Färbergasse entstand nach 1842 das einfache und zweckmäßige, deswegen typischere Wohnhaus des Hofgerichtsadvokaten Trapp III. Hier war das Erdgeschoss als reiner Wirtschaftsraum mit Pferde- und Kuhstall, Brennholzlager, Waschküche und Remise projektiert, während das erste Obergeschoss des zweigeschossigen Hauses die wie üblich von der Küche aus beheizte Schlafstube, die Küche mit Speisekammer, Wohnstube, Besuchsstube und zwei weitere Zimmer nebst Abtritt aufnahm. Im Mittelpunkt dieser modernen Häuser stand das Wohn- und Besuchszimmer, das als Ort familiären und freundschaftlichen Zusammenseins diente. Das Wohnzimmer war mit wenigen, aber zweckmäßigen Möbeln, in Darmstadt gekauft oder nach dortigem Vorbild von einem einheimischen Schreiner hergestellt, ausgestattet. Der runde Tisch, umgeben von der Sitzgruppe aus Stühlen und Sofa, die Kommode mit Schreibplatte und der Pfeilerspiegel waren solide gearbeitet, vernünftig in der Nutzung und ohne allzugroße Abmessungen. Die Möbel waren furniert mit hellen einheimischen Obstbaumhölzern. Das Wohnzimmer war mit einem gußeisernen Ofen versehen ... der Boden aus Parkett, die Wände tapeziert ... Die Beleuchtung erfolgte durch Wachskerzen.« Und nun die »äußerst bescheidene« Einrichtung des Friedberger Pfarrhauses: »So gab es in demselben z. B. nur eine tapezierte Stube, die sogenannte ›Gartenstube‹ mit dem einen sog. ›Sofa‹, welches eher den Namen einer Wollenstoff überzogenen Bank verdient hätte und doch für die Kinder ein Heiligtum war, dessen Benutzung ihnen strengstens verboten war. Dazu die allereinfachsten Rohrstühle in dieser Stube, ein massiver Eßtisch, ein altes Klavierchen ..., ein kleiner Spiegel mit braungebeiztem Holzrahmen, einige Bilder aus der Reformationszeit in dito Rahmen, ein großer Kachelofen, voilà tout. Dies war ... zugleich [das] Speise-, Bügel-, Familien-, Musik-, etc.-Zimmer der Familie, in welchem das ganze Familienleben in seinen verschiedenen Phasen sich abrollte.«[382] Der Unterschied in der Anzahl der Wohnräume und deren entsprechender Ausstattung ist unverkennbar und spiegelt zugleich den jeweils ganz anderen Charakter der Lebensweise zweier sozialer Schichten innerhalb derselben Klasse wider. Nicht nur Glas-, Eck- und Schreibschränke hatten neben verschiedenen Tischen, Wand- und Standuhren, Sofa u. a. Einzug in die Bürger-Stuben gehalten. Erstmalig kamen in manchen Bürgerhäusern auch Möbel für einen eigenen Wohnbereich der Kinder dazu, für die Kinderstube.[383]

Auch die unteren sozialen Schichten waren bestrebt, ihre Wohnwelt nach diesen Normen von Wohnlichkeit auszurichten. Die Produktion von Möbeln, Gebrauchs- und Ziergegenständen stellte sich sehr schnell auf dieses Bedürfnis ein und lieferte für die Masse der Minderbemittelten billige, konfektionierte Massenware. Was von vornherein als Zeichen von Reichtum und Luxus galt, wie z. B. Teppiche, versuchten manche Frauen zu »handarbeiten«, zumal es zum »Beruf« und zur »Bestimmung« der Frauen auch des Bürgertums zählte, für das »traute Heim« fleißig zu werkeln. Doch diese für alle Klassen und Schichten als Vorbild geltende bürgerliche Wohnkul-

291 Seifenmodel der Firma Mouson. – Die Industrie entdeckte auch in der Befriedigung steigender hygienischer Bedürfnisse ein profitables Geschäft. Duftende Luxusseifen, aber auch Kernseifenstücke mit Firmenprägeaufdruck gehörten allmählich zu den Selbstverständlichkeiten des Alltags.
Deutsches Museum München

292 Die Hygiene in den Großstädten war um 1900 keineswegs zufriedenstellend. Solche Klosettschuppen für relativ viele Mietshausparteien waren noch in der Überzahl.
Staatliche Landesbildstelle, Hamburg

tur des vormärzlichen Biedermeiers begann sich bis zur Jahrhundertmitte aufzulösen.

Die neue kapitalistische Unternehmerschicht bediente sich, ihrem Status und ihrer politisch-ideologischen Haltung entsprechend, »erborgter Wohnmoden der Vergangenheit«, um Macht und Reichtum gewissermaßen zu symbolisieren: »Man will nicht seinen eigenen Stil demonstrieren, sondern als Besitzer anerkannter kunstgeschichtlicher Objekte bewundert werden. Das ist der größte Gegensatz zur Gemütlichkeit und Bequemlichkeit der Biedermeier-Interieurs, durchaus unbürgerlich, gewollt fürstlich.«[384] Konkret sah das etwa so aus: »Altdeutsch für das Speisezimmer, Neubarock für das Schlafgemach, Neu-Rokoko und Belle-Epoque für den Salon ... Dabei war vieles nur Fassade und Attrappe und mehr Schein als Sein. Die Wirklichkeit dieser Welt bestand ... im Streben nach dem sozialen Oben und der scharfen Grenzziehung zum sozialen Unten.«[385] 1893 schrieb Friedrich Engels an Laura Lafargue: »Hier in Berlin hat man das Berliner Zimmer erfunden, mit kaum einer Spur von Fenster, und darin verbringen die Berliner den größten Teil ihrer Zeit. Nach vorn hinaus gehen das Eßzimmer (die gute Stube, die nur bei großen Anlässen benutzt wird) und der Salon (noch vornehmer und noch seltener benutzt), ... ein finsterer Korridor, ein paar Schlafzimmer ... und eine Küche. Unbequem und schrecklich lang, echt berlinerisch (das heißt *bürgerlich* berlinerisch): Aufmachung und sogar Glanz nach außen, Finsternis, Unbehaglichkeit und schlechte Anordnung nach innen; die Palastfront nur als Fassade und zum Wohnen die Unbehaglichkeit.« Das Ganze nannte man »altdeutsch«. – Solcherart hatte bürgerliches Wohnen in der zweiten Jahrhunderthälfte vorrangig eine Prestigefunktion. Nicht das Zusammenleben in der Wohnung galt als eigentliches Wohnbedürfnis, sondern vielmehr die Präsentation dieses Zusammenlebens in einer möglichst kaum zu überbietenden Ausstattung. All das, was in der unschönen, industrialisierten Außenwelt vermißt wurde, sollte hier in eine Innenwelt hineingestopft werden, »in der das Wohnen zu Grabe getragen wurde«.[386]

Wie differenziert sich bürgerliches Wohnen inner- und außerhalb dieser Normen im 19. Jahrhundert darstellen konnte, hat Ruth Mohrmann unlängst für das Herzogtum Braunschweig belegen können.[387] Auf der Basis von 1164 Inventaren bzw. Verzeichnissen des gesamten mobilen und immobilen Hab und Gutes ergab sich zunächst für alle Gegenstandsgruppen (Tisch-, Sitz- und Schreibmöbel u. a.) beinahe generell ein treppenartiger Rückgang parallel zur sozialen Stufenleiter von »oben« nach »unten«. Es zeigten sich aber auch eklatante Unterschiede in der Wohnausstattung gleicher Sozialschichten und hier vor allem bei verschiedenen, insbesondere handwerklichen Berufen. Solche Differenzen betrafen nicht nur den Gesamtbestand an Ausstattungsgegenständen, sondern ebenso die Bereitschaft zur Aufnahme neuer Möbeltypen, wie z.B. des Sofas, oder auch die Anschaffung von sogenannten Luxusmöbeln.

Versuchen wir im folgenden ein Bild vom *Arbeiterwohnen* zu geben. In einer 1883 in Weimar herausgegebenen Schrift mit dem Titel »Die Anlage von Arbeiterwohnungen« heißt es: »... die Wohnung des Arbeiters soll gleich der des wohlhabenden Mannes auch (sic!) der menschlichen Gesundheit zuträglich, auch den allgemeinen Anforderungen des Schicklichen entsprechend sein, und einen gewissen Grad von Annehmlichkeiten gewähren, um die Familienmitglieder durch die Beschaffenheit der Wohnung selber an ein häusliches Leben zu fesseln.« Sie solle auf alle Fälle trocken, warm und mit Wasser versorgt sein, und sie bedürfe einer entsprechenden räumlichen Anordnung, was wiederum bedeutete, »jeden Raum für den ihm bestimmten Zweck ... [zu] verwenden, [um so] Ordnung und Reinlichkeit fördern zu helfen ..., aber damit auch das beliebte Zusammenschlafen der ganzen Familie aufhöre«. Das Arbeiterhaus sei eben »ein Wohnhaus wie jedes andere ..., vielleicht die unterste Stufe in der Stufenleiter der verschiedensten Wohnungsklassen«. Solche Vorstellungen, nach welchen Motiven auch immer erdacht, waren in der Realität der wachsenden Industriestädte natürlich eine Utopie, denn im allgemeinen zeichnete sich der neue Wohnungstyp dadurch aus, daß er billig gebaut war, teuer vermietet wurde, vom Keller bis zum Boden als bewohnbar galt und insofern als Massenquartier seinem Besitzer hohe Gewinne brachte. Als der Baron von Wülcknitz nach dem Vorbild der Architektur preußischer Militärkasernen zwischen 1820 und 1824 in der Berliner Gartenstraße, vor dem Hamburger Tor, im »Vogtland-Viertel«, fünf solcher Miethäuser errichten ließ,[388] hatte kein Mensch zuvor ähnliche gewinnbringende Massenquartiere gesehen; eine neue Ära des Wohnungsbaus war eingeleitet.

Wie sahen diese ersten, als »Familienhäuser« bezeichneten Unterkünfte für Arbeiter aus? Errichtet aus

293 Kinderstube, von J.M.Boltz, um 1825

294 Zeitloser, weit verbreiteter Wandspruch programmatischen Inhalts, den man kaufen oder selbst sticken konnte

295, 296 Bürgerliches Wohnzimmer bzw. Küche eines bürgerlichen Haushalts, jeweils dargestellt als Bilderbogen für die »sinnliche Anschauung«, um 1840
Alle diese sehr gefälligen Wohnungsbilder präsentieren bürgerliche Behaglichkeit und Wohlstand, sind aber gleichzeitig auch Zeugnisse für Ordnungssinn und Geborgenheit. Die unruhige Welt des Vormärz, des Pauperismus, der Revolutionen bleibt außerhalb dieser vier Wände.

schlechten Steinen und schlechtem Holz, erschloß ein langer, durchgehender Flur die Zugänge zu den Wohnungen. Während aber die gleichfalls durch einen Längsflur geteilten Kasernen für Angehörige der preußischen Armee schon vor 1800 wenigstens aus Stube, Küche und Kammer bestanden, bildete in diesen ersten Mietskasernen jeweils ein einziger Raum die ganze Wohnung, in der durchschnittlich sechs Personen lebten. Das sogenannte Lange Haus war mit 63 Meter Längsfront, 5 Stockwerken und 150 Wohnungen zu je 24 m² das größte Wülcknitzsche Familienhaus. Über das Zusammenleben von Handwerker-, Tage- und Wochenlöhnerfamilien, von alleinstehenden Frauen mit ihren Kindern u. a. sei nur auf ein Beispiel unter vielen in dem von Bettina von Arnim im Jahre 1843 herausgegebenen »Königsbuch« verwiesen: In einer Kellerwohnung hausten ein kranker Holzhacker, dessen Frau und die sechzehnjährige Tochter. Der Holzhacker war auf dem Bau verunglückt und arbeitsunfähig geworden. »Er mußte sich ins Familienhaus zurückziehen, weil er die Miethe für eine Wohnung in der Stadt nicht mehr bestreiten konnte. In Zeiten, wo es die unheilbare Krankheit des Beines gestattet, verdient er 1 Thaler monatlich; die Frau verdient das Doppelte, die Tochter erübrigt 1½ Thlr. Die Gesamteinnahme beträgt also 6½ Thlr. im Monat. Dagegen kostet die Wohnung 2 Thlr.«[389] Andere Mieter der »Familienhäuser« hatten bei 80 Talern Jahresverdienst 35 Taler Miete zu zahlen. 1827 verfaßte der Armenarzt Dr. Thümmel einen erschütternden »Bericht über die innere Verfassung, den psychischen und moralischen Zustand der Bewohner der v. Wülcknitzschen Familienhäuser und dessen Mängel nebst Gutachten zur Abhülfe derselben«.[390] Solche Schilderungen kehrten bis zum Ende unseres Zeitraums immer wieder. Bemühungen um Verbesserungen, wie z. B. im Rahmen der zahlreichen Reformversuche, waren wohl zu konstatieren, doch im wesentlichen zielten sie darauf ab, »den Arbeiter durch eigenen Herd und eigene Wohnung zu mehr Stabilität, mehr Verantwortungsbewußtsein und letztlich mehr Anpassung zu erziehen«.[391]

Eine 1861 durchgeführte Berliner Volkszählung ermöglichte »erstmalig einen statistischen Einblick in die Berliner Wohnungsverhältnisse zum Stichtag 3. 12. 1861« und erfaßte alle zwölf Stadtteile ihrem sozialen Rang entsprechend.[392] Danach konzentrierten sich die Villen und Luxusmiethäuser von Bourgeoisie, Junkern, höheren und höchsten Staatsbeamten in den zentral gelegenen Wohnvierteln Dorotheenstadt, Friedrichs-Werder und Friedrichstadt, die Mietskasernen für Industriearbeiter, kleine Handwerker usw. in der Louisenstadt, Königsstadt, dem Stralauer Viertel, der Oranienburger-Rosenthaler Vorstadt. Hinzu kamen die meist krassen Gegensätze innerhalb der Mietskasernen, vor allem zwischen den Vorder- und Hinterhäusern. Im Volkszählungsbericht heißt es dazu: »In *allen* Stadtteilen zeigen die *Vorderhäuser* ein Plus an Dienstboten und an Chambregarnisten ... – die *Hofgebäude* dagegen in gleicher Weise ein Plus an Schlafleuten und an Familien-Angehörigen ... der Gegensatz ... ist desto größer, je höher die Rangstufe ist, welche der Stadtteil einnimmt.«[393] Die »Volkszählung« verwies in ihrem Bericht darauf, daß um 1860 26,8 Prozent der Berliner Bevölkerung in Hinterhäusern wohnten. Hier waren die Mieten niedriger, die Belegungen dichter, die Anzahl der heizbaren Räume geringer. Zu der horizontalen Gliederung der Mietskaserne in Vorderhaus und Hinter-

297 Berliner Zimmer, von P. Graeb, um 1835
Nationalgalerie Berlin (West)

298 Modernes Gasglühlicht, um 1900
Deutsches Museum München

299 Großbürgerliches Villenzimmer im sogenannten altdeutschen Stil
Märkisches Museum Berlin

300 Vornehmes Wohnviertel um die Jahrhundertwende mit allen Attributen, die eine großbürgerliche Unternehmerschicht aufzubieten hatte, um zu repräsentieren und es dem Adel gleichzutun. Die sozialen Unterschiede zu den Wohnbedingungen der werktätigen Klassen konnten kaum krasser sein.

257

häuser kam die vertikale Lage der Wohnung entsprechend der Geschosse, die aber über 4 bis 5 und eine Höhe von 22 Metern nicht hinausgingen, weil sonst ein erheblicher Konstruktionsaufwand zur statischen Sicherung notwendig geworden wäre, der die Baukosten wesentlich erhöht hätte. So gab es zwischen Wohnungen von Hinter- und Vorderhäusern, und hier wiederum je nach Stockwerk – vor allem in bürgerlich geprägten Wohnvierteln –, beträchtliche Mietpreisunterschiede: »In einer sogenannten Mietskaserne befindet sich im I. Stockwerk eine Wohnung zu 500 Talern Miete, im Erdgeschoß und II. Stockwerk je zwei Wohnungen zu 200 Talern, im III. Stockwerk je zwei Wohnungen zu 150 Talern, im IV. drei Wohnungen à 100 Taler, im Keller, auf dem Bodenraum, im Hinterhause oder dergleichen noch mehrere Wohnungen à 50 Taler.«[394] Demgegenüber waren in den Mietskasernen der proletarisch geprägten Viertel diese Unterschiede weit geringer. Nur die menschenunwürdigen Kellerwohnungen, in denen 1861 10 Prozent der Berliner Bevölkerung lebten, waren hier noch billiger.

Geringe Wohnflächen und hohe Belegungsdichten kennzeichneten proletarisches Wohnen schon in der ersten Jahrhunderthälfte. Während in den Wohnungen der Bourgeoisie jedem Bewohner wenigstens ein Zimmer zur Verfügung stand, drängten sich beispielsweise in einer anderen Mietskasernenanlage des Jahres 1874, wie »Meyer's Hof« in der Berliner Ackerstraße, durchschnittlich 7 Personen in einer 35 m² großen Wohnung, die aus Stube, Kammer und Küche bestand.[395] Daß in solche Engigkeit noch Untermieter aufgenommen wurden, erscheint uns heute kaum vorstellbar, doch gab es dafür gerade in den proletarischen Schichten eine doppelte Motivation. Zum einen benötigten eine ständig große Anzahl junger alleinstehender Zuwanderer oder aus der Stadt selbst stammende Ledige Unterbringungsmöglichkeiten. Zum anderen konnte mit den Einnahmen aus den Untermieten das Haushaltsbudget der Arbeiterfamilien aufgebessert werden, besaß die Untervermietung (hier) ihre vergleichsweise größte Bedeutung: Nach Hamburger Haushaltsrechnungen resultierten bis zu 10 Prozent der Einnahmen eines Arbeiterhaushalts aus der Untermiete – eine Budgetaufbesserung, die besonders dann angezeigt war, wenn mehrere Kinder zum Haushalt gehörten und die Frau deshalb keiner außerhäuslichen Erwerbstätigkeit nachgehen, hier aber die mit der Untermiete verbundene Arbeit »nebenbei« leisten konnte. Wenn auch die Unterbringung in Kost- und Logierhäusern, in Ledigenheimen und Asylen zum Ende des Jahrhunderts zunahm, reichten diese Plätze bei weitem nicht aus. Das Untermieter-Wohnen blieb daher die typische Behausungsform für die massenhafte Unterbringung meist lediger Arbeiterinnen und Arbeiter. Dabei gab es Untermieter als Zimmermieter oder als sogenannte Schlafgänger. Während der Zimmermieter in der Regel ein möbliertes Zimmer allein bewohnte, mietete der Schlafgänger lediglich eine Schlafgelegenheit, mußte hierbei nicht nur den Schlafraum, sondern vielfach auch das Bett mit anderen teilen. Die zahlreichen Probleme, die hieraus entstanden, sind vielerorts in aller Ausführlichkeit beschrieben und mit sehr negativem Urteil bedacht worden. Daß Untermieter in den Haushalten von Arbeitern gleichzeitig »erste Hilfestellung zur Orientierung in der neuen und fremden Großstadtumwelt ... [erhielten], auch die Erfahrungen in der Familie des Vermieters zu den Quellen proletarischen Selbstbewußtseins« gehörten,[396] Frauen über ihre Mieterin oder ihren Mieter vielleicht mehr »von draußen« erfuhren als von ihrem Mann, das Untermieter-Wohnen jungen Industriearbeitern Mobilität als »erste Lebensbedingung« – wie Friedrich Engels es nannte – überhaupt erst ermöglichte, sollte hier nicht unbedacht bleiben. Natürlich gab es Untermieter auch in Wohnungen der Mittelschichten,[397] und keinesfalls waren die Zimmer-Suchenden nur Arbeiter. Sie bildeten vielmehr einen großen, sozial differenzierten Teil der mobilen Bevölkerung, der z. B. 1875 8,4 Prozent der Berliner Einwohner ausmachte.[398] In den proletarischen Wohnungen ist allgemein erst nach 1890 ein Rückgang von Untermietern zu konstatieren, was in erster Linie auf die höheren Löhne qualifizierter Arbeiter zurückzuführen war, die nun auf die Einnahmen aus der Untervermietung verzichten konnten. Daraus folgte aber nicht in gleichem Maße ein Rückgang der Wohndichte, denn um höchstmögliche Profite aus den Mietshäusern herauszuholen, entstanden im späten 19. Jahrhundert immer kleinere Wohnungen. Hinzu kam mit der enormen Zunahme der Heimarbeit vor der Jahrhundertwende eine weitere Belastung der Wohnstätten.

Am Ende unseres Zeitraums bewirkte ein allgemein steigender Ausstattungsgrad auch in Arbeiterwohnungen Verbesserungen. Sicher brachten der Bau zentraler Was-

301 Wülcknitzsches »Familienhaus« der 1840er Jahre in Berlin mit kasernenmäßiger Aufgliederung

302 Die Haberkernschen Arbeiterwohnhäuser in Berlin-Kreuzberg um 1875 als Beispiel für »klassische« Mietskasernen

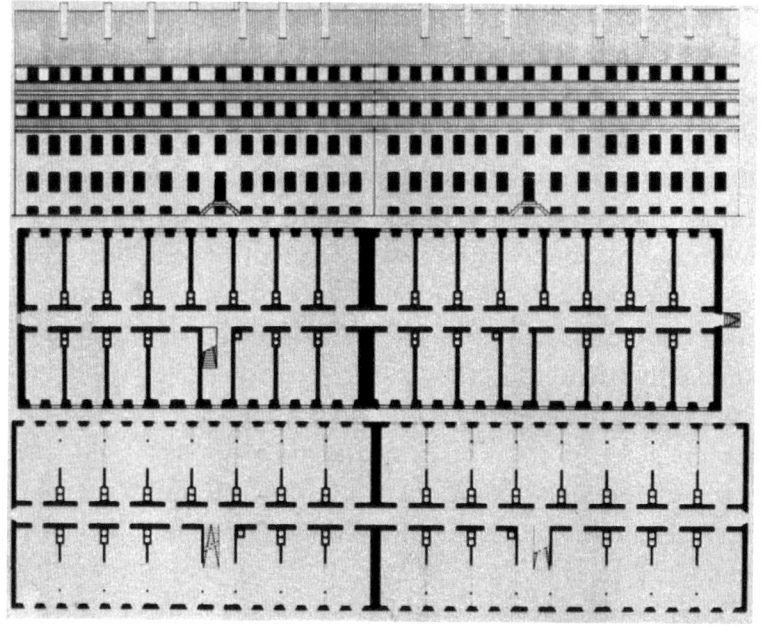

serversorgungen und Kanalisation nicht gleich in jede Wohnung spürbare Erleichterungen, doch dürfen wir davon ausgehen, daß solche Einbauten wie Ausgüsse, Toiletten, Doppelfenster, Gas, Stromanschlüsse u. a. gegenüber dem herkömmlichen Wohnstandard einen generellen Fortschritt bedeuteten. Selbstverständlich gab es hier beträchtliche Unterschiede zwischen den einzelnen Städten und auch innerhalb derselben. Berlin erhielt schon 1855 eine zentrale Wasserversorgung nach englischem Vorbild und 1877 eine Kanalisation. 1896 heißt es in einer Beschreibung der Berliner Verhältnisse, daß die Versorgung der Häuser mit warmem Wasser, wie in Amerika und England weitgehend üblich, »noch nicht allgemein eingeführt« sei und daß vor Inbetriebnahme der Kanalisation »nicht nur die Regenwässer in die Straßenrinnsteine geführt [wurden], sondern auch die Küchen-, Bade- und sonstigen Schmutzwässer« in die Flüsse gelangten. Und zur Anlage von Badestuben wird geschrieben, sie seien »in Wohnungen für den Mittelstand, ... in den neueren Häusern allmählich zur Regel geworden; die kleineren (sic!) erfreuen sich jedoch dieser ... Einrichtungen nicht«.[399] Sie hatten zum großen Teil nicht einmal eigene, geschweige denn ordentliche Toiletten. Während um die Jahrhundertmitte noch als »Appartements« bezeichnete Aborte auf den Höfen der Miethäuser üblich oder in den Häusern einfache Aborte mit Trageimern aufgestellt waren, die nachts von Sammelwagen abgeholt wurden, auch die Baupolizeiordnung von 1853 noch keine Vorschriften zur Einrichtung von Innen-Toiletten enthielt, legte die revidierte Bauordnung von 1887 für Berlin hierzu Bestimmungen fest, wonach Toiletten an der Außenwand einzubauen waren und vom Korridor aus zugänglich sein mußten. Da zur gemeinsamen Nutzung der Be- und Entwässerungsanlage Küche und Toilettenraum nebeneinander gelegt wurden und somit kostbarer Wohnraum verlorenging, kam es in vielen Häusern zur Abortanlage auf »halber Treppe« und zu ihrer Nutzung durch mehrere Familien.[400] Über diesbezüglich äußerst mangelhafte Verhältnisse heißt es in einem Bericht des Jahres 1891, die Wohnverhältnisse der Arbeiter in Dortmund betreffend: »Für Entwässerung war gar nicht oder ganz ungenügend gesorgt, so daß nicht nur bei Regenwetter, sondern schon durch die Abwässer aus den Wohnungen zahlreiche übelriechende Pfützen gebildet wurden. Hierzu kam dann noch die mangelhafte Anlage der Abortgruben, welche kaum ausgemauert waren oder doch sehr häufig überflossen und die Umgegend des Hauses mit allerhand Unrath, auch menschlichen Auswurfstoffen, verunreinigten.«[401]

Es muß in diesem Zusammenhang darauf verwiesen werden, daß sich die Diskussionen zur Wohnungsfrage in den siebziger Jahren vorwiegend um den Mangel an Kleinwohnungen drehten, während nach dem Fall des Sozialistengesetzes 1890 und dem Ausbruch der letzten großen Choleraepidemie 1892 in Hamburg mit 8 000 Todesfällen[402] die Qualität der Wohnungen und ihre Nutzung zum zentralen Wohnungsproblem wurden und zu dieser Zeit die Hygiene als Wissenschaft ihren Anfang nahm. Mit ausgelöst durch die Hamburger Choleraepidemie, kam es 1893 zu einer Untersuchung der Berliner Wohnverhältnisse durch die »Arbeiter-Sanitäts-Kommission«, die »Staat und Stadt zu einer so intensiven Thätigkeit auf dem Gebiete der Sanitätspolizei« zu zwingen beabsichtigte, daß sie selbst überflüssig würde.[403] – In diesem Zusammenhang gesehen, ist es auch nicht zufällig, daß Wohnprobleme mit dem Beginn der siebziger Jahre in den sozialpolitischen Kampf der Arbeiterbewegung Aufnahme fanden, von nun an mit im Vordergrund des politischen Alltags standen. Doch erst unmittelbar nach der Jahrhundertwende wurde die eingeschlagene Richtung in der Wohnungspolitik präzisiert: auf Forderungen nach staatlichem Wohnungsbau und kommunaler Kinderversorgung.

Zur Verbesserung der Wohnqualität gehörten auch zeitgemäße Öfen und Kochherde, die »in Berlin und im ganzen östlichen Deutschland ... ein Bestandteil des Hauses, und nicht, wie im Westen und Süden Deutschlands, Eigentum des Miethers [sind]«. Der Anteil des heizbaren Raumes pro Person war eine vielbeachtete statistische Größe. Für das Berliner Proletariat wurden 1875 je Einwohner $\frac{1}{3}$ »heizbares Zimmer« errechnet; demgegenüber stand jedem Bewohner großer vielzimmeriger Wohnungen »fast ein $\frac{3}{4}$ heizbares Zimmer« zur Verfügung.[404] Um die Jahrhundertwende galt eine Wohnung mit einem heizbaren Zimmer als übervölkert, wenn in ihr sechs und mehr Personen lebten. Danach waren zwischen 1875 und 1900 10 bis 12 Prozent aller Kleinwohnungen in den deutschen Großstädten überbelegt.[405] Die Art der Heizungseinrichtungen war in der Regel von dem am günstigsten zu bekommenden Brennstoff abhängig. Für

260

die Berliner Mietswohnungen galten am Ende unseres Zeitraums meist weiß gekachelte Öfen ohne Rost, eiserne Öfen und die sogenannten Kochmaschinen als die am weitesten verbreiteten typischen Heizvorrichtungen, die neben Torf und Holz als anfänglich verwendeten Brennstoffen zunehmend auch mit Briketts und Koks beschickt wurden. Die Beleuchtung der Räume erfolgte schon seit den vierziger Jahren mittels Petroleum, Öl oder Spiritus, die Kienspan und Kerzen abgelöst hatten; Gasbeleuchtung erlangte erst zum Ende des Jahrhunderts eine wachsende Bedeutung.

Bevor wir auf die eigentliche *Ausstattung* bzw. die »bewegliche Habe« der Lohnarbeiter-Wohnungen eingehen, ist dazu eine Vorbemerkung notwendig: Wohnen in der Mietskaserne bedeutete nämlich nicht nur Überbelegung, mangelhafte Qualität und Rechtslosigkeit der Mieter gegenüber den Hausbesitzern, sondern gerade im Vergleich zur Fesselung an Wohnung und Arbeitsstelle auf dem Lande auch eine gewisse Unabhängigkeit in bezug auf die Wahl der Wohnung und damit auch des Arbeitsplatzes. Solange die öffentlichen Verkehrsmittel innerhalb der großen Städte noch keine ausreichende Verbindung zwischen Wohnung und Fabrik herstellen konnten, bemühten sich die Mieter um eine Unterkunft in der Nähe des Arbeitsplatzes, da bei einer Arbeitszeit von 12 bis 14 Stunden und mehr für die Reproduktion der Arbeitskraft ohnehin wenig Zeit blieb. Dazu kam, daß viele Bewohner den Anhebungen der Mietpreise auszuweichen versuchten. Praktisch sah das in Berlin z. B. so aus: Hier wurden die Mietverträge in der Regel für ein Quartal abgeschlossen, so daß man in den Tagen bis zum neuen Vertragsabschluß eine billigere Wohnung ausfindig machen konnte. Welch ein Mangel an kleinen preisgünstigen Wohnungen besonders an solchen »Ziehtagen« zutage trat, ist in den seit 1867 herausgegebenen »Berliner Städtischen Jahrbüchern« festgehalten. So zeigte der »Oktoberwechsel« des Jahres 1869 »einen empfindlichen Mangel an kleinen Wohnungen auf, ... waren nicht weniger als 500 Familien obdachlos«. Umzugshäufigkeit und Mobilität zählten zu wesentlichen Begleiterscheinungen proletarischen Wohnens in allen sich industrialisierenden Städten – 1872 war gar vom »Nomadenthum der Berliner Bevölkerung« die Rede.[406] Adolf Damaschke, Sohn eines kleinen Tischlermeisters, der seine Werkstatt aufgeben mußte, hat dieses »wurzellose Nomadenleben« miterlebt und »in der Neuen Königsstraße, in Neu-Weißensee, in der Neuen Jakobstraße, in der Metzer Straße, wieder in Neu-Weißensee, in der Zionskirchstraße, in der Friedrichstraße, in der Tempelherrenstraße Nr. 17 und in derselben Straße Nr. 3« gewohnt.[407]

Unter solchen Gesichtspunkten mußte das Mobiliar von vornherein in den Hintergrund treten bzw. hatte sich zunächst noch der Mobilität anzupassen. Entgegen dem allgemeinen Trend zu schwer hantierbaren Möbeln stand hier »Beweglichkeit« obenan, sollte »das Hausgerät leicht fortzuschaffen und in einem anderen Raum ... aufstellbar sein«.[408] Hinzu kam, daß der Wohnstandard von den unterschiedlichen Stadien des Lebenszyklus weitgehend mitbestimmt wurde.[409] In der »Lebensphase beinahe kontinuierlicher Einkommenssteigerungen (im Alter von 16 bis 28 Jahren)« hätte der Arbeiter den Grundstock für seine künftige Einrichtung legen können, jedoch »zu keiner Zeit seines Lebens gab er so wenig von seinem Einkommen für das Wohnen aus, wie als junger, lediger Arbeiter«. Gewöhnlich verbesserte sich mit der Heirat der Ausstattungsstandard, wie es Theodor Bromme selbst erlebt hat und beschreibt: »So zogen wir denn im Juli 1895 zusammen ... Ich hatte mir rein gar nichts gespart, nur dem Schneider hatte ich für meinen Hochzeitsanzug den Macherlohn geben können. Von zu Hause konnte ich erst recht nichts haben, und so war es denn ein Glück, daß meine Frau wenigstens das Nötigste hatte: ein Bett, eine Kommode und die allernötigste Wäsche. Ein Sofa kaufte sie noch in bar und einen Tisch mit 4 Stühlen bekam sie von ihren Eltern. Ich bekam einen Regulator von meinem Vater. Dann nahmen wir noch 1 Sofatisch, 1 Kleiderschrank, 1 Küchenschrank, 1 Spiegel, 1 Waschtisch und eine Bettstelle auf Abzahlung.«[410] Diese hier aufgezählten Gegenstände bildeten in der Regel die Anfangsmöblierung der Arbeiterwohnungen, die sich dann etwa zwischen dem 30. und 45. Lebensjahr – der Phase stärkster sozialer Differenzierung der Arbeiterschaft – verbessern bzw. wieder reduzieren konnte. Wenn es auch keine statistischen Angaben über die Ausstattungsunterschiede dieser Wohnungen zu geben scheint und die wenigen vorhandenen Inventare eher den Wohnstandard der »Arbeiteraristokratie« zeigen,[411] so sind doch – nicht zuletzt über die Fotografie – Unterschiede auszumachen, die natürlich von der Lohnhöhe, der Dauer der »Hochverdienstphase«, der Familienplanung und damit der Mitarbeit der

Frau u. a. abhängen und die im Umfang der Grundausstattung, aber ebenso in der Novationsbereitschaft sichtbar werden. Dazu heißt es in den 1904 veröffentlichten Bemerkungen zu Inventaren von 87 Arbeiterhaushalten in Dresden: »... ein Teil des Mobiliars [Betten, Wäsche und Kücheneinrichtungen] ... [wird] von den Ersparnissen der Frau gekauft. Der Rest und mitunter auch alle Möbel werden dann gemeinsam, je nach Bedarf und Mitteln im Verlaufe der Ehe angeschafft und vielfach alt gekauft.«[412]

Solange es einen hohen Anteil von Wohnungen mit nur einem Zimmer in den großen Städten gab – das waren in den achtziger Jahren in Berlin 49 Prozent, Dresden 55 Prozent, Hamburg 28 Prozent, Chemnitz 70 Prozent, Frankfurt am Main 23 Prozent, Breslau 62 Prozent – und solange die Masse der Arbeiter in solchen Wohnungen leben mußte, blieb zweifellos auch der Stellenwert der Ausstattung gering. Dennoch stellte sich die Möbelindustrie auf das Bedürfnis nach Neuanschaffungen ein, sorgte der Handel für den Vertrieb. In der Reichshauptstadt lockte z. B. das »Credit-Waaren-Haus B. Feder, Brunnenstraße 1, Eingang Weinbergsweg« seine Kunden mit günstigen Teilzahlungsbedingungen: »Anzahlung 20–25 Mk, Abzahlung wöchentlich Mk 2,–«. Dafür erhielt man die »Einrichtung I«: 1 Spind, 1 Bettstelle, 1 Boden, 1 Spiegel, 1 Tisch, 2 Stühle, 1 Küchenspind, 1 Küchentisch, 1 Küchenstuhl; »Einrichtung IV« war mit 50–60 Mark anzuzahlen und mit 3 Mark pro Woche abzuzahlen. Dafür gab es 1 Kleider-, 1 Wäsche- und 1 Spiegelspind, 1 Spiegel, 1 Bettstelle mit Matratze, 1 Sofa, 1 Tisch und 3 Stühle, 1 Küchenschrank, 1 Küchentisch und 1 Küchenstuhl.[413] In ihrer 1880er Ausgabe äußert sich die »Gartenlaube« über solche in den Möbelhandlungen stehenden, »lüderlich hergestellten Mahagoni- und Birkenmöbel: Schränke, deren Äußeres im Glanze der blank polirten Fournitur strahlt, deren Inneres ein erbärmliches Brettergerüst von schlecht gehobeltem Kienholz zeigt; Tische, deren unpraktische, ovale und fournirte Platte nach kurzem Gebrauch Risse und Sprünge bekommt, sogenannte ›antike Stühle‹ mit steifen, hohen und unbequemen Lehnen und schlechter Schnitzerei, Büffets, aus deren Füllungen Schnitzereien von todten Enten, Hühnern, Hasen, von allem, was da kreucht und fleugt, in plastischer Brutalität herausspringen. Das sind noch immer die Geräthe für den Mittelstand, für unsere Beamten, Officiere, Kaufleute, Handwerker, die für den untersten Stand bestimmten sehen noch schlimmer aus«.[414] Billig-Möbel waren also »Fabrikware, Massenartikel, primitiv, oft schludrig, manchmal gar grob und roh gemacht, auf Massengeschmack zugeschnitten«, wie Otto Rühle schreibt.

Ab 1901 in Berlin erstmals systematisch aufgenommene Fotografien zu den Wohnverhältnissen der Arbeiter im Rahmen einer Enquete der Ortskrankenkasse für den Gewerbebetrieb der Kaufleute, Handelsleute und Apotheker[415] belegen ein allseitiges Bemühen, die Wohnungen mit Wandschmuck u. a. Details verschönern zu wollen. Geschäftstüchtige Unternehmer haben dieses Bedürfnis breiter Bevölkerungskreise früh erkannt und hoben – nachdem der Massenfarbdruck technisch möglich und gewinnbringend wurde – wahre »Bilderfabriken«[416] aus der Taufe, deren »Produkte« zu einem Bilderhandel führten, der vielfach über wandernde Hausierer[417] die Stuben der proletarischen Schichten erreichte. Dazu kam ab 1885 eine millionenfache Herstellung von sogenannten Haussegen, deren Fabrikanten sich vor allem in den Großstädten Berlin, Leipzig, Dresden und München niedergelassen hatten, wobei allein in Berlin 19 Fabriken bestanden, deren Gründungsdatum vor 1900 lag. Zu ihren »Angestellten« zählten Tausende von Heimarbeiterinnen, die auf ein als Kanevas oder Stramin bezeichnetes grolöcheriges Hanfgewebe Sprüche stickten und diese mit einem Bildschmuck (Lackbildern, geprägtem Papier, getrockneten Pflanzen u. ä.) versahen. Die für je Stück mit 8 Pfennigen (3 Stück waren im Durchschnitt in einer Stunde zu schaffen) gerahmten »Haussegen« mit Darstellungen christlicher Symbolik, der Arbeiterbewegung u. a. waren dann für mehr als 2 Mark überall zugänglich. Ihre weite Verbreitung haben sie wohl auch ihrer Beliebtheit als Geschenk zu verdanken, denn als große Sachkennerin hat Christa Pieske jüngst darauf verwiesen, daß »in jedem Haushalt zumindest einer, wenn nicht mehrere Haussegen und Wandsprüche vorhanden waren«.[418]

Im Falle von Uhren und Kalendern als Wandschmuck scheint uns die Motivation eindeutiger zu sein. »Zeit« war ja immerhin für den Fabrikarbeiter zum bestimmenden Element des Tages geworden, und die im industrialisierten »Arbeitsprozeß erzwungene Ökonomie der Zeit (durchdrang) allmählich alle Lebensbereiche«.[419] Deshalb gehörten der Regulator ebenso wie an die Wand gehängte Wecker oder Taschenuhren zunehmend zur Ausstattung

303 »Altdeutsch« eingerichtete Küche in sogenannter einfacher Ausführung, um 1895

304 Schlafzimmerangebot eines Dresdener Möbelhauses zu einem relativ hohen Preis, um 1900

Diese Art Einrichtungen waren für die werktätige Bevölkerung im allgemeinen und für Arbeiter im besonderen kaum erschwinglich. Die gleichen Firmen stellten aber auch einfachere Möbel minderer Qualität zu geringeren Preisen her und priesen sie genauso an. Als notwendige, wenn auch billigere Konsumware steigerte ihr Verkauf in gleicher Weise Umsatz und Unternehmerprofit.

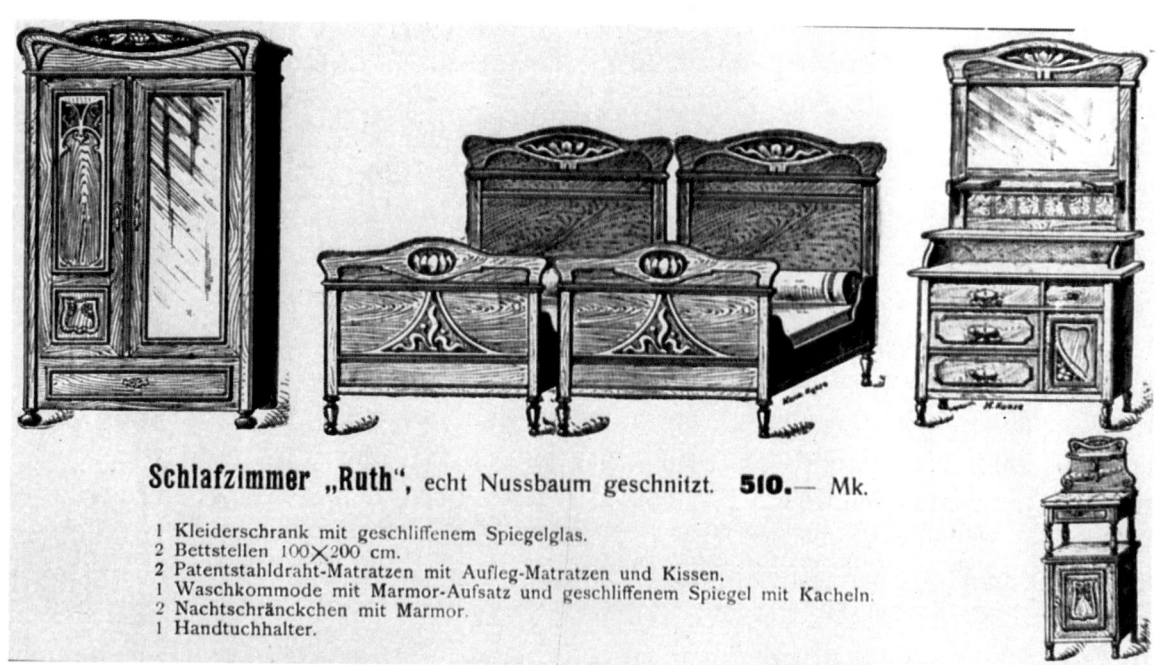

Schlafzimmer „Ruth", echt Nussbaum geschnitzt. **510.—** Mk.

1 Kleiderschrank mit geschliffenem Spiegelglas.
2 Bettstellen 100×200 cm.
2 Patentstahldraht-Matratzen mit Aufleg-Matratzen und Kissen.
1 Waschkommode mit Marmor-Aufsatz und geschliffenem Spiegel mit Kacheln.
2 Nachtschränckchen mit Marmor.
1 Handtuchhalter.

263

der Arbeiterwohnungen. Übernehmen wir hierzu aus den »Frankfurter Arbeiterbudgets« die Beschreibung eines Zimmers, in dem eine sechsköpfige Familie lebte: »Ein nicht sehr großer, grobgearbeiteter, stark abgenützter Tisch, gegenüber, gewissermaßen als Sopha, eine Gartenbank mit Lehne, eine alte Kommode, 3 Betten ..., zwei alte Holzstühle und noch eine im Winkel stehende alte Holzbank vervollkommnen das Mobiliar, wozu noch als Schmuck der Wände eine Schwarzwälderuhr, zwei kleine Spiegelchen und ein eingerahmtes Druckbild kommen.«[420] Wir erfahren aus dieser Wohnung auch etwas über die »Reinlichkeit«, die sich »innerhalb der allernotwendigsten Grenzen bewegen mußte«: Die Kinder wurden alle 14 Tage in einem großen Zuber gebadet, für die Frau fiel das eigentliche Baden völlig weg, sie konnte sich nur, wie das Raum und Zeit gestatteten, am Oberkörper gründlich waschen. Für eine richtige Badeeinrichtung selbst bescheidenster Art war weder Geld noch Platz vorhanden. Zum Besuch einer Badeanstalt fehlten die Mittel.« Daß unter solchen Bedingungen »das Verhältnis der einzelnen Familienmitglieder und der Eltern zu einander eben doch nicht das zärtlichste und warme ist, wie man es bei vollständig geordneten (bürgerlichen, J.) Verhältnissen erwartet«, gibt der Bericht zu bedenken.

Bürgerliches Wohnideal und proletarische Wohnwirklichkeit klafften beim größten Teil der Lohnarbeiter weit auseinander. Solange die Überlagerung der Wohnfunktionen auf engem Raum, eine lange Arbeitszeit u. a. dominierten, konnten vorerst »weder ein Famlienleben noch Wohnformen bürgerlichen Stils entstehen. Hingegen waren die Mittelschichten und das Kleinbürgertum überall um eine Nachahmung bürgerlicher Wohnvorstellungen bemüht«.[421] Dennoch bestand schon innerhalb des Proletariats im Wohnbereich ein großer Unterschied »zwischen den Mobilen, insbesondere den Neuzugewanderten, die zwischen Subsistenz und industrieller Disziplinierung lavierten, und den ›Arrivierten‹ unter den Arbeitern, die in Vorstadtsiedlungen einen Schrebergarten bebauten, die Eisenbahn zu einem qualifizierten Arbeitsplatz von relativer Dauer benutzen und im Ortsverein ihrer Organisation tätig werden konnten.« Lutz Niethammer sieht im Wohnstandard dieser gutbezahlten Facharbeiter – »den niederen Beamten und Angestellten und auch einem Teil des Kleinbürgertums ähnlicher« – eine Basis für Reformismus und Opportunismus,[422] die einer noch notwendigen »gründlichen Erforschung des Alltags der Werktätigen und ihrer Politisierung« bedürfen.[423] Friedrich Alfred Krupp war es immerhin, der im

305 Bergarbeiterwohnhaus für vier Parteien im Ruhrrevier, jeweils aus Stube, Kammer und Küche bestehend

306 Das Wohnquartier der Stuttgarter Staatsverkehrsbediensteten, 1872

Wenn diese Siedlungen auch außerhalb der innerstädtischen Quartiere lagen und somit unbestreitbare Vorteile boten, waren sie doch mit den entsprechenden Konsequenzen für die Bewohner werkseigen.

Jahre 1877 zu den Arbeitern seiner Fabriken sagte: »Nach gethaner Arbeit verbleibt im Kreise der Eurigen, bei den Eltern, bei der Frau und den Kindern und sinnt über Haushalt und Erziehung. Das sei Eure Politik, dabei werdet Ihr frohe Stunden erleben. Aber für die große Landespolitik erspart Euch die Aufregung. Höhere Politik treiben erfordert mehr freie Zeit und Einblick in die Verhältnisse, als dem Arbeiter verliehen ist. Ihr tut Eure Schuldigkeit, wenn Ihr durch Vertrauenspersonen empfohlene Leute erwählt. Ihr erreicht aber sicher nichts als Schaden, wenn Ihr eingreifen wollt in das Ruder der gesetzlichen Ordnung. Das Politisieren in der Kneipe ist nebenbei sehr teuer, dafür kann man im Hause Besseres haben.«[424]

Friedrich Alfred Krupp war es auch, der über eine andere Wohnform, nämlich den *Werkswohnungsbau,* versucht hat, disziplinierte Fachkräfte an sein Unternehmen zu binden.[425] Ein Gleiches erstrebten ab 1860 etwa die Zechenbesitzer des Ruhrgebietes und viele andere Unternehmer Deutschlands. Nachdem sie gezwungen waren, neue Arbeitskräfte anzuwerben, konnte ihnen das nur gelingen, wenn sie auch Wohnraum – allerdings unter bestimmten Bedingungen – zur Verfügung stellten. So wurde beispielsweise 1870 mit dem Bau von Bergarbeiterwohnungen bei der späteren Gelsenkirchener Bergwerks-Actien-Gesellschaft begonnen. Es entstand dort die Kolonie »Ottilienaue«,[426] die 1875 60 Häuser umfaßte, davon 6 für zwei Familien mit jeweils Küche, Stube und 4 Kammern und 54 Vierfamilienhäuser, bestehend aus Küche, Stube und 2 Kammern, auf je 50 m² Grundfläche. Zu jeder Wohnung gehörten ein Stall und 200 a Gartenland, was neben dem Hofraum zum Spielen für die Kinder und dem Bodenraum zum Aufhängen der Wäsche letztlich die Wohnqualität verbesserte. Andererseits hatten diese Wohnungen noch keinen Wasseranschluß, keinen Wasserabfluß bzw. Ausguß, keine Beleuchtung. Als Brennmaterial für das zumeist noch offene Herdfeuer verwendete man Torf, und Petroleumlampen brachten Licht in die Wohnungen. Das Mobiliar bestand in den meisten Fällen aus Tisch und Stühlen, Kommode und Schrank sowie zwei bis drei Betten von etwa 1,20 m Breite und 1,80 m Länge, in denen Kinder grundsätzlich zu zweit oder gar zu dritt schliefen. – So wird auch hier bei unvergleichlich besseren Wohnverhältnissen bestätigt, was schon für die Mietskasernen zutraf, »daß unter spezifischen sozio-ökonomischen Bedingungen der entstehenden Industriegesellschaft die ›normale‹ oder ›übliche‹ Wohnung vorrangig die Grundbedürfnisse Schlafen, Nahrungszubereitung und -aufnahme abzudecken hatte«.[427] Von »guten Arbeiterwohnungen« konnte also keine Rede sein, zumal auch hier, obgleich Bergleute zu den am besten entlohnten Arbeitern zählten, über 50 Prozent der Familien noch Untermieter aufnahmen. Wohl aber gelang es den Unternehmern, bis zu diesem Zeitpunkt mit 25000 zecheneigenen Wohnungen 20 Prozent der Belegschaft zu binden, da Arbeits- und Mietvertrag gekoppelt waren, d. h. nur in den Zechen Beschäftigte solche Wohnungen als potentielle Stammarbeiter bekamen.[428]

Das »Seßhaftmachen« war nicht das einzige Ziel. Die Arbeiter in diesen Kolonien sollten auch von ihren Kollegen, den »Roten«, in den früher gebauten Mietskasernen, die bald als Zentren der Sozialdemokratie galten, isoliert werden – eine Unternehmerrechnung, die aber nicht aufging, denn gerade die Zechenkolonien entwickelten sich zu Zentren der Arbeiterbewegung! Auch innerhalb der Bergarbeiter-Wohnkolonien versuchte man den Verkehr der Arbeiter untereinander und damit ihre Politisierung zu verhindern, so neben Ordnungen, Aufsichten u. a. mit schnurgeraden Straßen in den Siedlungen und separatem Zugang zu jeder Wohnung. Das alles lief unter dem Titel eines Buches von 1878, »Ein humanes Bekämpfungsmittel des Sozialismus«, doch ohne Erfolg.[429] Aufgrund der fehlenden Wasserleitungen in den Häusern entwickelten sich z. B. die in Abständen an den Straßen installierten Zapfstellen, vor allem zu den Essenszeiten und bei Schichtwechsel, zu wichtigen Kommunikationspunkten; ansonsten übernahmen auch hier die Kneipen diese Rolle.

Neben dem Werkswohnungsbau versuchten auch Genossenschaften, sich der »Arbeiterwohnungsfrage« anzunehmen, indem sie das »Arbeiterfamilienhaus als Klein- und Erwerbshaus« propagierten und auf diesem Wege, z. T. mit Hilfe staatlicher Subventionen, beabsichtigten, Arbeiter an das Bürgertum zu binden. Einer dieser Vereine war der 1890 gegründete »Flensburger Arbeiterbauverein« (der spätere »Arbeiterbauverein Ellerbeck«). In ihm konnten nur politisch »Unbescholtene« Aufnahme finden, denen zudem eine Sparsamkeit zugemutet wurde, die kaum realisierbar war. Bis 1900 entstand so nur eine kleine Anzahl von Doppelhäusern mit abgeschlossenen Einfamilienwohnungen; erst mit dem Anwachsen der Werftbelegschaft als Folge der expansiven Seemachtbestrebungen des Deutschen Reiches erhöhte sie sich.[430]

Dort, wo eine »Ansammlung von bedeutenden Arbeitermassen auf kleinem Raume [bevorstand] ..., auch aus Gründen der öffentlichen Ordnung und der Disziplin, [erfolgte] ... die Unterkunft der Arbeiter durch Herrichtung von Barackenlagern«, wie es im Bericht zum Bau des Nord-Ostsee-Kanals im 1890er Jahrgang der Zeitschrift »Über Land und Meer« heißt. »Diese Barackenlager sind an verschiedenen Punkten, im ganzen etwa fünfundzwanzig, der Kanallinie errichtet; sie enthalten in zwei bis vier Gebäuden Raum für 200 bis 400 Mann und in einem Hauptgebäude Speisesaal, Wirtschafts- und Verwaltungsräume. Die Einrichtung ist naturgemäß eine einfache, mehr kasernenmäßige.«[431] Arbeiterbaracken entstanden auch dann, wenn speziell für Erd- und Handarbeiten einheimische Arbeitskräfte nicht ausreichten. So ließen die Hohburger Quarz-Porphyr-Werke AG in Westsachsen polnische Arbeiter für die Steinbrüche gewinnen und ihnen eine Baracke bauen, in der 44 Männer zwischen März und November wohnten. »Es ist anzunehmen, daß in dem zweigeschossigen Flachbau mit 24 Metern Länge und 8 Metern Breite jeweils 4 Arbeiter in einem Raum mit knapp 16 Quadratmetern Grundfläche untergebracht waren.«[432] Dabei stellten solche kasernenartigen Gebäude keinesfalls erst eine Erfindung des 19. Jahrhunderts dar. In den großen Staats- und Herrschaftsforsten Niederösterreichs und der Obersteiermark bildeten Holzknechtskasernen schon seit der Zeit Maria Theresias Unterkünfte für Holzarbeiter, sogar (!) mit ihren Familien. Auf einem Flächenraum von 4 m² pro Person nutzten sie eine gemeinschaftliche Küche, mußten sich mehrere Familien die wenigen heizbaren Stuben teilen, und nur fürs Schlafen hatte jede Familie ihre Schlafstelle.[433]

Zu den *Wohnverhältnissen* auf dem *Lande* stellen wir den Bericht eines in der Wetterau und am Vogelsberg herumgereisten Beobachters von 1892 an den Anfang: »Die ländlichen Industriearbeiter haben fast durchweg bessere Wohnungen als die rein landwirtschaftlichen Tagelöhner, und sie legen bedeutend mehr Wert darauf ... Die Hauptursache ist ... folgende: wird ein schlecht entlohnter Arbeiter mit niedriger Lebenshaltung in eine bessere Lage versetzt, so strebt er zunächst danach, seine Nahrungsbedürfnisse vollkommener zu befriedigen. Erst in zweiter Linie kommt das Bedürfnis nach einer besseren Wohnung.«[434] – Betrachten wir zuerst die Wohnverhältnisse der *Landarbeiter*, so gehen wir da von den verschienen Sozialgruppen aus. Das *Gesinde* sowohl auf den großen Gütern als auch auf den Bauernhöfen vermochte den geringsten Einfluß auf »eigenes Wohnen« auszuüben. Ledige Knechte und Mägde schliefen gewöhnlich nahe am Arbeitsplatz, d.h. die Pferdeknechte hinter Verschlägen im Pferdestall, Kuhmägde hin und wieder im Kuhstall. Ansonsten stellten die Bauern oder Besitzer, bei denen Mägde und Knechte Dienst taten, sparsamst möblierte Schlafkammern zur Verfügung, zunehmend auch Gesindestuben zur separaten Einnahme der Mahlzeiten. Franz Rehbein berichtet aus seiner »Dienstjungen«-Zeit auf einem holsteinischen Gut über die Unterkünfte der 14 Knechte und 6 Mägde: »Für die Knechte und Dienstjungen waren in dem sogenannten Backhause dicht am Pferdestall zwei Unterkunftsräume geschaffen: die Leute-Stube ... Im rechten Winkel reihten sich an je zwei Wänden die landesüblichen Bettkasten aneinander; jedes dieser Wandbetten wurde von zwei Mann benutzt.« Die Betten selbst: alte klumpige Federbetten, bezogen mit »verschossenen sackgroben Bezügen«, dazu viel zu kurz. »Außer den Betten bestand das Mobiliar der Leutestuben nur noch aus je zwei langen einfachen Tischen und mehreren ebenso langen einfachen Holzbänken ... An den beiden, frei gebliebenen Wandseiten ... standen die ›La-

307 Altes Böttcherhaus auf dem »Weißen Hirsch« bei Dresden, um 1870. – Manches auf dem Bild ist gestellt. Dennoch wird die Situation eines böttchernden Landhandwerkers wiedergegeben, der sich nur mühsam der Konkurrenz in der sächsischen Hauptstadt erwehren kann, wenn er nicht sogar für einen Verleger arbeitet; als Nebenerwerb betreibt er ein bißchen Landwirtschaft. Das Haus ist kein Vorzeigeobjekt für volkskundliche Bauernhaustypologie, aber ein um so beredteres Zeugnis für die Situation der »kleinen Leute« in der Zeit des Kapitalismus der freien Konkurrenz.
Bildarchiv Ernst Hirsch, Dresden

den« der Knechte, die deren Habseligkeiten bargen: Zeug, Sonntagsstiefel und was sie sonst ihr Eigen nannten. Darüber hingen an zahlreichen eingeschlagenen Wandnägeln Alltagskleider, Ackerstiefel usw., und nicht zu vergessen die Tabakspfeifen der Knechte.« Der »eiserne Plattenofen« sei als »Zugeständnis an die Wünsche ›ihrer Leute‹« erst angeschafft worden, nachdem so viele Landarbeiter nach Amerika ausgewandert seien. Zuvor hätten sich die Knechte in den Stallungen wärmen müssen. »Sonst aber bot die Ausstattung beider Räume nichts, was auch nur irgendwie auf die Bezeichnung ›Behaglichkeit‹ Anspruch gehabt hätte ... Von Wandschmuck war einfach nichts vorhanden, es sei denn, daß man eine Anzahl zweifelhafter Bilderbogen darunter rechnet, die sich die Knechte vom Oldesloer Jahrmarkt mitgebracht und wahllos zwischen den Kleiderhaken angenagelt hatten.« Und über die sogenannte Deernskammer schreibt Rehbein: »Einen etwas freundlicheren Anblick gewährte die Mädchenstube ... Sie lag in einem Abteil der Gutsmeierei und war ... auch einigermaßen wohnlich eingerichtet.« Das Fenster hatte sogar eine geblümte Kattungardine, der Fußboden war gedielt, doch fehlte ein Ofen. Die Mägde schliefen auch – von Jugend an daran gewöhnt – zu zweit in einem Bett. »Einige Mägde hatten anstatt der altertümlichen Lade auch schon eine Kommode.«[435] Solche Laden dienten Knechten und Mägden nicht nur als Verwahrmöbel anstelle fehlender Schränke; mit diesen eigenen kleinen Truhen, die größtenteils in Kistenmanufakturen des Thüringer Waldes hergestellt und als »Fabrikekästen« weithin gehandelt wurden, erfolgte ebenso der Transport der persönlichen Habe. Dabei benutzten Mägde bemalte, auch mit verschiedenen Sprüchen geschmückte Laden, Knechte unbemalte.[436]

Nicht nur bescheidener, sondern schlimmer müssen wir uns die Wohnverhältnisse der *Saisonarbeiter* vorstellen, die zunächst aus den umliegenden Landschaften, später aus den preußischen Ostprovinzen bzw. aus den östlichen Nachbarstaaten – vielfach als Sachsengänger bezeichnet – in arbeitsintensive Landschaften zogen, um hier saisonweise – für die Zeit der Ernte – in Akkordlohn zu stehen. »Irgendwelche, gerade disponiblen Räume in Scheunen oder anderen Wirtschaftsgebäuden wurden mit Stroh beworfen, und dort dann die fremden Arbeiter, Männer und Frauen und Mädchen, alle zusammen ohne Trennung des Geschlechts einquartiert«, heißt es rückschauend im Jahre 1890 über die »Sachsengängerei« mit dem Vermerk, diesen Mißständen sei »längst ein Ende gemacht«.[437] Doch daran war überhaupt nicht zu denken. Eine preußische Polizei-Verordnung zur Unterbringung der Saisonarbeiter von 1874 sah für die Ausstattung der Betten beispielsweise einen gefüllten Strohsack und ein ebensolches Kopfkissen sowie eine »warme wollene Decke« von 1,75 m Länge und 1,25 m Breite (!) vor. »Die Folge war, daß die Wanderarbeiter in den großen mitgeschleppten Paketen eigene Deckbetten aus Federn mitbrachten.«[438] Auch der Bau von sogenannten Schnitterkasernen, die im übrigen gleichfalls den Militärkasernen nachgebaut waren, trug nicht dazu bei, die Wohnbedingungen zu verbessern. Ihre Überbelegung, die erschreckenden sanitären Verhältnisse und – bedingt durch den vorübergehenden Aufenthalt, die lange Arbeitszeit usw. – auch ein sehr geringes Interesse der hierin Untergebrachten an einer wirklichen Verbesserung der Ausstattungen kennzeichneten die Situation. Im übrigen wurden von seiten der Großagrarier trotz Polizei-Verordnung und Strafandrohungen vielfach nicht einmal die minimalsten Erfordernisse menschlichen Wohnens realisiert, was z.B. aus einer Anfrage an ein Gut im hessischen Kreis Lauterbach um 1900 hervorgeht: »Die 16 polnischen Mädchen schlafen in einem ehemaligen Stall in 8 Betten. Die Betten haben gute Gestelle, darauf Strohmatratze, Strohkissen, 2 wollene Decken ... Die 4 polnischen Männer schlafen in 3 Betten ... Die Instandhaltung der Räume ist sehr schlecht. Die verkalkten Wände, der rissige steinerne Fußboden laden auch nicht ein, besonderen Wert auf die innere Ausgestaltung zu legen.«[439]

Selbst die Wohnungen der *verheirateten Landarbeiter* waren vor allem durch eine Überbelegung der Räume und eine ärmliche Ausstattung gekennzeichnet. Stube, Kammer, Flur und Küche bildeten den jeweils einer Arbeiterfamilie zugebilligten Standard. Zwar waren mehretagige Häuser meist besser gebaut, »erfreuen sich aber bei den Arbeiterinnen keiner Beliebtheit«, schätzte Marie Wegner die Situation in ihrer Schrift »Die Lage der Landarbeiterin« ein. »Die Enge dieser Kasernen-Wohnungen begünstigt den Streit, sie liegen meist ohne jedes Stückchen Garten an der Strasse, nehmen also den Frauen das Schönste, was das Landleben bietet, das eigene Heim mit freundlicher Laube oder Gartenplatz.«[440] Die meisten Räume besaßen Stein-, Lehm- oder Gipsfußböden; Holz-

308 Königspesel auf Hallig Hooge, von J. Alberts, 1898. – Prachtzimmer eines Schiffskapitäns mit vielen Details großbäuerlicher Einrichtungen. Die stolze, herrisch dreinschauende Frau und die Tochter tragen den reichen Sonntagsstaat der Insel.
Schleswig-Holsteinisches Landesmuseum Schleswig

dielungen wurden erst zum Ende des Jahrhunderts häufiger eingesetzt und, wenn überhaupt, dann nur in den Wohnstuben. Um die Bodennässe bzw. Fußkälte ein wenig einzudämmen, streute man weißen Sand auf die Fußböden. Es läßt sich denken, wie schwer in diesen Wohnungen – ohne Wasserleitungen und Abwassereinrichtungen – Sauberkeit und Hygiene fielen, was unter diesen Bedingungen den Frauen aufgebürdet wurde. Wie sie dennoch um »eine wohltuende Reinlichkeit« bemüht waren, berichtet wiederum Franz Rehbein aus Schleswig-Holstein über die Katen der Gutstagelöhner: »Selbst an dem vergilbtesten Fenster hing ein Fähnchen Gardine, und die wurmstichigste Kommode schmückte eine weiße Auflage mit kleinen billigen Porzellanzierden darauf.« Und zuvor schreibt er: »Es schien fast, als sei jede Tagelöhnerfrau bewußt bestrebt, die Dürftigkeit ihrer Stubeneinrichtung durch Ordnung und Akuratesse möglichst zu verdecken«, denn überall – ob in Schleswig-Holstein oder Pommern – gäbe es den gleichen »ärmlichen Hausrat« – »hier vielleicht ein Stück Kasten mehr wie dort, ja wohl gar eine polierte Kommode oder ein gebrechliches Sofa unbestimmbarer Herkunft«.[441]

Allgemein diente die einzige Stube als Aufenthalts- und Schlafraum, in den nichtheizbaren Kammern schliefen die größeren Kinder.[442] Wandschmuck fand nur sehr zögernd und regional unterschiedlich Eingang in die Tagelöhnerwohnungen, so bis zum ersten Weltkrieg kaum in Pommern und Ostpreußen, was dem auffälligen Qualitätsgefälle des Wohnens von West nach Ost entsprach! Hier in den östlichen Provinzen scheint der Spiegel das bedeutendste Schmuckelement gewesen zu sein. – Wassereimer und Waschschüssel standen in der Regel in der Küche, die aber aufgrund ihrer geringen Abmessungen kaum als Wohnküche genutzt werden konnte. Das bedeutete drangvolle Enge in den kleinen Häusern oder Wohnungen, da bis zur Jahrhundertmitte auch die durchschnittliche Familiengröße und die Zahl der Kinder dieser Bevölkerungsschicht zunahmen.[443]

Trotz erkennbarer Fortschritte im Verlauf unseres Zeitraums, wie der Errichtung von Kellern (damit Wegfall der

309 Höfe in einem nordfriesischen Koog, 1. Hälfte des 19. Jahrhunderts

310 Hof in Rabenkirche, Kr. Schleswig-Flensburg, um 1900.

Bauern in Schleswig-Holstein ließen sich von umherreisenden »Künstlern« ihre Anwesen in Öl malen. Mit der Inschrift »Die Heimat« versehen, erhielten die Bilder im Hause einen Ehrenplatz oder wurden fortziehenden Kindern mitgegeben. Einer dieser »Künstler« war der Malermeister Hinrichsen aus Schegerott (1832–1924), der über 1000 Stück gemalt haben soll. Jedes Bild – in Goldrahmen – kostete seinerzeit 1 Goldstück. Schleswig-Holsteinisches Landesmuseum Schleswig

Vorratshaltung von Kartoffeln u. a. in den Kammern), der Verbesserung von Fenstern und Türen, der Dielung von Stuben usw., blieb das Grundübel der Landarbeiterhäuser, nämlich die Überbelegung der Räume, weiterhin bestehen. Dabei kam eine 1893 in der Magdeburger Börde durchgeführte Enquete zu dem Ergebnis, »dass in den Gutsbezirken die Besiedelung der Wohnhäuser meist eine erheblich dichtere ist als in den Landgemeinden, dass sie an die in den Städten vielfach nahe heranreicht ..., dass mit steigender Bodenqualität und der damit verbundenen intensiveren, von vorzugsweise rein kapitalistischen Gesichtspunkten geleiteten Bewirtschaftung und ebenso mit steigender Bodenaccumulation die Zusammendrängung der Gutstagelöhnerfamilien in gemeinsamen Wohnhäusern zunimmt«, so daß die Kreise mit dem höchsten Rübenanbau auch die höchsten Belegungsziffern aufwiesen, d. h. die größte Wohnungsnot zu verzeichnen hatten.[444] Damit erhielt die Aussage Friedrich Engels' vom Anfang der siebziger Jahre, daß die Wohnungsnot »ein notwendiges Erzeugnis« der kapitalistischen Gesellschaftsformation sei, ebenso für die ländlichen Gebiete Gültigkeit, »ist die Wohnungsnot [auch hier] kein Zufall, sie ist eine notwendige Institution«.[445] Noch um 1900 wurde im Auftrag der Landwirtschaftskammer der Provinz Ostpreußen für »ländliche Arbeiterwohnungen« empfohlen: »Die Arbeiterwohnung soll mindestens bestehen aus einer Stube, einer Kammer, einem Flur, einem Keller, einem Bodenraum ... Das Feuer der Kochvorrichtung muß zugleich für die Erwärmung der Stube nutzbar gemacht werden können, oder aber die

311 Karyatiden am »Rüben-
palast«
Bildarchiv Hans-Jürgen Rach,
Berlin
Durch Zichorien- und Zucker-
rübenanbau erlangten viele
Bauern der Magdeburger Börde
hohe Profite. Sie setzten ihren
Ehrgeiz darein, Formen
bourgeoiser Lebensweise zu
übernehmen. Dazu gehörte u. a.
der Bau großstädtischer, mehr-
etagiger Wohnhäuser im jeweiligen Zeitstil, sogenannter
Rübenpaläste, mit einer Flucht
von kaum benutzten Zimmern,
Gesellschaftsräumen und einem
Festsaal.

312 Großbäuerlicher »Rüben-
palast« in Olvenstedt, Magdeburger Börde, um 1885

313 Sogenanntes Aufsatzbett für zwei Personen aus dem bayerischen Leitzachtal, 1813. Diese Betten, meist für eine Person, lösten das feudalzeitliche Himmelbett ab.
Bayerisches Nationalmuseum München

314 Mittelfränkischer Brettstuhl, 1. Hälfte des 19. Jahrhunderts. – Erst im Lauf des 18. Jahrhunderts übernahm das Dorf dieses Möbel aus der Stadt, das dort aus der Mode gekommen war.
Museum für Deutsche Volkskunde Berlin (West)

Heizvorrichtung der Stube muß auch zur Bereitung von Speisen benutzt werden können ... Der Fußboden kann mit Ausnahme der Stuben aus Ziegelpflaster bestehen, während für diese Dielung resp. ein Material, welches diese zu ersetzen im Stande ist, vorzusehen ist ... Der nutzbare Raum einer Wohnung ... beträgt mithin 40,67 qm und erscheint vollständig groß genug.« Nicht einmal von der entscheidenden Kennziffer, der Familiengröße, ist hier die Rede.

»Die Wohnungen der Gutstagelöhner lassen besonders im Osten [des Deutschen Reiches] noch viel zu wünschen übrig. Es finden sich neben den neuen massiven Wohnungen noch immer Lehmfachwerkhäuser mit ungedielten Fussböden vor, die in ihrem baufälligen Zustande nicht den genügenden Schutz gegen Wind und Wetter bieten«.[446] Solche Häuser bzw. Häuschen wurden in Baulücken gesetzt oder erhielten auf dem Hof des Bauern in angemessenem Abstand bzw. am Ende des Dorfes ihren Platz. Sie trugen nicht zu jener entscheidenden Veränderung des Dorfbildes im 19. Jahrhundert bei, die in manchen Landschaften schon um 1830 begonnen hatte – wohl aber die Wohnhaus-Neubauten der Großbauern.

315 Eintüriger Fichtenschrank aus dem württembergisch-fränkischen Grenzgebiet, nach 1870, mit aufgeklebten Kreidelithographien der Firma Wentzel aus dem elsässischen Wissembourg
Württembergisches Landesmuseum Stuttgart, Abt. Volkskunde

316 Konstruktionszeichnung eines Kleiderschranks aus dem Skizzenbuch des Tischlers Rüve, Emstek, Kr. Cloppenburg, mit Preis- und Qualitätsangaben für einen unterschiedlichen Kundenkreis, um 1882
Niedersächsisches Freilichtmuseum Cloppenburg

317 Spind für sechs Personen aus der Gesindestube des Hofgutes in Lorbach, um 1900
Wetterau-Museum Friedberg/Hessen

An der Größe der Gebäude und an der Verwendung der verschiedenen Baumaterialien war die differenzierte soziale Stellung der Dorfbewohner schon äußerlich ablesbar. Der steigende Anbau solcher gewinnbringenden Kulturen wie Zichorie und Zuckerrüben führte zu einer Geldakkumulation bei den *Großbauern*, woraus ein gehobenes Selbstbewußtsein und Darstellungsbedürfnis resultierten. »Die industrielle Revolution und der Stand der Produktivkräfte im Baugewerbe ermöglichten es weit mehr als früher, daß der soziale Status nun auch bautechnisch noch deutlicher zum Ausdruck gebracht werden konnte, so daß den Wohnbauten als Widerspiegelung der Klassenunterschiede geradezu Symbolbedeutung zukam.«[447]

Was Hans-Jürgen Rach hier für die Magdeburger Börde geltend macht, kann auch für andere Regionen nachvollzogen werden. Die Verwendung nicht mehr ortsgebundener Baumaterialien trug gleichfalls dem zunehmenden Repräsentationsbedürfnis der Großbauern Rechnung, die hierin dem städtischen Vorbild folgten. Zunächst war es der Backstein-Ziegel, mit dem als erste im Dorf die wohlhabenden Bauern ihre Häuser errichten ließen.[448] Teils mit ausgesprochenen »Renommierfassaden« versehen, wurden sie beispielsweise in Mecklenburg als »Fillen« (Villen) bzw. in zahlreichen Bördedörfern als »Rübenpaläste« bezeichnet. »Mittelbauern folgten hier wie auch andernorts dem Beispiel der Großbauern je nach ihrem finanziellen Vermögen mehr oder minder schnell. Kleinbauern hingegen verzichteten ganz auf Steinbau, stampften ihre Häuser im Pisébau aus Lehm oder [ließen], um einen Steinbau vorzutäuschen, zumindest den Straßengiebel massiv verblenden oder mitunter auch das schon oft als ›ärmlich‹ empfundene Fachwerk insgesamt verputzen.«[449] Mit solchem Nachahmen bourgeoisen Bauens und Wohnens war ein Abgehen von den traditionellen landschaftstypischen Bauernhausformen verbunden, so in der Magdeburger Börde der Bruch mit dem von allen übrigen Sozialschichten beibehaltenen »mitteldeutschen Ernhaus«.

Im Inneren der großen Häuser machten die Trennung der bäuerlichen Familie vom Gesinde und ihr Rückzug in die Privatsphäre das neue Sozialverhalten immer sichtbarer. Gerade in der Nutzung der Wohnmöglichkeiten traten die sozialen Abstufungen besonders hervor. Hatten wir die Landarbeiterstube weniger als Wohnstube im engeren Sinne, vielmehr als Allzweckraum kennengelernt, so war bei wohlhabenden Bauern schon am Ende des 18. Jahrhunderts der Wunsch entstanden, das Wohnen auf mehrere Räume zu verteilen und so mehr Behaglichkeit und Intimität zu erreichen. Die neuerbauten großen Häuser wurden deshalb von vornherein so angelegt, daß die Anzahl der Räume diesen neuen Wohnbedürfnissen entsprach. Am Ende unseres Zeitraums hatte sich dann nicht nur die Trennung der Wohnräume von den Wirtschaftsräumen vollzogen, zudem gab es Schlafzimmer, Kinderzimmer, z. T. mehrere Salons, mitunter einen »Festsaal«. Ein verbesserter Schornsteinbau erlaubte es, die Küche mit offenem Herdfeuer und ihre damit verbundene zentrale Lage innerhalb des Hauses aufzugeben. Durch die neue Schornsteinführung wurden auch die Räume im Obergeschoß des Gebäudes heizbar.

Klein- und Mittelbauern errichteten zwar weniger neue Häuser, ließen aber ihre alten Wohngebäude teilweise umbauen und versuchten, dem Ausstattungsstandard der großen Bauernwirtschaften nachzueifern, insbesondere hinsichtlich einer »guten Stube«. Mit einer Anhäufung von Möbeln, Wohntextilien u. a. Requisiten war sie geradezu kleinbürgerliches Ideal geworden. Diese »gute Stube« diente nicht mehr Wohnzwecken, sondern wurde Verwandten und Bekannten zu festlichen Anlässen »vorgeführt«, eine nur an wenigen Tagen des Jahres geöffnete »kalte Pracht«. Dabei dürfte es bemerkenswert sein, »daß Innovationen im Wohninventar in manchen Gebieten nicht zuerst von der bäuerlichen Oberschicht, sondern vielmehr von der bäuerlichen Mittelschicht übernommen worden sind«.[450] Inwieweit auch hier die Frau als Innovatorin der Raumausstattung auftrat – wie Ruth Mohrmann dies für ländliche Arbeiterhaushalte des späten 19. Jahrhunderts in Niedersachsen belegen konnte[451] –, bedarf noch entsprechender Forschungen.

Grundsätzlich müssen wir davon ausgehen, daß der Wandlungsprozeß ländlicher Wohnkultur regional wie sozial differenziert zu unterschiedlichen Zeiten und Bedingungen abgelaufen ist. Während er sich in einigen Landschaften schon unmittelbar nach 1810 abzeichnete und die regional geprägte Möbelkultur dort ihrer Auflösung entgegenging, begann die Orientierung ländlichen Wohnens am gültigen bürgerlichen Wohnstandard in anderen Landschaften erst in den vierziger Jahren. Auch zeigen einzelne Möbel, wie beispielsweise das Sofa, eine sehr differenzierte Übernahme durch breite Bevölkerungsschichten in den Dörfern. Für das Land Braunschweig ergibt sich dazu folgendes Bild: Bei der städtischen Oberschicht war das Sofa schon um 1810 allgemein üblich, bei den Mittelschichten in über 50 Prozent der Haushalte vertreten, und auch beim städtischen Kleinbürgertum kam es schon vereinzelt vor; dagegen folgte seine Übernahme durch die ländlichen Mittelschichten hier erst nach 1840. Für die erste Jahrhunderthälfte bedeutet dies, daß in der »erweiterten ländlichen Grundausstattung« zwar etwa 26 Möbeltypen vertreten waren, wie verschiedene Schränke (Eckschrank, Kleiderschrank, Küchenschrank, Brotschrank) und Tische, aber Sofa, Kommode, Nähtisch und Sessel – anders als in der städtischen Grundausstattung mit 35 Möbeln – noch **nicht** vorkamen.[452] Der kleine Stubenraum im Bauernhaus dürfte dafür eine Ursache gewesen sein, denn das sich durch Wohninseln und Wohnecken auszeichnende Biedermeierzimmer brauchte einen größeren Raum. Erst die Trennung von Diele und Flett durch eine Scherwand und ein Umbau im Kammerfach des niederdeutschen Hallenhauses z. T. nach 1850 schufen hier die Voraussetzungen

318 Der notwendige Einkauf, von C. Schröter (1802/67). – Nachwuchs hat sich bei dem jungen Paar angekündigt. Froher Erwartung holen die beiden die erforderlichen Dinge nach und nach zusammen. Dazu gehört auch eine farbenfrohe Wiege. Sie kann zwar beim Dorftischler in Auftrag gegeben werden, aber die man auf dem Markt aus einem größeren Angebot kaufen kann, ist doch schöner, akkurater und bunter. Auch die beiden waren dort und sind mit ihrem Kauf eines »Querschwingers« zufrieden. Manches auf dem Bild ist geschönt, aber die Situation hat der Maler richtig erkannt: Wer etwas Besonderes haben will, muß schon in der Stadt seine Einkäufe tätigen. Städtisches Museum Braunschweig

zur Übernahme kompletter städtisch geprägter Zimmereinrichtungen.

Die täglichen Aufzeichnungen von Tischlern auf dem Lande in sogenannten Anschreibebüchern, wie sie Helmut Ottenjann für das Osnabrücker Artland vorgelegt hat, bestätigen, daß weder der Tischlermeister Brickwede aus Greene zwischen 1825 und 1831 eines seiner 16 Sofas oder einen der Sofatische an Bauern verkaufen konnte, noch setzte sein Nachfolger von der Heyde in den darauffolgenden zehn Jahren nur ein einziges der 26 Sofas an Hofbesitzer ab. Alle in dieser Werkstatt hergestellten Sofas und Sofatische wurden von der nichtbäuerlichen ländlichen Oberschicht übernommen, die damit in dieser Region auch als Innovator des neuen Lebens- und Wohnstils des Biedermeiers auftrat. Erst 1842 bestellte der Colon Liehre als erster Bauer in dieser Tischlerei: »1 Mahagony Sofa 18,0 Rt, 1 Mahagony Sofatisch 17,0 Rt, 4 Mahagony Stühle mit Rosetten 12,0 Rt, 2 Tannenschränke für Kleider 24,0 Rt, 1 polierten Kirschbaum-Eckschrank mit zwei Türen und Beschlag 5,0 Rt, 1 Nachttisch aus Eichenholz mit Beschlag und Anstreichen 2,0 Rt, 1 Mahagony Fußbank 0,60 Rt, für Sofazubehörteile der Polsterung etc. 21,55 Rt.«[453]

So vermitteln die Werkstatt- und Auftragsbücher der ländlichen Möbelproduzenten, zu denen neben den Tischlern auch die Zimmerleute zählten, wichtige Erkenntnisse über das Wohnen auf dem Lande, erlauben sie vor allem auch über die Namen der Kunden Rück-

275

schlüsse auf sozial differenziertes Wohnen. Offenbar hatten einige dieser Handwerker durch ihre »zünftige« Ausbildung einen hohen Qualifizierungsstand erreicht, so daß sie in der Lage waren, für anspruchsvolle vermögende Kunden wie gleichfalls für minderbemittelte Käufer zu arbeiten. Dementsprechend angepaßt zeigte sich die Preisstaffelung bei allen Möbeltypen: Ein Kleiderschrank der Werkstatt Diekmann in Bakum (Landkreis Cloppenburg) kostete 2 bis 22 Reichstaler; das billigste Sofa des Tischlers von der Heyde in Grothe wurde für 7 Reichstaler angeboten, das teuerste für 74 Reichstaler. Die Hauptabnehmer der Artländer Tischler- und Zimmereibetriebe waren Angehörige des Landadels, der Geistlichkeit, Ärzte, Offiziere usw., gefolgt von den Hofbesitzern, Handwerksmeistern, kleinen Kaufleuten, Lehrern, Gastwirten u.a. Allgemein in weitem Abstand davon folgte als bevölkerungsstärkste Gruppe das Landproletariat.

Die Ausstattung der Wohnungen fast aller sozialen Schichten auf dem Lande war also noch weitestgehend das Produkt der heimischen Schreiner und Zimmerer, die z. T. einen kleinen Landwirtschaftsbetrieb bewirtschafteten, oder beide Gewerbe wurden – wie im Artland – vielfach von Heuerlingen ausgeübt;[454] in anderen Regionen fertigten Angehörige der Landarmut ohne rechte handwerkliche Ausbildung manches Möbelstück selbst. Bauern dagegen haben keine Möbel hergestellt. Bei der Ausrichtung ihrer Wohnkultur nach bürgerlichen Wohnmustern griffen sie selbst nicht zu Tischlerwerkzeugen; sie lieferten bestenfalls das Holz für den Tischler, nahmen mitunter durch nachbarschaftlichen Kontakt zur Werkstatt Einfluß auf die Stücke ihrer Wahl. Zum Ende des Jahrhunderts kauften sie bereits komplette Ausstattungen für die »gute« Stube, für die Küche usw. von den städtischen Möbelhandlungen. Deshalb sei, wie schon in unserem 1. Band betont, nochmals gesagt, daß der Begriff »Bauernmöbel« wissenschaftlich nicht vertretbar, ja eindeutig falsch ist. Wir dürfen derzeit vielmehr von folgendem allgemeinen Kenntnisstand ausgehen: Herstellung von Möbeln und deren Bemalung wurden im süddeutschen Raum in der Mehrzahl von demselben Handwerker ausgeführt. Für Norddeutschland muß uns als Beispiel die oben genannte Werkstatt des Tischlermeisters Hermann Heinrich Diekmann aus Bakum genügen. Das über 20 Jahre (1840–1860) geführte Werkstattbuch gibt hier zu erkennen, »daß diese Tischlerei kein Möbel verläßt, ohne nicht auch einen Anstrich erhalten zu haben. Folgende Farben sind in großer Menge ... benutzt worden: ›Bleiweiß, Krappgrün, Krongelb, Kreide, Firnis, Terpentin, Bremer Grün, Braune Farbe, Berliner Blau, Schellack, Leinöl, Goldglette, Ocker, weißes Vitriol, schwarzer Lack, Glette, Braunroth‹.« Kein Wunder, daß in manchen Archivalien Tischler auch als »Mahler« bezeichnet werden. Im übrigen haben den Tischlern wohl auch Maler geholfen, die Deckengewölbe und Kirchengestühl ausmalten, ebenso gelernte »Schilder- oder Faßmaler«.[455]

Auch auf dem Lande belebte das biedermeierliche Stubenwohnen allgemein die Auftragstätigkeit der Schreiner, Zimmerer u. a. Möbelproduzenten. Für Schränke aller Art, Sofagarnituren, Tische und Stühle war etwa ab 1830 eine steigende Nachfrage zu konstatieren, so daß sich ein »Austauschprozeß von Altmobiliar und Innovationsgegenständen«[456] anzubahnen begann. Zum Ende unseres Zeitraums waren dann die »bäuerlichen« Möbel weitgehend durch zeittypische »bürgerliche« ersetzt, gehörten Sofa und Büfett in zahlreichen ländlichen Wohnungen zur Selbstverständlichkeit der »guten Stube«. Daneben existierte vielfach – so u.a. beim traditionellen Ernhaustyp – eine Zweitstube, die einfach und praktisch eingerichtet war: »In der Fensterecke der Stube stand der Tisch, an zwei Seiten von Holzbänken umgeben, die an den Wänden weiterliefen und fest in diese eingelassen waren. In der Ecke hinter dem Tisch hing bei Katholiken ein Kruzifix mit dem geweihten Wurzbüschel dahinter, umgeben von Heiligenbildern. In protestantischen Häusern waren statt dessen dort die Bilder der landesherrlichen oder kaiserlichen Familien zu finden ... Zur weiteren Einrichtung gehörten Stühle und ein gepolsterter Lehnsessel, der in der Ofenecke stand, bei einem modernen Eisenofen mit Türchen, in dem auch gekocht bzw. Speisen warm gehalten werden konnten ... Die andere Ecke zwischen Stube und Kammer barg in hohem Kasten eine Schlaguhr ... Am Drehriegel des Kastens hing der Volkskalender des jeweiligen Jahres. Betten waren in der Stube seltener zu finden. An der Wand dem Tisch gegenüber stand gewöhnlich ein größerer oder kleinerer Schrank oder beim wohlhabenden Bauern sogar ein Sofa. Nur kinderreiche Familien schlugen hier das Bett für eines oder zwei der kleineren Kinder auf, während die Schlafmöbel – auch die Wiege für das Jüngste – in den Kammern standen.«[457]

Angehörige der Landarmut, die dem Wandlungsprozeß der Wohnkultur nicht in gleichem Maße folgen konnten, versuchten, über Billigangebote bei den Handwerkern, ferner auf Auktionen zeitgemäß-»repräsentatives« Mobiliar zu erwerben. Dennoch blieb die tiefe Kluft zwischen den verschiedenen sozialen Schichten des Dorfes auch im Haus und Wohnen für jedermann sichtbar.

Zwei Beispiele sollen dies abschließend besonders verdeutlichen. Die aus einem engen und niedrigen Kleinbauernhaus im Odenwald stammende Schriftstellerin Augusta Bender schildert Wohnen in ihrem Zuhause am Beispiel des Arbeitstages ihrer Mutter: Sie habe »für Hausarbeiten überhaupt keine Zeit gehabt. Sie mußte bis zu anbrechender Nacht auf dem Felde schaffen, und wenn sie müde und abgerackert dann endlich heim kam, mußten noch die Säue gefüttert, die Kühe gemolken und dem brummenden Mann beim Füttern und Tränken geholfen werden ... Bei den Kindern ist es nicht so genau darauf angekommen, die waren oft schon in den Ecken eingeschlafen, noch ehe das Nachtessen auf dem Tisch stand. Und das ist für Kinder und Mutter das beste gewesen. Denn im Sommer mußte oft mitten in der Nacht noch gebacken, gewaschen, und die Kleider geflickt, im Herbst aber die gefallenen Äpfel und Birnen geschält, geschnitzt und in den geheizten Backofen geworfen werden. So ist meine arme Mutter oft wochenlang in kein Bett gekommen, sondern nur vor dem Herde etwas eingenickt, um sich beim Tagesgrauen schon wieder auf den Weg ins Mähen, Schneiden oder Futterholen zu machen.«[458] Und demgegenüber die Beschreibung eines Pesels, des Hauptraumes im Wohnhaus eines großbäuerlichen Hofes, in Schleswig aus dem Jahre 1860: »... stattliches Gemach, die Wände und die Decken waren tapezirt, vergoldete Leisten rahmten die Tapeten in den Ecken, an der Decke und am Boden ein ... Große reichgestickte Teppiche waren vor den Sophas und unter den Tischen ausgebreitet, sämmtliche Mobilien waren von ganz neumodischer Form, von Palisanderholz und hier und da mit Elfenbein und vergoldeten Zierrathen ausgelegt. In der einen Ecke stand ein prächtiges Pianino, in der anderen ein mit Roßhaar gepolstertes, großes und bequemes Sopha hinter einer großen Tafel von Mahagoniholz, deren nach dem innern Raum offene Seite von mehreren bequemen und mit Stickereien bedeckten Armstühlen und Schaukelstühlen umstellt war. Ein breiter Spiegel ... in übergoldeter Einfassung, reich mit Blumen und Arabesken verzirt, reichte von dem getäfelten Boden bis zu der tapezirten Decke, aus deren Mitte ein Kronleuchter aus vergoldeter Bronze herabhing. Dem Pianino gegenüber stand ein großer, reich mit Elfenbein ausgelegter Schreibsecretair.« Dazu eine Etagere mit Büchern, eine große Stutzuhr auf Konsole und Bilder, unter diesen ein in Wasserfarben gemaltes Schiff.[459]

Dem ist wohl nichts hinzuzufügen. Aber es ist symptomatisch, daß angesichts der freilich oft übertriebenen Nachahmung bürgerlichen Interieurs von manchen Zeitgenossen um die Jahrhundertwende Befürchtungen geäußert wurden, die Bauern könnten ihr »Bauerntum« aufgeben wollen. Beschwörend heißt es daher z. B. in der Zeitschrift »Dorf und Hof« (Monatsblätter des Vereins für ländliche Wohlfahrtspflege in Baden): »Und wie Euer Kleid, so sei Eure Wohnung! Leider glauben auch schon manche von Euch, sie müßten eine sogenannte gute Stube haben mit Plüschsesseln und einem Spiegelschrank. Schämt Euch über derartigen Unsinn! Wie heimlich und behaglich sind gegen dieses Zeug Eure alten Bauernstuben mit dem großen schweren Tisch und der Kunst am grünen Kachelofen und dem stillen Herrgottswinkel mit dem Heiland am Kreuz, vor dem Ihr Euch doch hoffentlich noch alle Tage zusammen vereinigt. Wenn Ihr nun nicht glauben wollt, wie schön eine solche alte Bauernstube ist, so geht doch einmal in die großen Bildersammlungen, wo die Maler aus der Stadt ihre schönsten Bilder ausgestellt haben. Wo findet Ihr da auch nur eine einzige sogenannte gute Stube abgemalt? Aber Bauernhäuser und Bauernstuben findet Ihr in Menge. Merkt Ihr, wie schön Eure Stuben, Häuser und Trachten sind? Bauet deshalb wieder Bauernhäuser [sic!]. Sie sind nicht teurer als die langweiligen viereckigen Stadthäuser, die jetzt überall bei Euch auf dem Lande zu finden sind und die gar nicht zu dem Stall und dem Hof mit den Hühnern auf dem Misthaufen passen und für Eure Hantierung recht unpraktisch sind und im Winter nicht warm halten.«[460]

Das Beschwören der traditionellen, ländlich geprägten »Volkskultur« war schon damals ein Anachronismus und damit Teil des Manipulierungsinstrumentariums, im Alten-Ärmlichen die gleichmacherische »heile Welt« zu »erfinden«.

Organisierte Gemeinschaft

Vereine
Partei
Politische Kultur

Für das »Gemeinschaftsleben« der Feudalzeit in Dorf und Stadt haben wir in unserem 1. Band besonders von »Feiern und Festen« berichtet, die – ob durch die Obrigkeit reglementiert oder nicht – von den Werktätigen häufig in sehr aktiver Weise mitgetragen, als kurzzeitige Befreiung aus den permanenten Nöten des gewöhnlichen Alltags empfunden und begangen wurden. Sie galten als Höhepunkte im Einerlei des Jahreslaufs, an denen »man oder frau« ihren bedrängten Herzen Luft zu machen verstanden, ihr Mißfallen über bestimmte Zustände zum Ausdruck brachten, wohl auch ihre Gemeinsamkeiten und Gemeinschaft demonstrierten, sich zu kleinen Widersätzlichkeiten hinreißen ließen, ihren Protest zumindest aber in Wort und Spiel artikulierten, einmal Gelegenheit hatten, sich zu entäußern. Solcherlei Möglichkeiten gab es im Laufe eines Arbeitsjahres nicht wenige, und es war auch ein Ausruhen und Pausieren von der Schwere des Arbeitsalltags damit verbunden. Bei allen Aktivitäten, die dabei entfaltet wurden und deren Untersuchung in der internationalen kulturhistorischen Forschung eine große Bedeutung zukommt,[461] hatten sie mehr oder weniger auch eine Ventilfunktion im Rahmen der gegebenen gesellschaftlichen Ordnung.

Die Entwicklung des Kapitalismus der freien Konkurrenz bis an die Schwelle des Monopolkapitalismus mit einer bis dahin unvorstellbaren Umwälzung auf allen sozialökonomischen Gebieten mußte sich erklärlicherweise auch auf das »Gemeinschaftsleben« auswirken. Es erhielt – denken wir nur an das Proletariat – eine völlig neue Wertigkeit mit der Entwicklung eines Solidaritäts- und Klassenbewußtseins, fand ebenso durch die engeren Stadt-Land-Beziehungen maßgebliche Beeinflussung. Aber auch Tradition wurde im Sinne der herrschenden Klasse als nach wie vor altbewährtes Mittel der »Sicherheit« vor unsicherem »Neuererwesen« gefördert und manipuliert; ebensowenig zögerte man, Aberglaube und Wunderglaubigkeit neu zu beleben, schwor die Menschen wie seit eh und je auf die gottgewollte Herrschaft von Thron und Altar, nun aber noch auf die Werte des »deutschen Wesens«, auf Kaiser und Fürstentreue, auf Chauvinismus und auf den Ehrentod fürs Vaterland ein, gleich, ob das gegen den »Erbfeind« der Nation oder gegen Aufständische in den neuen Kolonialbesitzungen des Reiches gerichtet war. Altes stand bisweilen unvermittelt neben Neuem, hatten wir schon in anderem Zusammenhang formuliert, und das wird hier besonders deutlich, läßt auch den überall zu beobachtenden ideologisch-kulturellen Wandlungsprozeß nachvollziehen.

Wenn wir in diesem Kapitel »Organisierte Gemeinschaft« behandeln, dann drückt sich darin eine neue, vom Kapitalismus bestimmte Art und Weise des Zusammenlebens und Zusammenwirkens aus. »Organisierte Gemeinschaft« bedeutet, in bewußterer Weise als vordem einen Sinn oder Zweck zu verfolgen, etwas gemeinsam zu erreichen oder durchzusetzen. Organisiertes und Organisation sind einerseits dem Massencharakter der kapitalistischen Gesellschaft eigen, verbinden andererseits individuelle Wünsche und Vorstellungen zu kollektivem Tun und Erlebnis, setzen damit Potenzen zum Nutzen der Gesellschaft frei, wie auch Gegenkräfte nur in organisierter Weise wirksam werden können. Dabei ist Spontanität die Keimform, löst später Organisiertes aus, leitet auch Bewußtseinswandel ein. Dieses Vielerlei der Erscheinungen im Verhalten und in den Aktionen des werktätigen Volkes als Reaktion auf lange Angestautes, aber nun durch die Ereignisse von 1789, 1830 und 1848/49 Gelockertes mag bisweilen am einprägsamsten als »Revolutionskultur« verstanden werden, die letztlich in Formen organisierter Gemeinschaft im Sinne des bisher Gesagten kulminiert.[462] Einige Beispiele aus dem »Revolutionsalltag« sollen das zu konkretisieren versuchen.

Daß es französische Frauen waren, die Ludwig XVI. 1789 aus Versailles nach Paris zur Aburteilung durch ein jakobinisches Tribunal holten, ist bekannt, kaum aber, daß im linksrheinischen Deutschland für die Zeit der »Mainzer Republik« 1793 Frauen an den Sitzungen des Jakobinerklubs teilnahmen, ihre Rolle als Republikanerinnen hervorgehoben und ihnen versichert wurde: »... alle Neuerungen im Guten wie im Bösen erwarten ihren Erfolg vom Frauenzimmer.« In verdienstvoller Weise hat Gerhard Steiner darauf aufmerksam gemacht, dessen Darstellung[463] wir partiell folgen: Da wandte sich beispielsweise die Mainzer Dienstbotin Margarethe Wilhelm an den »Bürger Präsidenten« mit der Bitte, ihr bei der Heirat mit einem Schustergesellen behilflich zu sein, dem die Zunft – eine Anzahl von »Despoten, die ihren Schatten von Macht noch fühlbarer machen« – den Konsens verweigerte. Ihre Petition begründete sie mit der rührenden, aber doch ernstgemeinten Versicherung, »das Bitten eines Mädchens nicht unerhört zu lassen, weil wir uns nicht allein bestreben werden, rechtschaffene Haushälter zu machen, sondern auch dem Staate freie Menschen und rechtschaffene Bürger zu liefern«. Anders als diese Bittstellerin setzte sich die Frau des Buchbindermeisters Jakob Veit Zech, Maria Ursula Thenka, für die Ziele der Revolution ein, indem sie die Mainzer Marktbauern dadurch zu beeinflussen suchte, daß sie Jakobinerzeitungen gegen Butter, Eier und Käse tauschte. Sie war in dieser Weise auch außerhalb der Stadt tätig, beteiligte sich am Aufstellen des Freiheitsbaumes in Erbenheim und brachte als erste den Ruf »Vive la nation!« aus. Nach der Eroberung von Mainz durch die Truppen der Konterrevolution wurde ihre Familie ruiniert; sie verlor einige Kinder, wurde nach Frankreich ausgewiesen und kehrte erst mit den französischen Truppen wieder in die Heimatstadt zurück.

Ob es weibliche Angehörige Georg Forsters waren, die sich zur französischen Republik bekannten, oder nicht wenige andere Frauen aus den Reihen der Handwerker oder sonstiger Kleinbürger, deren Männer oder sie selbst

319 Charivari und Tumult vor einem Wiener Bäckerladen 1848 durch eine sozial differenzierte Menge, darunter mehrere Frauen. Militär mit blanker Waffe greift ein.

dem Mainzer Jakobinerklub angehörten: Sie zeigten alle eine entschiedene Haltung, heirateten nach den Rechtsvorschriften der französischen Republik, stellten sich voller Begeisterung dem Mainzer Revolutionstheater als Schauspielerinnen zur Verfügung – und sie ertrugen nach dem Einmarsch der Insurgenten alle Schikanen, Drangsalierungen, lange Haftwochen, die Trennung von ihren jakobinisch gesinnten Männern usw. Sie erlebten und durchlitten den Revolutionsalltag in seinen Höhen und Tiefen, aber mit dem Gefühl und der Gewißheit, daß eine andere Zeit angebrochen war, die auch ihre Lebensweise verändern würde.

Diese Beispiele aus der nur so kurzen Zeit der Mainzer Republik zeigen uns immerhin den engen Zusammenhang zwischen Veränderungen im allgemeinen Gesellschaftsgefüge und dem daraus resultierenden neuen Verhalten von Angehörigen bis dahin unterprivilegierter Schichten, und dazu noch von Frauen, denen familiale Unterdrückung neben feudaler Ausbeutung die größten Lasten aufbürdete. Frauen und deren Verhalten gehören zu den signifikantesten Merkmalen gerade im Revolutionsalltag des 19. Jahrhunderts, wenn ihre politischen Aktivitäten auch nicht die nötige Beachtung gefunden haben oder wenn man sich mehr über ihr lautes Wesen, Keifen und Aufhetzen bei Krawallen mokierte; »besonders deutlich wird der patriarchalische Blick in den Zeitungen, in denen Normen und Maßstäbe über das richtige Verhalten ›anständiger‹ Frauen aufgestellt werden«.[464] Die Bedeutung werktätiger Frauen bei den Ereignissen des Vormärz, der 48er Revolution, bei Streiks und Krawallen ist größer gewesen, als man wahrzunehmen bereit war. Woraus erklären sich sonst wohl die vielen Karikaturen von »Flinten- und Barrikadenweibern«, warum wurden die vermeintlichen fraulichen Tugenden am Herd, am Waschfaß und mit Strickstrumpf so hoch gepriesen und dem Verhalten aufmüpfiger Frauen entgegengehalten? In der Tat spielten sie eine aktive Rolle in den bürgerkriegsartigen Auseinandersetzungen: Sie standen hinter den Barrikaden und gossen Kugeln aus den Bleifassungen von Fenstern, sie luden die Gewehre und reichten sie den Männern, sie verbanden Verwundete – und sie wurden zum Symbol des Freiheitskampfes: Mit hoch erhobener schwarz-rot-goldener Fahne stehen sie auf den Barrikaden, schreiten in anmutiger Weise über die Stein- und Holzhaufen der Wegsperren hinweg im weißen Biedermeierkleid und mit Schutenhut. – Trotz der Notwendigkeit aller Quellenkritik und trotz des Zugeständnisses, daß manches bürgerlicher Wohlhabenheit abgeschaut und nachgemacht wurde – im äußeren Habitus, wie in Gesten, Symbolen u.ä. –, ist eines doch sicher und in seiner Bedeutung nicht zu verkennen, daß nämlich die Frauen gerade der unteren Bevölkerungsschichten viel enger vom unmittelbaren Geschehen, von den Krawallen, Kämpfen, Tumulten u. ä. auslösenden Umständen, betroffen und daran beteiligt waren als andere ihrer Geschlechtsgenossinnen bürgerlicher, gar adliger Herkunft. Die Motivation zu vielem gibt erst der Alltag. Er bestimmt das jeweilige Verhalten und ist daher stets mit ein Indikator für historisches Geschehen namentlich in Umbruchzeiten wie denen des 19. Jahrhunderts. »So bewegen sich zum Beispiel die Unterschichtsfrauen in einem anderen sozialen Raum, der Straße, die für die bürgerlichen Beobachter per se schon als unmoralisch und gerade im Vormärz und 1848 als gefährlicher Ort des Aufruhrs und der politischen, sozialen und moralischen Umwälzung gilt. Hier sitzen zum Beispiel die Näherinnen mit ihrer Arbeit vor der Haustür, die Wasserträgerinnen eilen die Straße entlang, und die Brunnen bilden [seit jeher] den Mittelpunkt dieses bunten Treibens. Im Gegensatz also zu den bürgerlichen Frauen, die seit Ende des 18. Jahrhunderts in die Privatsphäre des Hauses verbannt wurden, sind die Unterschichtsfrauen draußen unterwegs. Für sie ist die Straße Arbeitsplatz und Nachrichtenbörse zugleich, hier werden Neuigkeiten ausgetauscht, Preise diskutiert, hier nehmen Gerüchte ... ihren Anfang, deren politische Funktion nicht unterschätzt werden darf.«[465] Von hier gingen die Protestaktionen gegen Hunger, Wucher, bürokratische Seelenlosigkeit u. a. in der Vormärz- und Revolutionszeit aus, wurden »Katzenmusiken« oder »Charivaris« als besonders erfolgreiches Mittel des Protestes inszeniert und organisiert.

Vor alldem wurde die bürgerliche Frau gewarnt, davon geradezu ferngehalten, dafür in ihrer häuslich-mütterlichen Rolle immer wieder bestätigt. Aber auch sie hatte eine, wenn auch anders geartete Öffentlichkeit, in der ihre als spezifisch weiblich deklarierten Fähigkeiten galten, dort, wo sie auch »ihr Geschlecht nicht verleugnete«: in der Wohltätigkeit zur Milderung der Massenarmut und in anderen karitativen Verrichtungen. So gründete bereits 1817 Königin Katharina von Württemberg einen Wohltätigkeitsverein, dem zur Hälfte Frauen angehörten. Später, bis zur 48er Revolution, entstanden weitere Vereine zur Krankenpflege, zur »Erziehung verwahrloster Kinder«, zur »Bekleidung armer Leute«, aber auch zur Unterstützung »verarmter Honoratiorentöchter« usw. Mit dieser auf sie zugeschnittenen Öffentlichkeitsarbeit gelangten Bürgerfrauen sogar in Gesangsvereine – eine Domäne der Männer –, nahmen an politischen Veranstaltungen teil, erhielten Zugang zu Gerichtssälen, Gemeindeverhandlungen, selbst zur Parlamentstribüne, formulierten damit gewissermaßen »ihren Partizipationsanspruch« an den nationalen und demokratischen Zielen des Vormärz und der 48er Zeit, wobei es ihnen am wenigsten um die eigene emanzipatorische Befreiung ging. Sie drangen zwar in die bis dahin ausschließlich den Männern vorbehaltene politische Handlungssphäre vor, doch blieben sie dem dort vorherrschenden national-männlichen Konsens verhaftet. Wohltätigkeit, weiblich motivierte Hilfsbereitschaft, mütterlich verbrämte Armenunterstützung usw. wurden dabei zunehmend den nationalen, dann den chauvinistischen Bestrebungen von Vereinen und Verbänden unterschiedlicher Zusammensetzung untergeordnet. »Indem die Tätigkeit der Frauenvereine sich im wesentlichen auf das Spenden, Retten und Helfen beschränkte, wurde Politik zur Wohltätigkeit, zum Dienst am Nächsten. Die Frauen stellten keine eigenständigen Ansprüche, sondern ihr Interesse blieb der Wohlfahrt des Ganzen und den Zielen der nationalen Revolution untergeordnet. Im Gegenteil entwickeln sie zum Teil eine bizarre Leidenschaft für die Zeichen nationaler Potenz und für deutsche Machtträume ... Der öffentliche Beifall, den die Frauen für ihre Tätigkeit erhielten, bestätigte sie in ihrem Verhalten und trug zugleich zur Verfestigung und Verbreitung eines spezifischen Bildes *deutscher* (Hervorhebung, J.) Weiblichkeit bei ... Nationale Gesinnung war für sie nicht nur eine beliebige Formel, sie waren geradezu davon ›durchdrungen‹.«[466] Seinen Ausdruck fand das im Besticken von Fahnen mit patriotischen Losungen für die verschiedenen Männer- und Geselligkeitsvereine und deren feierliche, bisweilen an einen Brautzug erinnernde Übergabe mit Rede und Gegenrede. So wurde die »mit Liebe gestickte Fahne ... zum ›Quell männlicher Kraft‹, sie hebt Herz und Mut, und ›es eilt der liebende Germane, zum Waffendienste auf der Frauen Ruf‹. Auf dem militärischen Weg zum deutschen Nationalstaat verbinden sich die Liebe der Frauen und die kriegerische Bereitschaft der Männer zu einer arbeitsteiligen, aber kampffähigen Einheit. Die von Frauen gestickte Fahne soll die Männer daran erinnern, was es gegen die Bedrohung durch äußere und innere Feinde zu schützen gilt: ›Herd und Familie‹, ›Ordnung und Gesetz‹, ›Ehre und Eigenthum‹«. All das und noch mehr eignete dem besonderen Charakter deutscher Mentalität in diesem Jahrhundert der Nationwerdung.

Das Ideal der bürgerlichen Familie war patriarchalisch geprägt; in entsprechender Abhängigkeit befand sich die Frau, ihre Stellung als Ehefrau war in der Öffentlichkeit gering, ihre Bindung an Haushalt und Kinder vollkommen. »Freiheiten« standen allein dem Mann zu. Die gesellschaftskritische Literatur des 19. Jahrhunderts lebte zu einem großen Teil davon, ist voll vom schweren Schicksal der Frauen, die es nur selten vermochten, aus einer entwürdigend gewordenen Ehe auszubrechen. Gegen diese für eine Frau in der bürgerlichen Gesellschaft auf Dauer unhaltbaren Verhältnisse, gegen ihre geringen Bildungs- und beruflichen Chancen, für ein höheres Maß an Gleichberechtigung in beruflicher wie in politischer Hinsicht kämpfte in jahrzehntelangem Ringen die bürgerliche und zu einem späteren Zeitpunkt – mit konsequenteren Zielen – die proletarische Frauenbewegung.

Vorausgegangen war solchen organisierten Bestrebungen die »Erklärung der Frauenrechte« im Zusammenhang mit der Französischen Revolution. »In Deutschland entstand das erste politische Programm in Verbindung mit den demokratischen Bewegungen von 1848, als Louise Otto-Peters (1819–1895) die Erziehung der Frau zu selbständiger wirtschaftlicher und geistiger Arbeit im Dienste nationaler und sozialer Ideale forderte.«[467] 1849 erschien unter dem Motto »Dem Reich der Freiheit werb' ich Bürgerinnen« die erste Nummer der von ihr redigierten »Frauenzeitung« – ein kleinbürgerlich-demokratisches Organ, »in welchem vor allem die Forderung nach staatsbürgerlicher Gleichberechtigung der Frau erhoben wird. Im Programm der Zeitung wirbt [sie] u.a. um Korrespondentinnen aus den Reihen der Arbeiterinnen, deren ›Angelegenheiten vor die Öffentlichkeit‹ zu bringen, sie für wichtig erklärt«. Zusammen mit Auguste Schmidt gründete Louise Otto-Peters 1865 in Leipzig einen »Frauenbildungsverein«. Noch im selben Jahr fand, ebenfalls in Leipzig, der erste deutsche Frauenkongreß statt, an dem auch August Bebel teilnahm. Dieser Kongreß beschloß die Konstituierung des »Allgemeinen Deutschen Frauenvereins« (ADF), dem 1877 rund 12 000 Mitglieder angehörten.[468] Im Programm des ADF heißt es bezeichnenderweise: »Die erste deutsche Frauenkonferenz erklärt die Arbeit, welche die Grundlage der ganzen neuen Gesellschaft sein soll, für eine Pflicht und Ehre des weiblichen Geschlechts, sie nimmt dagegen das Recht der Arbeit in Anspruch und hält es für notwendig, daß alle der weiblichen Arbeit im Wege stehenden Hindernisse entfernt werden.«[469] Das war eine mutige Erklärung, der erste Schritt zur Emanzipierung des weiblichen Geschlechts. Jedoch: Dieses Programm des ADF hatte weder Gesetzeskraft, noch schlug es in den nachfolgenden Vereinsgründungen durch. Im Gegenteil: Wenn schon ein Jahr später – 1866 – die Gründung des »Lette-Vereins« zur Vorbereitung auf weibliche Erwerbstätigkeit erfolgte und auch der »Vaterländische Frauenverein« ins Leben gerufen wurde, so war in beiden vom Geiste der Präambel aus den Satzungen des ADF nichts zu verspüren. Besonders Bürgertöchter wurden in dem einen zu Lehrerinnen und Bürokräften ausgebildet und standen danach unter gleicher männlicher Kuratel wie eh und je. Im anderen Verein, dessen Vorsitz die Kaiserin selbst übernahm, übte man sich im krankenpflegerischen Dienst – und dies vor allem für den Kriegsfall. Eher potenzierte sich somit

320 Tübinger Polizist führt aufmüpfigen Handwerksgesellen ab, um 1840
Städtische Sammlungen Tübingen

321 Um die aufgebrachten Gemüter zu beruhigen, werden von der Niederösterreichischen Staatsverwaltung Lebensmittel zu verbilligten, steuergesenkten oder steuerfreien Preisen an die Angehörigen der »ärmeren Classe« abgegeben.

durch diese Vereine noch die Abhängigkeit der Frau, wurde ihr »patriotisches Gefühl« gestärkt, fand ihre Einbeziehung in das deutschtümelnde Vereinswesen der Jahre um 1848/49 und später eine unmittelbare Fortsetzung.[470]

Was der Verwirklichung jener fast euphorischen Satzung des ADF vor allem im Wege stand und unüberbrückbar erschien, waren die in der Gesellschaft noch längst nicht abgebauten Vorurteile gegenüber den Bestrebungen zur weiblichen Gleichberechtigung. Einer Frau, die nach mehr trachtete als nach Ausübung eines Elementarberufs, die eine höhere Schule besuchen, gar ein Studium absolvieren wollte, wurden fast unüberwindliche Hindernisse in den Weg gelegt; sie hatte mit Verleumdungen und Diffamierungen zu kämpfen. Es ist bezeichnend, daß im Gegensatz zum Ausland erst 1900 das Großherzogtum Baden als erstes deutsches Land Frauen die Universitäten öffnete; 1908 durften erstmalig in Berlin die Frauen die Universität betreten – und erst nach dem zweiten Weltkrieg wurde ihnen die Chance einer Habilitation eingeräumt.[471] Was auch war in dieser Hinsicht von einer Gesellschaft und einem Staat zu erwarten, dessen Kultusministerium noch 1898 zur Einrichtung eines Mädchengymnasiums in Breslau die folgenden Vorbehalte formulierte: Die Aufgabe einer solchen Einrichtung sei »auf die Vermittlung einer allgemeinen, nicht berufstätigen weiblichen Bildung auf sittlich-religiöser Grundlage [gerichtet, auf] Schulen, die ihre Schülerinnen nicht zu Konkurrentinnen der Männer, sondern zu deren Gehilfinnen, nicht zu Gelehrtinnen, auch nicht zu gelehrten Blaustrümpfen, sondern zu tüchtigen deutschen Hausfrauen machen sollen«.[472] Ingeborg Weber-Kellermann ist nur zuzustimmen, wenn sie rückblickend die »Verdienste der bürgerlichen Frauenbewegung [und] ihre befreiende ermutigende Funktion« für viele meist junge Frauen hervorhebt, aber gleichzeitig betont, daß diese Frauenbewegung »auf halbem Wege« stehengeblieben sei: »Die Alternative Beruf *oder* Ehe und Mutterschaft bestimmte schließlich ihre Ziele, einen Beruf zu erkämpfen nur für die noch nicht verheirateten oder alleinstehenden Frauen ... So hat die bürgerliche Frauenbewegung nach ihren ersten großen Anläufen ... doch letzten Endes die herrschende Gesellschaftsordnung nicht durchbrochen. Auch ihre Vorkämpferinnen bangten um den Erhalt des ›Weiblichen‹, waren von der Besonderheit des weiblichen Wesens überzeugt, und nur eine Minderheit setzte sich für völlige Gleichberechtigung und Emanzipierung ein.«[473]

Bei allen progressiven Ansätzen der frühen bürgerlichen Frauenbewegung konnte die Arbeiterfrau dort nicht das finden, was sie brauchte. Ihr vermochte nur die Stellung in der Produktion den Zugang zur Emanzipation zu erschließen, anders also als bei der bürgerlichen Frau, die eher nach standesgemäßer Beschäftigung Ausschau hielt und in der Spezifik ihres Geschlechts gewertet sein wollte. »Aufgrund dieser Situation war eine Vereinheitlichung der entstehenden Frauenbewegung nicht möglich«, bemerkt Florence Hervé zu Recht.[474]

322 Erinnerung an die Hanauer Freischaren am 12. März 1848. – Die unmittelbare Freude der Arbeiter-Freischaren über den errungenen Sieg wird in einem kräftigen Gesang und mit freudigen Gesten zum Ausdruck gebracht. Historisches Museum Frankfurt am Main

Im übrigen herrschte auch in der Arbeiterbewegung eine anfängliche Unsicherheit in der Frauenfrage, insbesondere wenn es um die Eingliederung der Frau in den Produktionsprozeß ging. Noch der Genfer Kongreß der Internationalen Arbeiterassoziation stellte sich 1866 auf den Standpunkt: »Die Frau ist die Priesterin der heiligen Herdflamme.« – Wie klar hatte Clara Zetkin all die theoretischen und praktischen Widerstände erkannt, wenn sie schrieb: »Noch zogen die Ketten der Vergangenheit die Proletarierinnen zu Boden und die Ideologie dessen, was der Frau ziemt, hatte geradezu unbezwingbare Kraft, so daß es zu einer eigenständigen Bewegung der von allen Skorpionen der neuen Ära der Kapitalmacht gezüchtigten Frauen noch nicht unmittelbar kam.«[475]

Erst die sechziger Jahre brachten mit der in Leipzig gegründeten »Internationalen Gewerksgenossenschaft der Manufaktur-, Fabrik- und Handarbeiter beiderlei Geschlechts« einen gewissen Durchbruch. Von hier aus wandten sich die Weberinnen Auguste Thilo, Wilhelmine Weber, Friederike Peuschel u. a. mit einem Aufruf an die deutschen Arbeiterinnen, in dem es so ganz anders hieß als in den bürgerlichen Frauenvereinen: »Aufgefordert und ermutigt durch unsere Vorkämpfer, getrieben von den Gefühlen für Recht und Freiheit, wagen wir uns mit der Bitte an alle unsere Gesinnungsgenossinnen, an alle denkenden Frauen und Mädchen, die in gleicher Lage sind wie wir: sich bei den ins Leben getretenen Gewerksgenossenschaften zu beteiligen und mit allen zu Gebote stehenden Kräften das gute Werk zu unterstützen. Lassen wir uns nicht einschüchtern durch böse Vorurteile. Kein Hohn und Spott in der Gesellschaft soll uns abschrecken, kein Opfer in unserm Hauswesen soll uns zu schwer dünken. Auch wir besitzen gleich den Männern Herz und Geist, und gleich den Männern sollen wir nicht bloß in unsern vier Wänden für unser tägliches mühsames Dasein wirken, sondern wir müssen uns auch an dem öffentlichen Leben beteiligen und kämpfen für unsere Emanzipation.«[476] Im allgemeinen jedoch kam diese Entwicklung nur langsam voran. Auch unter Marxisten brach sich erst allmählich der Gedanke Bahn, daß den Proletarierinnen nicht durch Arbeitsverbot, sondern durch gesetzlichen Arbeitsschutz und stärkere Einbeziehung in die Gewerkschaften zu helfen sei. Wichtige Grundpositionen von Marx und Engels fanden erst über August Bebels Buch »Die Frau und der Sozialismus«, das zwischen 1879 und 1891 acht Auflagen erlebte, die nötige Breitenwirkung. Bismarck meinte, es trage zur »Vergiftung des gemeinen Mannes« bei, und der Innenminister bezeichnete es gar als »verbrecherisch«; kein Wunder, wenn eine der Kernthesen des Buches lautete: »Es gibt keine Befreiung der Menschheit ohne die soziale Unabhängigkeit der Geschlechter.« Ähnlich hat Friedrich Engels in seiner Schrift über den »Ursprung der Familie, des Privateigentums und des Staates« von 1884 betont, daß eine »wirkliche Gleichberechtigung von Mann und Frau ... erst eine Wahrheit werden [könne], wenn die Ausbeutung beider durch das Kapital beseitigt und die private Hausarbeit in eine öffentliche Industrie verwandelt ist«.[477]

Immer mehr Arbeiterinnen ging die Erkenntnis ein, daß die von reaktionärer Seite propagierte Einheit von Küche, Kinderstube und Kirche nicht ihrer Lebensweise entsprach und daß sie von den bürgerlichen Frauen-

323 Satire auf deutsche Demokraten, die das reaktionäre Land in der Hoffnung verlassen, in Amerika ihre Ideale verwirklicht zu finden

324 Überschrieben ist diese Lithographie mit »Patriotismus des Landvolkes« – eine Satire auf die Bauern in der Nähe Wiens, die mit allen möglichen Lebensmitteln in die Stadt eilen, um die revoltierende Bevölkerung nicht hungern zu lassen. Nichts als ein Vorwand: In Wahrheit geht es ihnen darum, in der eine Weile nach außen abgeriegelten Stadt gute Geschäfte mit ihren Produkten zu machen.
Historisches Museum der Stadt Wien

rechtlerinnen keine Unterstützung erfahren würden. So nahm gerade zwischen 1878 und 1890 die organisatorische Entwicklung unter Arbeiterinnen stark zu. Zur Tarnung der politischen Tätigkeit entstanden allenthalben Fachvereine: 1881 der »Frauen-Hilfsverein für Handarbeiterinnen«, 1882 der »Fachverein der Weber beiderlei Geschlechts«, 1885 der »Verein zur Vertretung der Interessen der Arbeiterinnen«, um nur einige zu nennen. Zwischen September 1885 und Mai 1886 gab es zwölf weitere solcher Vereinigungen, und 1885 wurde auch die erste gewerkschaftliche Organisation, der »Fachverein der Berliner Mantelnäherinnen«, gegründet. 1884 war bereits die »Central-Kranken- und Begräbniskasse für Frauen« mit 20 000 Mitgliedern entstanden. Ab 1886 wurde von eben dieser Vereinigung und als Organ für die Interessen der Arbeiterinnen die Wochenzeitung »Die Staatsbürgerin« herausgegeben, 1890 in »Die Arbeiterin« umbenannt und ab 1891 von Clara Zetkin übernommen. Wenn auch immer wieder Versammlungsverbote ausgesprochen, viele Vereine aufgelöst wurden und bis in die Mitte der achtziger Jahre die proletarische Frauenbewegung nicht über lokale Zusammenschlüsse hinauskam, hatte sie sich doch so entwickelt, daß der Berliner Polizeipräsident die Vereinigungen der Arbeiterinnen als »neue, gefährliche Erscheinung der sozialdemokratischen Bewegung« einschätzte. Und wirklich gab es am Ende der Zeit des Sozialistengesetzes in Deutschland 19 gewerkschaftliche Arbeiterinnenorganisationen, davon allein acht in Berlin. Das bedeutete viel für die Stärkung der Sozialdemokratie, und Clara Zetkin wertete es 1886 so: »Die meisten Genossen sehen jetzt in einer vollen Teilnahme und Tätigkeit der Frauen an der Bewegung nicht mehr eine schöne Annehmlichkeit ..., sondern eine praktische Notwendigkeit«, und sie bezeichnete dies als einen »gewaltigen Umschwung«.

Was unter revolutionären Vorzeichen zwischen 1789 und 1848 mehr spontan sowie aus unmittelbarer Not entstanden war,[478] hatte sich unter den Bedingungen der fortschreitenden Industriellen Revolution und der Zuspitzung des Klassenkampfs zu bürgerlichen *und* proletarischen Frauenbewegungen polarisiert. Anfänglich einheitliche Auffassungen von der Rolle der Frau waren zerfallen, Versuche gegenseitiger Beeinflussung an der Tagesordnung. Wenn die Arbeiterinnen mehr solidarisches Verhalten forderten, appellierten Kreise der bürgerlichen Frauenbewegung an die Gemeinsamkeiten in der Geschlechterfrage, an Vaterlandsgefühle, an die Treue und Geduld gegenüber der Obrigkeit. August Bebel sprach in diesem Zusammenhang von den »zwei feindlichen Schwestern«, die anders »als die im Klassenkampf gespaltene Männerwelt eine Reihe Berührungspunkte« hätten.[479] Die Organisiertheit war dabei für die proletarische Frau ein weit notwendigeres Mittel, um sich durchzusetzen und im Existenzkampf bestehen zu können, als für manche ihrer Geschlechtsgenossinnen, deren Grad an gemeinsamer beruflicher Verbundenheit untereinander relativ gering war.[480]

Noch eher in Richtung auf organisiertes Reagieren, auf gemeinsames Planen und Handeln, auf Zusammenfassung der Kräfte gegen Bevormundung und Ausbeutung, zum Herabsetzen der Arbeitszeit, für politisch-parteiliche Selbstbestimmung, für internationale Arbeitersolidarität, aber auch zur Wahrnehmung nationaler Belange, für das Bewußtwerden des historischen Hegemonieanspruchs mit wachsender Zurkenntnisnahme und Anwendung der wissenschaftlich begründeten Weltanschauung des Marxismus äußerte sich »Revolutionskultur« im männlichen Bereich. Dieser notwendige Weg zu einer wirklichen »organisierten Gemeinschaft« ist, worüber die »Geschichte der Arbeiterbewegung«[481] in gebotener Detailtreue reflektiert, nicht geradlinig verlaufen. Er hatte Höhen und Tiefen zu überwinden, verlor bisweilen die Richtung, und ihn, trotz aller Widerstände, trotz mitunter verständlicher Kleinmütigkeit, konsequent weiterzugehen, bedurfte es großer Anstrengungen, erforderte es manche rigorosen Maßnahmen, um diesen einen großen Gedanken der Einheit der Arbeiterklasse unter Führung ihrer revolutionären Partei durchzusetzen. Das Neue dabei, was eigentlich die Konstituierung der Arbeiterklasse ausmachte, war: »Die Fortentwicklung der Theorie der Arbeiterschaft und die Praxis (sprich Alltag, J.) sind dialektisch aufeinander angewiesen.«[482] Das bedeutete – und das bewirkte letztlich die Kraft und Zielstrebigkeit großer Teile des Proletariats –, daß sich die »Funktion der Theorie für die Arbeiterschaft ... nicht darauf [beschränkt], nur die Lage zu reflektieren und zu interpretieren, sondern sie sucht Handlungsanweisungen für die zielgerichtete Veränderung der gesellschaftlichen Wirklichkeit zu entwickeln«. Solche Erkenntnisse entstanden keineswegs innerhalb der Arbeiterbewegung »in mystischer Form kollektiv«. Die Arbeiterklasse verfügte vielmehr über Theoretiker, auch wenn diese bisweilen aus anderen Klassen stammten. Und hier waren es vor allem Karl Marx und Friedrich Engels, die von den Proletariern gewissermaßen »in ihren Dienst genommen, ja gepreßt« wurden; sie waren ihre »Werkzeuge, die großartigsten, die sie finden konnten und von Jahr zu Jahr weiter formten durch die Praxis ihrer Lebens- und Wirkungsweise als Klasse«.[483]

Die Art und Weise des Sichäußerns der Lohnarbeiter war anders, als wir es unter den Bedingungen des Feudalismus von der »Volkskultur« her kennen: Das Gefühl der in der Fabrik tagtäglich erlebten und gelebten Gemeinsamkeit übertrug sich auch auf die Reproduktionssphäre und erwies sich da zunächst in mancher gegenseitiger Hilfeleistung, wenn es um die Befriedigung von Grundbedürfnissen ging, wenn man sich gegen den halbfeudalen Staatsbürokratismus selbst bei mitunter nichtig erscheinenden Anlässen stark machte, auch zu solidarischem Verhalten durch die Allgegenwart von Polizisten, Spitzeln, Gendarmen oder Militär provoziert wurde. Dann war es auch einfach die große Zahl, die Quantität, die Masse der unter ein und demselben Schicksal stehenden vielen, die gemeinsam empfanden und so oft gemeinsam reagierten. Nicht ohne Grund waren es diese doppelt freigesetzten Angehörigen der industriellen Reservearmee: Handwerker, Tagelöhner, Gesinde, verarmte Bauern, die vielfach ganz spontan an den revolutionären Ereignissen bis um die Mitte des 19. Jahrhunderts teilnahmen, sie überhaupt erst in Aktion brachten, mit immer wacherem Empfinden die Ideen der Zeit aufnahmen – oft zu überschwenglich – und dafür ihren Blutzoll zahlten. Solche Vorgänge ließen sich zwischen 1815 und 1848/49 überall massenhaft in Stadt und Land registrieren; sie artikulierten immer deutlicher den sich abzeichnenden gesellschaftlichen Wandel auch als ein Stück »Revolutionskultur«, bekamen also durchaus und in zunehmendem Maße politischen Sinn. Hier begann dieses besondere Phänomen des kapitalistischen 19. Jahrhunderts, das Jürgen Kuczynski für die späteren Perioden als Politisierung von Kultur[484] bezeichnet und das heute eine so ungeheure Bedeutung im Weltmaßstab erfahren hat. – Für die Anfangszeiten solcher kulturellen Verhaltensweisen schreiben Kaschuba-Lipp am württembergischen Beispiel überzeugend: »Hier geht es ... nicht mehr nur um ›belanglose‹ innersozietäre Normverstöße, bei denen mit dem Rügebrauch der Einhaltung der Sitte nachgeholfen wird, und auch nicht nur um die Sicherung von gesellschaftlichen Wertvorstellungen und existentiellen Standards ... Im Mittelpunkt stehen jetzt vielmehr ... politische Konfliktinhalte, die vermittels (eines bisweilen noch traditionel-

325 Begräbniskondukt für die Berliner Märzgefallenen am 22. März 1848 vor dem königlichen Schloß, von K. Kirchhoff

326 Im Verlauf der März-Ereignisse hatte sich in Berlin ein »Club der Frauen« gebildet, deren Mitglieder sich rückhaltlos zur 48er Revolution bekannten, vor allem aber die »sociale Seite« hervorhoben und auf ihre Rechte aufmerksam machten, die mit erstritten worden seien und von den Männern nicht wieder zunichte gemacht werden dürften. Darum sei für sie »›die Zeit des Vertrauens vorüber; die Zeit des Mißtrauens ist da‹ – nämlich gegen alle Männer, in Betreff der Anerkennung und Gewährleistung unserer politischen und socialen Rechte«.
Märkisches Museum Berlin

327 Frauen sind es, die in Paris während der Revolution 1848/1849 die Erinnerungssäule an die Erhebung von 1830 bekränzen und so dieser Ereignisse ehrend gedenken.

328 Dieser Neuruppiner Bilderbogen propagiert fast ausnahmslos ständiges Arbeitenmüssen der Frauen in Haushalt, Garten und Geschäft, angelernt von Kindheit an. Unter dem letzten Bild steht gewissermaßen als Motto für's Ganze: »Geschäftig muß ich immer sein,/Sonst mag ich nicht mehr leben,/Dies kann den Leuten nur erfreu'n,/Drum sei's stets mein Bestreben.« Heimatmuseum Neuruppin

len, J.) Aktionsinstrumentariums öffentlich und offensiv vorgetragen werden. Der Protest überschreitet die Schwelle bloßer Mißbilligung und Kritik, man stellt Forderungen, verlangt sofortige Konsequenzen und verändert so buchstäblich ›eigenhändig‹ den nahgesellschaftlichen Erfahrungsraum in revolutionärer Richtung ..., es entsteht eine Art von Gegenöffentlichkeit und politischer Gegenmacht, die immerhin in der Lage ist, den Rücktritt von unliebsamen Bürgermeistern, Gemeinderäten und Beamten zu erzwingen.«[485] Oft bezogen sich solche Proteste noch auf herkömmliche Inszenierungselemente wie Verkleiden, Tragen von Masken und andere »dramaturgische Effekte eines wohlorganisierten visuellen und akustischen Spektakels«. Aber: »Man agiert so nicht, weil dies der Brauch ist, sondern weil sich der Gebrauch [z. B. von] Tarnung in der bisherigen politischen Praxis als sinnvol-

329 Ganz anders diese emanzipierte Biedermeierdame, die ihrem Mann Vorwürfe macht, daß sie zu wenig Geld bekomme, Rechenschaft über ihr Fernsein von zu Hause ablegen müsse, ihm aber auch droht: »Sollte ich im Guten nichts bei Dir erreichen, so ...«
Heimatmuseum Neuruppin

Ansprüche der modernen Frauen.

Lieber Mann, Du liest und rauchst ohne Dich mit mir zu unterhalten.

Frau will unterhalten sein,
Langeweil' ist Plage;
Schlafen sonst ja beide ein
Noch am lichten Tage!
Sage mir nur, wie es kam,
Sprachst ja viel als Bräutigam?

Nur wenn Schneider und Putzmacherinnen kommen, brummst Du.

Dann ist Schweigen an der Zeit,
Wenn ich mich staffire;
Einen Hut, ein neues Kleid
Kaufe und probire.
Da giebt's aber viel Gebrumm',
Und ich wünscht', Du wärest stumm!

Kümmere Dich nicht um meine Angelegenheiten.

Sei vernünftig, lieber Mann!
Und laß mich gewähren;
Gehen Dir ja so nichts an
Deiner Frau Affairen.
Geht es recht nach meinem Kopf,
Bist Du auch — ein guter Tropf.

Bezahle meine Schulden, da mein Geld nicht reicht.

Kommen Gläub'ger angerannt,
Werde nur nicht wüthig;
Mache mir nicht Spott und Schand',
Bist ja sonst so gütig.
Ewig will ich dankbar sein,
Ziehe nur Dein Beutelein!

Gieb mir mehr Geld und frage nicht stets wozu.

Goldner Schatz, Du weißt es doch,
Daß ich mich durchstümp're,
Und doch keifst Du ewig noch,
Daß ich viel verklimp're.
Schlag' es aus dem Sinne Dir,
Gieb den Kassenschlüssel mir!

Dich liebe ich auch allein, und stets bin ich Dir treu.

Keinem Andern war ich hold,
Das will ich beschwören,
Treu Dir stets, wie lautres Gold!
('s wird's wohl Niemand hören?)
Aber laß die Prüfung sein,
Das sind dumme Kinderei'n.

Warum stets zu Hause? Führe mich in Gesellschaft!

Plagt Migräne und Vapeurs
Mich im stillen Hause,
Hilft nicht Liquor und Odeurs,
Führe mich zum Schmause!
Zur Genesung, auf mein Wort,
Hilft Galopp und Walzer dort!

Sollte ich im Guten nichts bei Dir erreichen, so —

Männchen, wirst Du mit Gewährung mir lohnen,
Werd' ich Dich mit Hauptschmuck auch möglichst verschonen;
Doch solltest Du aber mir gut widerstreben,
So möcht' es fatale Komödien geben;
Denn was mir im Guten nicht sollte gelingen,
Das werd' ich, im Vertrauen gesagt, schon erzwingen.

ler Schutz gegenüber dem auch während der [1848er] Revolution funktionsfähigen Polizei- und Justizapparat erwiesen hat.«[486] Taktiken sind hier entwickelt worden, die wir schon als gewisse Kennzeichen plebejischer Kultur am Ende des 18. Jahrhunderts festgestellt haben; sie setzten sich fort, behielten auch in den Restaurationsjahren nach 1848/49 ihre Bedeutung und wurden dann geradezu ein Bestandteil des Kampfes gegen das Sozialistengesetz.

Wenn auch noch längst nicht in den Details erforscht, hat »Revolutionskultur« ihre Tradition, die unter den Bedingungen des Klassenkampfs in den Perioden des Kapitalismus/Imperialismus immer wieder neu belebt wurde!

Spontanität war das Kennzeichen früher Aktionen. Sie trug Massencharakter, ausgelöst durch schnelles Reagieren-Müssen auf Manipulierungen, provokatorische Aktionen der Gegenklasse und auf Imponderabilien des All-

330 Auguste Schmidt und Louise Otto-Peters – die führenden Frauen des 1865 von ihnen gegründeten »Allgemeinen deutschen Frauenvereins«

331 Zeitungsleserin, von A. v. Menzel, 1896. – Mit der Arbeitsschürze angetan, nimmt sich die junge Frau einfach Zeit, sich zu informieren – über Politik, über Lokales oder anderes: Wie auch immer, sie liest die Zeitung, und ihr wird man nicht ohne weiteres mehr etwas »vormachen« können. Staatliche Kunstsammlungen Dresden, Kupferstichkabinett

332 Clara Zetkin, hier als Herausgeberin der wichtigsten Arbeiterinnenzeitschrift Fotomontage von Norbert Günther, Berlin

tags. Spontanität war darum auch oft Improvisation und Emotion zugleich. Sie folgte keiner strategischen Linie, keinem Aktionsprogramm. Das aber hatte die Bourgeoisie den werktätigen Massen meist voraus, und diese mußten es erst lernen, mit gleichen Mitteln und Methoden zu operieren, sie ebenfalls gezielt, bewußt einzusetzen, ob in offenen Protesten oder in passiver Resistenz auf mancherlei Art und Weise.[487] Aktionen, sollten sie Erfolg haben, mußten daher zunehmend durchdacht, kollektiv beraten und organisiert sein, mußten aufgrund der meist katastrophalen Lebensbedingungen vor allem zur Existenzsicherung beitragen. Nach handwerklichem Vorbild bildeten sich so zunächst örtliche oder an eine Fabrik gebundene Solidaritätskassen und -vereine für Invaliden- und Witwenversorgung, für Versicherung bei Arbeitsunfällen oder für Begräbnishilfen usw.; solche Institutionen waren namentlich dort effektiv, wo ihre Mitglieder regelmäßige Beiträge zu zahlen in der Lage waren. Ihre Bedeutung bestand jedoch in dieser ersten Organisiertheit von Proletariern überhaupt, die der politisch-ideologischen Arbeit des aus dem Exil geleiteten »Bundes der Gerechten« und des späteren »Bundes der Kommunisten« wichtige Ansatzpunkte bot.

Organisiertheit war ebenso Voraussetzung für die notwendige Erlangung tieferen Wissens und klassengemäßer Bildung. Sie verhalf dazu, sich mangelndes Grundwissen anzueignen, das in den städtischen, Fabrik-, Konfessions-, Sonntags- und anderen Schulgattungen kaum vermittelt wurde, und Einblick in politische Machtverhältnisse zu gewinnen, vor allem der Rolle der Werktätigen als unterdrückte, verarmte, geistig niedergehaltene Schichten innezuwerden. Dies den Massen deutlich und bewußt zu machen, war nicht nur Sache von Zeitungen, Plakaten und Versammlungen, sondern wurde auch Gegenstand kulturellen Tätigseins unbekannter Arbeiter oder solcher, die sich als Intellektuelle auf die Seite der Werktätigen geschlagen hatten. Bei vielen Gelegenheiten wurden dann Lieder, Gedichte, Beschreibungen vorgetragen, die unter den Arbeitern, Handwerkern und Tagelöhnern Feuer fingen. Nicht ohne Grund hatten staatliche Überwachungsorgane schon in den dreißiger Jahren erklärt: »Durch Lieder mit ansprechenden Melodien werden überhaupt die revolutionären Ideen verbreitet.«[488] So wurde 1832 beim Hambacher Fest der »Deutsche Rundgesang« oder »Das deutsche Treibjagen« erstmals gesungen und ist danach aus vielen anderen Landschaften als das Lied »Fürsten zum Land hinaus« überliefert worden. Die Schlußstrophe lautete: »Jagt alle dreißige, / Fußvolk und Reisige. / Jetzt ist's im Lande Raum – / Pflanzet den Freiheitsbaum!« Das war eine eindeutige Kampfansage gegen die in Deutschland noch immer herrschende feudale Reaktion. Gegen sie richtete sich auch die von Georg Fein, dem späteren Redakteur der »Deutschen Tribüne«, zusammengetragene Volksliedsammlung »Deutsche Volksstimme«, die zwischen 1833 und 1840 vier Auflagen erlebte; u. a. hatten hier zwei unbekannt gebliebene Handwerker mit Liedern Aufnahme gefunden, von denen sich eines direkt »An die deutschen Handwerker« wandte: »Die Fürsten denken alle Tag / An Kerkerbau'n und Hochverrath, / Bedenken ihre Existenz / und ihre liebe Residenz.« 1841 erschien in Paris eine Liedsammlung »Volksklänge«, zu der fast sämtliche führenden Mitglieder des »Bundes der Gerechten« neben anonym gebliebenen Handwerkern und Arbeitern Beiträge geliefert hatten. Wilhelm Weitling allein war mit 12 Lieddichtungen vertreten. Mit seiner eigenen Gedichtsammlung »Kerkerpoesien« 1843/44 gehört er – von seiner bedeutsamen ideologischen Prosa abgesehen – zu den markantesten Zeugen früher proletarischer Poesie.

Mitte der vierziger Jahre und im Vorfeld der 48er Revolution fand der Kampf der Arbeiter und proletarisierten Handwerker auch im Schaffen von Dichtern wie Heinrich Heine, Georg Herwegh, Ferdinand Freiligrath oder Georg Weerth seinen Platz und parteilichen Ausdruck. »Bei ihnen stand nicht der leidende, sondern der kämpfende Arbeiter, der sich seiner Rolle bewußt wird, im Mittelpunkt.«[489] So rief Freiligrath 1845 geradezu zur Aktion auf, wenn er in seinem Gedicht »Von unten auf!« einem Arbeiter diese Worte in den Mund legte: »Wir sind die Kraft! Wir hämmern jung das alte, morsche Ding, den Staat, die wir von Gottes Zorne sind bis jetzt das Proletariat!«[490] Hierher gehört auch das aufrüttelnde Buch von

291

333 **Ein Wahltag im bayerischen Gebirge, von J. Nörr, 1869.** – Während die einen den Dörflern nur zu erklären scheinen, wohin sie ihr Kreuz auf den Wahlzetteln setzen sollen, halten andere Wahlmänner Reden oder diskutieren über das, was sie besser machen würden. St. Florian auf dem Brunnenstock wird dafür sorgen, daß es bei den Debatten nicht zu hitzig wird.

Friedrich Engels »Die Lage der arbeitenden Klasse in England« mit seinen realistischen Schilderungen des Elends der Arbeiter in den Industriezentren. Die Gemüter der Kleinbürger erfüllten sich mit Schrecken vor den Folgen eines plötzlichen Ausbruchs der gleichen Massen vorm eigenen Haus; die Gefahr proletarischer Gemeinsamkeit wuchs sich zu einem Trauma der bürgerlichen Gesellschaft aus. Wo es dann 1848 zu bewaffneten Auseinandersetzungen und Barrikadenkämpfen kam, standen sich oft nicht nur Proletarier und Soldaten, sondern auch Lohnarbeiter und Bürgerwehr gegenüber. Der Wandel im Kräftespiel des Klassenkampfs kündigte sich an: »Ein Gespenst geht um in Europa – das Gespenst des Kommunismus. Alle Mächte des alten Europa haben sich zu einer heiligen Hetzjagd gegen dieses Gespenst verbündet, der Papst und der Zar, Metternich und Guizot, französische Radikale und deutsche Publizisten« – so der erste Satz im »Manifest«.

Alltag wurde jetzt in vielschichtiger Bedeutung Ausdruck von Revolutionskultur, und es war ein Kennzeichen dieser Zeit, daß die Massen verstehen lernten, was sich in ihrem Umkreis abspielte, und dies im Hinblick auf ihre eigene Situation einzuschätzen vermochten. Als typisch für die dreißiger/vierziger Jahre seien zwei anonyme, von der Polizei beschlagnahmte Drucke erwähnt, die in billiger Herstellungsart sicher weite Verbreitung gefunden haben und die Stimmung unter den Massen schlaglichtartig widerspiegeln: Verzweiflung – Hoffnung – revolutionäre Aktion!

Ausgelöst durch die Wucherpreise in den Hungerzeiten um 1844, heißt es in einem dieser Lieddrucke: »So sind denn alle Teufel los? / Sind wir von aller Hilfe bloß? / Will uns Bedrängte niemand retten; / Und müßten wir denn ganz allein – / Soll gar kein and'res Mittel sein – / Des Elends schwere Kelter treten?« Die Polizei verbot dieses Lied als Beispiel »strafwürdiger Aufregung und gefährlicher Unzufriedenheit«, mit dem »Mißvergnügen und Unruhe zu erwecken gesucht« werde; sicher nicht allein wegen der hier zitierten Strophe, sondern wohl eher wegen anderer Passagen im selben Lied, in denen vom Hunger und von leeren Versprechungen zur Beseitigung des Wuchers die Rede ist oder auf die Gefahr aufmerksam gemacht wird, daß aus dem »Vater Unser« leicht ein »Vater Ihrer« werden könne, bzw. Wen-

334 Wirtshausszene, von E. Henseler, 1877. – Hier ist – ein Jahr vor dem Sozialistengesetz – ein sozial-demokratischer Agitator am Werk, der herumzieht, um die Arbeiter in den Dörfern und städtischen Außenbezirken aufzuklären. Man hört ihm aufmerksam, staunend, aber auch mißtrauisch zu. Doch er ist einer von ihnen.
Hessisches Landesmuseum Darmstadt

dungen auftauchen, bei denen sich »Patriot« auf »Spott« oder »Brot« auf »Not« reimt.

Bereits einer Anleitung zum Handeln kam das bei »Schlagdrauf und Hilfdirselbst« 1848 gedruckte Flugblatt gleich, das manches aus der zeitgenössischen Revolutionsdichtung übernommen hat und sich als »Gruß zum neuen Jahr« folgendermaßen »An unsere Brüder, die deutschen Proletarier« wandte, »zu einem heimlichen Kampf bis zum offenen Ausbruch der Revolution« aufrief: »O pocht nur noch ein Jahr, ihr Brüder in der Eisenhütte, und füllt noch mehr die Säcke eurer reichen Treiber! Webt noch ein Jährlein an dem Leichentuch Alt-Deutschlands, ihr armen Weber! Stehlt, treibt Alles – nur daß ihr bis dahin nicht verhungert! Flechtet, ihr Seiler, flechtet und drehet! Eure ersten Stricke gelten dem Otterngezücht der Diplomaten, besonders den Schuften am Bundestage. Sie sollen an den Thoren in der Eschenheimer Gasse aufgehängt werden, ohne daß sich was ›wegplaudern‹ läßt [...] Ihr verfluchten Tyrannen, ihr Henker des Rechts, ihr schonungslosen Volksschinder, ihr Fürsten, Aristokraten, Pfaffen und Geldsäcke! Das Gericht komme über euch!« – Rudolf Schenda, der beide Lieder aufgespürt hat, schreibt dazu: »Eine solche Sprache redeten Agitatoren für ein Volk, dem man seit hundert Jahren politische Aufklärung und Bildung vorenthalten hatte«,[491] das nun aber reif geworden war, mit dem Alten zu brechen und das Neue selbst mitzugestalten.

Wie vieles wäre hier noch an Belegen beizubringen! Doch ist das an dieser Stelle nicht zu leisten, und wir müssen auf die zahlreiche einschlägige Literatur einschließlich der »Geschichte der Arbeiterbewegung« verweisen.

Wenn bisher mitunter von Widersprüchen oder von einem zuweilen sehr lang erscheinenden Entwicklungsweg zur Emanzipierung der Arbeiterklasse die Rede war, so schließt dies ein, daß die herrschenden Klassen in den verschiedenen Perioden der Entwicklung des Kapitalismus natürlich die ihnen zu Gebote stehenden Mittel und Methoden eingesetzt haben, um die werktätigen Massen – nicht nur die Arbeiter! – unter ihrem Einfluß zu halten, ihre Willfährigkeit gegenüber der Obrigkeit, überhaupt ihr Wohlverhalten zu sichern. Die Mittel dafür waren, wie seit jeher allen Klassengesellschaften eigen, mannigfacher Art und reichten von Gewaltanwendung durch

Polizei und Militär über ein ausgeklügeltes Spitzelwesen mit Schnüfflertum zur Kontrolle der zahlreichen Gebote und Verbote bis zu den subtileren Mitteln der Indoktrination und Manipulierung, des Einschwörens auf das Traditionell-Sichere und des Geschäfts mit der Angst durch alle möglichen Formen des Aberglaubens, der Paramedizin und ähnlicher Erscheinungen einschließlich der Praktiken von Kirchen und Sekten, das Schulwesen nicht ausgenommen; Praktiken, die durchaus auch politischen Charakter annehmen konnten, wenn es galt, den Gegner – und das waren meist »die Roten« – zu verunglimpfen, als »Teufelsbündler« zu diffamieren u. a. m. Als Adolf Glaßbrenner 1847 über das Elend der Berliner Arbeiter im sogenannten Voigtland (zwischen Oranienburger und Rosenthaler Tor) schrieb und deren Verhältnisse mit einem »Strom« verglich, »der durch ganz Europa zieht und seine Ufer verheerend zu übertreten droht«, schloß er seine Betrachtung mit einer Anklage dieser Praktiken der Gesellschaft, aber auch mit einer Zukunftsvision: »Gefängnisse, Barrikaden, Bajonette, Censur, Wohltätigkeitsvereine, und wie alle die Dämme heißen mögen, welche die Furcht vor der Überschwemmung errichtet, werden sie schützen? Und sind wir nicht die furchtbarsten Verbrecher, wenn wir uns bloß schützen wollen? Nur die Völkerfreiheit kann die Tränen und jenen Strom des Elends trocknen.«[492] Hinzu kam – für unseren Untersuchungszeitraum typisch – das Hochspielen von Gefühlen nationalistisch-militaristischer Art, verbrämt durch geklitterte Heimattümelei zum Verwischen, gar Negieren der sozialen Gegensätze sowie durch einen penetranten Personenkult allerhöchster Herrschaften und durch dogmatisierte, teutonistische Überheblichkeit.[493]

Die Furcht vor dem Proletariat bestimmte zunehmend alle Maßnahmen. Ihm sagte man den Kampf an und führte ihn organisiert (!) durch – rücksichtslos und voller Haß. Wie eng bei der Bekämpfung »politischer« Umtriebe Unternehmer und Staat an einem Strang zogen, zeigt sich z. B. daran, daß den Maschinenbauern der Firma Borsig, die am 18. März 1850 ihrer am gleichen Tag zwei Jahre zuvor auf den Berliner Barrikaden gefallenen Kollegen mit Arbeitsruhe gedenken wollten, kein Urlaub gewährt wurde und diejenigen mit Entlassung bestraft wurden, die dennoch zu Hause geblieben waren. Die Firma statuierte dieses Exempel zunächst an 200 Arbeitern; andere, die ihre Solidarität mit den Entlassenen bekundeten, fielen unter das gleiche Verdikt, und einige wurden sogar ausgewiesen. »Herr Borsig und die Polizeibehörde helfen sich gegenseitig«, kommentierte die »Nationalzeitung«.[494] Oder ein zweites Beispiel: Positiv würde man zunächst die Gründung einer »Berliner gemeinnützigen Baugesellschaft« einschätzen wollen, die 1848 angesichts des Berliner Wohnungselends in den schon erwähnten berüchtigten v. Wülcknitzschen Familienhäusern »gesunde und billige Wohnungen« für die »kleinen Leute« plante. Anders denkt man jedoch darüber, wenn man erfährt, daß die Gesellschaft unter »kleine Leute« diejenigen verstand, »welche die letzte Stufe der Besitzenden vor dem Proletariat einnehmen, namentlich also die kleinen Handwerker und alle, welche mit diesen etwa in gleichen Verhältnissen leben; Leute, die noch eine eigene Wohnung, eigene Möbel und einen eigenen Hausstand ... haben«. Für sie, die »an der Grenze« vegetierten, bevor sie in die Besitzlosigkeit des Proletariats absanken, wollte diese »gemeinnützige« Baugesellschaft Häuser und Wohnungen errichten, denn damit sei diese »Grenze gegen das Proletariat« abzusichern – eine militärische Aktion gewissermaßen, da ja »schon die einfache Regel jeder Verteidigung« darin bestehe, »gegen einen angreifenden Feind vor allem die Grenze zu sichern«, was eben bedeute, »diesen Stand [der kleinen Leute] auf jede mögliche Weise zu kräftigen und zu heben«. Darum, so heißt es unverhohlen weiter, müsse die Baugesellschaft vom politischen Standpunkt aus betrachtet werden, und diese habe dann »nach dem Boden [zu fragen], wo die einer organischen Staatsentwicklung feindlichen Elemente, wo der wütende Ultra-Radicalismus, sowie der zerstörungsgierige Communismus am liebsten ihre giftigen Samen ausstreuen«. Die Baugesellschaft sehe sie in den »sinnlosen Consequenzen aus phantastischen und aberwitzigen Theoremen ... einer krankhaften Über- und Afterbildung« sowie in der »furchtbaren Geißel materieller Not, welche die Unglücklichen antreibt, mit der Kraft der Verzweiflung sich an jene verderblichen Lehren anzuklammern. Und diese letzte Categorie der Irrenden [sei] die gefährlichere, denn ihr steht die numerische Macht zur Seite«.[495] Sprach sich diese Konzeption einer so frühen »uneigennützigen« Baugesellschaft ganz unverblümt aus, bemäntelten andere ihre gleichen Ziele – so die »Spenersche Zeitung« von 1842 – mit christlichem Gehabe. Johann Friedrich Geist und Klaus Kürvers ziehen

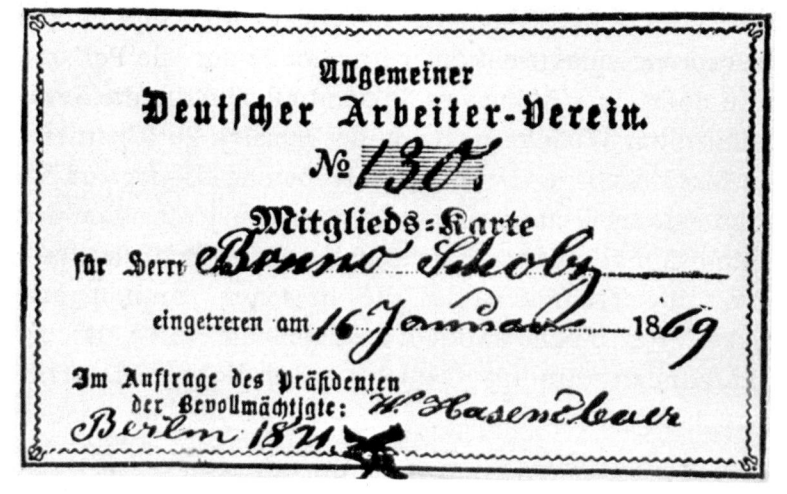

335 Von Wilhelm Hasenclever unterschriebene Mitgliedskarte eines nur »dreistelligen« Genossen des Allgemeinen Deutschen Arbeitervereins (ADAV). Ein solcher Ausweis war – wie später das Parteibuch – mehr als die Quittung für den bezahlten Mitgliedsbeitrag. Er trug symbolischen Charakter als Zeichen der Zusammengehörigkeit Gleichgesinnter.

336 Ehepaar Maria und Carl Stähr, um 1900. – Beide waren während des Sozialistengesetzes in Hamburg-Ottensen aktiv. Sie baute nach 1890 die Frauenbewegung innerhalb der SPD in Ottensen auf. Zusammen organisierten sie das »Hamburger Echo«. Ihre Wohnung war häufiger Treffpunkt der Genossen.
Altonaer Museum in Hamburg

aus alldem diesen Schluß: »Kanonen sind gut, die Bibel ist besser. Militär und Kirche ergänzen sich als Machtinstrumente der preußischen Junker« zur Beherrschung und Ausschaltung des Proletariats. Der organisierten Mittel zur Verwirklichung dieser Ziele gab es im Kapitalismus viele, so die Vorstellung und Absicht, eine Harmonisierung der sozialen Gegensätze, eine »Einheit des Volkes« zustande zu bringen. Solche Gedanken trafen sich mit denen enttäuschter Intellektueller oder bürgerlicher Kreise, in der deutschen Geschichte, im kaiserlichen deutschen Mittelalter, in restaurativen Ansichten also, »Volk« in einer mitunter fast naiv empfundenen Natürlichkeit als anzustrebendes »neues Ideal« wiederzufinden. Daß solche Ideen auf Aufklärungsdenken, auf die Befreiung von napoleonischer Fremdherrschaft zurückgingen, mit Franzosenhaß und Abscheu vor den Ereignissen von 1789 verbunden waren, ist das eine. Die überall vorhandene Vorstellung von der Schaffung einer einigen deutschen Nation ist ein anderes Motiv, das, wie schon erwähnt, auf reformerischen Ausgleich und Harmonisierung der gesellschaftlichen Kräfte ausgeht. Die zahlreichen neugegründeten Geschichtsvereine waren Träger und verbreitende Institutionen solcher Ideologien.

Aber die Herrschenden vermochten auch radikalere Lösungen anzubieten, über die der evangelische Geistliche und erklärte Gegner der 48er Revolution Johann Hinrich Wichern in seinem Tagebuch von 1847 dahingehend berichtete, daß ihm »das einzige Mittel für unsere verworrene und versinkende Zeit in einem großen europäischen Kriege zu liegen [scheine] ..., der heile die Wunden aus, zertrete das Unkraut, rufe große Persönlichkeiten hervor, gäbe neuen Aufschwung zu einem Ziele, dessen wir bedürfen«. Diese Vorstellungen fanden u. a. den Beifall des Präsidenten vom königlich-preußischen Obertribunal Götze, eines Begründers der »Neuen Preußischen Zeitung« (seit Juni 1848!), die mit der Devise antrat »Vorwärts mit Gott für König und Vaterland« und die im Titel das »Eiserne Kreuz« (daher »Kreuzzeitung«) führte. Dieses Blatt war das Sprachrohr der Konservativen, und Bismarck gehörte zu seinen Gönnern. Der Kampf gegen linke Opposition und »rotes« Proletariat wurde mit allen Mitteln organisiert, die Traditionen der Herrschenden ausgebaut und verfestigt, das Volk mit Gewalt niedergehalten, seine Anführer des Landes verwiesen, zur Flucht gezwungen, eingekerkert oder auch – denkt man an Robert Blum, Adolf v. Trützschler u. a. – erschossen. Viele Tausende nahmen den Weg nach Amerika und suchten dort ein »freies Vaterland«. Als Helden feierte sie das Volk, als Verräter, Feiglinge, sittenlose Strolche, später dann als »vaterlandslose Gesellen«, diffamierte sie konservative Erzreaktion in ihren Gazetten.

Doch verfing die Anwendung von Gewalt bei den im extensiven industriellen Arbeits- und Ausbeutungsprozeß stehenden Lohnarbeitern auf die Dauer nicht mehr. Ideologische Mittel zur bewußtseinsmäßigen Manipulierung erschienen um so notwendiger, als sich die Arbeiterklasse ihre eigene wissenschaftliche Weltanschauung schuf, deren Gefahren der Gegner bald erkannte und die eigenen Kräfte dagegen mobilisierte. Das waren zunächst die schon im Refeudalisierungsdruck des 18. Jahrhunderts bewährten Indoktrinationsmethoden beider Kirchen und nun noch einer Reihe von Sekten und christlichen Bewegungen zur Wiedererweckung des Geistes, zu Abstinenz, zu Moralismus u. a., was den Glauben an Kirche und Sakrament, an Wunder und Verheißung und vor allem den Gehorsam gegenüber Kirche und Obrigkeit wieder festigen sollte. Treffend ist das alles in seiner Funktionstüchtigkeit von einem anonym gebliebenen Autor um die Jahrhundertmitte im Gedicht »Christliche Volkserziehung« dargestellt worden:

»Lehrt meinem Volk hübsch fromme Lieder,
So sprach der Fürst zu seinen Pfaffen,
Bückt es nur hübsch zur Erde nieder,
Um ihm des Himmels Heil zu schaffen.

   Denn ihm laß ich den Himmel
   mit seinem Sterngewimmel,
   Wenn mir nur bleibt die Erde!

Nur demutsvoll es angeführet
Zum alten, echten Christenglauben;
Den süßen Trost, der ihm gebühret,
Will ich dem guten Volk nicht rauben. (Refrain)

Gehorsam macht es und ergeben
Mit euren salbungsreichen Worten,
Daß es mir im dereinst'gen Leben
Gewinnen mag des Himmels Pforten. (Refrain)

Und daß es zahle fromm die Steuer,
Lehrt nach dem Evangelium;
Denn gebt dem Kaiser das, was euer,
Sagt Christus, und das war nicht dumm. (Refrain)«[496]

Solche »Volksfrömmigkeit« stimulierte Praktiken, wie wir sie namentlich für das 18. Jahrhundert kennen: die üblichen Prozessionen, die Opferungen und Fürbitten in großen und kleinen Kirchen, der nach wie vor verbreitete Wunderglaube, die Autorität der Hierarchie vor allem im katholischen Raum. Hier aber trat jetzt etwas hinzu, was dem Charakter des 19. Jahrhunderts entsprach und von Gottfried Korff mit »Formierte Frömmigkeit« bezeichnet wird: die Massenwallfahrten zu Fuß, dann mit der Eisenbahn.

Die damals spektakulärste ihrer Art war die Wallfahrt von 1844 zum seit langer Zeit wieder an die 50 Tage aus-

337 Wallfahrer in Kevelaer, von A. Kampf, um 1900. – Welche Hoffnung, Angst, Gläubigkeit, aber auch Skepsis spiegeln sich in den Gesichtern der Adoranten, die alle irgendein Anliegen haben, zumindest getröstet sein wollen!

gestellten ungenähten Trierer Jesusrock, dem »Symbol der unzerreißbaren Einheit der Kirche«, der »brüderlichen Einheit und Gleichheit der Menschen aller Stände« und damit gegen die Aufspaltung der Gesellschaft in Klassen gerichtet. Die Trierer Wallfahrt war die »größte organisierte Massenbewegung des deutschen Vormärz überhaupt«. Waren es 1832 »nur« Zehntausende, die am Hambacher Fest teilnahmen, trafen sich in Trier – über 50 Tage verteilt – insgesamt an die 500 000 Pilger, was für die Stadt über sieben Wochen lang eine fast tägliche Übervölkerung von 10 000 Menschen bedeutete: ein Massenphänomen erster Ordnung! Teilnehmer der Wallfahrt waren in erster Linie die verelendeten Moselwinzer, neben den schlesischen Webern die pauperisiertesten Sozialschichten der preußischen Monarchie. Sie waren in der Meinung des Klerus, aber auch in der des Staates, die gefährdetsten und die gefährlichsten Glieder der Gesellschaft, die dem revolutionären Geist der Zeit am ehesten zuneigten. Nicht ohne Grund fehlte unter den Trierer Wallfahrern hingegen das Besitz- und Bildungsbürgertum!

Inaugurator der Wallfahrt war der Trierer Bischof Arnoldi, der als regelrechter Einpeitscher seit 1839 einen entschieden »antirevolutionären, konservativ-traditionalistischen« Standpunkt vertrat, das »greuliche Gespenst Revolution« an die Wand malte, die »Feinde der Religion mit ihren hohlen Phrasen von Volksglück und Freiheit« apostrophierte und die »schwärmerischen, irreligiösen aber herrschsüchtigen Partheimenschen« verdammte. Darüber hinaus boten sich Arnoldi und seine Kirche als »Garanten« der Monarchie an, sahen sich als das »große Bollwerk für den Thron des Fürsten«, denn »so lange der Katholik ein treues Kind seiner Kirche ist, wird er auch ein treuer Unterthan sein«. Es ging in Trier also, wie Wolfgang Schieder treffend urteilt, um die »Demonstration der staatserhaltenden Kraft der katholischen Kirche in der vormärzlichen Gesellschaft« und in Anbetracht der schlesischen Weberaufstände desselben Jahres um eine durch die Massenwallfahrt »aktivierte christliche

338 Wallfahrergruppe in der Bahnhofshalle, von G. Zafaurek, 1870/1878. – Die Eisenbahn machte es möglich, Wallfahrts-Reisen auch auf größere Entfernungen zu unternehmen und dabei nicht nur zu »wallen«, sondern sich auch anderweitig die Welt zu erschließen.
Bayerisches Nationalmuseum München

Lehre ... als [propagandistisches] Immunisierungsmittel gegen den aufkommenden Kommunismus«. Die Schilderungen dieses Trierer Massenspektakels, dargestellt an der unglaublichen Geschäftemacherei mit Devotionalien, dem religiösen Fanatismus der »Waller«, ihrer Wundergläubigkeit, der hervorragenden Organisation des ganzen Unternehmens, veranlaßten selbst die Triererin Jenny Marx zu der Frage: »Was soll man nun davon denken? Ist das ein gutes Zeichen der Zeit, daß alles bis zum Extrem gehen muß, oder sind wir noch so fern vom Ziel?«[497] Ein anderer Zeitgenosse äußerte sich so: »Ich sage euch, solange ihr nicht die Mittel findet, die Bedürfnisse, welche die Kirche so gut zu befriedigen versteht, besser zu befriedigen als sie, wird alle eure Anstrengung vergeblich sein.« Das mag für eine Zeit, in der von einer organisierten, gar ideologisch gefestigten Arbeiterbewegung noch nicht die Rede sein konnte, sogar zutreffen, und es ist darum auch denjenigen Teilnehmern der Trierer Massendemonstration zuzustimmen, die meinten, daß die Religion »ganz vorzüglich trostbringend für den diesseits Armen« sei, der nach dem Trierer Erlebnis »fortan [sein] Elend und [seine] Noth geduldiger und freudiger ertragen« würde. Welch eine Blasphemie, mit dem Elend der Massen den Kampf gegen den Fortschritt zu führen![498]

War das Jahr 1844 in bezug auf die revolutionäre Stimmung im Vormärz von nicht geringer Bedeutung, so trifft Gleiches auf 1891 zu, als der »Heilige Rock« in Trier abermals einer Menge von diesmal 800 000 bis 900 000 Pilgern zu Andacht, Gebet, Opfer und vielfältiger Fürbitte vorgestellt wurde. Der Zeitpunkt war ebenso geschickt gewählt, denn Bischof Korum ließ die Pilgermassen nach dem Sieg der Arbeiter über das Sozialistengesetz mit der Eisenbahn in Trier anreisen. Wie vielseitig verwendbar waren doch diese Züge mit den qualmenden Dampflokomotiven: Die Belieferung der Schwerindustrie mit Kohle, Erz und Zuschlagstoffen erfolgte rasch über weite Entfernungen, der Warenaustausch über ein verzweigtes Schienensystem förderte den innerdeutschen und europäischen Handel beträchtlich. Mit Eisenbahnzügen konnte man weitaus schneller die Armeen mobilisieren und über Nacht Truppenverbände an die Grenzen werfen (1866, 1870), dem »Zivilisten« öffneten sich fremde Länder und Kontinente. Und: Mit Eisenbahnzügen waren eben auch Massendemonstrationen zu organisieren; die Trierer Wallfahrt von 1891 war dafür ein Mu-

339 Auf dem Weg in die Taldörfer haben sich diese beiden getroffen, deren Kraxen voller Devotionalien sind, die auch manches »Heilsame« wissen, fromme Sprüche zu schreiben verstehen. Sie treiben mit Aberglauben, Frömmigkeit – und Angst ein sehr lukratives Geschäft.

sterbeispiel taktischer Organisation, aber auch organisierter Taktik. Eine »religiöse Bewußtseinsindustrie« lief auf Hochtouren, und der Handel mit Devotionalien, mit Zeitungen, Katalogen, Andenken überstieg alles bisher Dagewesene. Doch das waren nur Äußerlichkeiten des Kommerzes. In Trier feierte noch mehr die »religiöse Illusions- und Beeindruckungstechnik ihre Triumphe«, so daß Kritiker äußerten, »die Geschichte mußte gefälscht, das historische Gewissen unterdrückt ... werden, um die moderne Menschheit wieder durch das Joch der jesuitischen Furca eintreten zu lassen«. Andere Kritiker, selbst Katholiken, brachten beide Wallfahrten in folgenden Zusammenhang: »Dadurch wird der Aberglaube bei den ungebildeten Volksmassen wieder auf Jahrhunderte hinaus neu belebt, geschützt und gekräftigt, der Fanatismus und blinde Glaubenshaß befördert.« Einer solchen

Bilanz entsprach dann auch die Einschätzung der Rock-Feier durch Bischof Korum selbst: »Heutzutage muß man wieder rechnen mit dem katholischen Glauben, ... man muß wieder bedenken, daß die Katholiken (nach dem sogenannten Kulturkampf mit Bismarck, J.) wieder die ersten sind, die für Ordnung und Recht einstehen, daß sie nie auf der Seite der Revolutionäre standen, daß sie treu zum Throne halten und ihr Leben und ihr Blut für den angestammten Fürsten vergossen haben.« Dementsprechend offen erfolgte der Verkauf von antisozialdemokratischen Traktätchen auf den Trierer Devotionalienmärkten, und es paßt ins Bild, wenn namentlich in der zweiten Jahrhunderthälfte Kolporteure, Hausierer und Krämer z. B. mit »Prophezeiungen des alten Schäfers Thomas« ähnliche politische Traktätchen an ihre abergläubische Kundschaft massenweise verkauften.[499]

Die »Waller« von 1891, diesmal ganz auf die Landarmut in der Eifel, im Moselraum und auf das Rhein-Ruhr-Proletariat abgestellt, erlebten in Trier aber noch etwas anderes als nur Frömmigkeit, vordergründige antisozialdemokratische Manipulierung und Verkaufsrummel mit Devotionalien. Das Ganze erhielt nämlich einen folkloristischen Anstrich durch aufgebotene Trachtengruppen, mit deren zur Schau getragener Buntheit »ein außeralltäglicher Zustand erzeugt [wurde], der nicht nur auf Vergessen von Leid, sondern auch positiv auf eine Steigerung der Selbstwert- und Leistungsgefühle gerichtet ist«. Nimmt man die Requisiten alter Bauernfrömmigkeit hinzu, so gilt die Beurteilung von Gottfried Korff: »Der Folklorismus ermöglicht einen malerischen Pauperismus und vermittelt Gelegenheitserlebnisse in einer ökonomisch obsoleten Lage.« Gleichzeitig erfuhren auf eben dem folkloristischen Wege die sonst gesellschaftlich desorientierten Bauerngruppen »positive Impulse aus der historisch verklärten bäuerlichen Eigenwelt«. Das hob ihr Selbstbewußtsein, und das entsprach der von Bismarck 1890 ausgesprochenen »Losung«: »Der Bauernstand ist der Felsen, an dem das Gespensterschiff der Sozialdemokratie zerschellen wird.« Damit trafen sich auch hier wieder katholische Kirche und Staat im gemeinsamen antisozialistischen Pakt. Eindeutig sah Theodor Adorno diese Entwicklung, wenn er schrieb: »Während Religion ihren innersten Wahrheitsanspruch einbüßte, wurde sie nach und nach zum gesellschaftlichen Kitt.«[500] Aber das waren keineswegs alle Aktivitäten, die die katholische Kirche gegen die Arbeiterbewegung entfaltete. Erinnert sei nur daran, daß manche Heilige nunmehr in einen höheren Status »befördert« wurden. Das galt für Notburga, die 1864 zur Heiligen der Mägde, des weiblichen Gesindes, aufstieg. Auch Joseph, »der bis dahin eher zu den Randpersonen volkstümlicher Verehrung gehört hatte, wird nun als opifex, als Joseph der Werkmann, der Arbeiter, propagiert. Die Forcierung des sozialpolitisch akzentuierten Josephskultes richtet sich gegen die wachsende Sozialdemokratie. Diese Neuorientierung der Heiligenverehrung kann also als zentral gesteuertes Manöver interpretiert werden.«[501]

Anders als die katholische Kirche, aber nicht weniger einflußreich auf die geistig-ideologisch-politische Haltung der Volksmassen, verstand es der Protestantismus, ein Lutherbild aufzubauen, das »stärksten Ausdruck ... in Politik und Weltanschauung der preußischen und deutschen Konservativen« fand. Die populäre, auf Massenwirkung berechnete Linie der Lutherinterpretation zeichnete sich besonders seit 1883, dem 400. Geburtstag des Reformators, ab. Auf alle Feinde des Luthertums, von den Katholiken über die Sozialisten bis zu den vermeintlichen Erzfeinden des deutschen Volkes gerichtet, entfaltete der »Evangelische Bund« seit dieser Zeit seine »radikalisierende Kraft« – und mit Erfolg. Schon 1883 war von »Tatenlust und Opferwilligkeit« des den Luthergeburtstag feiernden Kirchenvolks die Rede, und es vermittelt einen bezeichnenden Eindruck kirchlich-evangelischer Manipulierung, wenn man sich den Ablauf des Erfurter Luther-Volksfestes von 1883 vergegenwärtigt, dessen Höhepunkt ein Festzug bildete mit anschließender Ansprache des Dompredigers Bernhard Rogge, der mit dem preußischen Kriegsminister v. Roon versippt war und amtierender Geistlicher bei der Versailler Kaiserproklamation 1871 gewesen ist. In den Berichten über Erfurt heißt es: »Alle Stände und Genossenschaften hatten sich vereinigt und ein unerschöpflich reiches, farbenprächtiges Bild der großen Vergangenheit zustande gebracht. Zwei Stunden lang durchzog das immer wieder von neuem entzückende Schauspiel die geschmückte Stadt: dann sammelte sich alles auf dem weiten freien Platz am Dom, wo nach einer kräftigen Ansprache das von Zehntausenden angestimmte ›Ein' feste Burg ist unser Gott‹ viele Teilnehmer bis zu Tränen bewegte.« Dompreiger Rogge erinnert sich an diese seine Ansprache so: »Als ich dem reformationsfeindlichen römischen Kaiser von 1521 unsern deutschen und evangelischen gegenüberstellte und auf diesen ein Hoch ausbrachte, brach in dem dreimaligen Hochruf auf das ehrwürdige Haupt deutscher Nation der ganze Festjubel eines evangelischen Volkes hervor.« Walter Bredendiek, dem unvergessenen Kirchenhistoriker und Mitglied des Friedensrates der DDR, verdanken wir die folgende gerade für unsere Zusammenhänge wichtige Einschätzung: »Lutherfeiern dieser Art verbreiteten sich in der Folgezeit über ganz Deutschland. Von Anfang an auf die Harmonie von evangelisch und deutsch, protestantisch und national gestimmt, auf den Zusammenhang von ›Ein' feste Burg‹ und ›Heil dir im Siegerkranz‹ wurden bei ihnen immer kräftigere und gröbere Verbindungslinien gezogen, von Luther zum protestantischen Kaisertum der Hohenzollern oder von Luther zu Bismarck oder von Wittenberg 1517 nach Sedan 1870 ... Luther wurde zum Nationalheros stilisiert.«[502]

Es ist kein Zweifel, daß die Reichseinung von 1871 zur Radikalisierung protestantisch-lutherischer Glaubensinterpretation geführt hat, aber Kirchlichkeit und Religiosität bildeten – im Prinzip bei beiden großen Konfessionen gleichwertig – seit jeher eine wesentliche Grundlage deutscher Staatsdoktrin; auch für den Freiherrn vom Stein war schon »die enge Verwandtschaft des Vaterländischen, Sittlichen und Religiösen ... der Grundgedanke aller Reformen«, und mit Nachdruck betonte er: »Ein frommer, reiner, tapferer Sinn, der erhält die Staaten« oder »Alles, was keine sittlich-religiöse Unterlage hat, ist von Übel und führt zum Abgrund.«[503] In diesem Sinne betrachtete vom Stein auch die Reform der Kirche »als eine der vornehmsten Staatsaufgaben«, und Franz Schnabel begründete das so: »Denn wie ganz anders mußte ein Staat auf die Hingabe seiner Bürger zählen können, wenn er ihnen nicht nur durch Militär und Polizei entgegentrat, sondern sich als Hüter ihrer teuersten geistigen Güter bewährte! So wurde die Pflege der Religion zur Staatsaufgabe ...«[504] – über das ganze 19. Jahrhundert hin wirkte das Bündnis von Thron und Altar. Es war letztlich gleichgültig, wer von beiden Partnern sich jeweils äußerte. Noch zu Lebzeiten seines Vaters ließ sich der preußisch-deutsche Thronfolger (Wilhelm II.) folgendermaßen in der Öffentlichkeit vernehmen, um damit der »Unkirchlichkeit« gerade des Berliner Proletariats entgegenzutreten: »Gegenüber den grundstürzenden Tendenzen einer anarchistischen und glaubenslosen Partei ist der wirksamste Schutz von Thron und Altar in der Zurückführung der glaubenslosen Menschen zum Christentum und zur Kirche und damit zur Anerkennung der gesetzlichen Autorität und der Liebe zur Monarchie zu suchen. Der christlich-soziale Gedanke ist mit mehr Nachdruck als bisher zur Geltung zu bringen.«[505]

Sich des Wohlverhaltens der Volksmassen halbwegs zu versichern, gab es auch andere Mittel und Möglichkeiten im Manipulierungsapparat der herrschenden Klassen. So wurde am 25. August 1844 in Darmstadt ein Monument zu Ehren des Großherzogs Ludwig I. von Hessen eingeweiht. Aus diesem Anlaß fand ein großes Treffen von Bauernabordnungen (Frauen und Männern) aller Kreise des Großherzogtums statt, und die Nummer 36 der »Zeitschrift für die landwirthschaftlichen Vereine des Großherzogthums Hessen« vom 5. September 1844 informiert dahingehend, daß man anläßlich der Denkmalsweihe »das Hessische Landvolk aus den einzelnen Theilen des Großherzogthums das Erstemal seit dessen jetzigem Bestande [habe] vereinigt sehen [können] in seinen verschiedenen Trachten und Stämmen, Stämmen, die bisher einander zum Theil nur dem Namen nach bekannt waren«. Diese »Trachtenstämme« veranstalteten nun einen Festzug, um gemeinsam »an jenem Tage öffentlich darzuthun, wie sehr er [der Bauernstand] die großen Wohlthaten zu schätzen weiß, welche ganz besonders dieser Stand dem höchstseligen Großherzoge Ludewig I. verdankt«. Dies bekundeten sie damit, daß sie zehn Fahnen mit sich führten, auf denen die Maßnahmen verzeichnet waren, die für die Bauern im Rahmen der Agrarreformen und anderer politischer Maßnahmen wichtig gewesen sind. Jeweils mit Jahreszahlen versehen, lauteten die Fahneninschriften: »Aufhebung der Leibeigenschaft, Frohndfreiheit, Aufhebung des Novalzehnten, Verwandlung des Zehnten, Ablösung der Grundrenten, Vergütung des Wildschadens, Aufhebung des Mühlbanns, Gemeinheitstheilungen, Beförderung der Wiesencultur, Freier Absatz der Producte, Zollverein.« In diesem Fahnenfestzug sollte sich nichts anderes äußern als (nicht verdiente) Dankbarkeit, Anerkennung und Ehrerbietung gegenüber einem Potentaten, der gerade von den hessischen Bauern – sie führten um 1830 die größten Revolten in Deutschland durch – zu Reformen und anderen Zugeständnissen gezwungen worden war. Siegfried Becker nennt diese Wür-

340 Ein deutscher evangelischer Pastor. Seinen Talar trägt er wie eine kaiserliche Leutnantsuniform.

341 Lutherfestspiel in Dresden 1888. – In evangelisch-bürgerlichen Kreisen entwickelt sich nach dem 400. Jahrestag der Geburt des Reformators (1483) ein regelrechter Lutherkult, der zur Verherrlichung des »Deutschtums« nicht wenig beiträgt.
Institut und Museum für Geschichte der Stadt Dresden

342 Gedenkblatt auf die Gründung des Evangelischen Arbeitervereins in Ingolstadt 1888. – Namentlich in der Diaspora zwischen Katholiken und Sozialdemokraten gründeten die evangelischen Arbeiter eigene Vereinigungen. Sie wollten »untereinander ›christliche Sitte und Bildung‹ pflegen und sich ›zur Gewissenhaftigkeit in der Erfüllung ihres irdischen Berufes‹ erziehen«. Nach der Jahrhundertwende nannte man sich schlicht, aber letztlich konsequent »Evangelischer Verein«.
Stadtarchiv Ingolstadt

301

digung des »Ludewig I.« darum mit Recht eine Farce und erinnert z. B. an die Schwierigkeiten bzw. Folgen der Ablösungszahlungen.[506] Jedoch: In diesem turbulenten 44er Jahr des Vormärz mußte Zufriedenheit allenthalben demonstriert werden – Zufriedenheit mit dem durch die Agrarreform usw. »Verliehenen«, Aussöhnung mit und Treue zum angestammten Herrscherhaus. Davon sollte eine Signalwirkung auf eine vermeintlich wiedererweckte soziale Einheit des Vaterlandes und Harmonisierung der Gegensätze ausgehen. Dieses Darmstädter Ereignis ging im Lande herum, die Bauern fühlten sich anerkannt und geehrt, und dann trifft es zu, wenn Wilhelm Heinrich Riehl als ersten unter den »Mächten des Beharrens« den »Bauer von guter Art« heraushebt, den er eine »unüberwindliche konservative Macht in der deutschen Nation« nennt, einen »Damm … gegen das Überfluten der französischen Revolutionslehren in die unteren Volksschichten. Nur der träge Widerstand der Bauern hat im März 1848 die deutschen Throne gerettet …; der Bauer ist die Zukunft der deutschen Nation«.[507] Dazu Wolf-Dieter Könenkamp: »Riehl dachte hier Gedanken seines Lehrers Ernst Moritz Arndt zu Ende, der 1828 den Bauer schon als ›Gegenmittel gegen die … drohende Pöbelei‹ ansah.«[508]

Der Gedanke und die Vorstellung von einer die Gegensätze ausgleichenden Funktion bäuerlicher Wesensart und Tradition machten sich breit. Schon 1842, als der bayerische Thronfolger Maximilian heiratete, sollten am selben Tage Brautpaare aus allen acht Regierungsbezirken des Königreichs die gleiche Zeremonie in der Landeshauptstadt auch für sich veranstalten. Der Zweck war, die »Idee einer Repräsentation der Volksstämme des Königreiches in angemessener würdiger Weise« zu manifestieren, und das bezog sich vor allem auf einen großen Hochzeitszug der ausgewählten Paare in den »vorzugsweise üblichen und unterschiedenen Provinziallandestrachten«. Daß es dabei Schwierigkeiten gab, originale Trachten überall aufzutreiben und die Paare damit auszustaffieren, daß man hingegen häufig nach älteren Skizzen Rekonstruktionen anfertigte, ja sogar einen Würzburger Theaterrequisiteur damit beauftragte, zunächst eine »Zeichnung älterer fränkischer Nationaltracht« vorzulegen, die dann freilich als zu rokokohaft abgelehnt wurde, erweist einmal mehr, wie es um die Kontinuität von Trachtentraditionen, selbst in bayrischen Landen, stand.[509] Gefordert wurde ferner, »daß bei der Auswahl vorzügliche Unbescholtenheit und Reinheit der Sitten als erstes Bedingnis zu betrachten sind«. Und: Da durch diese Art Hochzeit »zugleich die verschiedenen Stämme des Königreichs gewissermaßen repräsentiert werden sollen, so erscheint es … sehr wünschenswert, daß auch die Persönlichkeit und respektvolle äußere Erscheinung der Ausgewählten dieser Idee einer Repräsentation der Volksstämme in angemessener würdiger Weise entspreche«.[510] Tracht und »stammliche« Repräsentanz wurden auch hier also als Einheit betrachtet, und wer konnte sich an einem solchen Schauspiel schon anders beteiligen als die reichen Bauernburschen und -mädchen, deren Trachten nur so von Goldtressen, feinsten Stoffen, reichem Geschmeide usw. strotzten? Manche dieser ausgewählten Paare konnten Aussteuern bis zu 10 000 Gulden aufbringen, so daß sie teilweise den staatlichen Zuschuß für die Reise nach München stolz ablehnten, aber auch hinnehmen mußten, daß z. B. der auf 50 Personen vorgesehene Festzug aus dem reichen fränkischen Bezirk Werneck amtlicherseits wesentlich reduziert wurde, was bedeutete, daß der bayrische Fiskus mehr sparen wollte und sparte, als die reichen Bauern auszugeben bereit waren.

Daß es in anderen, Bayern zugehörigen Landschaften nicht so reiche, farbenfrohe Trachten wie in Werneck gegeben hat, hängt mit der sozialökonomischen Struktur zusammen; hier ging man dann zu planmäßigen Rekonstruktionen der entsprechenden Kleidung über, legte auch nicht mehr den ausschließlichen Wert auf die soziale Zugehörigkeit der Träger als begüterter Bauern, was bereits ein Indiz für den Wandel des aufklärerischen kritischen Blicks gegenüber dörflicher Vergangenheit zu einer »romantischen Verklärung« war, die Wolfgang Brückner als Beginn »durchgängiger Folklorisierung der sogenannten Nationalkostüme« bezeichnet. »Nicht erst die Trachtenerhaltungsvereine vom Ende des Jahrhunderts, sondern eine bewußte Wittelsbacher Trachtenpolitik zur ›Hebung des bayerischen Nationalgefühls‹ (1852/53) versuchte seit den vierziger Jahren immer wieder fördernd einzugreifen, allerdings ohne sichtbaren Erfolg für das tatsächliche Bewahren alter Bekleidungssitten, aber um so mehr mit bleibendem Erfolg für das allgemeine Bewußtsein von angeblicher Trachtenvergangenheit und damit für nostalgische Anknüpfungsmöglichkeiten in späteren Jahrzehnten.«[511] Das mag – als eine Erscheinung, die wohl über das ganze wilhelminische

343 Der Maler unter den Fischern, von E. Ebers, 1838. – Die Künstler entdecken werktätiges Volk als neues Sujet. Der Fischer, der hier Modell steht, spielt seine Rolle gut. Er tut es sicher nicht zum ersten Mal. Staatliche Museen zu Berlin, Sammlung der Zeichnungen

344 Anzeige und Werbung für die umfangreiche Marlitt-Literatur, eines trivialen Massengenres

Deutschland zumindest seit den achtziger Jahren verbreitet war – sicher richtig sein, ist aber doch nur die halbe Wahrheit, da sich mit dem Bauernfolklorismus als dem Inbegriff der reinen, heilen Welt des Ursprünglichen, Naturhaften die politische Absicht der sozialen Harmonisierung verband. Daraus erwuchsen die Tendenzen deutschbäuerlicher Besonderheit, ahistorische Phrasen eines über alle anderen erhabenen Nationalcharakters, um nur einiges zu nennen. Bürgerliche Trachtenvereine, Naturvereine, Alpen- und Gebirgsvereine, und wie sie alle noch hießen, suchten und förderten die angebliche bäuerliche Ursprünglichkeit bis zur Groteske, aber auch bis zur nationalistischen Ekstase. Bauer sein und Bauerntum stellten Tradition »echter« deutscher Art dar, die zu pflegen war. Dazu gehörte gleichfalls das äußere Erscheinungsbild – sozial undifferenziert betrachtet, charakterisiert als »Bäuerliches« schlechthin.

Das Verhalten der bäuerlichen Schichten selbst war unterschiedlich. Als stets ökonomisch denkende Menschen wurden sie auch zu Trägern des Folklorismus, spielten sie das mit, was man von ihnen als Ursprünglichkeit erwartete – und das bisweilen sehr gekonnt. Wenn es jedoch um ihre Rechte ging, um raschere Durchsetzung der Reformmaßnahmen, Reduzierung der Ablösungsgelder, um Schmälerung ihres Verdienstes usw., wurden sie rebellisch, ließen sich zu politischen Drohungen hinreißen. Das alles wurde um die 48er Zeit sehr virulent, die Dörfer waren voller Unruhe. Jedoch – und hier darf man wohl nach den detaillierten Untersuchungen von Josef Mooser[512] über das östliche Westfalen verallgemeinern – »offene Unruhen ebbten angesichts der mobilen militärischen Kommandos, vieler Verhaftungen und schneller Verurteilungen bald wieder ab. Die Spannungen aber schwelten weiter, äußerten sich in hitzigen Wirtshausdebatten, Schlägereien, Katzenmusiken (Haberfeldtreiben, J.), Gerüchten über neue Unruhen und im Zulauf zu den Versammlungen der Vereine, wenigstens in der Umgebung der Städte. Darüber hinaus bezeugen der verstärkte Kirchenbesuch und die Verbreitung einer religiösen Mirakel- und Prophezeiungsliteratur die plötzlich aufgewühlte Stimmung ... All dies weist darauf hin, daß die Märzunruhen ... schnell verpuffende Rebellionen ohne ein politisches Ziel waren. Dieses Ziel äußerte sich teilweise im Wahlverhalten und mehr noch in einer Fülle von Petitionen«. In diesem Zusammenhang ist auch festzuhalten, daß die Bauern dann und dort, wo ihre Forderungen erfüllt wurden, sich aus den Rebellionen zurückzogen, weil ihr Interesse an Weiterungen erschöpft war.[513] Das eigene ökonomische Interesse stand so unmittelbar im Vordergrund bäuerlichen »revolutionären« Verhaltens, daß es sich keineswegs nur gegen die feudal-halbfeudale Obrigkeit richtete, die diese Interessen schmälern wollte. Ebenso konnten die mittleren und großen Bauern – eine z. T. schon etablierte Dorfbourgeoisie, die sich in Darmstadt oder in München mit protzigen Trachten getummelt hatte – einen erbitterten Kampf gegen die Dorfarmut, gegen die Kleinbauern führen, welche 1848 die eigentlichen revolutionären Elemente auf dem Lande darstellten. Zitieren wir hierzu noch einmal Josef Mooser: »In ihrer sozialen Zusammensetzung waren die Rebellionen ... weitgehend eine Angelegenheit der Kleinbauern und Landlosen (das trifft für Ostelbien weitgehend auf die Tagelöhner und Landarbeiter zu, J.). Die mittleren und großen Bauern verhielten sich je nachdem, wie ihre Interessen und ihre Stellung bedroht waren, passiv oder aktiv. Im Paderborner Land duldeten sie die ›Exzesse‹ in den adeligen und staatlichen Wäldern und gegen die Forstbeamten, stießen aber dort mit den Tagelöhnern und Kleinbesitzern zusammen, wo der kommunale Wald betroffen oder die Auflösung der kollektiven Holz- und Weiderechte schon abgeschlossen war. In Minden-Ravensberg unterdrückten die Bauern eigenhändig das Aufbegehren der Heuerlinge, indem sie den um Lebensmittel Bettelnden nicht selten statt Eier und Schinken Prügel austeilten. Die Rebellion der unterbäuerlichen Klasse ... traf auf eine entschlossene Abwehr der bäuerlichen Besitzer.« Dabei verliefen diese Konfrontationen bezeichnenderweise »am wenigsten in offenen Formen«, sondern eher »im Schutz nächtlicher Anonymität«.[514]

Es paßt in dieses Bild, wenn Bauern aus dem reichen Westpreußen 1848 an die Berliner Abgeordneten folgendes Schreiben richteten: »Wir Bauern aus Westpreußen kündigen euch Berlinern an, daß, wenn ihr nicht bald Zucht und Ordnung in eurem verfluchten Nest herstellen und unsern allgeliebten König in seine Rechte wiedereinsetzen werdet, wir Bauern zur Hilfe kommen werden, daß euch Schuften Hören und Sehen vergehen soll!«[515] Darin spiegelt sich ein gutes Stück von naivem Monarchismus, aber auch, daß sich unter Bedingungen kapitalistischen

345 Bayerischer Trachtenbauer auf einer Kunstausstellung, 1882. – Das Dorf beginnt, sich ungeniert die Stadt-»Kultur« zu erschließen.

346 Aufbruch zum Hochzeitstanz (Ausschnitt), nach einem Gemälde von J. Leisten, 1881. – Ein regelrechter Folklorismusrummel wird hier für vergnügungssüchtige und Exotisches witternde Touristen vorgeführt. Die brauchtümelnde Gruppe exaltiert sich bis zur Groteske. Später wird ihr folkloristisches Treiben aus Geschäftemacherei mit dem Nimbus des altväterlich Traditionellen versehen werden. Dank dem Künstler, der Funktion und Widersinn dieser Art der »Brauchpflege« schon beim Entstehen im Bild dokumentiert hat!

347 High life, von A. Oberländer, 1897. – Die Städter haben die ländliche Ursprünglichkeit als Sommerfrische entdeckt! Der Bauer verdient an ihrem Spleen und denkt sich seinen Teil beim Gehabe der Gäste, die bei aller Betriebsamkeit noch keinen Schaden anrichten.

348 Vorstellung im Zirkus, von P. Meyerheim, 1861. – Während die Städter die »Exotik« des Ländlich-Dörflichen entzückt, freuen sich die Bauern über das, was ihnen beispielsweise im Zirkus an tatsächlich Fremdem dargeboten wird.
Staatliche Museen zu Berlin, Nationalgalerie

Klassenkampfs auf dem Lande der vermögende Besitzbauer auf die Seite der Junker schlug. Das Proletariat und die dahin absinkenden anderen sozialen Schichten der Landlosen und Landarmen waren ihre gemeinsamen Gegner.

Aus all dem entstand – zusammenfassend festgestellt – »die Vorstellung vom Bauerntum als einem von geschichtlichen Veränderungen unbetroffenen, gleichsam natürlichen Stand in festen, scheinbar ewigen Ordnungen. Hierfür wurde verallgemeinernd ›Volk‹ zu einer Formel der Sehnsucht ..., [auch zu einem] bürgerlichen Fluchtbild aus einer als bedrohlich empfundenen Gegenwart« – bis weit ins 20. Jahrhundert hinein.[516]

Ein Letztes müssen wir hier unter den Bestrebungen zur Aufrechterhaltung einer bürgerlichen Ordnung erwähnen: den Verein, eine der bürgerlichen Klasse genuine Organisation, die den Parteibildungen und der Organisierung des Proletariats vorausging. Wie die Bünde und Gesellschaften reichen seine Wurzeln teilweise ins 18. Jahrhundert zurück; im 19. Jahrhundert wird er zu einer Massenerscheinung. Als beispielsweise 1899 Wilhelm II. den Dortmunder Binnenhafen einweihte und ganze drei Stunden in der Stadt zubrachte, hatten die 420 eingetragenen Vereine Dortmunds 19 200 Männer zum Spalierstehen aufgeboten. »Sie alle [hatten] sich um eine Teilnahme beworben, um ihre patriotische und kaisertreue Gesinnung zu demonstrieren.« Für die Dortmunder Behörden ein willkommenes Angebot, die Sicherheitsmaßnahmen durch unbedingt verläßliche Leute zu verstärken. Sozialdemokraten hatte man als mögliche Störenfriede teilweise aus der Stadt entfernt. Die Spalierstehr waren Mitglieder religiöser, berufsständischer, literarischer, turnerisch-sportlicher und landsmannschaftlicher Vereine. Auch Abordnungen von Beamten-, Schützen-, Gesangs- und Geselligkeitsvereinen und des Feuerwehrverbandes hatten sich dazugesellt.[517] Sie alle waren eine wirkliche Stütze dieses – am Dortmunder Beispiel illustrierten – cäsaristisch-bonapartistischen Staatsgebildes. Ihre Anzahl vergrößerte sich je nach Notwendigkeit oder aus gegebenen Anlässen immer weiter, und auf dieser kleinbürgerlichen Basis wucherten preußisch-deutscher Nationalismus, Patriotismus, Militarismus und der Personenkult um Kaiser, Kaiserfamilie und den »eisernen Kanzler« überall üppig. Das mußte schon ein recht Hartgesottener sein, der sich z. B. vom Brimborium um die Kaiserin Victoria nicht hätte rühren lassen, der nicht gern etwa dem »Deutschen Patriotenbund zur Errichtung eines Völkerschlachtdenkmals bei Leipzig«[518] oder einem anderen nationalen Klub, Militär-Veteranenverein u. ä., die sich um den Bau einer Unzahl von Nationaldenkmälern à la Kyffhäuser oder Bismarcktürmen bildeten, beigetreten wäre. Von hier aus läßt sich leicht der Bogen zu den Schulen schlagen, zu deren wichtigster Aufgabe die »Erziehung zu wehrhafter vaterländischer Gesinnung und monarchischer Treue« gehörte,[519] wo die Abwehr der »roten Gefahr« zunehmend an Bedeutung gewann – namentlich in den Volksschulen – und wo die ABC-Schützen so herzige Kaisergeburtstagsversen auswendig lernten wie dieses aus einer hessischen Fibel um 1900: »Hurra, heut' ist ein froher Tag, / des Kaisers Wiegenfest! / Wir freuen uns und wünschen ihm / von Gott das Allerbest'! / Wir singen froh und rufen laut: / Der Kaiser lebe hoch! / Der liebe Gott erhalte ihn / recht viele Jahre noch!«[520] Weiter spannte sich dieser Bogen alles harmonisierender »Tugenden«, wie Opferwilligkeit, Vaterlandseuphorie, Wehrhaftigkeit, aber auch »Trautes Heim – Glück allein«-Verniedlichung, zu den Familienzeitschriften, zur Trivial- und Kolportageliteratur, zur Postkartenromantik bis hin zu den großen Nationalfesten der diversen Verbände, bei denen die Wogen der Begeisterung und des Vaterlandsstolzes hochschlugen, aber auch wütender Teutonismus sich unüberhörbar offenbarte.

Das alles waren ernstgemeinte und ernst zu nehmende Verlautbarungen, Maßnahmen und Anlässe sowohl zur Harmonisierung als auch zur Disziplinierung. Die Fröhlichkeit wurde nebenbei mitgeliefert, die zusätzlich die vaterländische Stimmung hob. Und es ist von hier aus zu fragen, ob sich Gefühle, Emotionen, auch sonstwie Angestautes nicht in eine andere manipulative Richtung kanalisieren lassen, statt in die der Entäußerung der Menschen nach harter Arbeit, Enttäuschung, Armut und Unterdrückung mit Trubel, Maskentreiben oder Charivaris? Was etwa bewog einen Arbeiter 1871, zu seiner Spende für Verwundete das folgende Gedicht – hier nur die 3. Strophe – in der »Gartenlaube« (1871, S. 140) zu veröffentlichen? »Drum nimm von meinem armen Glück / Für Aerm're dies Achtgroschenstück! / Ich denke: gäb' vom Wochenlohn / Vom Arbeitsmann bis hoch zum Thron / Ein Jeder nur den sechsten Teil, / Dann würde manche Wunde heil!« Und auch so etwas gehört in diesen Umkreis bewußter oder unbewußter Manipulierung durch Vereine mit unterschiedlicher Ausprägung: Erinnert wurde an den 100. Geburtstag Theodor Körners mit der verpflichtenden Forderung, »des allzufrüh Dahingerafften zu gedenken, mit dem Entschluß, darüber zu wachen, daß Leyer und Schwert der Deutschen nur deutschem Geist und deutscher Sache diene«.[521] Oder: »Des Kaisers Erwachen« soll das große Volksfest genannt werden, das man anläßlich der Einweihung des Kyffhäuser-Denkmals veranstalten wollte und wo es dazu hieß: »Nicht des Kaisers, sondern des Reiches Erwachen ist zu feiern, und wo ein neues Haupt über das Reich wacht [Wilhelm I.], kann der Alte im Berg [Barbarossa] endlich mit allen seinen Mannen zur ewigen Ruhe eingehen.«[522] Die folkloristische Gleichsetzung der beiden Kaiser mochte so noch hingehen, der aktualisierte Rückgriff auf eine Sage aber war ein Politikum und appellierte an Emotionen, wie sie besonders deutlich bei der Propagierung »Deutscher Nationalfeste«, die ab 1900 alle fünf Jahre stattfinden sollten, zutage traten. Wiederum waren es die »Gartenlaube« und auch andere Familienzeitschriften, die sich zum Sprachrohr so erzkonservativer Meinungsbildung machten. Um den »traurigen Anzeichen einer Verkümmerung des Nationalgefühls, einer Erschlaffung der Volkskraft, einer Verflachung des idealen Lebens in unserem Volkstum mit Energie entgegenzutreten«, müßten »Kräftigung unserer Volksgesundheit« und »Hebung des bürgerlichen Gemeinsinns« durch ein solches Nationalfest gefördert werden. Ein Fest sollte es sein, das alle Stände vereinte und soziale Gegensätze verschwinden ließ. Sind wir doch, hieß es, »vor allen Dingen Deutsche, die ein jeder in seiner Weise dem Vaterland dienen … Dies Gemeinsame wird lebendig werden auf unseren Festen …, wenn ein jeder sich als Glied und Arbeiter (sic!, J.) einer einzigen großen Gemeinschaft fühlt, die mit allen für alle arbeitet und wirkt«. Nicht irgendeines der üblichen Trubelfeste soll es sein, sondern eines, das »eng verbunden mit den edelsten Trieben unserer Volksseele, mit deutscher Eigenart und guter Sitte, durch den Glanz seiner machtvollen Wirkung auch unsere anderen Feste hebt und veredelt, unseren Volksstolz weckt … Ein Dankfest soll es sein für die um die Einigkeit, Größe und Ehre des Vaterlandes Gefalle-

349 Männerverein im Schillergarten in Blasewitz bei Dresden, 1888
Staatliche Kunstsammlungen Dresden, Kupferstichkabinett

350 Fest-Comité des Vereins der Berliner Weissbier-Wirthe, 1895/1896
Märkisches Museum Berlin

351 Katholischer (Frauen-)
Marienverein um 1900
Bildarchiv Adelhart Zippelius,
Kommern

In den Vereinen des
19./20. Jahrhunderts finden sich
die unterschiedlichsten Interessengruppen nach Beruf, Freizeitbetätigung, Konfession und
Weltanschauung, Vergnügen,
Bildung u. a. m. zusammen. Die
Vereine sind ausgeprägte
Erscheinungen bürgerlicher
Kultur; auch Frühformen der
Arbeiterbewegung gehen auf sie
zurück.

352 Angler-Club in Berlin-
Charlottenburg, 1887
Märkisches Museum Berlin

nen ..., für die großen Männer ... Ein Friedensfest für die Lebenden, daß sie ihre Kraft und ihre Tüchtigkeit in opferbereiter Liebe zum Vaterlande, zu Kaiser und Reich, zu Fürst und Heimat, zu deutschem Sinn und deutscher Treue sammeln ... Ein Mahnfest ..., an der Kraft und Größe unseres Volkes mitzuarbeiten in Treue und Hingebung, durch Selbstzucht und nie rastende Pflichterfüllung.«[523] Wie viele andere Beispiele ließen sich anführen, die noch detaillierter belegen könnten, wie mit ganz natürlichen Emotionen in rein nationalistischer, deutschtümelnd-manipulativer Weise bewußt Schindluder getrieben, wie »Volk« in seiner Begrifflichkeit mißbraucht, was alles aufgeboten wurde, um die werktätigen Menschen mit der schwülstig-ekstatischen Berichterstattung von der Größe des Reiches zu blenden, sie von der eigentlichen, nämlich *ihrer* Misere abzulenken. Wenn auch vor allem auf die »Gartenlaube« gemünzt, gilt der folgende Satz generell für die wichtigsten Medien gefühlsgeladener Indoktrinationen und zerstreuender Emotionen: »Mit ihrer ausgeprägten Berichterstattung über staatliche Repräsentationsformen und ihrem ausgeprägten Kaiserkult ... konstruiert[en] sie ein monarchistisch-nationales Leitbild, ein nationales Identifikationsangebot, das ... seine überregionale Wirksamkeit entfalten konnte« und entfaltet hat.[524]

Der organisierte Manipulierungsapparat der herrschenden Klasse war enorm. Monstreausstellungen und -messen konnten die Massen nur staunen machen, »wie herrlich weit« man es doch in Deutschland gebracht habe. Hygiene- und Arbeitsschutzexpositionen wurden großzügig präsentiert und »veranschaulichten verschiedene Facetten der traditionellen bürgerlichen Werte Arbeit, Wissen und Bildung. Kontaktflächen ergaben sich zur aristokratischen Oberschicht ... und zu Arbeitern, denen Belehrung geboten wurde«. Auch für die Zerstreuung wurde gesorgt, so allein in Berlin, das nach 1871 erst seine eigentliche Bedeutung als Reichshauptstadt wahrzunehmen vermochte, durch etwa 3500 (1887) polizeilich gemeldete Vereine und das reiche, viel genutzte Unterhaltungsangebot vor allem seit den achtziger Jahren in den Volksgärten und Vergnügungsparks. Hier traf man bei »Würfelbuden ..., Schaukeln, Karussell, Kegelbahn, Tanzsaal ..., Kraftmesser, Turngeräthe[n] ..., elektrische[r] Bahn, Reitschule, Lachkabinett, Rutschbahn, Panorama, Cirkus, Theater, Chansonettengesang, Schnellpho-

353 Einzug ins Heimatdörfchen, von A. Müller, 1871. – Begeistert werden die aus Frankreich heimkehrenden Soldaten im Dorf als Helden begrüßt und gefeiert. Der gerührte Bürgermeister noch im alten Trachtenrock bietet ihnen den Willkommenstrunk aus einem »altdeutschen« Humpen an.

354 Alles, was ein deutscher Fußartillerist von seinem »Waffenhandwerk« wissen muß, ist auf diesem Schnupftuch als Erinnerung an seine Dienstzeit fibelartig verzeichnet. Aber auch nichts ist vergessen auf diesem Zeugnis preußischer Gründlichkeit!
Museum für Deutsche Volkskunde Berlin (West)

355 Wie auf Bilderbögen gleicher Serie die Mädchen für ihre künftige Rolle als Hausfrau und Mutter vorprogrammiert werden, so steht hier der Junge schon jetzt für »Preußens Gloria«.
Heimatmuseum Neuruppin

356 Dieser volkstümliche Bilderbogen strotzt von Personenkult und nationalistischen Erinnerungen an die drei »Einigungskriege«: 13 Schlachtenorte sind auf der Triumphpforte verzeichnet. Die »Germania« hält ihr scharfes Schwert in der Rechten, mit der Linken verteilt sie Lorbeer-Eichen-Kränze; überall Gegenstände zum Hauen, Stechen und Schießen – eine wahrlich sinnreich-realistische Erinnerung an den 100. Geburtstag des zum Kaiser avancierten »Kartätschenprinzen«
Heimatmuseum Neuruppin

tographie« Tausende von Menschen, die »von harter Wochenarbeit Erholung suchen und ... merkwürdigerweise auch finden, kleine Beamte, Handwerker, Arbeiter und Soldaten, mit ihnen im traulichen Bunde Arbeiterinnen, Laden- und Nähmamsells, Dienstmädchen und Kinderwärterinnen«. Mit ihrer künstlichen Beleuchtung und der Naturumgebung als Kulisse boten diese Vergnügungsstätten »zwar in sich prinzipiell die Möglichkeit zur Begegnung verschiedener sozialer Schichten, enthielte[n] aber gleichzeitig auch ... die Voraussetzungen zu sozialer Abgrenzung und somit eine Rücknahme der offenen Partizipation«.[525] »Ubi bene, ibi patria« hatte man schon am Beginn des Jahrhunderts als Manipuliérungsziel der Volksmassen in Bayern wieder aufgegriffen![526]

Der Krieg von 1870/71 und die deutsche Kaiserproklamation in Versailles waren, wenn auch ideologisch-nationalistisch zumindest durch die Feldzüge von 1864 und 1866 bewußt vorbereitet, mit Franzosenhaß aus der Zeit

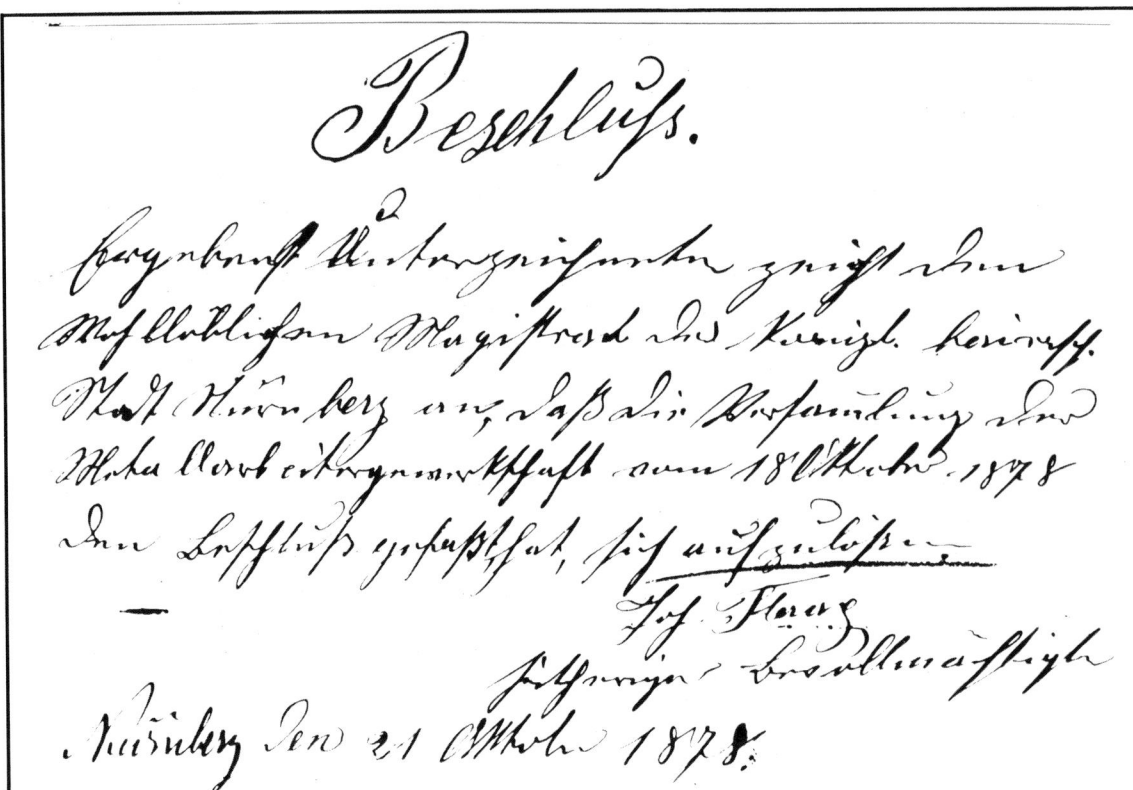

357 Sozialdemokratische Genossen aus Dresden-Striesen kurz vor der Aufhebung des Sozialistengesetzes. »Haltet aus im Sturmgebraus« heißt ihre Parole.
Institut und Museum für Geschichte der Stadt Dresden

358 Die Metallarbeitergewerkschaft ist mit der Selbstauflösung und damit Neuformierung dem »Sozialistengesetz« ein paar Tage zuvorgekommen. – Andererseits ist darauf hinzuweisen, daß 1878 bereits ein »Verzeichniß der socialdemokratischen Agitatoren, welche im Königreiche Bayern wohnen oder innerhalb des letzen Jahres sich dort aufgehalten haben«, mit rund 200 Namen bestanden hat. Sollte Bayern das einzige Land gewesen sein, das so penibel das Sozialistengesetz mit vorbereitet hat?
Stadtarchiv Nürnberg;
Bayerisches Hauptstaatsarchiv München

359 Steinzeugkrug mit Szenen aus der deutschen Arbeiterbewegung nach dem Sieg über das Sozialistengesetz
Staatliche Kunstsammlungen Dresden, Museum für Kunsthandwerk

360 Im Arbeiterviertel, nach P. Höniger. – Das Sozialistengesetz zwang die Arbeiter, neue Taktiken zu entwickeln, um den Klassenkampf erfolgreich weiterführen zu können. Auch der Heimweg von der Arbeit bot dazu geeignete Möglichkeiten.
Bildarchiv Florian Tennstedt, Kassel

der sogenannten Befreiungskriege verbunden, wohl das eigentlich auslösende Ereignis für die alles überrollende Woge deutscher Großmannssucht, »Alldeutsch«tums, aggressiver, mit der Möglichkeit militärischer Konfrontation kalkulierender Politik und dementsprechender Versuche, die Volksmassen in Achtung, Demut und Angst bei Ruhe zu halten, die Arbeiterklasse und ihre Bewegung als einzige konkret agierende Macht, als Gegenpol zu Industriebourgeoisie und Feudalbürokratie, zu bekämpfen, zu schwächen, sie auszuschalten. Während dieses »Zweite Reich« und seine Führer darangingen, sich mit einer Gloriole zu umgeben, »Erinnerungen aus dem heiligen Kriege« zu sammeln und publizieren zu lassen,[527] die Siege der preußisch-deutschen Truppen seit 1813, besonders aber die von 1870/71 jährlich in frenetischer Weise zu begehen, hielt die deutsche Arbeiterklasse die Erinnerung an die Pariser Communarden hoch, stand in deren Tradition, verkörperte so auch ideologisch-moralisch das Gegengewicht zur herrschenden Klasse.

Von dieser Haltung und vom Kampf der Arbeiterklasse können wir im vorgegebenen Rahmen nur zwei wesentliche Elemente darstellen, die »organisierte Gemeinschaft« proletarischen Alltags entscheidend konstituiert haben: die Zeit des »Sozialistengesetzes« und den Kampftag des 1. Mai.

Die aus der Gothaer Vereinigung von 1875 hervorgegangene »Sozialistische Arbeiterpartei Deutschlands« wurde in der Reichstagswahl von 1877 zur viertstärksten Partei. Jetzt zeigte sich, welche Kraft das organisierte Proletariat in sich barg, welche Gefahr der herrschenden Klasse aus dieser Partei, der Sozialdemokratie generell, erwuchs. Das von Bismarck 1878 erlassene »Gesetz gegen die gemeingefährlichen Bestrebungen der Sozialdemokratie« war – wenn auch anachronistisch – eine Konsequenz seitens dieser herrschenden Klasse und sollte für die sich ihrer Macht bewußt werdenden Proletarier zur Bewährungsprobe im Alltag werden.

Die Arbeiter »können von allem Anfang an nicht ohne starke Organisation mit genau festgelegten Statuten auskommen, die ihren Einfluß durch Funktionäre und Komitees ausübt«,[528] hatte Friedrich Engels in »Die Lage der arbeitenden Klasse in England« schon 1845 geschrieben. Die »Sozialdemokratische Partei« nun war eine solche Organisation, die von den realen Gegebenheiten proletarischen Alltags ausging, den Freizeitbedingungen und den Möglichkeiten, Freizeit in vielseitiger Weise durch sinnvolle Erholung und Zerstreuung, durch Bildungsstreben, durch Heranführen an Genossenschaftlichkeit, Solidarität, internationalen Klassenzusammenhalt, auch durch gemeinsames Feiern und durch äußeres Sich-Bekennen (Mitgliedsbuch, Abzeichen, gemeinsames Marschieren und Demonstrieren unter einem Symbol – sei es eine Losung, ein Plakat oder eine Fahne –, Bezug von Zeitschriften, Zahlen von Beiträgen u. a. m.) Rechnung trug. Diese Partei-Organisation, gegen die sich das Sozialistengesetz zwölf Jahre lang richtete, hatte viele Arbeiter schon Fähigkeiten gelehrt, »zu leiten, zu verwalten, Politik zu betreiben, proletarische Demokratie auszuüben«. Sie »gab der ganzen Klasse und den einzelnen Arbeitern Zuversicht und befähigte sie, den Staat selbst in die Hände nehmen zu können. Mit der proletarischen Klassenorganisation wuchs eine kulturelle Voraussetzung der Diktatur des Proletariats«, stellen Dietrich Mühlberg und sein Autorenkollektiv im Hinblick auf die weitere Entwicklung fest.[529] Was diese Organisation und die Arbeiterbewegung überhaupt mit ihrer Vielzahl von Vereinigungen gesellschaftlich-kultureller Art, mannigfachen Bildungs- und Schulungsmöglichkeiten, Einrichtungen zur besseren klassengerechten Befriedigung von Grundbedürfnissen usw. bewirken wollten und bewirkt haben, faßte August Bebel bereits 1876 dahingehend zusammen, ja stellte es als Forderung, durch die vielseitige Tätigkeit »den Uneingeweihten sozusagen ein Bild im großen zu geben ..., von dem, was wir wollen; die Um- und Durchbildung zu tüchtigen Parteigenossen aber kann nur in der Parteiorganisation ... erreicht werden«,[530] in der sich ein reges Leben entfaltete[531] und wo das »Hinführen, Heranbilden und Erziehen zu Solidarität, bewußtem Handeln, zu Standhaftigkeit, Mut und Entschlossenheit zu den vornehmsten Zielen gehörte, wo aber auch Eigenschaften des Verhaltens ..., wie Disziplin, Verläßlichkeit, Beständigkeit, Ausdauer, Einordnungsbereitschaft und politisches Geschick« gefestigt wurden bzw. in eben solch »organisierter Gemeinschaft« erlernbar waren.[532]

Es soll nicht verkannt werden, daß auch andere Bemühungen und die Bildung einer Fülle öffentlicher Freizeitinstitutionen erfolgreich waren, und sie wären es wert, detaillierter dargestellt zu werden. Handelte es sich doch dabei »sowohl um solche Einrichtungen, die aus traditionellen Formen heraus entstanden wie Kneipe, Klub, Garten, Theater, Kirche, als auch um Neuschöpfungen« wie Kino, Sport, Tourismus, Freizeitvereine«. Wir können sie hier nicht untersuchen, möchten uns aber hinsichtlich der allgemeinen Bedeutung des gesamten proletarischen Freizeitbereichs und dessen Entwicklung der Auffassung des Autorenkollektivs um Dietrich Mühlberg anschlie-

361 Landagitation der Sozialdemokraten, von P. Bauer, 1894

362 Die Lösung der sozialen Frage, von Th. Th. Heine, 1898; hier freilich sarkastisch gemeint in der Alternative, die von der herrschenden Klasse geboten werden konnte

363 Klassengegensätze, von J.H., 1894. – Zeitungen wie »Der wahre Jacob« machten in eindringlicher Weise immer wieder auf die unhaltbaren sozialen Zustände im Lande aufmerksam.

ßen. Sie schreiben: »Die richtige Bewertung des Formen- und Funktionswandels setzt das Verständnis dafür voraus, daß es sich hier um eine geschichtlich neuartige Situation handelt. Damals entstand ein ganzes in sich strukturiertes System von Freizeitinstitutionen (unterschiedlicher Herkunft und Funktion, J.) für die Bedürfnisse von Arbeitern. Eine solche Differenzierung und Auffächerung der in der arbeitsfreien Zeit nutzbaren Möglichkeiten finden wir in keiner früheren geschichtlichen Phase.«[533]

Die Spezifik der kapitalistischen Gesellschaftsformation, wie sie im »Manifest der Kommunistischen Partei« dargelegt wurde, weist der revolutionären Arbeiterbewegung ihre besondere Bedeutung zu, und wenn wir vermerkt haben, daß diese Bewegung zur Zeit des Sozialistengesetzes ihre Bewährungsprobe zu bestehen hatte, so hat sie sich trotz aller Schikanen, Verbote, Behinderungen, Ausweisungen oder längerer Haft ihrer führenden Persönlichkeiten sowie Drangsalierungen einzelner am Arbeitsplatz, eingetretener Notstände usw. nicht nur zwölf Jahre behauptet, sondern ist aus diesem Kampf als Sieger und gestärkt hervorgegangen. Das war sicher mit das Ergebnis geschickten Taktierens und großer Überzeugungskraft in Parlaments- und Wahlreden solcher Arbeiterführer wie Bebel, Liebknecht, Hasenclever, Singer und vieler anderer überall im Deutschen Reich. Mehr aber noch gründete es auf dem Durchhalten der Arbeiter, die ihre Partei getragen und verteidigt haben, die wahr machten, was 1881 »Der Sozialdemokrat« forderte: »Wir haben zu beweisen, daß wir leben! Wir haben zu beweisen, daß die Verfolgungen an unserer Organisation, an unserer Prinzipientreue abgeprallt sind ... und daß das Soziali-

315

> **An die Kollegen und Arbeiter allerorts!**
> Um verschiedenen Anfragen nachzukommen, sehen wir uns veranlaßt, Folgendes zu veröffentlichen:
> Wir befinden uns seit dem 8. Juli im Ausstand, und wenn auch die Zahl der zu Unterstützenden anfangs gering war, so steigert sich dieselbe doch täglich. Von den zirka 180 Ausgesperrten mit 320 Kindern beanspruchen bis jetzt zirka 115 Mann, von denen die meisten große Familien besitzen, Unterstützung, während etwa 5 Mann arbeiten und noch 60 Mann auf Unterstützung verzichten. Da es in Folge des geringen Kassenbestandes unmöglich ist, ausreichend zu unterstützen, so richten wir an Euch die Bitte, uns nach Kräften zu unterstützen. Bis jetzt hat sich noch Keiner gefunden, der dem Ansinnen der Direktion nachgekommen wäre.
> Also Arbeiter, Kollegen, unterstützt uns so viel wie möglich, so werden auch Diejenigen wieder frischen Muth bekommen, welche etwa schon verzagen sollten. Thut, was in Euren Kräften steht, und der Sieg wird bald unser sein.
> Ottensen, 30. Juli 1890.
> Mit Gruß
> **Die Kommission der Glasarbeiter.**
> J. A.: **Paul Börner,**
> Bahrenfelderstraße 316, I., Ottensen.
> Alle arbeiterfreundlichen Blätter werden um Abdruck gebeten.

> **Aufruf**
> an die
> **arbeitenden Frauen und Jungfrauen**
> von Bremerhaven, Geestemünde und Lehe.
> Die Unterzeichneten ersuchen alle diejenigen arbeitenden Frauen und Jungfrauen obengenannter Ortschaften, welche sich beim Umzug am Maifeste der Arbeit betheiligen wollen, zu einer Besprechung am Sonntag, den 30. April, Nachmittags 4 Uhr, im Kolosseum (Kleiner Saal) sich einzufinden.
> Fräulein **Friedrich.**
> Fräulein **Apfel.**

364 Die Glashüttenarbeiter der Hamburger Firma Gätcke traten wegen nicht mehr zumutbarer Arbeits- und Lebensverhältnisse in den Streik. Nach etwa 3 Wochen war die Streikkasse fast aufgebraucht, und die Ottensener Arbeiter wandten sich im »Hamburger Echo« vom 31. Juli 1890 »An die Kollegen und Arbeiter allerorts!«, sie zu unterstützen. »Thut, was in Euren Kräften steht, und der Sieg wird bald unser sein.«
Altonaer Museum in Hamburg

365 Frauen standen durchaus nicht mehr abseits, wenn es darum ging, für die Ziele der Arbeiterbewegung am 1. Mai zu demonstrieren.

stengesetz … nur die Wirkung gehabt hat, uns zu festigen und die revolutionäre Leidenschaft in der Partei zu steigern.«[534]

Vielen ihrer Mitglieder war diese Partei gewissermaßen zur zweiten Heimat geworden. Und auch für Arbeiter, die abseits gestanden und sich mit anderen eher durch das gemeinsame Elend verbunden gefühlt hatten, formierte sich nun nach und nach das »Bewußtsein einer alle Lebensfragen umfassenden Gemeinsamkeit und der Notwendigkeit der Solidarität im Klassenkampf«.[535] Das betraf freilich vor allem die am frühesten und am intensivsten industrialisierten Regionen wie Sachsen, Süddeutschland, Berlin, Hamburg oder das Rhein-Ruhr-Gebiet, aber die Bewegung wuchs schnell in die Breite, und als das »Sozialistengesetz« in Kraft getreten war, bildete sich unter den Proletariern eine »Erst-recht-Haltung« heraus, die sich in mannigfachen Formen illegaler Arbeit in Partei und Gewerkschaften manifestierte. Dazu gehörten nach dem Verbot einzelner Fachverbände die Bildung von Tarnorganisationen wie Turn-, Spar-, Gesangs-, berufliche Zweckvereine usw., in denen die politische Bildungsarbeit fortgesetzt, illegale Treffen z. T. im Freien, bei Ausflügen, Vergnügungen, in der Kneipe, auch während der Arbeit abgehalten wurden und sich damit neue Formen des proletarischen Gemeinschaftslebens bildeten. Meisterstücke illegalen Kampfes waren insbesondere die Plakat- und Flugblattaktionen zu den Reichstagswahlen und anderen Anlässen. Überaus anschaulich berichten viele Arbeiter in Lebenserinnerungen von diesen wirklichen Bewährungsproben gegenüber dem staatlichen Machtapparat. Zu ihnen gehörte auch das illegale, aber regelmäßige Erscheinen des »Sozialdemokrat«, der in der Schweiz, später in England gedruckt, nach Deutschland auf immer neuen Wegen geschmuggelt wurde, von Hand zu Hand ging und so zum wichtigsten Informationsorgan der Arbeiterklasse wurde. Was gerade bezüglich der Verteilung dieser Zeitung an Findigkeit, Geschicklichkeit, Aufmerksamkeit, Mut und Bekenntnis für die Sache des Proletariats von vielen einzelnen geleistet worden ist, war im besten Sinne »kulturelles Schöpfertum«. In dieser bewußt geführten illegalen Alltagsarbeit mag mitunter auch Abenteuerlust eine Rolle gespielt haben, aber weit mehr noch zeigte es das Sichauflehnen gegen den Klassengegner, dessen unterschiedliche soziale Schichten aus ihrem Haß gegen Proletariat und Sozialdemokratie in der Öffentlichkeit kein Hehl machten. Genauso offen leisteten die Arbeiter Widerstand und quittierten ihre unbeugsame Haltung durch die rasch zunehmende Anzahl an Stimmen für die Sozialdemokratie bei den Reichstagswahlen. Sie artikulierten ihre Meinung zu den Versuchen, ihre Organisation und damit ihre Führungskraft auszuschalten, auch in einigen literarischen Zeugnissen, im gemeinsamen Singen von Kampfliedern, im Umsingen von Volksliedtexten zu aktuellen politischen Anlässen, im Rezitieren von Dichtungen eines Herwegh, Freiligrath, Most und manch anderer, deren Werke, durch Wolfgang Steinitz, Inge Lammel, Ursula Münchow u. a. mustergültig ediert und parteilich interpretiert, zum unverwechselbaren kulturellen Erbe sozialistischer Tradition gehören.[536] Arbeiter und Arbeiterfrauen schickten ihre selbstverfaßten lyrischen Schöpfungen zur Veröffentlichung auch an die Redaktion des »Sozialdemokrat«. Das war keine nach metrischen Normen gestaltete Poesie. »Das waren Gedichte, die ... politisch wirksam, operativ sein wollen ..., [die] auf konkrete Anlässe und Mißstände eingehen und den politischen Gegner direkt, aggressiv und polemisch angehen. In solchen Fällen kommen die Verfasser in einer sinnlichen, bildhaften, unverblümten Spra-

366 Dresdner Maifeier in der »Schweizerei« bei Loschwitz mit August Bebel, um 1890
Institut und Museum für Geschichte der Stadt Dresden

che – zu einer klaren Diagnose der politischen Verhältnisse und machen einleuchtend radikale Vorschläge zur Therapie.« So im »Mahnruf einer deutschen Mutter an die gemißhandelten deutschen Soldaten« – ihr Sohn ist 1886 als Soldat bei Mißhandlungen durch seine Vorgesetzten ums Leben gekommen –, dessen Strophen jeweils mit dem Refrain schließen: »Drum stoßet Eure Peiniger nieder / und rächt der Mutter Thränen wieder.« So auch in einem »Was Bismarck thut ist wohlgetan!« überschriebenen Gedicht, dessen sechs Strophen zum Wirken des »eisernen Kanzlers« mit den Worten schließen: »Der Mann, der kraft der Polizei / Familien vernichtet / Weil ihre Häupter frank u. frei / Die Wahrheit uns berichtet, / Ist unser Feind, / Den wir vereint / Bekämpfen bis zum Tode, / Dies schwören wir als Rothe!« Nach der Melodie »Es braust ein Ruf wie Donnerhall« sollte ein anderes Lied gesungen werden, in dem die Hintergründe des Sozialistengesetzes dargelegt werden und eine »Abrechnung« gefordert wird. In der dritten Strophe heißt es: »Solange noch Meyers Säbel haut / Und Stephan in die Briefe schaut / Und auch die Flinte tüchtig schiesst / Wirst Du Philister nicht gespiesst / Drum kannst Du wirklich ruhig sein / Bei den Couponabschneiderein.«[537]

Zu Höhepunkten der Demonstration proletarischer Solidarität gestalteten sich die spontan zusammengekommenen Trauergefolge von während des Sozialistengesetzes verstorbenen Arbeiterführern und die bewunderswert organisierten Sympathiekundgebungen für ausgewiesene Parteifunktionäre. Die gerade in dieser Zeit illegal erschienenen Schriften von Marx, Engels, Bebel u. a. waren Gegenstand der geheimen Schulungsabende oder sonstiger Veranstaltungen und machten so Tausende von Arbeitern mit den Grundgedanken des Marxismus bekannt. Die Agitationen erstreckten sich allmählich auch auf die Landarbeiterdistrikte des Reiches und erreichten ebenso Handwerker und kleine Bauern. Die großen Industriestädte aber waren die eigentlichen Zentren des Widerstands, womit auch die Streiks eine größere Ausdehnung erreichten. 1889 traten im Rhein-Ruhr-Gebiet, z. T. eine Hochburg der katholischen Gewerkschaften, an die 150 000 Bergarbeiter in den Streik.[538] Es gab blutige Zusammenstöße mit dem Militär, aber in einer Unterredung mit dem Kaiser erreichte eine Bergarbeiterabordnung einige Zugeständnisse. Zu nennen sind hier ebenso Bismarcks Versicherungsgesetze, die als Zugeständnisse an die wachsende Zahl organisierter Lohnarbeiter ein objektiver Fortschritt waren, aber auch, wie der Kanzler vor dem Reichstag zugestehen mußte, als Beschwichtigungsmittel und als Versuch einzulenken zu bewerten sind.[539]

Mit dem Fall des Sozialistengesetzes war der Sturz Bismarcks besiegelt, und Kaiser Wilhelm II. erklärte, »zur Verbesserung der Lage der deutschen Arbeiter die Hand zu bieten, soweit die Grenzen es gestatteten«: Immerhin stand die Konkurrenzfähigkeit der deutschen Industrie auf dem Spiel! Die siegreichen Sozialdemokraten aber argumentierten: »Die Völker können heute nicht mehr nach den Grundsätzen der alten Schule regiert werden. Dazu sind die soziale Umgestaltung einer- und das wachsende Verständnis der Massen für die Zeitfragen andererseits zu weit vorgeschritten!«[540]

Die siegreiche Beendigung der langen Jahre des Sozialistengesetzes fand in der Arbeiterpresse, auf Plakaten, Erinnerungsblättern und Medaillen starken Widerhall. Die letzte Zeile eines Gedichts von Ferdinand Freiligrath aus dem Jahr 1848 erhielt nahezu Symbolcharakter: »Unser die Welt, trotz alledem!«

Dieser große Erfolg konnte aber nicht darüber hinwegtäuschen, daß die Herrschenden weiterhin alles daransetzen würden, die Masse der Lohnarbeiter mit ihren Mitteln in Ruhe und in Schach zu halten. Das wußten auch die Arbeiter. Sie stellten sich auf weitere Auseinandersetzungen ein und präzisierten ihre aus der Entwicklung der Produktivkräfte mit dem erreichten Grad der Selbstverwirklichung resultierenden Forderungen. Diese bezogen sich auf Durchsetzung eines Lohnminimums, auf verbesserten und vom Staat garantierten Arbeitsschutz und auf die Erreichung des 8-Stunden-Tages – und sie wurden am einhundertsten Jahrestag der Französischen Revolution, am 14. Juli 1889, auf dem internationalen Arbeiterkongreß in Paris gestellt, gleichzeitig verbunden mit der Resolution zu einer großen internationalen Manifestation der Arbeiter zur Durchsetzung ihrer Forderungen. Der Zeitpunkt dieser jährlichen Manifestation wurde auf den 1. Mai festgelegt. Sie sollte 1890 zum ersten Mal stattfinden, und es heißt im Kongreßprotokoll dazu: »Die Arbeiter der verschiedenen Nationen haben die Kundgebung in der Art und Weise, wie sie ihnen durch die Verhältnisse ihres Landes vorgeschrieben sind, in's Werk zu setzen.« Sehen wir von den Forderungen als solchen ab, die der gestiegenen Bewußtseinsentwicklung des Proletariats als organisierten Widerparts der Unternehmer und Junker entsprachen, so bildeten das Anknüpfen der jährlichen Mai-Manifestationen an die Französische Revolution und ihre Ideale von »Liberté, Egalité, Fraternité« sowie der internationale Charakter dieses Kampf- und Feiertages ein neues und integratives Element für die Solidarisierung der Arbeiter in aller Welt und für eine Stärkung ihrer Position in dem weiterhin unerbittlich geführten Klassenkampf. Das stellte auch für Deutschland den Sinn und die Konsequenz dieses 1. Mai nach dem herbeigeführten Sturz des Sozialistengesetzes dar, das war den deutschen Arbeitern wie ihren Führern auch bewußt, und das fand seinen sehr demonstrativen symbolkräftigen Ausdruck in den jährlich erscheinenden Extrablättern, Plakaten, Postkarten, Transparenten und Gemälden. Daß man sich der Stilmittel damaliger Kunstrichtungen bediente, ist unerheblich. Wichtig waren die jeweiligen Darstellungen, die den Internationalismus, den Gedanken des Friedens und die Einheit der Arbeiterklasse, ja aller Werktätigen in Stadt und Land unter Einschluß der Frauen und Kinder symbolisierten. Sie sprachen die Massen an und gehören darum auch zu den wichtigsten Zeugnissen zeitgenössischer proletarischer Lebensweise[541] – nicht minder wichtig als Lieder, Dichtungen und Lebensbeschreibungen, die den Klassenkampf in allen seinen Beziehungen zum Alltag verdeutlichen.

Daß die Arbeiter an diesem Tag des 1. Mai immer mehr die Straßen beherrschten, beobachteten Bourgeoisie und Krone mit Furcht und Sorge. Nur zu oft mußte dieser Feiertag auch im Streik erkämpft werden, und die Arbeiter hatten danach die bittere Konsequenz der Entlassung zu tragen. Aber sie feierten diesen Tag vor den Toren der Städte, in den Gastwirtschaften oder auf den Festwiesen mit Freunden, Kollegen, Genossen und der ganzen Familie. Daß hierbei auch traditionelle Elemente aus dem frühen Alltag der sich konstituierenden Arbeiterklasse oder regional und örtlich Brauchtümliches vielfach mit einflossen, ändert nichts am grundsätzlichen Charakter dieses 1. Mai.[542]

Der 1. Mai als Kampftag der Arbeiterklasse wurde ein wahrer Ausdruck der »zweiten Kultur«, die zu bilden, zu stärken, sie als »Erbe« zu entwickeln eine der wichtigsten Aufgaben der Arbeiterklasse darstellt. Keine andere Klasse oder soziale Schicht des werktätigen Volkes war dazu vordem in der Lage. Im Vorwort zur 1890er Ausgabe des »Manifests« schrieb Friedrich Engels, datiert aus dem Londoner Exil vom 1. Mai 1890: »... heute, wo ich diese Zeilen schreibe, hält das europäische und amerikanische Proletariat Heerschau über seine zum ersten Male mobil gemachten Streitkräfte, mobil gemacht als *ein* Heer, unter *einer* Fahne und für *ein* nächstes Ziel: den ... gesetzlich festzustellenden, achtstündigen Normalarbeitstag. Und das Schauspiel des heutigen Tages wird den Kapitalisten und Grundherren aller Länder die Augen darüber öffnen, daß heute die Proletarier aller Länder in der That vereinigt sind.

Stünde nur Marx noch neben mir, das mit eigenen Augen zu sehen!«

Anmerkungen

1 *W. Jacobeit*, Zum Verhältnis von Ethnographie und Geschichte, in: Jahrbuch für Wirtschaftsgeschichte 1984/II, S. 165 ff.; *ders.*, Wege und Ziele der Volkskunde in der DDR, in: Blätter für Heimatgeschichte (Kulturbund der DDR) 1985/1, S. 37 ff.; *ders.*, »Mondiacult« und die Ethnographie, in: Ethnographisch-Archäologische Zeitschrift 27/1986, S. 66 ff.; vgl. auch *J. Kuczynski*, Die Rolle der Volksmassen in der Geschichte (= Sitzungsberichte der Akademie der Wissenschaften der DDR, Ges. Wiss. 9 G 1983), Berlin 1984; *ders.*, Geschichte des Alltags des deutschen Volkes. Nachträgliche Gedanken, Berlin 1985; *H. Dehne*, Aller Tage Leben. Zu neuen Forschungsansätzen im Beziehungsfeld von Alltag, Lebensweise und Kultur der Arbeiterklasse, in: Jahrbuch für Volkskunde und Kulturgeschichte NF 13/1985, S. 9 ff.; *H. Letsch*, Der Alltag und die Dinge um uns, Berlin 1983; u. a. m.
2 *S./W. Jacobeit*, Illustrierte Alltagsgeschichte des deutschen Volkes, Bd. 1, Leipzig-Jena-Berlin 1985, Einleitung
3 *J. Kuczynski*, Geschichte des Alltags des deutschen Volkes, Bd. 1, Berlin 1980, S. 35
4 Das *Handbuch der deutschen Wirtschafts- und Sozialgeschichte*, Bd. II, Stuttgart 1976, beginnt mit folgender Feststellung: »Die Masse der gedruckten und ungedruckten Quellen ... nimmt für diesen Zeitraum ein nie zuvor erreichtes Ausmaß an.«
5 Wir werden bemüht sein, solchen wichtigen Komplexen wie Urbanisierung, soziale Mittelschichten, medizinisch-hygienische Probleme, Sozialgesetzgebung samt deren Maßnahmen und Auswirkungen usw. im dritten Band (1900–1945) den entsprechenden Raum zu geben.
6 *J. Kuczynski*, Geschichte des Alltags des deutschen Volkes, Bd. 3, Berlin 1981, S. 7; *H. Zwahr*, Zum Gestaltwandel von gewerblichen Unternehmern und kapitalabhängigen Produzenten. Entwicklungstypen gewerblicher Warenproduktion in Deutschland, in: Jahrbuch für Geschichte, 29/1985, S. 9 f.
7 *Marx/Engels*, Werke (MEW), Bd. 4, Berlin 1984, S. 464 ff.
8 Vgl. *W. Schmidt*, Waren die preußischen Reformen eine »Revolution von oben?« Zum Verhältnis von Reform, Revolution von unten und »Revolution von oben« im Prozeß der bürgerlichen Umwälzung in Deutschland, in: Zeitschrift für Geschichtswissenschaft 1984, H. 11, S. 986 ff. (mit entsprechenden Literaturangaben über kontroverse Auffassungen zum Charakter der bürgerlichen preußischen Reformen)
9 *H. Bock*, Reform und Revolution. Zur Einordnung des preußischen Reformministeriums Stein in den Kampf zwischen Fortschritt und Reaktion, in: Preußen in der deutschen Geschichte nach 1789 (= Studienbibliothek DDR-Geschichtswissenschaft 3), Berlin 1983, S. 81
10 *Deutsche Geschichte* (= Deutsche Geschichte in zwölf Bänden, 4), Berlin 1984, S. 141
11 Ebenda, S. 159
12 Ebenda, S. 179
13 Zitiert nach *K. Holzapfel*, Die Julirevolution von 1830 und ihr Platz im französischen Revolutionszyklus, in: Zeitschrift für Geschichtswissenschaft 1985, H. 1, S. 38
14 Ebenda, S. 29, vgl. auch *W. Schmidt*, Bürgerliche Revolution und proletarische Emanzipation in Deutschland 1830 bis 1848/49, Leipzig 1983
15 *H. Zwahr*, Sachsen im Übergang zum Kapitalismus und im Revolutionsjahr 1830, in: Sächsische Geschichte im Überblick. Beiträge zur Landesgeschichte 1789/90–1917 (= Sächsische Heimatblätter 30), Dresden 1984, S. 97 ff.
16 Ebenda, S. 108
17 Ebenda, S. 106
18 *Deutsche Geschichte*, a. a. O., S. 192
19 Ebenda, S. 197
20 *F. Engels*, Die Rolle der Gewalt in der Geschichte, in: MEW 21, Berlin 1957, S. 422
21 Wir folgten hier den Ausführungen von *H. Bleiber*, in: *Deutsche Geschichte*, a. a. O., S. 212 f.
22 Vgl. *Deutsche Geschichte*, a. a. O., S. 282 ff.; *J. Kuczynski*, a. a. O., Bd. 3, S. 64 ff.
23 *Revolutionsbriefe* 1848/49, hrsg. v. R. Weber, Berlin 1973, S. 46
24 *Deutsche Geschichte*, a. a. O., S. 378
25 *K. H. Börner*, Die Krise der preußischen Monarchie von 1858 bis 1862 (Thesen), in: Preußen in der deutschen Geschichte nach 1789, a. a. O., S. 174
26 *Marx/Engels*, Gesamtausgabe (MEGA), I, Bd. 10, S. 447
27 *J. Kuczynski*, a. a. O., Bd. 3, S. 68
28 Wir folgten hier den Ausführungen von *K. H. Börner*, a. a. O.
29 *Deutsche Geschichte*, a. a. O., S. 438
30 Vgl. ebenda, S. 467 ff.
31 *W. Küttler*, Nochmals zur Klassenposition des Junkertums während und nach der bürgerlichen Umwälzung, in: Zeitschrift für Geschichtswissenschaft 1985, H. 3, S. 246; vgl. aber auch *H. Helas*, in: ebenda, H. 9, S. 794 ff.
32 Wir folgten hier den Ausführungen von *R. Dlubek*, in: *Deutsche Geschichte*, a. a. O., S. 481 ff.
33 *Deutsche Geschichte*, a. a. O., S. 509
34 *J. Kuczynski*, a. a. O., Bd. 3, S. 9

35 *Deutsche Geschichte von 1789 bis 1917* (= Deutsche Geschichte in drei Bänden, 2), Berlin 1967, S. 482
36 Wir folgten hier den Ausführungen von *E. Engelberg*, in: *Deutsche Geschichte von 1789 bis 1917*, a.a.O., S. 480ff.
37 Ebenda, S. 484f.
38 Hierüber haben mit größter Sachkenntnis die marxistischen Wirtschaftshistoriker geschrieben, namentlich *J. Kuczynski* in: Geschichte des Alltags des deutschen Volkes, Bd. 4, Berlin 1982, S. 16ff.
39 Zitiert nach *Deutsche Geschichte von 1789 bis 1917*, a.a.O., S. 528
40 Zitiert nach *J. Kuczynski*, a.a.O., Bd. 4, S. 27
41 *J. Kuczynski*, a.a.O., Bd. 4, S. 37f.
42 Ebenda, S. 49
43 *F. Mehring,* Gesammelte Schriften, Bd. 14, Berlin 1964, S. 319
44 Friedrich Engels hat diese Vorgehensweise der altfeudalen Kreise bekanntlich scharf verurteilt (*MEW* 21, Berlin 1962, S. 243f.).
45 Vgl. hierzu und zu den Problemen des »Preußischen Weges« *G. Moll*, Alternativen kapitalistischer Agrar-Evolution, in: Zeitschrift für Geschichtswissenschaft 1984, H. 1; *H. Harnisch*, Kapitalistische Agrarreform und industrielle Revolution, Weimar 1984
46 *Quellen zur Geschichte des deutschen Bauernstandes in der Neuzeit*, hrsg. v. G. Franz, Bd. II, Darmstadt 1963, S. 384, Nr. 186b
47 *G. F. Knapp,* Die Bauernbefreiung und der Ursprung der Landarbeiter in den älteren Theilen Preußens, München – Leipzig 1927, S. 277
48 *J. Kuczynski*, a.a.O., Bd. 3, S. 16f.
49 *Das Bild vom Bauern.* Darstellungen und Wirklichkeit vom 16. Jahrhundert bis zur Gegenwart (= Schriften des Museums für Deutsche Volkskunde, 3), Berlin (West) 1978, S. 111
50 Ebenda, S. 107
51 *J. Kuczynski,* a.a.O., Bd. 3, S. 122
52 Vgl. *Zur Geschichte von Kultur und Lebensweise* der werktätigen Klassen und Schichten des deutschen Volkes vom 11. Jahrhundert bis 1945. Ein Abriß, hrsg. v. B. Weissel, H. Strobach, W. Jacobeit (= Wissenschaftliche Mitteilungen der Deutschen Historikergesellschaft I–III), Berlin 1971/72, S. 330ff.; vgl. auch für das Gebiet der Magdeburger Börde als einer früh und intensiv kapitalisierten Landschaft den Sammelband *Landwirtschaft und Kapitalismus.* Zur Entwicklung der ökonomischen und sozialen Verhältnisse in der Magdeburger Börde vom Ausgang des 18. Jahrhunderts bis zum Ende des ersten Weltkrieges, hrsg. v. H.-J. Rach/B. Weissel, Berlin 1978; ferner *J. Mooser,* Ländliche Klassengesellschaft 1770–1848. Bauern und Unterschichten. Landwirtschaft und Gewerbe im östlichen Westfalen (= Kritische Studien zur Geschichtswissenschaft 64), Göttingen 1984
53 *Deutsche Geschichte von 1789 bis 1917*, a.a.O., S. 107
54 Vgl. hierzu *K. H. Kaufhold*, in: Handwerker in der Industrialisierung. Lage, Kultur und Politik vom späten 18. bis ins frühe 20. Jahrhundert, hrsg. v. U. Engelhardt (= Industrielle Welt 37), Stuttgart 1984, S. 37ff.
55 Hrsg. v. Institut für Wirtschaftsgeschichte der Akademie der Wissenschaften der DDR, Berlin 1981, S. 661
56 *Die Gartenlaube* 1857, S. 126ff.
57 Vgl. u.a. ebenda 1891, S. 331ff.
58 Über die Träger dieser handwerklich-verlegerischen Produktion im 18. Jahrhundert vgl. *S./W. Jacobeit,* Illustrierte Alltagsgeschichte, a.a.O., S. 69ff.
59 *W. Frühwald*, Die Ehre der Geringen. Ein Versuch zur Sozialgeschichte literarischer Texte im 19. Jahrhundert, in: Geschichte und Gesellschaft 9/1983, S. 71ff.
60 *MEW* 21, Berlin 1957, S. 77
61 *Th. Goebel*, Friedrich Koenig und die Erfindung der Schnellpresse, Würzburg 1956
62 *G. Hirschmann*, Stein bei Nürnberg. Geschichte eines Industrieortes, Nürnberg 1962
63 Vgl. u.a. *A. Schröter/W. Bekker*, Die deutsche Maschinenbauindustrie in der industriellen Revolution, Berlin 1962, S. 48ff.
64 Zitiert nach *J. Kuczynski*, a.a.O., Bd. 3, S. 81
65 *H. Zwahr*, Zur Konstituierung des Proletariats als Klasse, in: Die großpreußisch-militaristische Reichsgründung 1871. Voraussetzungen und Folgen, Bd. 1, Berlin 1971, S. 544
66 *H. v. Weise,* Mitteilungen über den Eisenbahn-Wagenbau in Deutschland und auswärts, vergleichend, in: Zeitschrift des Vereins für deutsche Statistik 1847, S. 919f.
67 *Bilder aus der deutschen Heimarbeit*, hrsg. v. d. literarischen Kommission der deutschen Heimarbeiterausstellung (= Sozialer Fortschritt, Hefte und Flugschriften für Volkswohl und Sozialpolitik 63/64), Leipzig 1906, S. 2f.; vgl. u.v.a. über die Seiffener Spielzeugmacher die von *H. Bilz* hrsg. Schriftenreihe des Erzgebirgischen Spielzeugmuseums Kurort Seiffen, H. 2–4, Seiffen 1975–1984
68 *K. Kollwitz*, Die Handzeichnungen, hrsg. v. O. Nagel, 2. Aufl., Stuttgart 1980, S. 284
69 *MEW* 23, Berlin 1962, S. 445
70 *MEW* 22, Berlin 1963, S. 515
71 *R. Forberger,* Die Industrielle Revolution in Sachsen 1800–1861. Bd. I/1, Die Revolution der Produktivkräfte in Sachsen 1800–1830, Berlin 1982, S. 2f.
72 Vgl. *Handbuch Wirtschaftsgeschichte*, a.a.O., S. 671ff.
73 *Produktivkräfte in Deutschland 1870 bis 1917/18* (= Geschichte der Produktivkräfte in Deutschland von 1800 bis 1945 in drei Bänden, 2), Berlin 1985, S. 41ff.; vgl. auch *H. Mottek, W. Becker, A. Schröter,* Wirtschaftsgeschichte Deutschlands. Ein Grundriß, Bd. III, 2. Aufl., Berlin 1975, S. 26ff.
74 Ebenda, S. 32f.
75 Ebenda, S. 39ff.
76 Ebenda, S. 34ff.; vgl. auch *Die Zweite Industrielle Revolution.* Frankfurt und die Elektrizität 1800–1914, Katalog zur gleichnamigen Ausstellung (= Kleine Schriften des Historischen Museums 13), Frankfurt/Main 1981
77 Vgl. *J. Kuczynski*, a.a.O., Bd. 3, S. 28
78 *H. Zwahr*, Zur Konstituierung des Proletariats als Klasse. Strukturuntersuchung über das Leipziger Proletariat während der industriellen Revolution (= Schriften des Zentralinstituts für Geschichte an der Akademie der Wissenschaften der DDR 56), Berlin 1978
79 *H. Kaelble*, Berliner Unternehmer während der frühen Industrialisierung, Berlin (West) – New York 1972, S. 30f.
80 *J. Kuczynski*, a.a.O., Bd. 3, S. 42
81 *J. Kocka*, Unternehmer in der deutschen Industrialisierung, Göttingen 1975, S. 31
82 *J. Kuczynski* a.a.O., Bd. 3, S. 47
83 *Handbuch der deutschen Wirtschafts- und Sozialgeschichte*, Bd. II, Stuttgart 1976, S. 424
84 *Wittelsbach und Bayern.* Krone und Verfassung. Kö-

nig Max I. Joseph und der neue Staat. Katalog zur gleichnamigen Ausstellung, Bd. III/2, München–Zürich 1980, S. 479

85 *J. Kuczynski,* a.a.O., Bd. 4, S. 110f.; vgl. auch *W. Treue,* Unternehmer, Technik und Politik, in: Naturwissenschaft, Technik und Wirtschaft im 19. Jahrhundert, T. 1, Göttingen 1976, S. 231 ff.

86 *J. Kuczynski,* a.a.O., Bd. 3, S. 68f.

87 *F. Zunkel,* Industriebürgertum in Westdeutschland, in: Moderne deutsche Sozialgeschichte, Köln–Berlin (West) 1966, S. 316 ff.

88 *R. P. Sieferle,* Fortschrittsfeinde? Opposition gegen Technik und Industrie von der Romantik bis zur Gegenwart, München 1984, S. 86

89 *MEW* 8, Berlin 1960, S. 10

90 *W. Schmidt,* Zu einigen Fragen der sozialen Struktur und der politischen Ideologie der deutschen Arbeiterklasse in der Zeit des Vormärz und der Revolution von 1848/49, in: Die Konstituierung der deutschen Arbeiterklasse (= Studienbibliothek DDR-Geschichtswissenschaft 1), Berlin 1981, S. 104

91 Ebenda, S. 106; über den Eisenbahnbau Leipzig-Dresden und die dort tätigen Arbeiter mit ihren »Zeugnissen früher proletarischer Klassensolidarität« (1835) vgl. *H. Zwahr,* Zur Konstituierung des Proletariats als Klasse, a.a.O. (1978), S. 29 mit Literaturangaben

92 *W. Schmidt,* a.a.O. (1981), S. 113

93 Ebenda, S. 109; vgl. aber auch und erweiternd *H. Zwahr,* a.a.O. (1978), S. 64 ff., 266 ff.

94 *H. Zwahr,* ebenda, S. 36

95 Ebenda, S. 38

96 Nach ebenda, S. 44

97 *MEW* 4, Berlin 1984, S. 470

98 *MEW* 23, a.a.O., S. 673 f.

99 *Bettler, Gauner und Proleten. Armut und Armenfürsorge in der deutschen Geschichte. Ein Bild-Lesebuch,* hrsg. v. Chr. Sachse/ F. Tennstedt, Hamburg 1983, S. 166

100 Zitiert nach ebenda, S. 183, 186

101 *Die Gartenlaube* 1878, S. 556 ff.

102 *Land ohne Nachtigall.* Deutsche Emigranten in Amerika 1777–1886, hrsg. v. R. Weber, 2. Aufl., Berlin 1985, S. 394

103 *D. Eichholtz,* Junker und Bourgeoisie vor 1848 in der preußischen Eisenbahngeschichte, Berlin 1962, S. 184

104 *Geschichte der deutschen Arbeiterbewegung,* Bd. 1, Berlin 1966, S. 23

105 *MEW* 21, Berlin 1962, S. 223

106 Vgl. *S./W. Jacobeit,* Alltagsgeschichte, Bd. 1, a.a.O., S. 268 ff.

107 *W. Steinitz,* Deutsche Volkslieder demokratischen Charakters aus sechs Jahrhunderten, Bd. II, Berlin 1962, S. XXVI

108 *J. Kuczynski,* a.a.O., Bd. 3, S. 128

109 *MEW* 23, a.a.O., S. 445 f.

110 *MEW,* Ökonomisch-politische Manuskripte (1844), Ergänzungsband I, Berlin 1981, S. 471, Abs. 4

111 *Handbuch Wirtschaftsgeschichte,* a.a.O., S. 636

112 *Unzeit des Biedermeiers,* hrsg. v. H. Bock/W. Heise, Leipzig–Jena–Berlin 1985, S. 193. ff.

113 *Handbuch Wirtschaftsgeschichte,* a.a.O., S. 620

114 Ebenda

115 *J. Kuczynski,* Die Lage der Arbeiter unter dem Kapitalismus, Bd. 2, Berlin 1962, S. 98 f.

116 *W. Steinitz,* a.a.O.

117 *J. Kuczynski,* a.a.O., Bd. 3, S. 210 f., 215

118 *J. Kuczynski,* Die Lage der Arbeiter, a.a.O., Bd. 4, Berlin 1967, S. 389; vgl. auch *Arbeiterleben um 1900* (Autorenkollektiv), Berlin 1983, S. 56 ff.

119 Bei der folgenden Darstellung stützen wir uns auf eine dem uns gegebenen Rahmen entsprechende Literatur von Rudolf Braun über Wolfgang Emmerich, Ausgaben von Arbeiterbiographien usw. bis zu den Werken von Jürgen Kuczynski sowie auf zahlreiche Aufsätze aus der DDR und BRD, die hier aus Raumgründen im einzelnen nicht bibliographiert werden können.

120 *E. Hofmann,* Die Deutsche Maschinenbau-Arbeiter-Kompanie in Chemnitz (1863 bis 1867), in: Jahrbuch für Wirtschaftsgeschichte 1983/III, S. 77 ff.

121 *A. Lüdtke,* Arbeitsbeginn, Arbeitspausen, Arbeitsende. Skizzen zur Bedürfnisbefriedigung und Industriearbeit im 19. und frühen 20. Jahrhundert, in: Sozialgeschichte der Freizeit. Untersuchungen zum Wandel der Alltagskultur in Deutschland, Wuppertal 1980, S. 111 f.

122 *J. Kuczynski,* a.a.O., Bd. 3, S. 163 ff.

123 *A. Lüdtke,* a.a.O., S. 100 f.

124 Ebenda, S. 107

125 Ebenda, S. 105

126 Ebenda, S. 116

127 *H. Lehmann,* in: Deutsche Literaturzeitung 104/1983, Sp. 141

128 *Arbeiterleben um 1900,* a.a.O., S. 55

129 *U. Bentzien,* Landbevölkerung und agrartechnischer Fortschritt in Mecklenburg vom Ende des 18. bis zum Anfang des 20. Jahrhunderts. Eine volkskundliche Untersuchung (= Studien zur Geschichte 1), Berlin 1983, S. 88

130 Ebenda, S. 84

131 Ebenda, S. 112

132 *H. Plaul,* Landarbeiterleben im 19. Jahrhundert. Eine volkskundliche Untersuchung über Veränderungen in der Lebensweise der einheimischen Landarbeiterschaft in den Dörfern der Magdeburger Börde unter den Bedingungen der Herausbildung und Konsolidierung des Kapitalismus in der Landwirtschaft. Tendenzen und Triebkräfte (= Veröffentlichungen zur Volkskunde und Kulturgeschichte 65), Berlin 1979, S. 167

133 *U. Bentzien,* a.a.O., S. 140

134 Vgl. hierzu *Göpel und Dreschmaschine. Zur Mechanisierung der bäuerlichen Arbeit in Franken* (= Schriften und Kataloge des Fränkischen Freilandmuseums 2), Bad Windsheim 1981, S. 52 ff.

135 Vgl. zum Dampfpflug u. a. *A. Kuntz,* Der Dampfpflug. Bilder und Geschichte der Mechanisierung und Industrialisierung von Ackerbau und Landleben im 19. Jahrhundert, Marburg 1979; *H. Kaiser,* Dampfmaschinen gegen Moor und Heide. Ödlandkultivierung zwischen Weser und Ems (= Materialien zur Volkskultur nordwestliches Niedersachsen 8), Cloppenburg 1982

136 *U. Bentzien,* a.a.O., S. 175, 168, 182 f.

137 Vgl. *Lage und Kampf der Landarbeiter im ostelbischen Preußen* (Vom Anfang des 19. Jahrhunderts bis zur Novemberrevolution 1918/19) (= Archiv-Forschung zur Geschichte der deutschen Arbeiterbewegung 8/I u. II), Berlin 1977

138 *Der Arbeitsmann, er stirbt, verdirbt, wann steht er auf? Sozialreportagen 1880 bis 1918,* hrsg. v. F. G. Kürbisch, Berlin (West)/Bonn 1982, S. 121 ff.

139 Vgl. *S./W. Jacobeit,* Alltagsgeschichte, Bd. 1, a.a.O., S. 151 ff.

140 *J. Kuczynski,* a.a.O., Bd. 3, S. 226

141 *MEW* 23, a.a.O., S. 514

142 Zitiert nach *J. Kuczynski,* a.a.O., Bd. 3, S. 328

143 *MEW* 23, a.a.O., S. 416

144 *J. Kuczynski,* a.a.O., Bd. 3, S. 325

145 *A. Bebel,* Die Frau und der Sozialismus, 62. Aufl., Berlin 1973, S. 244

146 Ebenda, S. 247

147 *J. Kuczynski,* a.a.O., Bd. 3, S. 329

148 *Arbeiterleben um 1900*, a.a.O., S.93f.
149 *J. Borchardt,* Wie sollen wir unsere Kinder ohne Prügel erziehen? Berlin 1905, S.44
150 *A. Bebel,* a.a.O., S.157f.
151 *MEW* 4, a.a.O., S.478
152 *C. Zetkin,* Zur Geschichte der proletarischen Frauenbewegung Deutschlands, Berlin 1958, S.122
153 *G. Bock,* Zur Entstehung der Hausarbeit im Kapitalismus, in: Beiträge zur Berliner Sommeruniversität für Frauen, Juli 1976, Berlin (West) 1977, S.118ff.
154 Ebenda, S.119
155 Vgl. zu Einzelheiten über proletarische Familienzustände, auch auf der Grundlage von Autobiographien u.v.a., *M. Soder,* Hausarbeit und Stammtischsozialismus. Arbeiterfamilie und Alltag im Deutschen Kaiserreich, Gießen 1980
156 *A. Rudolph,* Wie ich flügge wurde. Jugenderinnerungen eines Arbeiters, Stuttgart 1916
157 *MEW* 21, a.a.O., S.76
158 *Geschichte der deutschen Frauenbewegung,* hrsg. v. F. Hervé, Köln 1983, S.31
159 *Zur Rolle der Frau in der Geschichte des deutschen Volkes (1830 bis 1945). Eine Chronik,* hrsg. v. e. Autorenkollektiv u. Ltg. v. H.-J. Arendt, Leipzig 1984, S.24
160 *A. Trümpelmann,* Bilder aus den Verhältnissen der ländlichen Arbeiterbevölkerung in Thüringen, Elsaß, Westphalen und Ostfriesland, Gotha 1874, S.9f.
161 *Th. v. d. Goltz,* Die ländliche Arbeiterfrage und ihre Lösung, Danzig 1874, S.99f.
162 *J. Kuczynski,* a.a.O., Bd.3, S.312
163 *K. Hausen,* Technischer Fortschritt und Frauenarbeit im 19. Jahrhundert. Zur Sozialgeschichte der Nähmaschine, in: Geschichte und Gesellschaft 4/1978, S.148f.
164 Ebenda, S.154
165 Ebenda, S.156, Anm. 33
166 *D. Landes,* Der entfesselte Prometheus, Köln 1973, S.276
167 *G. Schmoller,* Zur Geschichte der deutschen Kleingewerbe im 19. Jahrhundert. Statistische und nationalökonomische Untersuchungen, Halle 1870, S.648f.
168 *K. Hausen,* a.a.O., S.159ff.
169 Wir lassen hier bewußt eine Darstellung über die Ausbeutung junger Frauen bei durch die Konfektion bestellten Zwischenmeistern in Form dezentralisierter Manufakturen beiseite und müssen uns mit dem Hinweis darauf beschränken.
170 *G. Dyhrenfurth,* Die hausindustriellen Arbeiterinnen in der Berliner Blusen-, Unterrock-, Schürzen- und Tricotkonfektion, Leipzig 1898, S.67f.
171 *K. Hausen,* a.a.O., S.168f.
172 *Die Gartenlaube* 1887, H.2
173 *W. Liese,* Handbuch des Mädchenschutzes, Freiburg i.Br. 1904, S.240f.
174 *E. Grauenhorst,* Katechismus für das feine Haus- und Stubenmädchen, enthaltend Fragen und Antworten über sämtliche Arbeiten im herrschaftlichen Haushalt, Berlin 1897, S.39
175 *L. Braun,* Memoiren einer Sozialistin, Bd.2, München 1909, S.305ff.
176 *H. Müller,* Dienstbare Geister. Leben und Arbeitswelt städtischer Dienstboten (= Schriften des Museums für Deutsche Volkskunde 6), Berlin (West) 1981, S.254. Wir sind hier im wesentlichen den Ausführungen von H. Müller gefolgt; vgl. aber auch zur Gesamtproblematik *D. Wierling,* »Ich habe meine Arbeit gemacht, was wollte sie mehr?« Dienstmädchen im städtischen Haushalt der Jahrhundertwende, in: Frauen suchen ihre Geschichte, hrsg. v. K. Hausen, München 1982, S.144ff.
177 *R. Engelsing,* Der Arbeitsmarkt der Dienstboten im 17., 18. und 19. Jahrhundert, in: Wirtschaftspolitik und Arbeitsmarkt, hrsg. v. H. Kellenbenz, Wien 1974, S.230f.
178 *Dienstmädchen oder Fabrikarbeiterin? Ein Wort an die Mütter und an alle, welche für die Töchter unseres Volkes ein Herz haben,* Berlin 1900, S.6f.
179 *Röseler Kreisblatt* Nr. 27/12.12. 1848 (zitiert nach J. Kuczynski, a.a.O., Bd.3, S.331ff.)
180 *J. Kuczynski,* a.a.O., Bd.3, S.272
181 Ebenda, Bd.4, S.393
182 Erschienen in Stuttgart 1910, S.61ff.
183 *J. Kuczynski,* a.a.O., Bd.4, S.398
184 Zitiert nach *I. Weber-Kellermann,* Die Familie Geschichte. Geschichten und Bilder, Frankfurt/Main 1976, S.174
185 *O. Rühle,* Das proletarische Kind, München 1922, S.295, 130; vgl. auch *E.-M. Abramowski,* Theorie und Praxis der Aufzucht und Erziehung der Kinder in der proletarischen Familie zu Beginn des 20. Jahrhunderts bis zum Ausbruch des ersten Weltkrieges, Diplomarbeit, Humboldt-Universität zu Berlin, Sektion Ästhetik und Kunstwissenschaften S.19
186 *I. Weber-Kellermann,* Die Kindheit. Kleidung und Wohnen. Arbeit und Spiel. Eine Kulturgeschichte, Frankfurt/Main 1979, S.169
187 *O. Rühle,* Illustrierte Kultur- und Sittengeschichte des Proletariats, Bd.2, o.O., o.J., S.10f.
188 *J. Kuczynski,* a.a.O., Bd.3, S.232
189 *A. Blaschko,* Die Prostitution im 19. Jahrhundert, Berlin 1902, S.12
190 *F. Brupbacher,* 60 Jahre Ketzer. Selbstbiographie, Zürich 1973, S.101 (Nachdruck)
191 *M. Marcuse,* Zur Frage der Verbreitung und Methodik der willkürlichen Geburtenbeschränkung in Berliner Proletarierkreisen, in: Sexualprobleme 9/1913, S.252ff.
192 *M. Wettstein-Adelt,* 3 1/2 Monate Fabrikarbeiterin, Berlin 1893, S.31
193 Wir danken Dr. *Carola Lipp,* Tübingen, für die Überlassung ihres Aufsatz-Manuskripts »Sexualität, Heirat, Eheleben im 19. und frühen 20. Jahrhundert«, aus dem wir zitierten.
194 *Die Gartenlaube* 1893, S.230
195 *Arbeiterleben um 1900,* a.a.O., S.101f.
196 *H. J. Teuteberg/G. Wiegelmann,* Der Wandel der Nahrungsgewohnheiten unter dem Einfluß der Industrialisierung, Göttingen 1972, S.333
197 *MEW* 27, a.a.O., S.596f.
198 Vgl. *H. J. Teuteberg/G. Wiegelmann,* a.a.O., S.73ff.
199 *H. Medick,* Teuerung, Hunger und »moralische Ökonomie von oben«. Die Hungerkrise der Jahre 1816–17 in Württemberg, in: Beiträge zur historischen Sozialkunde 2/1985, S.41
200 Ebenda, S.44
201 Vgl. hierzu *R. Wirtz,* Der »ohnehin notleidende Odenwald«, in: Beiträge zur historischen Sozialkunde 2/1985, S.44ff.
202 *H. Medick,* a.a.O., S.43
203 *W. Abel,* Massenarmut und Hungerkrisen im vorindustriellen Europa, Hamburg/Berlin (West) 1974, S.338
204 Ebenda, S.341f.
205 Ebenda
206 Zitiert nach ebenda, S.325
207 Zitiert nach ebenda, S.361
208 Vgl. *C. Lipp/W. Kaschuba,* Wasser und Brot. Politische Kultur im Alltag der Vormärz- und Revolutionsjahre, in: Geschichte und Gesellschaft 3/1984, S.345
209 *W. Roscher,* Über Kornhandel und Teuerungspolitik, o.O., 1852, S.64
210 *C. Lipp/W. Kaschuba,* a.a.O., S.342
211 Zitiert nach ebenda, S.343
212 *S. Götsch,* Hungerunruhen – Veränderungen im traditionellen Protestverhalten, in: Zeitschrift für Volkskunde 1984/II, S.170ff.
213 *C. Lipp/W. Kaschuba,* a.a.O., S.346
214 Ebenda, S.347
215 *Die Gartenlaube* 1886, S.56
216 *W. Stubenvoll,* Grimms Küche. 210 Originalrezepte aus dem Haus der großen deut-

schen Märchensammler, München 1984, S. 89
217 Zitiert nach *H. Plaul*, a.a.O., S. 266 f.
218 *H.J. Teuteberg*, Die Nahrung der sozialen Unterschichten im späten 19. Jahrhundert, in: Ernährung und Ernährungslehre im 19. Jahrhundert, hrsg. v. E. Heischkel-Artelt (= Studien zur Medizingeschichte im neunzehnten Jahrhundert 6), Göttingen 1976, S. 253
219 *MEW* 4, a.a.O., S. 91 f.
220 *H.J. Teuteberg*, Der Verzehr von Nahrungsmitteln in Deutschland pro Kopf und Jahr seit Beginn der Industrialisierung (1850–1975), in: Archiv für Sozialgeschichte XIX/1979, S. 344
221 *W. Stubenvoll*, a.a.O., S. 63, 71
222 Zitiert nach *J. Mooser*, a.a.O., S. 405
223 Vgl. zum Fleischkonsum *H.J. Teuteberg/G. Wiegelmann*, Der Wandel, a.a.O., S. 96 ff.; *J. Kuczynski*, a.a.O., Bd. 4, S. 430
224 *Die Gartenlaube* 1861, S. 287
225 *R. Kempf*. Das Leben der jungen Fabrikmädchen in München, Leipzig 1911, 152
226 Zitiert nach *H. Plaul*, a.a.O., S. 290
227 Siehe hierzu u.a. ebenda, S. 291 ff.
228 *F. Engels*, Preußischer Schnaps im deutschen Reichstag (1876), in: MEW 19, Berlin 1953, S. 40
229 So u.a. bei *E. Heyn*, Der Westerwald und seine Bewohner von den ältesten Zeiten bis heute, Marienberg 1893, S. 218
230 *R. Sandgruber*, Die Anfänge der Konsumgesellschaft. Konsumgüterverbrauch, Lebensstandard und Alltagskultur in Österreich im 18. und 19. Jahrhundert (= Sozial- und wirtschaftshistorische Studien 15), Wien 1982, S. 191 f.; vgl. *Arbeiterleben um 1900*, a.a.O., S. 127 ff.
231 Vgl. *S. Graffunder*, Die gesetzmäßige Verelendung der werktätigen Volksschichten unter den Bedingungen der landwirtschaftlichen Produktionssteigerung im Deutschland des vormonopolistischen Kapitalismus, Diss. agr., Berlin 1960, S. 183
232 *R. Sandgruber*, a.a.O., S. 187
233 *Die Gartenlaube* 1859, S. 574 ff.
234 Zitiert nach *H.J. Teuteberg*, a.a.O. (Die Nahrung), S. 271
235 Zitiert nach *R. Sandgruber*, a.a.O., S. 200
236 Vgl. *H.J. Teuteberg*, a.a.O. (Die Nahrung), S. 276 f.
237 *H.J. Teuteberg*, a.a.O. (Der Verzehr), S. 344 f.
238 *W. Abel*, Agrarkrisen und Agrarkonjunktur. Eine Geschichte der Land- und Ernährungswirtschaft Mitteleuropas seit dem hohen Mittelalter, Hamburg/Berlin (West) 1966, S. 246
239 Zitiert nach *O. Rühle*, Illustrierte Kultur- und Sittengeschichte des Proletariats, Bd. I, Genf 1970 (Neudruck der Erstausgabe von 1930), S. 316
240 Ebenda, S. 332 f.
241 *L. Schneider*, Der Arbeiterhaushalt im 18. und 19. Jahrhundert, Göttingen 1966, S. 117
242 Zitiert nach *H.J. Teuteberg*, a.a.O. (Die Nahrung), S. 230 f.
243 *H.J. Teuteberg*, Variations in Meat Consumption in Germany, in: Ethnologia Scandinavica, Lund 1971, S. 131 ff.
244 *P. Göhre*, Drei Monate Fabrikarbeiter und Handwerksbursche, Leipzig 1891, S. 29 ff.
245 Zitiert nach *O. Rühle*, a.a.O., Bd. I, S. 333 f.
246 Zitiert nach *H.J. Teuteberg*, a.a.O. (Die Nahrung), S. 247
247 Vgl. *A. Lüdtke*, a.a.O., S. 108
248 Ausführlich hierzu *H. Steffens*, Arbeitstag, Arbeitszumutungen und Widerstand. Bergmännische Arbeitserfahrungen an der Saar in der zweiten Hälfte des 19. Jahrhunderts, in: Archiv für Sozialgeschichte XXI/1981, S. 6 ff.
249 Vgl. hierzu »Die Kneipe und der Alkohol«, in: *Arbeiterleben um 1900*, a.a.O., S. 127 ff.
250 Ebenda, S. 156
251 *A. Lange*, Die territoriale Ausweitung des Spreewaldgemüseanbaus von den siebziger Jahren des 19. Jahrhunderts bis zur Gegenwart, in: Lêtopis, Reihe C, 27/1984, S. 58 ff.
252 Zitiert nach *W. Artelt*, Die deutsche Kochbuchliteratur des 19. Jahrhunderts, in: Ernährung und Ernährungslehre, a.a.O., S. 363
253 Ebenda, S. 179; vgl. auch *H.P. Fielhauer*, Vom Hirtenhaus zur Molkerei. Studien zur Milchversorgung Wiens im 18. und 19. Jahrhundert, in: Reiner Hefte für Volkskunde 1/1981, S. 47 ff.
254 Zitiert nach *R. Fürst*, Verpackung gelobt, getadelt – unentbehrlich! Ein Jahrhundert Verpackungsindustrie, Düsseldorf/Wien 1973, S. 37
255 Die 1810 von *N. Appert* veröffentlichte Schrift trug den Titel »L'art de conserver pendant plusieurs années toutes les substances animales et végétales« und wurde noch im gleichen Jahr ins Deutsche und Italienische übersetzt, 1811 ins Schwedische und 1812 ins Englische.
256 *W. Treue*, Das Aufkommen der Ernährungsindustrie, in: Ernährung und Ernährungslehre, a.a.O., S. 113; vgl. zum Gesamtproblem der Konservenherstellung ebenda, S. 99 ff.
257 Seit der Erfindung der »Erbswurst« in den 1860er Jahren gehörte diese zur sogenannten eisernen Ration im Tornister eines jeden deutschen Landsers.
258 *H.J. Teuteberg*, a.a.O. (Der Verzehr), S. 363
259 Vgl. *G. Wiegelmann*, Alltags- und Festspeisen, Marburg 1967, S. 133
260 So der gleichnamige Katalog von Eva Stille zur Ausstellung im Historischen Museum Frankfurt/Main 1979
261 *A. Bebel*, a.a.O., S. 268 ff.
262 *R. Tannahill*, Kulturgeschichte des Essens, Berlin (West)/Darmstadt/Wien 1973, S. 381
263 Zitiert nach *B. Schöne*, Posamentierer – Strumpfwirker – Spitzenklöpplerinnen. Zu Kultur und Lebensweise von Textilproduzenten im Erzgebirge und im Vogtland während der Periode des Übergangs vom Feudalismus zum Kapitalismus (1750–1850), in: Volksleben zwischen Zunft und Fabrik, hrsg. v. R. Weinhold, Berlin 1982, S. 107 ff.; vgl. auch *derselbe*, Lebensweise von Textilproduzenten im Erzgebirge und im Vogtland in der Zeit von 1750–1850, in: Jahrbuch für Volkskunde und Kulturgeschichte NF 12/1984, S. 129 ff.
264 Vgl. *H. Bilz*, Die gesellschaftliche Stellung und soziale Lage der hausindustriellen Seiffener Spielzeugmacher im 19. und Anfang des 20. Jahrhunderts (= Schriftenreihe des Erzgebirgischen Spielzeugmuseums Kurort Seiffen, H. 2), Seiffen 1975, S. 53 ff.
265 Zitiert nach ebenda, S. 55
266 Vgl. *R. Hoffmann*, Zur sozialen Lage der Werktätigen in der Lauschaer Glasindustrie unter den Bedingungen kapitalistischer Produktionsverhältnisse, hrsg. v. Museum für Glaskunst Lauscha, Lauscha 1977, S. 68 ff.
267 *Thüringen in Wort und Bild*, Bd. 1, Berlin 1900, S. 149 f.
268 *H. Plaul*, a.a.O., S. 259
269 *S. Musiat*, Zur Lebensweise des landwirtschaftlichen Gesindes in der Oberlausitz (= Schriftenreihe des Instituts für sorbische Volksforschung in Bautzen 22), Bautzen 1964, S. 88
270 *F. Rehbein*, Das Leben eines Landarbeiters, hrsg. v. K.W. Schafhausen, Darmstadt/Neuwied 1973, S. 109
271 Ebenda, S. 152
272 Zitiert nach *M. Scharfe*, Dienstbotensprüche, Dienstbotenlieder oder Zweite Annäherung an das Problem: Bäuerliches Gesinde im Württemberg des 19. Jahrhunderts, in: Allmende 1/1983, S. 52
273 *F. Rehbein*, a.a.O., S. 110
274 Zitiert nach *H. Plaul*, a.a.O., S. 263

275 *M. Rörig*, Eine ländliche Arbeiterfamilie der vorindustriellen Zeit (= Beiträge zur Volkskultur in Nordwestdeutschland 43), Münster 1985

276 Zitiert nach *H. Plaul*, a.a.O., S. 268 f.

277 Ebenda, S. 269

278 *H.J. Rach*, Zur Lebensweise und Kultur der Bauern unter den Bedingungen des Kapitalismus der freien Konkurrenz (etwa 1830–1900), in: Bauer und Landarbeiter im Kapitalismus in der Magdeburger Börde, Berlin 1982, S. 66

279 *H. Plaul*, a.a.O., S. 25

280 Zitiert nach ebenda, S. 265

281 Vgl. *Heitere Gefühle bei der Ankunft auf dem Lande. Bilder schwäbischen Landlebens im 19. Jahrhundert*, Katalog zur gleichnamigen Ausstellung, Tübingen 1983, S. 28

282 *K. Kautsky*, Die Agrarfrage. Eine Übersicht über die Tendenzen der modernen Landwirtschaft und die Agrarpolitik der Sozialdemokratie, Stuttgart 1899, S. 110

283 Zitiert nach *Heitere Gefühle*, a.a.O., S. 56

284 *O. Rühle*, a.a.O., (Bd. I), S. 344

285 Zitiert nach *H. Plaul*, a.a.O., S. 213

286 *F. Gernsheim*, Die normale Entwicklung des Kindes, in: Das Kind, seine geistige und körperliche Pflege von der Geburt bis zur Reife, hrsg. v. Ph. Biedert, Stuttgart 1906, S. 7

287 *H.J. Teuteberg/A. Bernhard*, Wandel der Kindernahrung in der Zeit der Industrialisierung, in: Fabrik, Familie, Feierabend, hrsg. v. J. Reulecke/W. Weber, Wuppertal 1978, S. 188

288 *A. E. Imhof*, Wandel der Säuglingssterblichkeit vom 18. bis 20. Jahrhundert, in: Gesundheitspolitik. Historische und zeitkritische Analysen, hrsg. v. H. Schaefer/H. Schipperges/G. Wagner, Köln 1984, S. 4

289 *C. Lipp/W. Kaschuba*, Dörfliches Überleben. Zur Geschichte materieller und sozialer Reproduktion ländlicher Gesellschaft im 19. und frühen 20. Jahrhundert (= Untersuchungen des Ludwig-Uhland-Instituts der Universität Tübingen 56), Tübingen 1982, S. 548 ff.; vgl. auch *C. Lipp*, Gerettete Gefühle? Überlegungen zur Erforschung der historischen Mutter-Kind-Beziehung, in: Sozialwissenschaftliche Informationen für Unterricht und Studium 1984, H. 1, S. 59 ff.

290 Vgl. *A. E. Imhof*, a.a.O., S. 1 ff.

291 Vgl. *C. Lipp*, »Uns hat die Mutter Not gesäugt an ihrem dürren Leibe.« Die Verarbeitung von Hungererfahrungen in Autobiographien von Handwerkern, Arbeitern und Arbeiterinnen, in: Beiträge zur historischen Sozialkunde 1985, H. 2, S. 56 ff.

292 *A. Popp*, Die Jugendgeschichte einer Arbeiterin, Berlin (West)/Bonn 1977, S. 25 (Erstauflage 1915)

293 *E. Seidler*, Die Ernährung der Kinder im 19. Jahrhundert, in: Ernährung und Ernährungslehre, a.a.O., S. 299

294 *H.J. Teuteberg/A. Bernhard*, a.a.O. (Wandel der Kindernahrung), S. 212

295 *Die Gartenlaube* 1886, S. 350 f.

296 *E. Thiel*, Geschichte des Kostüms. Die europäische Mode von den Anfängen bis zur Gegenwart, Berlin 1980

297 *G. Böth*, Historische Kleidungsforschung in Niedersachsen: im Weser-Elbe-Gebiet durch das Niedersächsische Freilichtmuseum Cloppenburg, in: Mode – Tracht – Regionale Identität. Historische Kleidungsforschung heute, Cloppenburg 1985, S. 43

298 *W. Brückner*, Kleidungsforschung aus der Sicht der Volkskunde, in: ebenda, S. 18

299 Vgl. zum Begriff »Biedermeier« ausführlich *W. Geismeier*, Biedermeier. Das Bild vom Biedermeier. Zeit und Kultur des Biedermeier. Kunst und Kultur des Biedermeier, Leipzig 1979, S. 19 ff.

300 Zitiert nach *M. Bringemeier*, Die Brautkleidung im 19. Jahrhundert, in: Museum und Kulturgeschichte. Festschrift für Wilhelm Hansen, Münster 1978, S. 301

301 *M. Bringemeier*, Mode und Tracht, hrsg. v. C. Schmitz (= Beiträge zur Volkskultur in Nordwestdeutschland 15), Münster 1980, S. 99

302 Vgl. *H. Nixdorf/H. Müller*, Weiße Westen – Rote Roben. Von den Farbordnungen des Mittelalters zum individuellen Farbgeschmack. Katalog zur gleichnamigen Ausstellung, Berlin (West) 1983, S. 64 f.

303 Angaben nach *H. Kaiser*, Steckbriefe als Quelle zur Erforschung des ländlichen Kleidungsverhaltens, in: Mode – Tracht – Regionale Identität, a.a.O., S. 89

304 *E. Thiel*, a.a.O., S. 314

305 Zitiert nach *H. Ottenjann*, Lebensbilder aus dem ländlichen Biedermeier. Sonntagskleidung auf dem Lande. Die Scherenschnitte des Silhouetteurs Dilly aus dem nordwestlichen Niedersachsen, Cloppenburg 1984, S. 39

306 Vgl. *Von Kopf bis Hut. Kopfbedeckungen aus der Textilsammlung des Münchner Stadtmuseums vom 18. Jahrhundert bis 1984*, Katalog zur gleichnamigen Ausstellung, München 1984, S. 37 ff.

307 *M. Bringemeier*, Mode und Tracht, a.a.O., S. 101

308 *E. Thiel*, a.a.O., S. 101

309 Zitiert nach *B. Stamm*, Das Reformkleid in Deutschland, Diss., Berlin (West) 1976, S. 138 f.

310 *Schweizerische Lehrerinnenzeitung* Nr. 7 v. 15.4.1905

311 Vgl. *E. Fuchs*, Die Frau in der Karikatur, München 1928

312 *I. Weber-Kellermann*, Frauenleben im 19. Jahrhundert, München 1983, S. 183

313 *J. v. Falke*, Costümgeschichte der Culturvölker, Stuttgart 1880, S. 479

314 So schrieb es Dr. H. Lahmann, einer der führenden Verfechter der Kleiderreform, zitiert nach *E. Thiel*, a.a.O., S. 361

315 Vgl. u.a. »Illustrierte Frauen-Zeitung«, »Deutsche Frauenkultur und Frauenkleidung«

316 *Die Gartenlaube* 1888, S. 467

317 Hierüber berichtet *H. Pudor*, Die Frauenreformkleidung, Leipzig 1903

318 *Die Gartenlaube* 1892, S. 596

319 Vgl. *K. Hausen*, Nähmaschine, a.a.O., S. 152

320 Hierzu ausführlich *K. Strohmeyer*, Geschichte, Blüte und Untergang im Warenmeer, Berlin (West) 1980

321 *O. Rühle*, a.a.O., (Bd. I), S. 351

322 Zitiert nach ebenda, S. 357 f.

323 *I. Weber-Kellermann*, Der Kinder neue Kleider. Zweihundert Jahre deutsche Kindermoden in ihrer sozialen Zeichensetzung, Frankfurt/Main 1985, S. 98 ff.

324 *Flickwerk. Reparieren und Umnutzen in der Alltagskultur*, Katalog zur Ausstellung im württembergischen Landesmuseum, Stuttgart 1983, S. 118

325 *I. Weber-Kellermann*, Der Kinder neue Kleider, a.a.O., S. 102

326 *O. Rühle*, a.a.O., (Bd. I), S. 357

327 Zitiert nach *J. Kuczynski*, a.a.O., Bd. 4, S. 441 ff.

328 Sammlung socialdemokratischer Lieder, Leipzig 1871

329 *H. Nixdorf/H. Müller*, a.a.O., S. 148

330 *Die Gartenlaube* 1885, S. 507

331 *H. Müller*, Dienstbare Geister, a.a.O., S. 118

332 *Von Kopf bis Hut*, a.a.O., S. 49

333 Ausführlich hierzu *H. Müller*, a.a.O., S. 138 ff.

334 Zitiert nach *F. Rehbein*, a.a.O., S. 168

335 Zitiert nach *R. Sandgruber*, a.a.O., S. 316

336 Hierzu ausführlich *W.-D. Könenkamp*, Wirtschaft, Gesellschaft und Kleidungsstil in den Vierlanden während des 18. und 19. Jahrhunderts, Göttingen 1978, S. 68 ff., 111; *G. Böth*, Kleidungsverhalten in hessischen Trachtendörfern. Der Wechsel von der Frauentracht zur städtischen Kleidung 1969 bis 1976 am Beispiel Mardorf. Zum Rückgang der Trachten in Hessen (= Europäische Hochschulschriften, Reihe 19, Bd. 18), Göttingen 1980, S. 3

337 Vgl. *H. Nixdorf/H. Müller*, a.a.O., S. 64 ff.

338 *W.-D. Könenkamp*, a.a.O., S. 114

339 *L. Balke*, Die Tracht der Sorben um Lübbenau (= Sorbische Volkstrachten, Bd. 5, H. 2), Bautzen 1976

340 *Th. Fontane*, Wanderungen durch die Mark Brandenburg, Bd. II, Berlin 1960, S. 351

341 *L. Balke*, a.a.O., S. 26. Auf S. 10 vermerkt der Verf. die Zunahme des Fremdenverkehrs mit dem Bau der Eisenbahnlinien Berlin–Görlitz 1866 und Lübbenau–Kamenz 1874.

342 *G. Ritz*. Alter bäuerlicher Schmuck, München 1978, S. 7 f.

343 Vgl. *R. Reinhart*, Die Werntaltracht, in: Bayerische Blätter für Volkskunde 12/1985, S. 24

344 *S. Becker*, Bäuerliche Kleidung im Hessischen Hinterland, in: Hessische Blätter für Volks- und Kulturforschung 14/15–1982/83, S. 63

345 *H. Ottenjann*, Lebensbilder, a.a.O., S. 25

346 Wir danken Prof. Dr. W. Brückner, Würzburg, für diesbezügliche briefliche Mitteilungen.

347 *F.C. Lipp*, Eine europäische Stammestracht im Industriezeitalter (= Carl Friedrich von Siemens Stiftung, Themen XXVI), München 1977

348 Ebenda, S. 21

349 Vgl. *E. Rattelmüller*, »Bauern bildet euch etwas ein, alles will jetzt baurisch sein.« Die Erneuerung der Trachten und ihre Vorgeschichte, in: Trachten in und um München (= Begleitheft zur gleichnamigen Ausstellung), München 1983, S. 17

350 *H.-J. Rach*, a.a.O., S. 62 ff.

351 Zitiert nach *H. Plaul*, a.a.O., S. 270

352 *Thüringen in Wort und Bild*, a.a.O., S. 69

353 Vgl. *R. Sandgruber*, Innerfamiliale Einkommens- und Konsumaufteilung. Rollenverteilung und Rollenverständnis in Bauern-, Heimarbeiter- und Arbeiterfamilien Österreichs im 18., 19. und frühen 20. Jahrhundert, in: Ehe, Liebe, Tod. Zum Wandel der Familie, der Geschlechts- und Generationsbeziehungen in der Neuzeit (= Studien zur Geschichte des Alltags 1), Münster 1983, S. 139

354 Vgl. *Mecklenburgische Volkstrachten*, hrsg. v. Mecklenburgischen Folklorezentrum Rostock, Rostock 1983

355 *S. Becker*, a.a.O., S. 68

356 *W. Jacobeit*, Bauern und dörfliche Bevölkerung in der Epoche des Übergangs vom Feudalismus zum Kapitalismus in Deutschland (1750er bis 1830er Jahre), in: Ethnologie et Histoire, Paris 1975, S. 420

357 *H. Plaul*, a.a.O., S. 269 ff.

358 Vgl. *Flickwerk*, a.a.O., S. 55 ff., 79 ff.

359 *H. Plaul*, a.a.O., S. 272

360 *Die Gartenlaube* 1863, S. 809 f.

361 *H. Ottenjann*, Lebensbilder, a.a.O.

362 Vgl. *H. Ottenjann/G. Wiegelmann*, Alte Tagebücher und Anschreibebücher (= Quellen zum Alltag der ländlichen Bevölkerung in Nordwestdeutschland 33), Münster 1982

363 Vgl. *R.E. Mohrmann*, Wohnkultur städtischer und ländlicher Sozialgruppen im 19. Jahrhundert: Das Herzogtum Braunschweig als Beispiel, in: Homo habitans, hrsg. v. H. J. Teuteberg. Zur Sozialgeschichte des städtischen und ländlichen Wohnens in der Neuzeit (= Studien zur Geschichte des Alltags 4), Münster 1985, S. 99

364 *C. Wischermann*, »Familiengerechtes Wohnen«: Anspruch und Wirklichkeit in Deutschland vor dem Ersten Weltkrieg, in: ebenda, S. 174

365 *MEW* 18, Berlin 1962, S. 647

366 Vgl. *R.H. Tilly/Th. Wellenreuther*, Bevölkerungswachstum und Wohnungsbauzyklen in deutschen Großstädten im 19. Jahrhundert, in: Homo habitans, a.a.O., S. 273

367 Vgl. *C. Wischermann*, Wohnquartier und Lebensverhältnisse in der Urbanisierung, in: Arbeiter in Hamburg. Unterschichten, Arbeiter und Arbeiterbewegung seit dem ausgehenden 18. Jahrhundert, hrsg. v. A. Herzig, D. Langewiesche, A. Sywottek, Hamburg 1983, S. 356

368 *MEW* 18, a.a.O., S. 213

369 *W. Treue*, Haus und Wohnung im 19. Jahrhundert, in: Studien zur Medizingeschichte des 19. Jahrhunderts, Bd. III, Stuttgart 1969, S. 35

370 Vgl. hierzu *L. Baar*, Die Berliner Industrie in der industriellen Revolution, Berlin 1966, S. 167 ff., 189 f.

371 Vgl. *H. Brost/L. Demps*, Berlin wird Weltstadt. Photographien von F. Albert Schwartz, Leipzig 1981, S. 73

372 *J.F. Geist*, Großstadt: Empfehlenswertes Durcheinander – wohlgeordnetes Nebeneinander, in: Großstadt. Aspekte empirischer Kulturforschung, 24. Deutscher Volkskunde-Kongreß in Berlin vom 26. bis 30. September 1983, hrsg. v. Th. Kohlmann/H. Bausinger (= Schriften des Museums für Deutsche Volkskunde 13), Berlin (West) 1985, S. 24

373 *J.F. Geist/K. Kürvers*, Das Berliner Mietshaus 1862–1945, München 1984, S. 6

374 *C. Wischermann*, »Familiengerechtes Wohnen«, a.a.O., S. 174

375 Zitiert nach *A. Kraus*, Die Unterschichten Hamburgs in der ersten Hälfte des 19. Jahrhunderts. Entstehung, Struktur und Lebensverhältnisse. – Eine historisch-statistische Untersuchung (= Sozialwissenschaftliche Studien 9), Stuttgart 1965, S. 72

376 *R. Sandgruber*, Die Anfänge, a.a.O., S. 355

377 *C. Wischermann*, »Familiengerechtes Wohnen«, a.a.O., S. 173

378 Vgl. *H. Dießenbacher*, Soziale Umbrüche und sozialpolitische Antworten. Entwicklungslinien vom 19. ins frühe 20. Jahrhundert, in: Hinterhof, Keller und Mansarde. Einblicke in Berliner Wohnungselend 1901–1920, hrsg. v. G. Asmus, Hamburg 1982, S. 15

379 Vgl. *C. Wischermann*, Wohnquartier, a.a.O., S. 349 ff.

380 *W. Geismeier*, a.a.O., S. 47

381 Vgl. *S. Hinz*, Innenraum und Möbel. Von der Antike bis zur Gegenwart, Berlin 1976, S. 46 ff.

382 *M. Keller*, Friede den Hütten … Bauen und Wohnen in Wetterau und Vogelsberg im 19. Jahrhundert, in: Die Wetterau. Beiträge zur Kultur-, Wirtschafts- und Sozialgeschichte einer Landschaft, hrsg. v. d. Kreissparkasse Friedberg (Hessen), Friedberg 1983, S. 381 ff.

383 Vgl. *I. Weber-Kellermann*, Die Kindheit, a.a.O., S. 138; vgl. auch *dieselbe*, Die gute Kinderstube. Zur Geschichte des Wohnens von Bürgerkindern, in: Wohnen im Wandel. Jahrbuch zum Schülerwettbewerb Deutsche Geschichte, hrsg. v. d. Kurt A. Körber-Stiftung, Wuppertal 1979, S. 102 ff.

384 *R. Hamann/J. Hermand*, Gründerzeit, Berlin 1965, S. 27

385 *I. Weber-Kellermann*, Frauenleben, a.a.O., S. 119 f.

386 *H. Glaser*, Maschinenwelt und Alltagsleben. Industriekultur in Deutschland vom Biedermeier bis zur Weima-

387 *R. E. Mohrmann,* a.a.O., S. 87 ff.
388 Vgl. *R. Skoda,* Wohnverhältnisse der Berliner Stadtarmut vor 1850, in: Vom Bauen und Wohnen, 20 Jahre Arbeitskreis für Haus- und Siedlungsforschung in der DDR, hrsg. v. H.-J. Rach (= Veröffentlichungen zur Kulturgeschichte und Volkskunde 71), Berlin 1982, S. 223 ff.
389 *B. v. Arnim,* Dies Buch gehört dem König, Berlin 1852, S. 536
390 Vgl. *J. F. Geist/K. Kürvers,* Das Berliner Mietshaus 1740–1862, München 1980, S. 193
391 *R. Sandgruber,* Anfänge, a.a.O., S. 372
392 Vgl. *J. F. Geist/K. Kürvers,* Mietshaus 1740–1862, a.a.O., S. 511
393 Zitiert nach ebenda
394 Zitiert nach ebenda, S. 513
395 *Berlin und seine Bauten,* Erster Theil, Berlin 1877, S. 450
396 *Arbeiterleben um 1900,* a.a.O., S. 71
397 *H. Fassbinder,* Berliner Arbeiterviertel 1800–1918 (= Analysen zum Planen und Bauen 2), Berlin (West) 1975, S. 74
398 Vgl. *C. Wischermann,* »Familiengerechtes Wohnen«, a.a.O., S. 191
399 Zitiert nach *J. F. Geist/K. Kürvers,* Mietshaus 1862–1945, a.a.O., S. 249
400 Ebenda, S. 250 ff.
401 Zitiert nach *Museumshandbuch,* T. 3, hrsg. v. Museum für Kunst und Kulturgeschichte der Stadt Dortmund, Dortmund 1984, S. 190
402 Vgl. *C. Wischermann,* Wohnquartier, a.a.O., S. 343
403 *J. F. Geist/K. Kürvers,* Mietshaus 1862–1945, a.a.O., S. 455
404 *H. Fassbinder,* a.a.O., S. 70, 74
405 Vgl. *S. Reck,* Arbeiter nach der Arbeit. Sozialhistorische Studie zu den Wandlungen des Arbeiteralltags, Lahn-Gießen 1977, S. 76 f.
406 Vgl. hierzu *J. F. Geist/K. Kürvers,* Mietshaus 1862–1945, S. 121
407 Zitiert nach *Die große Walz. Das Handwerk im Spiegel der Literatur des 19. und 20. Jahrhunderts,* Berlin 1976, S. 234
408 *J. A. Lux/M. Warnatsch,* Die Stadtwohnung. Wie man sie sich praktisch, schön und preiswert einrichtet und gut erhält. Ein praktischer Ratgeber für alle, die sich in der Großstadt behaglich einrichten wollen, Berlin 1910, S. 9
409 Vgl. hierzu *H. Schomerus,* Lebenszyklus und Lebenshaltung in Arbeiterhaushalten des 19. Jahrhunderts, in: Arbeiter im Industrialisierungsprozeß, hrsg. v. W. Conze/ U. Engelhardt, Stuttgart 1979, S. 195 ff.
410 *M. Th. W. Bromme,* Lebensgeschichte eines modernen Fabrikarbeiters, Frankfurt/Main 1971, S. 219 f. (Nachdruck der Ausgabe von 1905)
411 Vgl. *R. E. Mohrmann,* a.a.O., S. 95
412 *Mitteilungen des statistischen Amtes der Stadt Dresden* 1904, S. 7
413 Vgl. *T. Böhm,* Fotografien als Quelle zur Kulturgeschichte des Proletariats. Eine Darstellung am Beispiel von Wohnungsfotos der größten Berliner Ortskrankenkasse aus den Jahren 1903 bis 1925, Diss., Berlin 1985, S. 146 f.
414 *Die Gartenlaube* 1880, S. 556
415 Vgl. hierzu *G. Asmus,* »Mißstände ... an das Licht des Tages zerren«. Zu den Photographien der Wohnungsenquete, in: Hinterhof, Keller und Mansarde, a.a.O., S. 32 ff.; *T. Böhm,* a.a.O.; *J. F. Geist/K. Kürvers,* Mietshaus 1862–1945, a.a.O., S. 452 ff.
416 So lautet der Titel des gleichnamigen Katalogs von *W. Brückner,* einer »Dokumentation zur Kunst- und Sozialgeschichte der industriellen Wandschmuckherstellung zwischen 1845 und 1973 am Beispiel eines Großunternehmens«, Frankfurt/Main 1973
417 Vgl. *R. Schenda,* Der Bilderhändler und seine Kunden im Mitteleuropa des 19. Jahrhunderts, in: Ethnologia Europaea XIV/1984, S. 163 ff.
418 *Ch. Pieske,* Gestickte Haussegen und ihre Hersteller, in: Rheinisch-Westfälische Zeitschrift für Volkskunde 29/1984, S. 107 ff.
419 *Arbeiterleben um 1900,* a.a.O., S. 59
420 Zitiert nach *Spielen und Lernen. Spielzeug und Kinderleben in Frankfurt 1750–1930,* Katalog zur gleichnamigen Ausstellung (= Kleine Schriften des Historischen Museums Frankfurt 22), Frankfurt/Main 1984, S. 140
421 *R. Sandgruber,* Anfänge, a.a.O., S. 374
422 *L. Niethammer,* Wie wohnten Arbeiter im Kaiserreich?, in: Archiv für Sozialgeschichte XVI/1976, S. 134
423 *J. Kuczynski,* a.a.O., Bd. 4, S. 446
424 Zitiert nach *H. Grebing,* Geschichte der deutschen Arbeiterbewegung, München 1970, S. 73
425 Vgl. *L. Niethammer,* a.a.O., S. 131 f.
426 Vgl. *A. Kraus,* Hütten- und Bergarbeiterfamilien in der zweiten Hälfte des 19. Jahrhunderts, in: Arbeiter im Industrialisierungsprozeß, a.a.O., S. 163 ff.
427 Ebenda
428 *F.-J. Brüggemeier,* Leben vor Ort. Ruhrbergleute und Ruhrbergbau 1889–1919, München 1983, S. 41 ff.
429 *Museumshandbuch,* a.a.O., T. 1, Dortmund 1983, S. 554
430 *K. D. Sievers,* Genossenschaftliches Bauen und Wohnen in der Wilhelminischen Zeit. Der »Ellerbecker Arbeiterbauverein« – eine sozialpolitische Maßnahme des Bürgertums, in: Kieler Blätter zur Volkskunde X/1978, S. 83 ff.
431 *Über Land und Meer* 1890, S. 144 f.
432 *M. Müller,* Wandel des traditionellen Steinbruchbetriebes im Porphyrhügelland an der Mulde vom Ende des 19. Jahrhunderts zur kapitalistischen Großproduktion unter Berücksichtigung der Arbeits- und Lebensweise der Steinarbeiter, Dipl.-Arbeit, Humboldt-Universität zu Berlin, Sektion Geschichte, Berlin 1984, S. 66 f.
433 Vgl. *R. Sandgruber,* Anfänge, a.a.O., S. 344 ff.
434 Zitiert nach *M. Keller,* a.a.O., S. 396
435 *F. Rehbein,* a.a.O., S. 106 ff.
436 Vgl. hierzu *P. Assion,* Thüringer Truhen in Hessen. Zum Möbelhandel und zur Sachkultur des Gesindes im 19. Jahrhundert, in: Hessische Heimat (Sonderheft Alsfeld) 1985, S. 64 ff.
437 Zitiert nach *H.-J. Rach,* Bauernhaus, Landarbeiterkaten, Schnitterkaserne. Zur Geschichte von Bauen und Wohnen der ländlichen Agrarproduzenten in der Magdeburger Börde des 19. Jahrhunderts (= Veröffentlichungen zur Volkskunde und Kulturgeschichte 58), Berlin 1974, S. 88
438 Ebenda, S. 100
439 Zitiert nach *M. Keller,* a.a.O., S. 399
440 *M. Wegner,* Die Lage der Landarbeiterin, Leipzig 1905, S. 17
441 *F. Rehbein,* a.a.O., S. 99
442 Vgl. hierzu *R. Mischke,* Besonderheiten der Lebensweise ostelbischer Landarbeiter vor dem ersten Weltkrieg. Nachweis kultureller Unterschiede zwischen Landproletariat und städtischem Industrieproletariat, Diss., Berlin 1983, S. 159
443 Vgl. *J. Mooser,* a.a.O., S. 172 f.
444 Vgl. *H. Plaul,* a.a.O., S. 253 f.
445 *MEW* 18, a.a.O., S. 254
446 *M. Wegner,* a.a.O., S. 16
447 *H.-J. Rach,* Bauen und Wohnen der werktätigen Dorfbevölkerung im 19. Jahrhundert, dargestellt am Beispiel der Magdeburger Börde, in:

Bauen und Wohnen, a.a.O., S. 194

448 Vgl. *H. Wirth,* Der Ziegel in der Volksarchitektur, in: Erhalten und Bauen auf dem Lande (= Wissenschaftliche Berichte der Technischen Hochschule Leipzig, H. 3), Leipzig 1985, S. 69 ff.

449 *K. Baumgarten,* Das deutsche Bauernhaus. Eine Einführung in seine Geschichte vom 9. bis zum 19. Jahrhundert (= Veröffentlichungen zur Volkskunde und Kulturgeschichte 63), Berlin 1980, S. 156

450 Vgl. *K. Roth,* Die Eingliederung neuen Mobiliars und Hausrats im südlichen Münsterland im 17. bis 19. Jahrhundert, in: Kulturelle Stadt-Land-Beziehungen in der Neuzeit, hrsg. v. G. Wiegelmann, Münster 1978, S. 272 ff.

451 *R. E. Mohrmann,* Arbeiterwohnkultur im späten 19. und frühen 20. Jahrhundert, in: Die andere Kultur, hrsg. v. H. Fielhauer/O. Bockhorn, Wien 1982, S. 211

452 *Dies.,* Wohnkultur a.a.O., S. 90 ff.

453 Vgl. *H. Ottenjann,* Buchführungssysteme ländlicher Werkstätten. Zum Biedermeiertrend in der Möbelkultur des Osnabrücker Artlandes, in: Alte Anschreibebücher und Tagebücher (= Beiträge zur Volkskultur in Nordwestdeutschland 33), Münster 1982, S. 151 ff.

454 *H. Dettmer,* Volkstümliche Möbel aus dem Artland und den angrenzenden Gebieten. Stollentruhen, Kastentruhen, Koffertruhen, Laden (= Materialien zur Volkskultur nordwestliches Niedersachsen 6), Cloppenburg 1982, S. 16

455 Vgl. *E. Heinemeyer/H. Ottenjann,* Alte Bauernmöbel. Volkstümliche Möbel aus dem nordwestlichen Niedersachsen, Leer 1978, S. 85, 97

456 *R. E. Mohrmann,* Ländliches Wohnverhalten in Niedersachsen von der Mitte des 19. Jahrhunderts bis um 1930, in: Archiv für Sozialgeschichte XIX/1979, S. 437 f.

457 *P. Assion/W. Brednich,* Bauen und Wohnen im deutschen Südwesten. Dörfliche Kultur vom 15. bis zum 19. Jahrhundert, Stuttgart/Berlin (West)/Köln/Mainz 1984, S. 44

458 Zitiert nach ebenda, S. 46 f.

459 *Die Gartenlaube* 1863, S. 809 ff.

460 Zitiert nach *P. Assion/ W. Brednich,* a.a.O., S. 129 f.

461 Vgl. *Volkskultur.* Zur Wiederentdeckung des vergessenen Alltags (16.–20. Jahrhundert), hrsg. v. R. van Dülmen/N. Schindler, Frankfurt/Main 1984 (mit weiterführender Literatur)

462 Vgl. hierzu *W. Kaschuba/ C. Lipp,* 1848 – Provinz und Revolution. Kultureller Wandel und soziale Bewegung im Königreich Württemberg, Tübingen 1979; *dies.,* Revolutionskultur 1848. Einige (volkskundliche) Anmerkungen zu den Erfahrungsräumen und Aktionsformen antifeudaler Volksbewegung in Württemberg, in: Zeitschrift für württembergische Landesgeschichte 39/1980, S. 141 ff.; *H. Gerstenberger,* Zur Konjunktur der »politischen Kultur« in der Politikwissenschaft, in: Österreichische Zeitschrift für Politikwissenschaft, 1984, H. 1, S. 5 ff; *Sozialgeschichte der Freizeit,* hrsg. v. G. Huck, Wuppertal 1980; *D. Mühlberg,* Woher wir wissen, was Kultur ist, Berlin 1982; *J. Kuczynski,* Nachträgliche Gedanken, a.a.O.

463 *G. Steiner,* Einsatz und Schicksal Mainzer Jakobinerfrauen, in: Jahrbuch für Geschichte 28/1983, S. 7 ff.

464 *Tübinger Korrespondenzblatt* Nr. 26/1984, S. 33

465 Ebenda

466 *Frauen und Revolution.* Zu weiblichen Formen politischen Verhaltens in der Revolution 1848 und den Schwierigkeiten im Umgang mit einem komplexen Thema, in: Die ungeschriebene Geschichte. Historische Frauenforschung. Dokumentation des 5. Historikerinnentreffens 1984, Wien 1984, S. 385

467 *I. Weber-Kellermann,* Frauenleben, a.a.O., S. 142

468 *Zur Rolle der Frau,* a.a.O., S. 20 f.

469 *I. Weber-Kellermann,* Frauenleben, a.a.O., S. 142

470 Ebenda, S. 143 f.

471 Ebenda, S. 146

472 Zitiert nach ebenda, S. 147

473 Ebenda

474 *Geschichte der deutschen Frauenbewegung,* a.a.O., S. 17

475 *C. Zetkin,* Zur Geschichte der proletarischen Frauenbewegung Deutschlands, Frankfurt/Main 1978, S. 17

476 *Demokratisches Wochenblatt* v. 7. Juni 1869

477 *MEW* 36, Berlin 1967, S. 341

478 Vgl. u.a. *Frauen im Aufbruch.* Frauenbriefe aus dem Vormärz und der Revolution von 1848, hrsg. v. F. Böttger, Berlin 1977

479 Zitiert nach *Geschichte der deutschen Frauenbewegung,* a.a.O., S. 37

480 Vgl. *M. Deutelmoser,* Die »ausgebeutetsten aller Proletarierinnen«: Dienstmädchen in Hamburg vor dem Ersten Weltkrieg, in: Arbeiter in Hamburg. Unterschichten, Arbeiter und Arbeiterbewegung seit dem ausgehenden 18. Jahrhundert, Hamburg 1983, S. 319

481 *Geschichte der deutschen Arbeiterbewegung.* In acht Bänden, hrsg. v. Institut für Marxismus-Leninismus beim ZK der SED, Berlin 1966

482 *J. Kuczynski,* a.a.O., Bd. 3, S. 181 ff.

483 Ebenda, S. 183

484 *J. Kuczynski,* a.a.O., Bd. 4, S. 260 ff.

485 *W. Kaschuba/C. Lipp,* Revolutionskultur, a.a.O., S. 149

486 Ebenda, S. 150

487 *A. Lüdtke,* Protest oder: Die Faszination des Spektakulären. Zur Analyse alltäglicher Widersetzlichkeit, in: Sozialer Protest. Studien zu traditioneller Resistenz und kollektiver Gewalt in Deutschland vom Vormärz bis zur Reichsgründung, Opladen 1984, S. 325 ff.

488 *Deutsches Zentralarchiv Merseburg,* Rep. 77, Tit. 509, Nr. 30. Vol. 1, Fol. 27

489 *Zur Geschichte der Kultur und Lebensweise,* a.a.O., S. 291

490 Zitiert nach ebenda, S. 292

491 *R. Schenda,* Volk ohne Buch. Studien zur Sozialgeschichte der populären Lesestoffe 1770–1910, Frankfurt/Main 1970, S. 127 f.

492 *A. Glaßbrenner,* Berliner Volksleben, Bd. 2, Berlin 1847, S. 35 ff.

493 Vgl. *Museumshandbuch,* a.a.O., T. 3

494 *J. F. Geist/K. Kürvers,* Mietshaus 1862–1945, a.a.O., S. 369

495 Ebenda, S. 446 f.

496 Ebenda, S. 377

497 *MEW,* Ergänzungsband, T. 1, Berlin 1981, S. 654

498 Wir sind bei der Darstellung der Trierer Wallfahrt den Ausführungen von *W. Schieder,* Kirche und Revolution. Zur Sozialgeschichte der Trierer Wallfahrt von 1844, in: Archiv für Sozialgeschichte XIV/1974, S. 419 ff., gefolgt.

499 *W. Jacobeit,* Schafhaltung und Schäfer in Zentraleuropa bis zum Beginn des 20. Jahrhunderts, Berlin 1961, S. 411 ff.

500 Wir sind hier der Darstellung von *G. Korff,* Formierung der Frömmigkeit. Zur sozialpolitischen Intention der Trierer Rockwallfahrten 1891, in: Geschichte und Gesellschaft 1977, H. 3, S. 352 ff., gefolgt.

501 *K. Köstlin,* Volkskultur im 19. Jahrhundert zwischen Landwirtschaft und Industrie. Dargestellt an Beispielen aus dem Amberger Raum, in: U.R. Schriftenreihe der Universität Regensburg Bd. 11, Regensburg 1985, S. 115

502 Vgl. *W. Bredendieck,* Zum Lutherbild des deutschen

Protestantismus des 19. und beginnenden 20. Jahrhunderts, in: Martin-Luther-Beitrag der CDU zum 500. Geburtstag des Reformators, Berlin 1982, S. 37 ff.
503 Zitiert nach *Berlin: Von der Residenzstadt zur Industrie-(West)* 1981, S. 145, Anm. 18
504 Ebenda, S. 144, Anm. 5
505 Ebenda, S. 147, Anm. 56 *metropole*, Bd. I, Berlin
506 *S. Becker*, a.a.O., S. 60
507 *W. H. Riehl*, Die bürgerliche Gesellschaft, 10. Aufl., Stuttgart-Berlin 1907, S. 41
508 *Das Bild vom Bauern*, a.a.O., S. 95
509 *A. Griebel*, Trachtenfolklorismus im Biedermeier, in: Altfränkische Bilder und Wappenkalender 85/1986 (im Druck)
510 *Bayerische Blätter für Volkskunde* 12/1985, S. 147 ff.
511 *Fränkisches Volksleben im 19. Jahrhundert. Wunschbilder und Wirklichkeit*, Katalog zur gleichnamigen Ausstellung, Würzburg 1985, S. 142; vgl. auch *H. Ottenjann*, Lebensbilder, a.a.O.; Mode – Tracht – Regionale Identität, a.a.O.
512 *J. Mooser*, a.a.O., S. 356 ff.
513 *Das Bild vom Bauern*, a.a.O., S. 92
514 *J. Mooser*, a.a.O., S. 356; vgl. auch *B. Parisius*, Vom Groll der »kleinen Leute« zum Programm der kleinen Schritte. Arbeiterbewegung im Herzogtum Oldenburg 1840–1890, Oldenburg 1985
515 *Das Bild vom Bauern*, a.a.O., S. 92
516 *Museumshandbuch*, a.a.O., T. 1, S. 323 ff.
517 Ebenda, T. 3, S. 59
518 *Die Gartenlaube* 1894, S. 804
519 *Museumshandbuch*, a.a.O., T. 3, S. 54
520 Ebenda
521 *Die Gartenlaube* 1891, S. 637 ff.
522 Ebenda, 1871, S. 224
523 Ebenda, 1897, S. 635 f.
524 *H. Gruppe*, Zur bürgerlichen Kultur im Kaiserreich. Dargestellt am Beispiel der Familienzeitschrift »Gartenlaube«, in: Großstadt, a.a.O., S. 325; vgl. grundsätzlich zur Bedeutung der Trivialliteratur *H. Plaul*, Illustrierte Geschichte der Trivialliteratur, Leipzig 1983
525 *H. Gruppe*, a.a.O., S. 321
526 *B. Heidrich*, Fest und Aufklärung. Der Diskurs über die Volksvergnügungen in bayerischen Zeitschriften (1765–1815) (= Münchner Beiträge zur Volkskunde 2), München 1984, S. 223
527 *Die Gartenlaube* 1871, S. 248 ff.
528 *MEW* 19, Berlin 1962, S. 256
529 *Arbeiterleben um 1900*, a.a.O., S. 112
530 *A. Bebel*, Praktische Winke für die Agitatoren, in: Die proletarische Tätigkeit des Deutschen Reichstages und der Landtage von 1874–1876, Berlin 1876, S. 123
531 Die Fülle des hier Möglichen aufzuzeigen würde auch andeutungsweise den Rahmen dieser Darstellung sprengen. Wir machen daher auf die wachsende interdisziplinäre Fach- und populärwissenschaftliche Literatur aufmerksam, die vor allem seit den 1960er Jahren in der DDR und in anderen deutschsprachigen Ländern – um nur diese zu erwähnen – erschienen ist; vgl. grundsätzlich *D. Mühlberg*, Anfänge proletarischen Freizeitverhaltens und seiner öffentlichen Einrichtungen, in: Weimarer Beiträge 1981, H. 12, S. 118 ff.
532 *Arbeiterleben um 1900*, a.a.O., S. 113; vgl. auch ebenda den Abschnitt »Vielfalt proletarischer Organisationsformen«
533 Ebenda, S. 126
534 *Das Sozialistengesetz 1878/1890. Illustrierte Geschichte des Kampfes der Arbeiterklasse gegen das Ausnahmegesetz*, hrsg. v. Zentralinstitut für Geschichte der Akademie der Wissenschaften der DDR, Berlin 1980, S. 92 f.
535 *Zur Geschichte der Kultur und Lebensweise*, a.a.O., S. 358
536 *W. Steinitz*, a.a.O.; *I. Lammel*, Arbeitermusikkultur in Deutschland 1844–1945. Bilder und Dokumente. Leipzig 1984; *U. Münchow*, Frühe deutsche Arbeiterautobiographien, Berlin 1973; *Arbeiter über ihr Leben*, hrsg. v. U. Münchow, Berlin 1976; u.a.m.
537 *Mahnruf einer deutschen Mutter an die gemißhandelten deutschen Soldaten sowie andere Gedichte, die Arbeiterinnen und Arbeiter unter dem Sozialistengesetz an die Redaktion des illegal vertriebenen »Sozialdemokrat« geschickt haben und die nicht abgedruckt wurden*, hrsg. v. H.-J. Steinberg/W. Emmerich, Bremen 1983
538 Wir sind hier partienweise gefolgt *Zur Geschichte der Kultur und Lebensweise*, a.a.O., S. 358 ff.
539 Vgl. zum Gesamtkomplex des Versicherungswesens *F. Tennstedt*, Porträts und Skizzen zur Geschichte der Sozialpolitik in Deutschland, Kassel 1983
540 *Die deutsche Arbeiterbewegung*, a.a.O., S. 269
541 Vgl. u.a. *U. Achten*, Illustrierte Geschichte des 1. Mai, Oberhausen 1979; *D. Fricke*, Kleine Geschichte des Ersten Mai. Die Maifeier in der deutschen und internationalen Arbeiterbewegung, Berlin 1980
542 *G. Korff*, »Heraus zum 1. Mai«. Maibrauch zwischen Volkskultur, bürgerlicher Folklore und Arbeiterbewegung, in: Volkskultur, a.a.O., S. 246 ff.

Bildnachweis

Der Nachweis der Schwarz-Weiß-Abbildungen erfolgt nach deren Nummern, der Nachweis der Farbbilder nach der Seitenzahl:

Aichach, Heimatmuseum 192, 193; *Amberg*, Museum S. 108 oben; *Amsterdam*, Internationales Archiv der sozialen Demokratie 25; *Annaberg-Buchholz*, Erzgebirgsmuseum 56, 57; *Augsburg*, Werksarchiv M.A.N. AG 42, 135; *Bautzen*, Bildarchiv des Instituts für sorbische Volksforschung 99; *Berlin*: Bildarchiv Norbert Günther 332; Bildarchiv Uwehorst Paul 134; Bildarchiv Hans-Jürgen Rach 311; Märkisches Museum 16, 28, 84, 100, 107, 112, 153, 159, 166, 191, 200, 202, 237, 243, 246, 252, 261, 271, 299, 326, 350, 352; Museum für Deutsche Geschichte 115, 186, S. 173 Sammlung Bornitz 206, 215, 228, S. 170 unten; Sammlung Jürgen Gottschalk S. 174; Staatliche Museen, Nationalgalerie 1, 23, 144, 204, 266, 348; Staatliche Museen, Sammlung der Zeichnungen 49, 105, 208, 343; *Berlin (West)*: Museum für Deutsche Volkskunde 203, 314, 354; Nationalgalerie 14, 178, 241, 255, 297; *Bonn*, Bildarchiv Bärbel Kerkhoff-Hader 52; *Braunschweig*: Braunschweigisches Landesmuseum für Geschichte und Volkstum S. 28 oben; Städtisches Museum 44, 157, 182, 318; *Bremen*, Focke-Museum 198; *Bünde*, Zigarrenmuseum S. 110 unten; *Cloppenburg*, Niedersächsisches Freilichtmuseum 316, S. 108 unten, S. 109 oben; *Darmstadt*, Hessisches Landesmuseum 229, 334; *Deezbüll*, Friesenmuseum S. 109 unten; *Dresden*: Armeemuseum der DDR 13; Bildarchiv Ernst Hirsch 34, 136, 168, 183, 211, 262, 263, 307; Institut und Museum für Geschichte der Stadt Dresden 190, 274, 341, 357, 366; Sächsische Landesbibliothek-Deutsche Fotothek 19, 30, 45, 54, 131, 226, 244, 275, 276, 335, 337; Staatliche Kunstsammlungen, Gemäldegalerie Neue Meister 38, 103, S. 25; Staatliche Kunstsammlungen, Kupferstichkabinett 3, 172, 331, 349; Staatliche Kunstsammlungen, Museum für Kunsthandwerk 359; Museum für Volkskunst 163; *Düsseldorf*: Kunstmuseum 11, 143; Landesbildstelle Rheinland 281; *Eisfeld*, Museum Otto Ludwig, S. 107 unten; *Erfurt*, Museum für Thüringer Volkskunde 138, 139, 140, 248; *Frankfurt am Main*: Historisches Museum 254, 322; Städelsches Kunstinstitut 37, 230; *Friedberg/Hessen*, Wetterau-Museum 317; *Halberstadt*, Bildarchiv Irene Ziehe 196; *Hamburg*: Altonaer Museum 55, 68, 101, 141, 217, 242, 258, 336, 364; Staatliche Landesbildstelle 292; Staatsarchiv 31; *Hanau*, Historisches Museum S. 30 unten; *Hannover*, Niedersächsische Landesgalerie 92; *Heidelberg*, Kurpfälzisches Museum 6; *Hohburg*, Steinarbeiterhaus 137, 267; *Horb/Neckar*, Heimatmuseum 195; *Ingolstadt*, Stadtarchiv 342; *Kaiserslautern*, Werksarchiv G.M. Pfaff AG 80, 117, 251; *Kassel*: Bildarchiv Florian Tennstedt 132, 214, 224, 360; Staatliche Kunstsammlungen S. 170 oben; *Köln*, Kölnisches Stadtmuseum S. 29; *Kommern*, Bildarchiv Adelhart Zippelius 85, 86, 87, 88, 89, 90, 91, 160, 315; *Kronach*, Stadtmuseum S. 26 unten; *Leipzig*, Museum der Bildenden Künste 2, 94, 102, 161, 169; *Ludwigsburg*, Städtisches Museum S. 169; *Marburg/Lahn*: Auswandererarchiv 110; Bildarchiv Martin Scharfe 278, 279; Sammlung Siegfried Becker S. 172; *Mechernich/Eifel*, Stadt S. 105; *München*: Bayerisches Landesinstitut für Arbeitsschutz 66; Bayerisches Nationalmuseum 46, 313, 338; Deutsches Museum 71, 72, 291, 298; Hauptstaatsarchiv 358; Münchner Stadtmuseum 47, 48, 53, 162, 179, 219, S. 174; Werksarchiv Kraus-Maffei AG S. 112; *Mylau*, Kreismuseum 67; *Neuruppin*, Heimatmuseum 7, 24, 51, 60, 158, 197, 328, 329, 355, 356, S. 27, S. 31; *Nürnberg*: Deutsches Postmuseum 69; Germanisches Nationalmuseum 4, 5, 235, S. 28 unten; Werksarchiv M.A.N. AG 95, 96, 97; *Obbach-Schweinfurt*, Sammlung Georg Schäfer S. 176, Schutzumschlag; *Offenbach*, Deutsches Ledermuseum 50, S. 26 oben; *Potsdam*, Bezirksmuseum 194; *Regensburg*, Sammlung W.D. Könenkamp S. 32 unten; *Reutlingen*, Stadtarchiv 79; *Roth*, Heimatmuseum 81; *Salzwedel*, Danneil-Museum 33, 147, 257; *Schleswig*, Schleswig-Holsteinisches Landesmuseum 308, 309, 310; *Schramberg*, Stadtmuseum 58, 75, 93, 119, 120, 121, 122, 123, 124, 125, 126; *Schwarzenberg*, Museum Erzgebirgisches Eisen und Zinn 64; *Schwerin*: Historisches Museum, Abt. Volkskunde 26, 36, 39, 42, 184, 265, S. 170 unten; Staatliches Museum, Kupferstichkabinett 109; Staatsarchiv, Bildersammlung S. 32 oben; *Sebnitz*, Heimatmuseum 98, 111, 156, 264, S. 106; *Stein/Nürnberg*, Central-Archiv A.W. Faber-Castell 12, S. 110 oben; *Stuttgart*: Staatsgalerie 10; Stadtarchiv 43; Württembergische Landesbibliothek 280; Württembergisches Landesmuseum 315; *Trier*, Städtisches Museum S. 171; *Tübingen*: Bildarchiv Wolfgang Kaschuba 170; Bildarchiv Gottfried Korff 287; Städtische Sammlungen 320; *Velten*, Günter Kraatz, S. 111; *Weimar*: Bildarchiv Louis Held 155; Staatliche Kunstsammlungen 236, 256, S. 107 oben; Stadtmuseum 73; *Wien*: Historisches Museum der Stadt Wien 239, 324, S. 30 oben; Kunsthistorisches Museum, Gemäldegalerie 238; *Wiesbaden*, Museum 27, 185; *Wolfach/Baden*, Heimatmuseum S. 170 oben; *Würzburg*, Werksarchiv Koenig & Bauer AG 62, 74, 114; *Wuppertal*, Stadtarchiv des historischen Zentrums 118; *Archiv der Verfasser* 35, 40, 41, 63, 113, 127, 128, 145, 187, 205, 207, 221, 249, 268, 272, 282, 294, 295, 296, 304, 312, 323, 347, S. 175

Aus Publikationen und Quellen:

8 Kunst der bürgerlichen Revolution 1830–1848/49, Katalog, Berlin 1972, S. 31
9 Illustrierte Leipziger Zeitung 1848, S. 262/250
15 Gartenlaube 1869, S. 469
17 Daheim 1914, Nr. 47, S. 9
18 Über Land und Meer. Allgemeine Illustrierte Zeitung 1872, Nr. 39, S. 12
20 L. Niethammer u.a. (Hrsg.), »Die Menschen machen ihre Geschichte nicht aus freien Stücken, aber sie machen sie

selbst«, Berlin (West)/Bonn 1984, S.61
21 Das Sozialistengesetz 1878/1890. Illustrierte Geschichte des Kampfes der Arbeiterklasse gegen das Ausnahmegesetz, Berlin 1980, S.269, Nr.69
22 J.Ch.Jensen, Adolph Menzel, Köln 1982, Abb.39
29 Illustrierte Leipziger Zeitung 1844, S.136/35
32 I.Weber-Kellermann, Erntebrauch in der ländlichen Arbeitswelt des 19.Jahrhunderts, Marburg 1965, Karte 3 (Anhang)
59 Gartenlaube 1895, S.381
61 Gartenlaube 1889, S.817
65 W.Salewski, Mitteldeutsche Eisenwerke in alter Zeit, Holzminden o.J., Tafel XXVIII
70 Illustrierte Leipziger Zeitung 1844, S.169/63
76 Gartenlaube 1891, S.621
77 Gartenlaube 1894, S.669
78 H.Glaser, Maschinenwelt und Alltagsleben. Industriekultur in Deutschland vom Biedermeier bis zur Weimarer Republik, Frankfurt am Main 1981, S.55
82 Gartenlaube 1898, S.857
83 Gartenlaube 1891, S.736/737
104 Gartenlaube 1876, S.70
106 Gartenlaube 1887, S.813
108 Gartenlaube 1887, S.813
116 Deutscher Gewerbekalender 1866, S.12
129 Das Sozialistengesetz, S.115, Nr.30
130 Gartenlaube 1893, S.593
133 H.Glaser u.a. (Hrsg.), Industriekultur in Nürnberg. Eine deutsche Stadt im Maschinenzeitalter, München 1980, S.240
142 Gartenlaube 1876, S.853
146 I.Weber-Kellermann, Die Familie, Frankfurt/Main 1976, S.146, Abb.163
148 Neue Pinakothek München, München 1981
149 Gartenlaube 1898, S.56/57
150 I.Weber-Kellermann, Die Kindheit, Frankfurt/Main 1979, S.160
151 Gartenlaube 1880, S.849
152 Illustrierte Leipziger Zeitung 1849, S.333/308
154 Die Frau im Korsett. Wiener Frauenalltag zwischen Klischee und Wirklichkeit 1848 – 1920, Katalog, Wien 1985, S.194

164 Gartenlaube 1859, S.509
165 Gartenlaube 1897, S.701
167 F.Mackensen, Gedächtnisausstellung zum 100.Geburtstag am 8.April 1966, Bremen/Worpswede 1966, Abb.3
171 Gartenlaube 1872, S.231
173 Gartenlaube 1893, S.829
174 Gartenlaube 1894, S.313
175 H.Müller, Dienstbare Geister. Lebens- und Arbeitswelt städtischer Dienstboten, Berlin (West) 1981, S.64
176 Gartenlaube 1899, S.753
177 H.Müller, Dienstbare Geister, S.21
180 H.Müller, Dienstbare Geister, S.219
181 Illustrierte Familien-Zeitung 1898, H.4, S.97
188 Gartenlaube 1893, S.57
189 Gartenlaube 1892, S.409
199 Über Land und Meer 1866, Nr.27, S.428
201 Illustrierte Familien-Zeitung 1898, H.19, S.464
209 Illustrierte Familien-Zeitung 1898, H.6, S.141
210 Gartenlaube 1896, S.145
212 H.Teuteberg/G.Wiegelmann, Der Wandel der Nahrungsgewohnheiten unter dem Einfluß der Industrialisierung, Göttingen 1972, Abb.7
213 Gartenlaube 1883, S.29
216 Gartenlaube 1895, S.437
218 H.Müller, Dienstbare Geister, S.152
220 Kultur und Technik 6/1982, S.217
222 Gartenlaube 1895, S.81
223 Gartenlaube 1892, S.169
225 Gartenlaube 1883, S.605
227 I.Weber-Kellermann, Die Familie, S.205, Abb.229
231 Leben und Arbeiten im Industriezeitalter, Katalog, Nürnberg 1985, Nr.17/9
232 Leben und Arbeiten, Nr.17/11
233 Leben und Arbeiten, Nr.17/13
234 Leben und Arbeiten, Nr.17/10
240 Illustrierte Leipziger Zeitung 1848, S.279/251
245 E.Thiel, Geschichte des Kostüms, Berlin 1980, Abb.639
247 Gartenlaube 1888, S.93
250 Gartenlaube 1898, S.605
253 Berlin: Von der Residenzstadt zur Industriemetropole. Ein Beitrag der Technischen

Universität Berlin zum Preußen-Jahr 1981, Bd.I, Berlin (West) 1981, S.522
259 I.Weber-Kellermann, Die Kindheit, S.161, Abb.248
260 Deutsche Gewerbekalender 1869, S.10
269 Die gute alte Zeit im Bild. Alltag im Kaiserreich 1871-1914 in Bildern und Zeugnissen, Gütersloh/Berlin (West)/München/Wien 1974, S.29
270 H.Müller, Dienstbare Geister, S.139
273 Gartenlaube 1871, S.321
277 Gartenlaube 1886, S.409
283 Alltag und Festbrauch im Biedermeier, Katalog, Wien 1966, Nr.51
284 Gartenlaube 1861, S.269
285 J.F.Geist/K.Kürvers, Das Berliner Mietshaus 1862-1945, München 1984, S.85
286 Über Land und Meer 1872, S.4
288 H.Glaser u.a. (Hrsg.), Industriekultur in Nürnberg, S.31
289 Gartenlaube 1858, S.29
290 Gartenlaube 1866, S.581
293 I.Weber-Kellermann, Die Kindheit, S.138
300 H.Glaser, Maschinenwelt und Alltagsleben, S.71
301 Museumshandbuch, T.1, Dortmund 1983, S.542
302 Museumshandbuch, T.1, S.544
303 Illustrierte Kunstgewerbliche Zeitschrift für Innen-Dekoration V/1894, S.140
305 Bergarbeiterwohnungen im Ruhrrevier, hrsg. v. Verein für die bergbaulichen Interessen im Oberbergamtsbezirk Dortmund, o.O., 1902, S.68, Tafel VIII
306 Über Land und Meer 1872, S.5
319 K.Mellach, 1848. Protokolle einer Revolution, Wien/München 1968, S.11
321 K.Mellach, 1848, S.35
325 Illustrierte Leipziger Zeitung 1848, S.262/250
327 Illustrierte Leipziger Zeitung 1849, S.168/298
330 Gartenlaube 1871, S.817
333 Gartenlaube 1869, S.615
339 Gartenlaube 1885, S.597
340 Puppe, Fibel, Schießgewehr. Das Kind im kaiserlichen Deutschland, Berlin (West) 1977, S.167
344 Gartenlaube 1892, S.84

345 Gartenlaube 1882, S.577
346 Gartenlaube 1882, S.525
353 Gartenlaube 1871, S.553
361 Der wahre Jacob 1895, S.1919
362 Berlin um 1900. Ausstellung der Berlinischen Galerie in Verbindung mit der Akademie der Künste zu den Berliner Festwochen 1984, hrsg. v. Berlinische Galerie e.V., Akademie der Künste und Berliner Festspiele GmbH, Berlin (West) 1984, S.75, Nr.329
363 U.Achten, Illustrierte Geschichte des 1.Mai, Oberhausen 1979, S.68
365 U.Achten, 1.Mai, S.68

Die Vorlagen für die nachstehenden Abbildungen fertigten an:

Heuschkel, Heinz (Berlin): 8, 15, 17, 18, 20, 21, 22, 32, 35, 59, 61, 76, 77, 78, 82, 83, 104, 106, 108, 127, 128, 129, 130, 133, 142, 145, 146, 148, 149, 150, 151, 154, 164, 165, 167, 171, 173, 174, 175, 176, 177, 180, 181, 188, 189, 199, 201, 205, 209, 210, 212, 213, 216, 218, 220, 221, 222, 223, 225, 227, 231, 232, 233, 234, 245, 247, 249, 250, 253, 259, 268, 269, 270, 272, 273, 277, 284, 285, 286, 288, 289, 290, 293, 295, 296, 300, 301, 302, 303, 304, 305, 306, 319, 321, 330, 333, 339, 340, 344, 345, 346, 347, 353, 362, 363, 365
Hirsch, Ernst (Dresden): 34, 136, 168, 183, 211, 262, 263, 307
Radon, Konrad (Falkensee): 206, 215, 228, S.111, S.170 unten, S.173, S.174, S.175
Renno, Eberhard (Weimar): 155
Reuter, Helga (Berlin): 7, 9, 16, 24, 26, 28, 29, 36, 39, 42, 51, 60, 65, 70, 84, 98, 100, 107, 111, 112, 116, 152, 153, 156, 158, 159, 166, 184, 191, 197, 200, 202, 237, 240, 243, 246, 252, 260, 261, 264, 265, 271, 283, 299, 325, 326, 327, 328, 329, 350, 352, 355, 356, 361, S.27, S.31, S.106
Rous, André (Dresden): S.25
Schenke, Frank (Gera): S.107 oben
Schiefer, Wilhelm (Oberwiesenthal): 56, 57
Wolf, Wilhelm (Wurzen): 137, 267

Register

Die kursiv gesetzten Zahlen verweisen auf die Abbildungstexte.

Aberglaube *180*, 278, 294, 298
Achtstundentag 318f.
Adel 17f., 19, 20, 81, 84, 252
Ärzte 123
Agitation – Politische Propaganda 192, 304, *361*
Agrarreformen 44ff., 52, 59, 300, 302
Akkordarbeit *127*
Aktiengesellschaften 39, 116
Alltag 8, 40, 42, 50, 61, 71, 80, 110, 113, 116, 128, 130, 133, *134*, 139, 145, 154, 160, 166, 260, 280, 289, 292, 313, 316, 319
Angestellte 118, *140*, 180
Angst 94, 184, *298*
Arbeit 49, *50*, 51, 101ff., 104, 113, *127*, *130*, 152
Arbeiter 12, 17, 68, 71, 87, 98, 113, 116, *124*, 180, *192*, 217, 291, 315
Arbeiteraristokratie 104, 165, 261
Arbeiterassoziation, Internationale 22
Arbeiterbewegung 35, 39, 40, 41, 142, 160, *174*, 203, 232, 251, 260, 266, 284, 286, 298, *312*, 314
Arbeiterinnen 90, 136, 139, 142, 149, 194, 195, 203, 213, 222, 223, 227, 281, 283, 284, 285
Arbeiterklasse 12, 20, 23, *38*, 84ff., *86*, 87, 90, 98, 100, 113, 135, 160, 286, 293, 313
Arbeiterverein, Allgemeiner Deutscher 39
Arbeitskleidung 67, 86, 230ff., *232*, *234*
Arbeitslosigkeit 95, 103, 142, 180, 184, *204*, 214
Arbeitspausen 113, *115*, *117*, *125*, *126*, 195
Arbeitsteilung 69, *127*, 132
Arbeitszeit 104, 116, 125, 133, 139, 147, 261, 268
Armen- und Bettelwesen 27, 92, 93, 181f., *204*, 228, 242, 280
Asyl *96*, *204*, 258
Ausstellungen 46, 56, 61, 64, 69, 70, 77, 78
Auswanderer – Auswanderung 58, 95, *96*, 128, 182, 185, 268, *284*, 296

Backen, Backhaus, Bäcker 184, 187
Baden 182
Bäuerinnen 50, *141*, 213, 222
Banken, Kreditinstitute, Sparkassen 47, 79, 84
Bart 220, *220*

Aberglaube *180*, 278, 294, 298
Bauern – Bäuerlich 18, 29, 44, 50, 52, 53, 56, 58, 82, *109*, 116, *143*, 184, 210, 242, 243, 273, 274, 285, 299, 300, 302, 304
Bauernhof *46*, 270
Bauwesen 76, 80, 273
Bayern 29, 193, 311
Beamte 17, 102, *131*, 172, 180
Bebel, August 24, 33, 38, *137*, 139, 202, 220, 282, 284, 285, *314*, 317, 318
Bedürfnisbefriedigung 177, 226, 249
Behörden 184, 280
Beleuchtung 65, *78*, 261
Bergbau 81, *169*
Bergleute *169*, 264, 266
Berlin 247, *248*, 260, 262, 285, 310
Bier *186*, 192f., 195, 197, 210, 211
Bildquellen 8, 146, 172, 261
Bildung – Bildungsmaßnahmen 24, 290
Bismarck, Otto Fürst von 21ff., 33, 35, 40, *54*, 98, 295, 306, 318
Bleistift 65
Blum, Robert 20, 296
Blusen 224, *225*, 230f.
Bonapartismus 24
Borsig, August 63, 81, 294
Bourgeoisie 12, 13, 16, 17, 18, 20f., 24, 34, 35, 41f., 58, 62, 71, 81, 84, 101, 104, 113, 144, 223, 290, 313
Branntwein 182, *185*, 190f., 196, 210
Brauchtum 92, *288*, *305*, 319
Braunschweig 29, 210
Brot 182, *183*, 184, 187f., 195, 196
Bürgertum – Bürgerlich 12, 14, 44, *50*, 53, *61*, *62*, 94, *107*, *134*, 214, 217, 229, 233, 252, 255, 280, 283, 306
Bund der Geächteten 95
Bund der Gerechten 95, 290, 291
Bund der Kommunisten 20, 29, 95, 290
Butter 184, 197

Cannstatter Volksfest 56
Caritasvereine 69, 280
Charivari, Katzenmusik *183*, 279, 304, 307
Chauvinismus 24, *38*, 278, 307, 311
Chemie 13, *46*, 76

Dänemark 22

Dampfhammer 81
Dampfmaschine 72, 74, 76, 90, 128, 130
Dampfpflug *32*, 51, *54*, 129f.
Deutscher Bund 14, 18, 22
Dienstboten 152ff., *156*, *157*, *158*, 233f., *233*, *237*, *238*
Differenzierungsprozeß 47, 48, 58, *112*, 242
Disziplin, Disziplinierung 113, 115, *153*, 264, 307
Dorfbourgeoisie 47, 52, *143*, 304
Dreifelderwirtschaft 51
Dreschmaschine 60, 128f., *32*
Druckmaschine 63, 72, 77

Ehe, Ehepaar, Eheschließung *144*, *145*, 154, 166, 185, 295
Einheit, Nationale 21, 21ff., 33, 34, *37*, *41*, *109*, 295, 300, 302, 307, *311*
Eisenbahn 13, 23, 60, 74, 75, 80, *131*, 176, 264, 296, 298
Eiweiß 190, 206
Elektrifizierung, Elektrizität 13, 76, *78*, 80f., 154
Elsaß-Lothringen 33
Emanzipation – Gleichberechtigung 19, 142, 143f., 149, 165, 168, *203*, 216, 223f., 281, 283, 284, 287, 289, 290, 293
Engels, Friedrich 12, 18, 22, 33, 39, 71, 95, 98, 128, 144, 245, 247, 258, 270, 284, 286, 292, 314, 318, 319
Entfremdung 95, 101, 113, 116, 128, 148
Erfahrung 51, 69
Ernährung, Nahrungsgewohnheiten 125, 177ff., *179*, 190, 194, 229, 267
Eßgewohnheiten, Eßkultur 177, *190*, 209, 213f.
Eß- und Tischgerät 209, *211*
Ethnisch 11

Faber, Anton Wilhelm 65
Fabrikarbeit und Fabrikarbeiter 12, 68, *85*, 88, 101, 128, 198, 210
Fabriken 54, 60, 61, 71, 133, *176*, 195
Fabrikordnungen 113, *114*, 116, 125
Fachwerk *249*
Fahrrad 80, 148
Familie 27, 37, 51, 102, 133, *134*, 142, *146*, 151, 160, 161, *181*, 194, 230, 264, 319
Fett 180
Feudalismus 12, 16, 21, 35, 44, 45, 52, 59, 100, 214f., 286
Feudallasten 44

333

Fleisch *178*, 180, 182, 188 ff., 195, 196, 201, 205, 210
Flickwerk 67, *230*, *234*, *236*, 243
Folklorismus 71, *138*, *241*, 299, 302, 304, *305*, 307
Fotografie 8, 86, *134*, *164*, *165*, *241*, 261
Frauen 31, 62, *137*, 139, *145*, 147, *203*, 216, 252, 279 ff., 287, *316*
Frauenarbeit *50*, 58, 101, *120*, 132, 133, 136, 139, *140*, *141*, 144, 152, *174*, 200, 201, 277, 288
Frauenbewegung 66, 152, 281, 283, 285
Frauendorfer, Joseph von 65
Frauenverein, Allgemeiner Deutscher 282
Freiligrath, Ferdinand 291, 317, 318
Freizeit 24, 113, 118, 127, 133, 139, 142, 147, 154, 192, 197, 230, 314, 315
Frieden 319
Frömmigkeit 58, *107*, 180, 242, 296, 298, 299
Frohsinn und Vergnügen *158*, 214, 310
Fruchtwechselwirtschaft 116

Gasbeleuchtung 65, *250*, 257
Geburten-Regelung 166, 185
Gemeinde 52
Gemeinschaft 71, 278 ff., 292, 314, 316, 319
Gemüse und Obst 197, *198*, 210
Genossenschaftswesen 60, 116
Geräte für Hauswirtschaft 202, 211
Geräte für Landwirtschaft 54
Geschichtswissenschaft 7 f.
Geschwister *228*, 229
Gesellen 60, 62, 87, 282
Geselligkeit – Kommunikation 194, 197, 266
Gesinde 51, 128, 206 f., 214, 267
Gewerbe 58 ff. 77, 133
Gewerbefreiheit 58 f., 60, 64, 66, 68
Gewerkschaften 162, 285, 312
Griffelmacher *129*, 131 f.
Gründerjahre 39, 223
Grundbedürfnisse 24, 59, 177 ff., 266, 267
Gutsherrschaft 17, 47, 191, 319

Hambacher Fest 17, *18*, 290, 297
Hammer- und Hüttenwerke *72*, *73*, 81
Handel, Händler 64, 180, *187*, *198*, 210

Handelskapital – Kaufleute 81, 84
Handwerk 47, 53, 59 ff., 62, 63, 66, 69, 71, 98, 133
Handwerker 17, 20, 49, 59, 60, 68, 180, 267, 291, 294
Handwerksmeister 60, *61*, 65
Hardenberg, Karl August Fürst von 44, 58
Hausarbeit, Haushalt *137*, 139, 142, 144, 148, 149 ff., 154, 158, 203, 215, 252, 269, 283, 294, *311*
Hecker, Friedrich 219
Heilige 299
Heilige Allianz 14
Heimarbeit, Heimarbeiter, Heimarbeiterinnen 53, 58, 61, 67, 69, 70, 98, 101, *109*, 131, 133, *141*, 147, 193, 203, 205 f., 210, 226, 229, 236, 243, 258, 262
Heimat – Vaterland *109*, 142, 160, 294, 310
Heirat *144*, 165
Heischeumzüge 92, *163*, 228
Herd, Ofen 202, 252, 260, 261
Herwegh, Georg 291, 317
Hessen 19, 182
Hierarchisierung 89, 203, *232*, 235, *238*, 244, 249
Hochzeit 54, *107*, *143*, 305
Hunger *105*, 180, *181*, 182, *183*, 193, 213, 229, 280, 292
Hygiene 213, 250, *251*, 253, 259 f., 269

Imperialismus 11, 39, 41
Indoktrination – Manipulierung *107*, 202, 277, 294, 307, 310 f.
Industrialisierung, Industrie 13, 47, 60, 69, 84, 104, *175*, 252
Internationalismus 314, 319

Junker, Junkertum 20 f., 41 f., 47, *234*, 295, 306, 319

Kaffee 126, *177*, 193, 195, 210, 211
Kalender 262, 276
Kalorien 194, 213
Kapitalismus 7 f., 13, 17, 20, 40, 71, 81, *129*, 133, *161*, 194, 205, 244, 278, 293, 295, 315
Kartoffeln 93, *177*, 182, 184, 188, 195, 196, 205, 207, 211, 214, 270
Kaufhäuser, Geschäfte *82*, 210, 226, 227, 229, 237
Kinder 62, 142, *146*, 148, 149, 160 ff., *231*, 252, 254
Kinderarbeit 58, 101 f., *120*, 133, 136, *155*, 160 ff.

Kinderernährung und Kindersterblichkeit 212 f., 250
Kindererziehung 139, 142
Kirche, Evangelische 38, 94, *94*, 295, 299
Kirche, Katholische 38, 52, 94, *94*, 295, 299
Klasse 13, 52, 113
Klassenbewußtsein 84, 95, 278
Klassenkampf 87, 104, 127, 128, 306, *313*, 316, 319
Kleidung 53, 66, *107*, 148, *158*, *172*, 214 ff., *216*, 219, 225, 229, 230, *240*, 243
Kleinbürgertum *18*, *26*, 84, 264
Klöppeln 66
Kochen, Kochbücher *191*, 197, 202, *203*, 209, 261, 270
König, Friedrich 63, 77
Königgrätz – Sadowa 24, *36*
Kollwitz, Käthe 70, 149
Kommunistenprozeß, Kölner 22
Konfektion, Konfektionsindustrie 149 f., 226 f., 229, 244
Konserven, Konservierung 198 ff., *200*, 201
Konsumgewohnheiten 53
Kopfbedeckung *110*, 28, 219, 220
Korsett 215, 222, 223
Kranke, Krankheiten *94*, *123*, 139, 145, 223, *251*
Krieg 160, 282, *311*
Krupp, Alfred Friedrich 81
Küche 202, 258, *263*
Kultur 8, 113, 286, 317
Kunstgewerbe 59, 61, 64

Landarbeiter *32*, 47, 58, 86, 128, 130, 144 f., 206, 210, 243, 267, 268, 304
Landarme, Landarmut 17, 47, 48, 52, 92, 182, 243, 277, 304
Landhandwerk 244, *273*, 275 f.
Landmaschinen – siehe Maschinen
Landwirtschaft 12, 13, 29, 44 ff., 51, 116, 133, 237
Lassalle, Ferdinand 33, 39
Lebensmittelindustrie 201, *203*, 210
Lebensweise 13, 58, 62, 84, 101, 113, 125, 152, 194, 198, 203, 252, 271, 280, 284, 319
Lehrer *163*
Leibeigenschaft 12
Liebknecht, Wilhelm 24, 33, 128
Löhne, Lohnsystem 128, 136, 149, 177, 194
Lokomobile *32*
Lokomotive – siehe Eisenbahn
Luthertum 299 f., *301*

Mahlzeiten 126, 177, *189*, 205, 208, 267
Mai, Erster *38*, *110*, 313, *316*, *317*, 318, 319
Mainzer Republik 279 f.
Manifest der Kommunistischen Partei 12, 24, *38*, 94, 98, 142, 192, 315, 319
Manufaktur 53, 59, 61, 71, 87, 101, 170
Margarine 197
Markt und Märkte 14, *18*, 34, 60, 69, *141*, 156, *178*, *179*, 196, 226, 236
Marx, Karl 12, 20, 22, 23, 24, 33, 34, 39, 95, 98, 101, 128, 136, *177*, 188, 194, 284, 286, 318, 319
Maschinen 13, *46*, 51, 52, 54, 71, 76, 101, 124, 128 f.
Maschinenstürmerei 101
Massenbedarf, Massenproduktion 62, 69, 71, 148, *204*, 226
Mechanisierung 62, 76
Mehlspeisen 195, 201
Mehrwert 101, 104, 136
Meister 118
Mietskaserne 71, 247, 254, 256, 258, 259, 261
Milchkonsum, Milchwirtschaft *48*, 195, 198, *199*, 207
Militärwesen 21, 184, 204, 244, 295
Militarismus 24, 35, 294, 306, 310
Mobilität 115, 261
Mode 71, 215, 217, 218, 220, *221*, 222, 223 ff., 225, 229, 235, 243, 244
Möbel *172*, 254, 261, 262, *263*, *272*, *273*, *274*, 277, 294
Moltke, Helmut Graf von 23
Monarchismus, Naiver 17, 185, 304
Monokulturen 47, *138*
Monopolkapitalismus 39, 41, 48, 53, 76, 177
Motteler, Julius 144
Mütter *147*, 149, *158*, 277, 318
Museen 61

Nachrichtenwesen 80
Näherinnen 68, *138*, 149, 226, 227
Nähmaschinen 59, 60, 63, 69, 82, 137, *138*, 148 ff., 226, 227, 230
Napoleon I. 14, *15*, 25, 26, 295
Napoleon III. 33, 34, 37
Nationalismus 14, 281, 283, 294, 304, 306, 310
Nationalstaat 18, 281
Norddeutscher Bund 24, 33

Nord-Ostsee-Kanal 266
Notstandsgebiete 69, *107*, 192
Notunterkünfte 248, 266
Novationen 29, 148, 177

Odenwald 182
Österreich 18, 22, 193
Offiziere 62
Oktoberedikt 12, 14
Oktoberfest 29
Opportunismus – Revisionismus 40, 264
Organisation, Organisierung 33, 95, *179*, 264, 278 ff., 288, 290, 298, 306, 313, 314
Ostelbien 44, 58, 130, 304
Otto-Peters, Luise *66*, 281, *290*

Pariser Kommune 34, 35, 38, 41, 313
Parteien 20, 71, 90, 98, 286, 300, 306, 315
Parteitag, Eisenacher 33
Parteitag, Erfurter 41, 154
Parteitag, Gothaer 39
Partikularismus 14, 19
Pauperisierung, Pauperismus 38, 58, 60, 68, 94, 188, 212, *246*, 255, 299
Pflug 49, *180*
Pförtner *117*
Plebejische Kultur 289
Polizei *110*, 282, 285
Post 74, *172*
Preise 180, 182
Preußen 12, 20 f., 44, 76
Preußischer Weg 52
Produktion und Ausbeutung, Extensive 101 f., *169*
Produktion und Ausbeutung, Intensive 104, 113, 136
Produktionsfamilie 133, 147, 160
Produktivkräfte 12, 20, 22, 44, 52, 76, 104, *123*, 127, 131, 273
Proletariat, Proletarier 12, 13, 16, 18, 19, 20, 33, 41 f., 47, 60, 71, 84, 87, 90, 95, 113, 131, 160 f., 164 ff., 211, 260, 278, 286, 294, 306, 313, 316, 319
Prostitution 140
Protest 278, 280, 288

Protestantismus 299, 301

Reformen 12, 14, *26*
Reichstag 35
Religion 38, 298, 300
Reproduktionsbereich 76, 113, 126, 127, 261, 286
Reproduktionsfamilie 133 ff., 143, 144, 147, 160 f., 164 ff.
Republik 18
Reservearmee, Industrielle 47, 58, 94, 149, 286
Revolution, Französische 7, 12, 26, 42, 44, 214, 216, 218, 220, 279, 281, 295, 302, 318
Revolution, Industrielle 13, 16 f., 18, *29*, 47, 59, 66, 71 f., 72, 76, 94, 95, 101, 113, 273, 285
Revolution 1830 16, 29, 220, 279, 287
Revolution 1848/49 17, 20, 21, 30, *31*, 87, 94, 187, *219*, 279, 282, 283, 285, 287, 289, 293, 294, 295, 304
Revolutionskultur 278 ff., 286, 289, 292
Riehl, Wilhelm Heinrich 73, 302
Rübenpaläste 271, 274

Sachsen 16 f., 71, 76, 189, 195
Saisonarbeiter 48, 52, *52*, 56, 58, 86, *180*, 268
Sauberkeit 195, 264, 269
Schlafgänger, Untermieter 258, 266
Schleswig-Holstein 22, 184, 243, 270
Schnitterkasernen 268
Schrebergärten 197, 264
Schüler 164, *165*, 166, 229, 240
Schützenfeste 57
Schulen 164, *167*
Selbstverwirklichung – Selbstwertgefühl 113, 124
Seuchen 251, 260
Sexualität 142, *146*, 165 f.
Sicherheit 294
Siedlungen, Werkseigene 115, 265
Soldaten 37, *110*, 158, 216, 235, 239, *310*, *311*, 318
Solidarisierung, Solidarität 33, 42, 69, 95, 115, 118, 126, 127, 132, 162, 278, 285, 294, 314, 316, 318, 319
Sorben 237
Sozialdemokratie – Sozialdemokratische Deutsche Arbeiterpartei 35, 39, *40*, 40, 95, 156 f., *157*, 161, 162, 299, *312*, 313, 314, 316 f.
Sozialgesetzgebung 42, 94, 161 ff.
Sozialistengesetz 40, *40*, 42, 94, 98, 162, 260, 285, 289, 293, 298, *312*, 313, *313*, 314, 315 f., 318
Spontanität 290
Sport 216, *251*
Stadt – Städtisch 58
Stadt-Land-Beziehungen 48, 53, 57, 152, 221, 242, 243, 272, 278, *305*
Ständisch 62
Statussymbol 194
Stein, Heinrich Friedrich Karl Freiherr vom und zum 44, 300
Steuern 29
Straße 163, *187*, 229, 280
Straßenbahn 80, 227
Streiks 41, 249, *316*, 318, 319
Stube, Kammer 258, 269, 270, 276
Süddeutscher Staatenbund 33
Suppen 195, 196, 211

Tabak 185
Tagelöhner 47, 48, 50, 56, 58, 90, 128 f., 272, 304
Telegrafie 13
Textilproduktion 71, 136
Tourismus 53
Trachten 53, *172*, 215, 235 f., 240, *241*, 242, *242*, 243, 299, 300, 302, 304
Traditionen 14, 35, 42, 49, 52 f., 100, 144, 154, 278, 289, 294, 296, 302, 304, 317
Trierer Wallfahrten 297 ff.
Trivialliteratur *303*, 307
Überproduktionskrise 76
Uhren 78, 116, *117*, 118, *119*, 262, 276
Umweltprobleme 73, *121*
Unfälle 73, *121*, *122*, *123*
Uniform, *89*, 235, 238

Vereine 45, 71, 154, 158, 192, 197, 221, 240, 264, 266, 281, 285, 295, *301*, 302, 306, 308, *309*
Verkehrswesen 74, 76, 80, 90
Verlagswesen 59, 61, 87
Viehhaltung 58, 189
Volksfeste *56*, 57, 240, 299 f., 307
»Volks«-Kultur 52 f., 71, 100, 242, 277, 286, 291, 306
Vormärz 26, 87, 95, 217, 253, 255, 280, 297, 298, 302

Wahlen 24, 39, 292
Wallfahrtswesen *106*, 242, 296 ff., *296*, 297
Wandschmuck *109*, 255, 262, 268, 269
Waschen – Waschplatz 154, *158*
Weberei *170*
Weberaufstand 95, 297
Weerth, Georg 104, 184, 291
Wehrpflicht 23
Weitling, Wilhelm 291
Werktätige 54, *112*, 177
Werkzeug 71, 101
Werther *13*, 216
Wilhelm I., deutscher Kaiser, König von Preußen *41*
Wilhelm II., deutscher Kaiser, König von Preußen 300, 318
Wirtshäuser, Kneipen, Kantinen 162, *186*, 192, 195, 202, 214, 265, 266, 293, 304, 319
Wohnen 90, 132, 192, 244 ff., 255, 257, 265, 266, 294
Wohnungsnot 245, 246, 247, 250, 270
Wucher, Wucherer *105*, 180, *181*, 184, 280, 292
Württemberg 19, 182, 286
Wurstwaren 190, 195, 196, 205

Zetkin, Clara 142, 144, 284, 285, 290
Zichorie *191*, 193 f., 196, 271, 273
Zollverein 33
Zucker, Süßwaren 194, 196, 210, 271, 273
Zündnadelgewehr 23, 36
Zünfte, Zunftzwang 17, 59, 60, 61, 63, 66, 279